国家社会科学基金重大项目："普通话语音标准声学和感知参数数据库建设"（13&ZD134）之子课题"鼻音声学和听辨标准参数"，2013；

天津市哲学社会科学研究规划资助项目："基于鼻音计（Nasometer）实验的汉语普通话鼻音及相关语音特性研究"，项目号：TJZW07－2019；

天津市哲学社会科学研究规划资助项目："基于鼻音计实验的汉语方言/n/、/l/分混的类型学研究"，项目号：TJZW10－2－490；

天津师范大学出版基金资助

鼻音研究

时秀娟◎著

中国社会科学出版社

图书在版编目（CIP）数据

鼻音研究／时秀娟著 . —北京：中国社会科学出版社，2017.12
ISBN 978 - 7 - 5203 - 1473 - 2

Ⅰ.①鼻…　Ⅱ.①时…　Ⅲ.①汉语—发音—研究　Ⅳ.①H116.1

中国版本图书馆 CIP 数据核字（2017）第 279267 号

出 版 人	赵剑英	
责任编辑	孙　萍	
责任校对	胡新芳	
责任印制	王　超	

出　　版	中国社会科学出版社
社　　址	北京鼓楼西大街甲 158 号
邮　　编	100720
网　　址	http://www.csspw.cn
发 行 部	010 - 84083685
门 市 部	010 - 84029450
经　　销	新华书店及其他书店
印　　刷	北京君升印刷有限公司
装　　订	廊坊市广阳区广增装订厂
版　　次	2017 年 12 月第 1 版
印　　次	2017 年 12 月第 1 次印刷
开　　本	710 × 1000　1/16
印　　张	25
插　　页	2
字　　数	398 千字
定　　价	98.00 元

序

秀娟老师的《鼻音研究》终于见到校样了。这距离她的第一部著作《汉语方言的元音格局》出版已经是将近十年。十年磨一剑，可见学术研究不是要快，而是要慢。然而时下有些浮躁的世风却正是与此背道而驰。我在课堂上常常讲到要有定力：咬定青山不放松，任尔东西南北风。而且这定力要长期坚持下去，就是要有毅力：面壁十年图破壁，埋头苦学修禅意。有了定力和毅力的基础，再加上活力：问渠哪得清如许？为有源头活水来。这三者都有了，就一定会成功。

秀娟十年前于南京师范大学文学院博士后出站，来到天津师范大学文学院主持实验室工作。实验室有很好的语音实验仪器，其中有一台鼻音计（Nasalmeter 6400）可以测量语音的鼻化度。我和学生们曾经去她那里现场考察实验情况，因为这正可以为我们的语音格局分析填补空白：鼻音和流音的实验对比。她随后就带领学生开始了数十种方言和各种语境下的鼻音与相关语音的对比研究，测量分析并积累了大量的鼻化度参量的数据，做出各种对比统计图表。使我们对于鼻音的认识更为拓展和深入，引起学界的关注。得到天津市社科基金及国家社科重大项目子课题的资助。这里结集出版的是她所完成的部分成果，其中很多内容已经公开发表，或者曾在国内外学术会议上报告。

一般人类语言中都有鼻音和口音的区分，有的语言中还有鼻化元音跟口元音的对立。鼻音可以在音节中作为首音或者尾音，有时候也能自成音节。鼻音与邻接音位的互相影响是语音的共时音变和历时音变的重要因素之一。因此，鼻音研究一直是语言学关注的对象。而像秀娟老师这样长时期、大规模、多方面地对鼻音进行集中深入的量化实验分析，得到如此丰硕的收获，确实是前所未有的。

说到鼻音的意义，涉及整个的人类语音。一般认为，人类语音中元音和辅音的区分是发音有没有阻碍，而阻碍是有程度差别的。在发音动作和听感印象的基础上，为初学的理解与教学的方便，可以用一种理想化的假设对此进行描述：发音阻碍为 100% 的，完全堵塞，是塞音；阻碍为 80%，打开缝隙，是擦音；阻碍为 60%，稍有开通，是通音；阻碍为 40%，开通较大，为高元音；阻碍为 20%，开通更大，是中元音；阻碍为 0，完全打开，是低元音。如果把阻碍程度 50% 作为元音与辅音的界限，就可以看到，它们之间并没有截然分开的空白地带。在通音一类里面成员众多，有边通音：舌尖堵塞，两侧开通；r 通音：舌尖翘起而不堵塞；全通音，即国际音标 approximant 栏里面列出的半元音。鼻音其实就是鼻通音：口部关闭，鼻腔打开。这样把它们归纳在一个统一的框架里面，成为一个连续统，有利于显示语言的系统性。其中的详细内容，另有专文讨论。这里只是简单说明鼻音在人类语音中的位置。

秀娟老师的《鼻音研究》首先系统分析了普通话语音的鼻化度，得出鼻音与相关语音的对比格局。测算统计元音的内在鼻化度、复合鼻化度以及鼻音声母、鼻化元音和鼻音韵尾的鼻化度，得到口音、鼻化音、鼻音之间的临界值，做出了三者的静态分布模式。还考察了在连续语音中的动态变化，如：韵尾鼻音的弱化、鼻化及脱落的量化区分，协同发音中声母对元音鼻化度的影响，声调对鼻化度的作用，以及鼻化音的性别差异。其次，把研究普通话鼻音的方法应用在各种汉语方言的分析中，得出了方言与普通话的共性和特性，用通音声母的鼻化对比度划分方言中/n/、/l/相混的不同类型。最后，把鼻音的对比格局应用在儿童语言和少数民族语言的分析中，并且探索了普通话鼻、边音声母和前、后鼻尾的感知特征。

在上述这些大量跟鼻音相关的具体特征和规律中，给我一种深刻的印象：人类语音中，鼻音和口音的区分实际上就是一个连续统。我们没有看到百分之百的鼻音和百分之百的口音，鼻音的鼻化度一般在 80% 以上，口音是在 40% 以下，在二者之间就是鼻化音的分布。鼻化度是一种客观的口鼻能量比的测量。鼻音是语言中重要的音位特征，是需要听感判定的。"鼻韵尾在许多情况下是会脱落的，这个时候，所谓鼻音音色就全部靠元音的鼻化来体现了。"（吴宗济语）问题来了：既然鼻音与鼻化音的界限以及口音与鼻化音之间的界限在动态变化中常常会发生偏移波动，那么鼻化度的表现跟音位听感区分之间的关系会有怎样的变化规律呢？希望秀娟老师能够在不久的将来告诉我初步的答案。

我曾多次告诫我的学生们：不想超越老师的学生不是好学生，不愿让学生超越的老师不是好老师；学生不能超越老师是学生的遗憾，老师教不出超越自己的学生是老师的失败。基于此，我总是以喜悦兴奋的心情祝贺他们在学术研究中的成果，期待在朝向远方的行进中有更多的收获。

是为序。

2016 年 9 月 4 日晨于南开静寓

目　录

第一章　绪论 ……………………………………………………………（1）

　第一节　汉语的鼻音声母 ………………………………………………（1）

　第二节　汉语的鼻音韵尾 ………………………………………………（6）

　第三节　鼻音与非鼻音的对比格局 …………………………………（20）

第二章　北京话响音鼻化度的静态表现 ……………………………（30）

　第一节　北京话响音鼻化度的初步分析 ……………………………（30）

　第二节　元音内在鼻化度和复合鼻化度 ……………………………（40）

　第三节　北京话单字音中元音的鼻化度再分析 ……………………（57）

　第四节　北京话不同声调单字音中响辅音的鼻化度 ………………（75）

　第五节　北京话鼻音韵尾的量化分析 ………………………………（85）

第三章　北京话响音鼻化度的动态变化 …………………………（106）

　第一节　北京话音节音联中通音声母及鼻音韵尾的鼻化度 ……（106）

　第二节　北京话音节音联中元音的内在鼻化度 …………………（114）

　第三节　北京话不同级别音联中通音声母的鼻化度 ……………（122）

　第四节　北京话响音鼻化度在不同语速中的变化 ………………（136）

第四章　官话方言响音的鼻化度 …………………………………（148）

　第一节　天津话响音的鼻化度 ……………………………………（148）

　第二节　济南话响音的鼻化度 ……………………………………（156）

　第三节　武汉话响音的鼻化度 ……………………………………（168）

　第四节　南京话响音的鼻化度 ……………………………………（178）

第五节　成都话响音的鼻化度 …………………………………（187）

第五章　非官话方言响音的鼻化度 ……………………………（200）

　第一节　长沙话响音的鼻化度 …………………………………（200）

　第二节　绩溪话响音的鼻化度 …………………………………（208）

　第三节　平遥话响音的鼻化度 …………………………………（221）

　第四节　上海话响音的鼻化度 …………………………………（230）

　第五节　广州话响音的鼻化度 …………………………………（243）

　第六节　福州话响音的鼻化度 …………………………………（257）

　第七节　厦门话响音的鼻化度 …………………………………（271）

第六章　相关领域研究 …………………………………………（287）

　第一节　汉语语音的鼻化度 ……………………………………（287）

　第二节　汉语普通话儿童响音的鼻化度 ………………………（298）

　第三节　为什么有的方言/n/、/l/不分 ………………………（310）

　第四节　普通话声母/n/、/l/分混的感知研究初探 …………（319）

　第五节　汉语普通话鼻音韵尾/－n/、/－ŋ/分混的听感

　　　　　实验研究初探 …………………………………………（337）

　第六节　维吾尔语响音的鼻化度 ………………………………（355）

　第七节　傣语响音的鼻化度 ……………………………………（367）

参考文献 …………………………………………………………（383）

后记 ………………………………………………………………（393）

第 一 章

绪　　论

第一节　汉语的鼻音声母

一　鼻音声母研究

鼻音在语言中很普遍。据佛古森（Ferguson）所言，每一个语言中都至少有一个基本鼻音。[①] 鼻音在世界语言中的不同表现更为丰富，从发声到音系规则都不尽相同。因此，鼻音研究一直是语言学家广泛关注的对象。关于鼻音的生理、声学特性学界已有较多的研究和一致的结论。与鼻音（nasal）密切相关的还有鼻化（nasalization）现象。20 世纪 70 年代在美国曾举行过鼻音、鼻化的讨论会，出版有专题论文集。研究者们对鼻音、鼻化的共性现象，鼻音本身的声学特性等方面进行了很多研究，推进了对鼻音的认识。例如 J. J. Ohala 从生理、物理角度对鼻音模式进行了探讨；J. Wright 研究了元音鼻化在感知空间中的表现；H. Clumeck 使用光鼻仪（Nasograph）研究了不同语言发元音时软腭的变化情况；M. Ruhlen 给出了鼻化元音的较多语言材料并对鼻化元音的历时演化情况进行了探讨；等等。[②]

鼻音也叫"鼻塞音"。由发音方法来看，发音时，软腭下垂，气流进入鼻腔，同时关闭口腔通道；由发音部位来看，国际音标辅音图中有八种，即双唇、唇齿、齿/龈、腭前、卷舌、硬腭、软腭、小舌诸部位都可

[①]　Ferguson, C. A., "Assumptions about Nasals: A Sample Study in Phonological Universals", In J. Greenberg (ed.), *Universals of Language*, MIT Press, 1963.

[②]　Ferguson et al. (eds.), *Násalfest: Papers from a Symposium on Nasals and Nasalization*, Stanford: Language Universals Project, 1975.

对口腔内气流进行阻碍，形成相应部位的鼻音/m/、/ɱ/、/n/、/ɳ/、/ŋ/、/ɲ/、/ŋ/、/N/。据麦迪森（Maddieson）的调查统计，317 种语言中有 1057 个鼻音，平均每个语言 3.3 个鼻音。[①] 一种语言中鼻音最多可以有六个部位的对立，和塞音情况一样。齿/龈部位的鼻音/n/最多，占三分之一；其次为双唇部位的鼻音/m/，比重相当；再次为软腭鼻音/ŋ/，近五分之一。硬腭鼻音/ɲ/也占到十分之一强。以上四种相加占 95% 强。卷舌鼻音/ɳ/和腭前鼻音/ɳ/各占 2% 左右。唇齿鼻音/ɱ/很少，占不到千分之一。没有小舌鼻音/N/，此音很罕见，在藏缅语族中可偶见。[②]

汉语中的鼻音并不复杂，常见的鼻音有/m/、/n/、/ɳ/、/ŋ/，有极少数方言中有/ɳ/。就做声母而言，普通话中只有/m/、/n/可以做声母，方言中/m/、/n/、/ɳ/、/ŋ/、/ɳ/都可以做声母，但出现的频率不同。汉语方言中鼻音声母/n/和/ɳ/互补的情况较普遍，即洪音韵母之前为/n/，细音韵母之前为/ɳ/，可把/ɳ/看作是/n/的变体，因而可以归并为一个音位；有些方言/n/和/ɳ/两个音位都没有，如南京话、合肥话、贵阳话，/n/或/ɳ/都作为边音的/l/音位的变体出现。也就是通常所说的/n/、/l/不分的方言。汉语方言中的/n/、/l/分混的类型很复杂，要了解其实质就必须全面了解鼻通音和边通音声母的特性及二者的关系。季云起[③]曾统计过 31 个汉语方言点中，鼻音声母的出现频率由高到低依次为：/m/（100%）＞/n/（87.10%）＞/ŋ/（61.29%）＞/ɳ/（29.03%）＞/ɳ/（3.22%）（“＞”表示大于，下同）。各鼻音出现的频率大致与麦迪森的统计一致。汉语中/n/频率较/m/低，而/ɳ/频率较高的原因是许多汉语方言中/n/和/ɳ/互补或/n/、/l/分混的影响造成的。

鼻音的声学特征主要表现在第一共振峰 F1 和反共振峰。鼻音的共振峰结构与元音的相似，但鼻音的 F1 的带宽比较宽，较低，通常约为 250Hz，F2 位置较高，在 F1、F2 之间通常没有能量。鼻辅音之间的差异

---

① 麦迪森（Maddieson，1984）调查的 317 种语言中，有 10 种语言没有基本鼻音，但需核实。转引自朱晓农《说鼻音》，《语言研究》2007 年第 3 期，第 1—13 页。

② 朱晓农：《语音学》，商务印书馆 2010 年版。

③ 季云起：《汉语塞音声母的格局研究——在汉藏语系大背景下的类型学观照》博士学位论文，南开大学，2006 年。

主要取决于它们前面元音出现的不同共振峰音渡。① 由于不同鼻音在口腔内的成阻点不同,反共振腔的大小也就不同。一般而言,反共振腔越大,第一共振峰和反共振频率就越低。②

上述鼻音都没有复杂的附加发声特征,都属于基本鼻音。基本鼻音并不复杂,而且外部特征明显。但当鼻音和发声态或口腔音同时产生或组合产生时,便会产生各种复杂的语音现象。朱晓农③基于汉语方言和民族语对此类现象做了细致的归纳和描写。

汉语鼻音研究大多是基于传统的生理、声学角度来考察的。其中对普通话鼻音特性的研究较多。汉语普通话及方言的鼻音声母/m/、/n/、/ȵ/、/ɡ/、/ŋ/的声学特征都不复杂。普通话鼻音声母的声学研究大都从共振峰、谱图等描述其特性,可参见吴宗济等。④ 只有少数方言中的鼻音声母具有复杂的附加发音特征,如清鼻音、前喉塞鼻音以及长短鼻音等。这些鼻音的声学特征都可以加以辨认和描写。⑤

学者们还研究了普通话音节中清辅音、元音、鼻音之间的协同发音现象。陈嘉猷、鲍怀翘⑥利用动态腭位图和三维语图相结合的方法测量了普通话塞音、塞擦音发音过程的七个时间段,揭示了它们之间的相互关系,进一步讨论了音节内部及音节之间的关系,其中有两项涉及元音、鼻尾与塞音、塞擦音的关系:元音韵后的 C2 长于鼻韵尾后的 C2;C2 的后成阻段为负值时,其前一音节的韵母一定有一个鼻韵尾。李俭利用动态腭位(EPG)观察汉语普通话辅音的发音部位及其在不同元音语境下的协同发音变化。⑦ 结果证明,传统描述的和 EPG 数据显示的辅音发音部位在少数几个辅音的前后顺序上有一定的差异;同时,辅音的发音姿态不是一成不

---

① Peter Ladefoged, *Vowels and Consonants*, Blackwell, 2001, p. 189.

② 朱晓农:《语音学》,商务印书馆 2010 年版。

③ 朱晓农:《说鼻音》,《语言研究》2007 年第 3 期。

④ 吴宗济、林茂灿:《实验语音学概要》,高等教育出版社 1989 年版。

⑤ 朱晓农:《说鼻音》,《语言研究》2007 年第 3 期;朱晓农:《语音学》,商务印书馆 2010 年版。

⑥ 陈嘉猷、鲍怀翘:《基于 EPG 普通话塞音、塞擦音发音过程研究》,第六届全国现代语音学学术会议论文,中国天津,2003 年。

⑦ 李俭、郑玉玲:《汉语普通话动态腭位的数据缩减方法》,载王嘉龄编《第六届现代语音学学术会议论文集》,天津师范大学出版社 2004 年版。

变的，在 VCV 序列之中，辅音和元音之间存在相互影响，发音姿态在时域上叠加。郑玉玲、刘佳以汉语普通话 C ＃ C 结构的鼻韵尾/n/、/ŋ/和后续辅音（简称 N1C2）的协同发音为研究对象，采用动态腭位和声学分析相结合的方法，揭示了 N1C2 协同发音的声学模式和成因，观察了辅音的动态发音过程，即在各种语境中发音部位的变化，依据发辅音时，舌与上颚的接触部位，归纳出辅音发音表，并指出与目前的传统描述的普通话辅音发音姿态的一致性和不同点。① 文章从辅音发音部位的动态范围，探询不同辅音发音部位受约束程度的差异以及辅音协同发音的现象和成因，指出辅音对后接元音的携带关系是辅音协同发音现象的主要成因。

二　汉语声母/n/、/l/分混的类型研究

边音是指发音时舌头抬起，在口腔内沿着中线某处形成阻碍，微弱气流从阻碍点两侧流出。边音很常见，世界上八九成的语言中都有。典型的边音有很清晰的共振峰，由于发音部位的不同，各类边音的共振峰会有差异。汉语中以舌尖齿龈边音/l/居多，实际部位比相应的塞音/t/、/th/稍后。方言中较少有边音部位对立的，山西晋城方言有两个边音，一个舌尖齿龈边音/l/，一个卷舌边音/ɭ/，/ɭ/自成音节。② 鼻、边音及这两类浊擦音发音时声带都振颤，在听感上都比较响亮，所以可以都称为响音。二者的声学特征相近，都与元音相似，有清晰的共振峰。

从历时来源上看，现代汉语中的/n/、/l/声母主要与古音中的泥母、娘母、日母、疑母、来母等次浊音声母有关，在各个方言中的具体情况则是极为复杂的。/n/、/l/两声母在汉语大多数方言泾渭分明，但仍有不少方言/n/、/l/不分，还有一些方言是二者既有分野又有交叉。学者们对这一现象早有描述，并概括为两大类型：区分/n/与/l/的，/n/、/l/不分的。然而，"同是分，不见得都是/n－/和/l－/的分别；同是混，是/n－/是/l－/各地也并不一样"③。可见，各个大类之中还会存在具体表现不同

① 郑玉玲、刘佳：《普通话 N1C2（C#C）协同发音的声学模式》，《南京师范大学文学院学报》2005 年第 3 期。

② 朱晓农、焦妮娜：《晋城方言中的卷舌边近音［ɭ］——兼论"儿"音的变迁》，《南开语言学刊》2006 年第 1 期，第 10—16 页。

③ 袁家骅等：《汉语方言概要》（第二版），语文出版社 2001 年版。

的小类，最常见的就是受韵母洪细①不同的影响而产生相应的区别，也有些是元音或韵尾的影响而有所不同，等等。

季云起的博士学位论文《汉语塞音声母的格局研究——在汉藏语系大背景下的类型学观照》分析了汉语及汉藏语系中一些民族语的塞音格局。②其中有关章节研究了汉语方言中声母/n/、/l/分混的类型。汉语方言依据的材料是《现代汉语方言音库·方言音档》③中40个方言点的音系材料，归纳了声母/n/、/l/分混的类型，见表1—1。

表1—1　　　　　　　汉语方言/n/与/l/分混的类型及其分布④

类型		区分 n 与 l		n 与 l 不分			
				洪细皆混		洪混细分	
		n、l型	n/n̠、l型	n 型	l 型	n、n̠型	l、n̠型
汉语方言	分布 点	北京　天津　青岛 郑州　昆明　哈尔滨 西安　银川　厦门 福州　建瓯　汕头 海口　台北　广州 南宁　香港　太原 呼和浩特　梅县 桃园　歙县	西宁　济南 乌鲁木齐 上海　苏州 杭州　温州 平遥	武汉	南京 合肥 贵阳	成都 湘潭	兰州 长沙 屯溪 南昌
	区	官话　闽　粤　晋　客 家　徽	官话　吴 晋	官话	官话	官话 湘	官话　湘 徽　赣
	数量	22	8	1	3	2	4
	百分比 （%）	55.00	20.00	2.50	7.50	5.00	10.00
		75.00		10.00		15.00	

①　"洪"和"细"分别指的是"洪音"和"细音"，是按照介音的不同对韵母进行的分类。本部分所用的这两个传统音韵学术语对应于现代汉语的"开齐合撮"："洪音"相当于"开口呼"和"合口呼"，"细音"相当于"齐齿呼"和"撮口呼"。

②　季云起：《汉语塞音声母的格局研究——在汉藏语系大背景下的类型学观照》，博士学位论文，南开大学，2006年。

③　侯精一主编，上海教育出版社1994—1999年版。

④　季云起：《汉语塞音声母的格局研究——在汉藏语系大背景下的类型学观照》，博士学位论文，南开大学，2006年。

声母/n/与/l/的区分与混读在类型的分布上存在很突出的差异：区分/n/与/l/的类型占据了汉语方言中的绝大部分，也就是说，这种类型是主流类型。在九大方言区中，七个方言区都有分布；而/n/与/l/不分的方言只分布在官话方言的部分地区以及湘语区和赣语区。两大类型中的小类的分布数量不一，区分/n/与/l/的大类，其中的/n/、/l/型方言有 22 个之多，而/n/、/ȵ/、/l/型方言则只有 8 个，吴语中就有 4 个。/n/与/l/不分的大类，在/n/与/l/混而为一的类型中，虽然都是分布于官话方言区，但是其数量对比非常显著：其/l/型方言有 3 个，而/n/型方言只有 1 个，前者为后者的 3 倍。在洪混细分的类型中，其/l/、/ȵ/型方言有 4 个，分布于 4 个方言区；而/n/、/ȵ/型方言只有 2 个，分布于 2 个方言区，前者也是后者的 2 倍之多。在/n/与/l/相混的方言中，声母/l/较之/n/具有更强的分布优势。季文虽然材料有限，但有一定的代表性，为深入研究/n/、/l/分混现象打下了必要基础。国外针对汉语方言/n/、/l/分混类型的研究还没见到。

第二节　汉语的鼻音韵尾

一　普通话中的鼻音韵尾研究

普通话中只有/n/、/ŋ/可以做韵尾，方言中/m/、/n/、/ŋ/都可以做韵尾。鼻音韵尾是古音韵尾系统的一个大类，称为阳声韵。中古阳声韵韵尾的格局是咸深摄收/-m/，山臻摄收/-n/，宕江曾梗通摄收/-ŋ/。随着语音的发展，这样的格局已发生了改变，现代汉语方言中的中古阳声韵韵尾的读音呈现出不同的类型。许多方言还有/-n/、/-ŋ/相混的现象。研究汉语方言中不同类型鼻音韵尾的实际音值，探讨/-n/、/-ŋ/相混实质，有助于探讨汉语鼻音韵尾的发展演变规律。因此，对汉语方言中阳声韵韵尾的发展演变研究一直备受关注。对汉语鼻音韵尾的研究成果较多，学者们对单音节及语流中的鼻音韵尾都做了细致的考察。

（一）普通话单音节中的鼻音韵尾研究

就汉语单音节鼻音韵尾来看，大多数学者认为汉语的鼻音韵尾不够充分，或者说在一定程度上具有弱化的倾向，换言之，已经不是纯粹的鼻辅音或鼻塞音。无论是基于感性经验的传统语音研究，还是基于语音实验的实证研究，都支持上述结论。

传统语音研究敏锐指出汉语鼻音韵尾这一特性的有王力[①]、徐世荣[②]、游汝杰等[③]。他们都认为汉语普通话韵母中做韵尾的鼻音实际上是一个弱辅音，不仅气流弱且发音时肌肉比较松弛，无除阻阶段，与做声母的鼻音有着明显的差别。简直和单元音是同等的。游汝杰等[④]甚至将/an/、/aŋ/等记为/aⁿ/、/aᵑ/，认为："/aⁿ/的韵尾并没有声母/n/的持阻和除阻这两个阶段，在许多音节前，它往往只表示一种鼻化色彩。"

实验研究的成果不仅支持上述观点，而且对汉语鼻音韵尾弱化的程度、具体表现都做出了较为具体清晰的描写和说明。吴宗济等[⑤]做出了普通话单音节的语图，关于鼻音韵尾，他们认为："普通话中的这两组韵尾鼻音（指/-n/和/-ŋ/），……是一种不太纯粹的鼻音，与元音之间的界限常常缺少'断层'现象，界限不够明显，测量其长度要靠目估。"许毅[⑥]考察普通话音联的声学特性，认为声母的/n/呈现为一个"纯鼻音"，韵尾/n/呈现为一个"半鼻音"，并且总结了纯鼻音和半鼻音各自的声学特征。纯鼻音的声学特征有："a）主要能量集中在低频区；b）共振峰阻尼高于元音，并有零点存在，总能量低于元音；c）共振峰频率位置随时间变化很小，与元音共振峰之间的过渡在动态频谱上表现为断层过渡。"半鼻音的主要声学特征为"不能自己单独存在，只能通过对原有元音共振峰模式的影响表现自己的存在"。这种影响主要是："a）增加元音共振峰（主要是 F_1）的带宽；b）在元音共振峰之间增加一些较弱的谐波群。"此外，"纯鼻音有自己确切的时长，半鼻音由只是加在元音之上的鼻化音色，因此很难确定其时长"。吴宗济等[⑦]"鼻音"部分得出相同

---

① 王力：《汉语讲话》，文化教育出版社 1955 年版；载《王力文集》第三卷，山东教育出版社 1985 年版。

② 徐世荣：《普通话语音知识》，文字改革出版社 1980 年版。

③ 游汝杰、钱乃荣、高钲夏：《论普通话的音位系统》，《中国语文》1980 年第 5 期。

④ 同上。

⑤ 吴宗济等：《汉语普通话单音节语图册》，中国社会科学出版社 1986 年版。

⑥ 许毅：《普通话音联的声学语音学特性》，《中国语文》1986 年第 5 期。

⑦ 吴宗济、林茂灿：《实验语音学概要》，高等教育出版社 1989 年版。

结论。吴宗济等①、齐士钤、张家騄②还都测得汉语鼻音韵尾虽然弱化，但时长并不短，指出长度与鼻音的充分程度并不成正比。

鼻音韵尾不是孤立的，对前面的韵腹元音会有影响。吴宗济等③认为："元音鼻化是普通话鼻韵母的必要特征"，"鼻韵母的鼻尾在许多情况下是会脱落的，这个时候，所谓'鼻音音色'就全部靠元音的鼻化来体现了。""鼻尾本身并不是普通话鼻韵母的必要特征。"林茂灿、颜景助④详细考察了普通话鼻韵母音节（（V）VN）中的协同发音情况。结果发现，韵腹元音（V）V对鼻尾时长有影响，低元音后面的鼻尾明显地比高元音后面的鼻尾短；去声后面的鼻尾比其他三声都短，认为"鼻辅音前面元音的共振峰过渡是区分/n/和/ŋ/的最重要依据"，这一点和其他语言一样，是语言共性的表现。也有学者认为普通话的鼻音韵尾是鼻辅音⑤。

吴宗济等⑥认为普通话的鼻尾有三个主要特征：（1）单念时，鼻音韵尾常常表现为鼻辅音，即与声母的鼻音声学特征一致。（2）鼻音韵尾有时也不是鼻辅音，它会使前面元音发生鼻化。（3）鼻音韵尾的不同表现与鼻音韵尾本身的发音部位以及前面元音的发音部位和开口度大小有关。具体而言，韵腹元音舌位越靠后鼻音韵尾越长；开口度越小鼻音韵尾也越长。/–n/与/–ŋ/在时长上有差别，/–ŋ/的时长常常要比/–n/长。/–ŋ/有时甚至会超过元音部分的时长。韵腹元音会受后鼻音/–ŋ/的影响而后移，且/–ŋ/会变长。另外，单念音节中影响鼻音韵尾脱落的两种因素，一是鼻音韵尾本身的时长，时长越短鼻音韵尾越容易脱落；一是音节的声调，去声音节里的鼻音韵尾容易脱落。

（二）普通话语流中的鼻音韵尾

研究表明，普通话语流中的鼻音韵尾比起单音节来弱化程度更强。

许毅的研究中有两种情况，一种情况是普通话中两字组前字如是/–n/

① 吴宗济等：《汉语普通话单音节语图册》，中国社会科学出版社1986年版。

② 齐士钤、张家騄：《汉语普通话辅音音长分析》，《声学学报》1982年第1期。

③ 吴宗济等：《汉语普通话单音节语图册》，中国社会科学出版社1986年版。

④ 林茂灿、颜景助：《普通话带鼻尾零声母音节中的协同发音》，《应用声学》1992年第13卷第1期。

⑤ 林焘、王理嘉：《语音学教程》，北京大学出版社1992年版；毛世桢：《上海话鼻韵母鼻音性质的实验研究》，《华东师范大学学报》（哲学社会科学版）1984年第2期。

⑥ 吴宗济等：《汉语普通话单音节语图册》，中国社会科学出版社1986年版。

尾，后字是零声母字，则前字里的/－n/"往往表现为半鼻音"。他说这一点与英语等语言完全不同，英语中"无论是起首/n/还是收尾/n/，都明显地表现为纯鼻音"。另一种情况是两字组前字以/n/收尾，后字的声母也是/n/，这时两字组中间会出现"一个较长的纯鼻音"，这个较长的纯鼻音是单个/n/平均长度的2倍。许毅的分析没有包括后鼻音韵尾/－ŋ/。①

梁建芬考察了新闻语篇中导致鼻音韵尾脱落的因素，结果发现，后续音节声母是擦音或零声母时，鼻音韵尾往往会脱落；后续音节的声母若是塞音、浊音（/－m/、/－n/、/－l/）及塞擦音，鼻音韵尾往往并不脱落；双音节组合的疏密程度、鼻韵母音节的音高对鼻音韵尾的影响不大。②

黄晶晶研究了/an/韵母后接舌根音声母时，/an/韵母中的主要元/a/音第二共振峰降低，造成该前鼻音韵母中的鼻音韵尾和主要元音舌位后移，致使其在听觉上被判断为后鼻音的可能性大大增加。发现在后鼻音化的现象中韵腹的声学特征的改变更为关键。③

王志洁运用鼻音计（Nasometer 6200）对普通话单双音节中鼻音声母及鼻音韵尾的研究值得关注。④ 用鼻音计分别测出鼻音声母和鼻音韵尾的"鼻音度"（nasality）⑤。王测得的结果是，做声母的鼻音鼻能量平均值是93.01%，做韵尾的鼻音鼻能量平均值是82.32%，前者比后者高近11个百分点。作者说这"充分体现了弱化的鼻音度"。王认为汉语普通话中的鼻韵尾不是鼻塞音（nasal stop），而是鼻滑音（nasal glide）。在发音上它缺乏持阻与除阻过程，在声学上它的鼻能量百分比明显低于鼻塞音。

综上可见，汉语鼻音韵尾在语流中弱化的倾向比在单音节中更突出。

二 汉语方言鼻音韵尾研究

在有限的针对方言鼻音韵尾的实验研究中，毛世桢⑥用实验方法考察

---

① 许毅：《普通话音联的声学语音学特性》，《中国语文》1986年第5期。

② 梁建芬：《在语流中导致鼻韵尾脱落的因素探讨》，载《新世纪的现代语音学——第五届全国现代语音学学术会议论文集》，清华大学出版社2001年版。

③ 黄晶晶：《连续语流中前鼻音韵母后鼻音化的声学分析》，《新世纪的现代语音学——第五届全国现代语音学学术会议论文集》，清华大学出版社2001年版。

④ 王志洁：《英汉音节鼻韵尾的不同性质》，《现代外语》1997年第4期。

⑤ Nasality本书叫作"鼻化度"。

⑥ 毛世桢：《上海话鼻韵母鼻音性质的实验研究》，《华东师范大学学报》（哲学社会科学版）1984年第2期。

了上海话鼻韵母的鼻音性质，并与普通话中的鼻韵母音节/a ŋ/、/ɔŋ/、/in/、/i ŋ/、/o ŋ/进行了比较。结果发现，"上海话鼻韵母中没有纯粹的鼻化元音"。他将其分为三种情况，一是主要元音半鼻化①加上一个弱鼻音韵尾，一是口元音加上一个较显著的鼻音韵尾，一是主要元音半鼻化加上较显著的鼻音韵尾。普通话鼻韵母中鼻腔参与共鸣的时间与上海话某些音节差不多，但是口腔退出共鸣较早，在整个音节时长的一半左右。这表明普通话"鼻化过程极短"，"有较显著的鼻音韵尾"。

桂明超对昆明话中两类鼻音韵尾（/ɑn/和/ɔŋ/）进行了声学分析，结果是鼻尾丢失，前面的元音有轻微鼻化。与普通话对比的结果是普通话中的元音发生了明显的鼻化，鼻韵尾有时明显，有时弱化。②

更多的对汉语方言鼻音韵尾的研究是针对中古阳声韵在现代汉语中的读音情况，进而讨论汉语鼻音韵尾消变的规律与动因。

王力《汉语史稿》③通过古/－m/、/－n/、/－ŋ/的分混归纳出咸深山臻四摄（也包括宕江曾梗通等摄）在现代汉语方言里的九种类型：（1）完整保存中古的/－m/、/－n/，且不与/－ŋ/尾混，如粤语、闽南语；（2）完整保存中古的/－m/、/－n/，但臻摄和梗曾两摄相混，如客家话；（3）/－m/变为/－n/，不与/－ŋ/尾混，如北方话；（4）/－m/变为/－n/，臻摄和梗曾两摄相混，如西南官话；（5）/－m/、/－n/、/－ŋ/合流为/－ŋ/，如闽北方言；（6）/－m/、/－n/、/－ŋ/合流为/－n/，如湖北、湖南（江陵、长沙县）；（7）/－m/、/－n/、/－ŋ/韵尾失落而变为鼻化元音，如西北方言；（8）鼻音韵尾失落而变为纯粹的口元音，如西南某些方言（昆明）；（9）山咸两摄韵尾失落，和宕江两摄不混，臻深两摄念/－n/或/－ŋ/都可，和曾梗两摄相混，如吴语。

陈渊泉最早系统地考察了现代汉语方言中鼻音韵尾的演变。他的博士论文（加州大学伯克利分校，1972）主要以 DOC（即 Dictionary on Computer，据《1962 汉语方音字汇》制作的数据库，包括 17 个方言点和上海话）

---

① 林焘、王理嘉（1992：45）："元音可以在开始发出时就产生鼻化，也可以在发出后不久软腭才开始下垂产生鼻化。后一种叫作半鼻化元音。"

② Gui, Mingchao（桂明超），"Fronted or nasalized? ——An acoustic analysis of two nasal rhymes in Kunming Chinese"，《语言研究》1996 年增刊。

③ 王力：《汉语史稿》，中华书局 2004 年版。

中的材料，此外还包括《现代吴语的研究》《湖北方言调查报告》《云南方言调查报告》共 600 多个方言点，对汉语各方言的韵尾情况进行比较，归纳了阳声韵韵尾演变的类型及途径，从鼻尾合并到元音鼻化再到鼻化消失，还将阳声韵韵尾的演变与入声韵尾的演变做了比较。陈渊泉在博士论文以及其后发表的论文①中主要在三个方面提出了自己的见解：其一，鼻音韵尾的归并遵循"由前往后"（front-to-back direct）的规则，／-m/、／-n/、／-ŋ/合并的最终方向为／-ŋ/，鼻音韵尾消失转化为鼻化元音的次序与合并顺序一致。其二，影响元音鼻化的因素是元音发音部位的低高、前后，低元音较高元音容易产生鼻化，前元音比后元音容易鼻化。其三，鼻音韵尾在向口元音发展中，元音会逐渐高化，与鼻音韵尾由古至今一直不变而韵腹元音低化的趋势恰好相反。他还分析了诸如高元音先发生鼻化以及／-ŋ/向／-n/转变等非主流趋势的演变，认为非主流趋势的演变都是有条件的，而主流趋势的演变都是无条件的。他的观点一直为后来的研究者所借鉴。

张琨《汉语方言中鼻音韵尾的消失》② 一文影响颇大。文章利用近 200 个方言点的资料，讨论了官话方言和吴方言鼻音韵尾演变的情况，对不同元音后附不同鼻音韵尾时的鼻尾变化情况分别进行了详细考察，由"低元音后附舌头鼻音韵尾"、"低元音后附舌根鼻音韵尾"、"前高（不圆唇）后附舌头或舌根鼻音韵尾"、"后高（圆唇）元音后附舌根鼻音韵尾"四部分组成。张先生的结论是，吴语中鼻音韵尾消失的重要条件是元音的高低，官话方言中重要的条件则是鼻音韵尾发音部位的前后。不难看出，这与陈渊泉提出的鼻音韵尾演变的两个重要条件是一致的。

此后，诸多学者都从某种方言或某个地区的方言出发，描述该方言阳声韵尾的演变类型和演变途径。丁邦新③、王洪君④、陈其光⑤、

---

① Chen, M. Y., "An areal study of nasalization in Chinese", *Journal of Chinese Linguistics*, No. 1, 1975.

② 张琨：《汉语方言中鼻音韵尾的消失》，《中央研究院历史语言研究所集刊》1983 年第 54 本第 1 分。

③ 丁邦新：《论官话方言中的几个问题》，载《丁邦新语言学论文集》，商务印书馆 1998 年版。

④ 王洪君：《阳声韵在山西方言中的演变》（上），《语文研究》1991 年第 4 期；王洪君：《阳声韵在山西方言中的演变》（下），《语文研究》1992 年第 1 期。

⑤ 陈其光：《汉语鼻音韵尾的消失》，《语言研究》1991 年增刊。

许宝华①、潘家懿②、陈晓锦③、张维佳④、张燕来⑤等人的研究涉及官话、晋语、闽语、粤语、湘语、吴语中的鼻音韵尾的演变情况，描写更加细致、深入，是对陈渊泉、张琨两位先生研究结论的细化、深化、补充和拓展。

近些年来，以阳声韵包括入声韵为研究对象的博、硕士论文为数不少，如郑林丽《汉语鼻音韵尾的演变》⑥；于晶《中古阳声韵和入声韵在晋语中的演变》⑦；吴文文《近代汉语阳声韵尾和入声韵尾的演变研究》⑧；张燕芬《中古阳声韵韵尾在现代汉语方言中的读音类型》⑨。其中，郑林丽的硕士论文和张燕芬的博士论文值得关注。

郑林丽⑩的考察较为全面，涉及 1093 个方言点的材料，遍及官话、粤语、吴语、闽语、客家话、湘方言、赣方言、晋方言、徽语、平话各大方言区，把汉语方言鼻音韵尾的演变归纳为四个类型：/ − m/、/ − n/、/ − ŋ/三元对立格局，/ − m/、/ − ŋ/与/ − n/、/ − m/以及/ − n/、/ − ŋ/二元对立格局，一个鼻音韵尾格局和无韵尾格局。论述了各种格局的分布区域。文中也探讨了影响鼻音韵尾演变类型与演变速度的因素，在赞同陈渊泉、张琨提出的两个重要条件之外，指出声母的发音部位也起重要影响。此研究涉及方言材料众多，从现代汉语方言阳声韵的今读类型入手分类，既系统又全面。缺陷是材料的质量和详略参差不齐，分类稍显粗疏，叙述不够具体，没有关注鼻化元音和口元音。

---

① 许宝华：《中古阳声韵类在现代吴语中的演变》，《声韵论丛》1997 年第 6 期。

② 潘家懿：《鼻塞韵尾的消变及其粤东闽语模式》，《语文研究》1998 年第 4 期。

③ 陈晓锦：《广东粤语的鼻音韵尾和入声韵尾》，《方言》2001 年第 2 期。

④ 张维佳：《关中方言鼻音韵尾的演变模式》，《语言研究》2001 年第 4 期。

⑤ 张燕来：《兰银官话鼻音韵的演化》，《语言科学》2006 年第 5 期。

⑥ 郑林丽：《汉语鼻音韵尾的演变》，硕士学位论文，兰州大学，2001 年。

⑦ 于晶：《中古阳声韵和入声韵在晋语中的演变》，硕士学位论文，北京大学，2004 年。

⑧ 吴文文：《近代汉语阳声韵尾和入声韵尾的演变研究》，硕士学位论文，福建师范大学，2006 年。

⑨ 张燕芬：《中古阳声韵韵尾在现代汉语方言中的读音类型》，博士学位论文，山东大学，2009 年。

⑩ 郑林丽：《汉语鼻音韵尾的演变》，硕士学位论文，兰州大学，2001 年。

张燕芬[1]的博士论文弥补了林文的缺陷。该文以"汉语方言地图集数据库"930 个方言点的 178 个阳声韵字为依据，归纳出以《切韵》音系为代表的中古阳声韵韵尾在现代汉语中的读音类型，分析阳声韵九摄的演变情况，并讨论了阳声韵韵尾演变的途径、条件和动因。该文把现代汉语方言中鼻音韵尾的读音类型分为八类：（1）／–m/、／–n/、／–ŋ/三分型；（2）／–n/、／–ŋ/二分型；（3）／–n/或／–ŋ/一个韵尾型；（4）鼻音韵尾与鼻化元音共存型；（5）鼻音韵尾与口元音共存型；（6）鼻音韵尾与鼻化元音、口元音共存型；（7）鼻化元音与口元音共存型；（8）口元音共存型。每大类又根据古摄韵尾分合的不同情况分出小类，再按小类中不同的韵尾音值来详细描述，还给出各类型的分布地图。显然比王力先生及郑林丽的分类更加完备。该文的系统性、全面性以及材料的丰富、翔实、一致；分类的细致性、描述的具体性都是同类研究中的上乘之作。但是，文章所阐述的鼻音韵尾演变的两个途径（鼻音韵尾的归并；鼻音韵尾的弱化和消失）及条件（鼻尾发音部位的前后；主要元音舌位的高低）与王力以降诸位学者并无二致，对鼻音韵尾演变动因的探讨仍显单薄，需更加深入。

三　汉语鼻音韵尾弱化规律研究

由上文看到，王力、陈渊泉、张琨等先生总结出的汉语鼻音韵尾的弱化规律大致为：（1）鼻尾的消变按发音部位从前往后，即按/m/尾最先消失，／–n/尾其次，／–ŋ/尾最后消失。（2）鼻尾的消变倾向于从低元音向高元音进行。

关于第一点，／–m/尾最先消失基本上得到各家的认同。而在／–n/与／–ŋ/的孰先孰后上则有不同看法。陈渊泉[2]、张琨[3]、陈其光[4]、许宝

<hr />

① 张燕芬：《中古阳声韵韵尾在现代汉语方言中的读音类型》，博士学位论文，山东大学，2009 年。

② Chen, M. Y. , "Nasals and nasalization in Chinese: Explorations in phonological universals", Ph. D. dissertation, University of California, Berkeley, 1972.

③ 张琨：《汉语方言中鼻音韵尾的消失》，《中央研究院历史语言研究所集刊》1983 年第 54 本第 1 分。

④ 陈其光：《汉语鼻音韵尾的消失》，《语言研究》1991 年增刊。

华①等认为/－n/先消失，/－ŋ/最稳定，后消失。而徐云扬②（Zee）根据现代汉语8个大方言19个点的材料，归纳出鼻尾演变的三个主要趋势是：/－m/>/－n/，/－ŋ/>/－n/，/－n/>/－v/。Hess③以汉语的一个方言点——吴方言的温岭话，发现/－m/有变为/－ŋ/的，/－ŋ/也有变为/－n/的。王洪君④考察了阳声韵在山西方言中的演变情况，发现文读音鼻尾的消变符合第一点，而白读音/－ŋ/尾的消变要快于/－n/尾。郑林丽⑤的考察结果是"汉语中保存最多的是/－ŋ/尾，其次是/－n/尾，/－m/尾在各方言中丢失得最多"。张燕芬⑥分类更加细致，指出有/－ŋ/>/－m/的情况，赵日新⑦指出/－m/尾的不同来源，都值得关注。鼻音韵尾不仅表现为消失，还会增生。

　　对于第二点，王洪君⑧考察山西方言中、曹志耘⑨考察南部吴语中，都提出相同看法。只有贺苏安⑩（Hess）提出过低和半低元音在鼻尾消变上没有差别，但是也没有彻底否定元音高低的影响。

　　以上两点是汉语方言鼻尾演变的一个一般规律，虽然有一些例外，但是与大多数语言事实是相符的。例外可能与考察的方法有关，也可能与依据的方言材料不同有关，也可能涉及其他因素，如关于第一点的反例/－ŋ/>/－n/的情况，陈渊泉认为这与同化有关，而且这种变化在共时和历时上都要受到很多限制，认为鼻尾消变从前向后进行是无条件的语音变化，而/－ŋ/>/－n/的变化是有条件的。总之还需要进一步考察、验证。

---

①　许宝华：《中古阳声韵类在现代吴语中的演变》，《声韵论丛》1997年第6期。

②　Zee, Eric, "Sound change in syllable final nasal consonants in Chinese", *Journal of Chinese Linguistics*, No. 2, 1985.

③　Hess, Susan, "Universals of nasalization: Development of nasal finals in Wenling", *Journal of Chinese Linguistics*, No. 1, 1990.

④　王洪君：《阳声韵在山西方言中的演变》（下），《语文研究》1992年第1期。

⑤　郑林丽：《汉语鼻音韵尾的演变》，硕士学位论文，兰州大学，2001年。

⑥　张燕芬：《中古阳声韵韵尾在现代汉语方言中的读音类型》，博士学位论文，山东大学，2009年。

⑦　赵日新：《中古阳声韵徽语今读分析》，《中国语文》2003年第5期。

⑧　王洪君：《阳声韵在山西方言中的演变》（下），《语文研究》1992年第1期。

⑨　曹志耘：《南部吴语的小称》，《语言研究》2001年第3期。

⑩　Hess, Susan, "Universals of nasalization: Development of nasal finals in Wenling", *Journal of Chinese Linguistics*, No. 1, 1990.

　　事实上，鼻音韵尾演变的规律与演变条件密切相关。以上两条规律都与元音的高低有关。这一点董少文（李荣）早在《语音常识》[1] 中就已指出，"/a/后头的鼻音韵尾/n/、/ŋ/比较弱，其他元音后头的鼻音韵尾/n/、/ŋ/比较显著"。李荣先生实际上是指出鼻音韵尾的充分程度与前接元音的舌位高低有关。低元音后面的鼻音韵尾往往较弱，非低元音则强一些。陈其光[2]认为不同方言鼻音韵尾演变依据五种不同的条件，第一种是舌位制约，"音节里舌位后或低的元音使中古的/ŋ/尾保持不变，或使/n/尾变成了/ŋ/尾；舌位前而高的元音使中古的/ŋ/尾变成了/n/尾，或使/n/尾保持不变"。这与上文提到的鼻音韵尾弱化的第二条规律一致。第二种是元音唇状的制约，中古主要元音是圆唇元音/o/的，现在演变为收/－m/尾，而展唇元音的收/－n/尾。第三种是作者根据广州话长短元音的推测，假定中古语音也有长短的对立，这样，"长元音后的鼻尾容易弱化消失，短元音后的鼻尾则比较稳定"。第四种是声母发音部位的影响，简单地说，当声母为唇音声母时，中古的/－m/尾由于异化变成了/－n/尾。第五种是声调的类别促使鼻尾分化，"当声调是平声和上声时，中古的/m/尾和/n/尾变成了元音的鼻化成分；当声调是去声时，中古的/m/尾和/n/尾变成了元音韵尾/i/"。陈渊泉还提到一条规律，"鼻音韵尾在向口元音发展中，元音会逐渐高化"。Hess[3] 研究温岭话发现，可以在后者的内在本质中找到解释。汉语儿童的语音习得显示/－ŋ/尾先于/－n/尾习得。（转引自李行德[4]，李嵬等[5]的研究）

　　语音发音和语音的听感心理之间关系密切。有关汉语鼻音韵尾的感知实验目前所见到的资料不多。Yueh[6] 发现台湾讲国语的人，尤其是年轻人当中，常常有感知和发音上/n/、/ŋ/的混淆现象，还从社会语言学的角

　　① 董少文：《语音常识》，文化教育出版社 1956 年版。

　　② 陈其光：《汉语鼻音韵尾的消失》，《语言研究》1991 年增刊。

　　③ Hess, Susan, "Universals of Nasalization: Development of Nasal Finals in Wenling", *Journal of Chinese Linguistics*, No. 1, 1990.

　　④ 李行德：《语言发展理论和汉语儿童语言》，《现代外语》1997 年第 4 期。

　　⑤ 李嵬、姜涛、祝华、彭聆龄、Barbara Dodd、舒华：《说普通话儿童的语音习得》，《心理学报》2000 年第 2 期。

　　⑥ Yueh, L. C., *The Drift of the Velar Nasal Ending in Taiwan Mandarin: A Sociolinguistic Survey*, M. A. Thesis, Taipei: Fu Jen Catholic University, 1992.

度探讨引起这种混淆的原因。[①] 谢国平研究了 VN 音节中可预见的协同发音和鼻音性的感知问题，研究了感知和发音之间的关系。[②] 结果显示：(1) 鼻尾的发音能力比感知能力好；(2) 鼻尾音节在感知和发音上都没有性别差异；(3) 鼻尾的发音和感知之间是有关联性的。Janson 认为音变需要发音和感知尺度两方面的变化，感知尺度的变化滞后于发音尺度。[③] 谢国平认为实验显示的结果典型地反映了音变正在进行的现象，并给出了鼻尾变化在发音和感知尺度上发生改变的五个阶段。对于普通话和不同汉语方言的鼻尾感知研究还不多见。

不同母语者学习汉语鼻尾时产生的语音偏误各不相同，虽然受到各种复杂因素的影响，但也能从侧面反映汉语鼻音韵尾的某些特点。朱川等[④]研究了外国学生汉语语音学习中的问题（主要是英、日、韩和新加坡华族学生），发现"几乎所有的发音人都发不准相对立的前鼻音和后鼻音"；"似乎韵腹越小就越难掌握"。马燕华[⑤]、董玉国[⑥]也发现日本留学生混淆 / - n/和/ - ŋ/尾。王韫佳[⑦]以听觉实验和发音实验为基础，通过统计分析详细考察了日本学生学习汉语鼻音韵母的情况。指出是由于学习者区分鼻尾靠的是前面元音的音色，而不是鼻尾本身。"韵腹音值相差较大的前后鼻音韵母比韵腹音值接近的前后鼻音韵母相对来说更容易区分。"

社会语言学的研究表明，工人比知识分子普通话中鼻音韵尾脱落的比率高[⑧]；社会、语体环境变项对鼻化和鼻尾脱落的影响存在差异，越正式

---

① 转见 Tse, J. Kwock-Ping, "Production and Perception of Syllable Final ［n］and［ŋ］in Mandarin Chinese: An Experimental Study", *Studies in English Literature and Linguistics*, No. 18, 1992。

② Tse, J. Kwock-Ping, "Anticipatory Co-articulation and the Perception of Nasality in VN Syllables", *Studies in English Literature and Linguistics*, No. 16, 1990.

③ Janson 观点转引自冉启斌《汉语鼻音韵尾的实验研究》，《南开语言学刊》2005 年第 1 期。

④ 朱川等：《外国学生汉语语音学习对策》，语文出版社 1997 年版。

⑤ 马燕华：《初级汉语水平日本留学生的汉语听力障碍》，《北京师范大学学报》（社会科学版）1995 年第 6 期。

⑥ 董玉国：《对日本学生鼻韵母音的教学》，《世界汉语教学》1997 年第 4 期。

⑦ 王韫佳：《日本学习者感知和产生普通话鼻音韵母的实验研究》，《世界汉语教学》2002 年第 2 期。

⑧ Barale, C., "A Quantitative Analysis of the Loss of Final Consonants in Beijing Mandarin", University of Pennsylvania Dissertation, 1982.

的语体越少出现鼻尾脱落的现象，但是鼻化与语体无关，鼻尾脱落"是一种正在进行中的语言变化的表现"①。

四　鼻音韵尾消变的原因

关于鼻音韵尾消变的原因，学者们进行了积极的探讨，总体上从两个方面入手：内在的和外在的。内在动因是语言内部各因素的互相影响、互相作用；外在动因是语言外部各因素的影响，主要是语言接触的影响。

石林、黄勇认为"汉藏语系语言鼻音韵尾的发展演变是其语音内部声、韵、调相互影响、自我调整的必然结果"②。汉藏语言"辅音韵尾由复杂到简单到最终走向消失是历史所趋"，并与"语音省力原则"有关。艾杰瑞、杨权把汉语的鼻尾消变看作是汉语的"语言流变"，即萨丕尔所说的一种语言在一定历史时期内自身特有的演变（language drift）。③ 郝志伦认为汉语的鼻音韵尾消变属于一种自然音变，符合人类语言发展的简—繁—简过程；同时也与提高言语交际效用有关。④ 陈渊泉认为汉语鼻音韵尾的消变和塞音韵尾的消变是相对应的（见本章第三节），马希宁进一步认为元音韵尾和塞音韵尾、鼻音韵尾也是对应的。汉语方言中不仅有塞音韵尾的丢失，鼻音韵尾的消变，也有复合韵母的单化。这样，整个汉语语音的韵母系统是不断朝着单元音方向发展的。⑤ 以上学者都是从内因即语言内部各因素的互相影响、互相作用来探讨鼻音韵尾消变的原因的。

张琨探讨了语言外部因素的影响，认为是语言接触及学习的结果。他说："鼻音韵尾的消失的原因最大的可能是当汉语发展到一个新地方，当地土著学习汉语时，受到他们自己的语言影响，没有把汉语中的鼻音韵尾都清清楚楚地读出来。习以为常，在这种情况下，这些汉语方言中就发生

---

① 徐大明：《北方话鼻韵尾变异研究》，载《中国的语言学研究与应用》，上海外语教育出版社 2001 年版。

② 石林、黄勇：《汉藏语系语言鼻音韵尾的发展演变》，《民族语文》1996 年第 6 期。

③ 艾杰瑞、杨权：侗水语语音几何学：升降曲线、边缘和二态现象，《民族语文》1994 年第 2 期。

④ 郝志伦：《论汉语鼻音韵尾的演变》，《西南民族学院学报》（哲学社会科学版）2000 年第 4 期。

⑤ 马希宁：汉语方言阳声韵尾的一种演变类型：元音韵尾与鼻音韵尾的关系，《声韵论丛》第五辑，台北学生书局 1996 年版。

了鼻化作用，甚至于鼻化作用也没有了，结果就造成了鼻音韵尾的消失。异族入主中原可能发生这种结果。汉语发展到了边区更会发生这种结果。"西北、西南、山西、河北、吴语等方言的鼻化作用都可能是汉语与非汉语接触的结果。①

张吉生②《汉语韵尾辅音演变的音系理据》尝试运用音系学理论揭示汉语韵尾辅音（包括阳声韵和入声韵）演变的动因及变化规则，认为现代汉语方言不同的韵尾辅音多数是中古汉语韵尾辅音由于历时磨损而引起的非口腔化的结果。文章主要运用标记理论及非口腔化概念解释汉语辅音韵尾的演变。标记理论是试图确定有标记形式和无标记形式之间成系统的、原则性的和（经常是）带普遍性的差异的几种理论。往往越具有标记性的，越是不自然的；越是自然的，越是无标记的。根据标记理论，有标记值就是区别特征在某种语境里不太自然的取值。所谓非口腔化（debuccalization 或 deoralization）是指辅音音段失去口腔发音机制（即失去发音部位，就失去了辅音性）的音系过程。周磊③《非音节性词尾和汉语方言的阳声韵》认为"儿"的语法化是阳声韵韵尾发展变化的主要动因之一。这两篇文章的可贵之处在于对汉语鼻音韵尾演变的动因进行了理论上的有益探索④。

五　汉语鼻音韵尾的性质

汉语的音节结构可以分为声母、韵母、声调三个要素，鼻音韵尾只是韵母结构之下韵尾位置上的一个成分。前文已述，诸多学者指出汉语鼻音韵尾在历时的发展中处于消变的过程之中，并对鼻音韵尾消变的规律、原因等进行了分析。汉语鼻音韵尾之所以受到这样多的关注，原因其一，在于它可能牵涉到整个汉语语音演变的规律性问题；其二，与汉语鼻音韵尾的性质，或者说汉语音节结构的类型有关。前文已述，学者们认为普通话

①　张琨：《汉语方言中鼻音韵尾的消失》，载《"中央"研究院历史语言研究所集刊》1983年第54本第1分。

②　张吉生：《汉语韵尾辅音演变的音系理据》，《中国语文》2007年第4期。

③　周磊：《非音节性词尾和汉语方言的阳声韵》，《方言》2007年第3期。

④　张燕芬：《中古阳声韵韵尾在现代汉语方言中的读音类型》，博士学位论文，山东大学，2009年。

中的鼻音韵尾与鼻音声母性质不同，是个半鼻音。有的学者据此认为整个汉语的韵母系统都是朝着单元音方向发展的。彭泽润认为鼻音属于元音，认为汉语普通话的音节都是以元音结尾的，但是他没有对汉语鼻尾本身的特点给出说明。[1] 王志洁认为普通话音节中的鼻音韵尾从发音、声学表现及音系格局来看，性质都与鼻音声母不同，是鼻滑音而不是鼻塞音，并认为这个鼻滑音同普通话的其他三个滑音韵尾一样，是和英语音节韵尾不同的 coda，是二分韵核的一个组成成分。提出普通话的音节结构体现了同英语音节结构类型上的重大区别，普通话的音节结构只有一声一韵，是世界语言里最普通的 CV 结构，所有不同类型的韵母都是元音性的，因此所有音节在经历字词以上韵律变化之前都是地地道道的开音节。[2] 这对有关音节结构和音节重量方面的音系理论发展会有重要的参考价值。

确定汉语音节的性质，有利于解决上古汉语遗留问题，揭示历史语音演变的途径规律。如对研究上古汉语有没有鼻音韵尾就具有参考价值。杨焕典提出上古汉语没有鼻音韵尾[3]，郭锦华持不同的看法[4]。此外，整个汉语语音的韵母系统是不是不断朝着单元音方向发展的，汉语鼻音韵尾的消变是否遵循人类语言发展的 简—繁—简 过程，都与汉语音节的性质有关。

冉启斌《汉语鼻音韵尾的消变及相关问题》[5]《汉语鼻音韵尾的实验研究》[6] 两篇综述性的文章，论及的文献众多，且叙述翔实。前者主要综述了汉语鼻音韵尾演变的历史研究的方方面面，包括鼻尾消变的途径、条件、规律及原因等；后者主要总结了汉语普通话（包括某些方言）鼻音韵尾实验研究的成果，涉及单音节和语流中的鼻音韵尾的声学实验及感知实验研究，总结鼻音韵尾弱化的规律，并讨论了共时实验研究与历史演化

① 彭泽润：《鼻音的性质和类型——第四届全国现代语音学学术会议论文》，载中国科学院声学研究所《现代语音学论文集》，金城出版社 1999 年版。

② 王志洁：《英汉音节鼻韵尾的不同性质》，《现代外语》1997 年第 4 期。

③ 杨焕典：《关于上古汉语的鼻音韵尾问题》，《中国语文》1984 年第 4 期。

④ 郭锦华：《上古汉语无鼻音韵尾吗？——同杨焕典同志商榷》，《古汉语研究》1989 年第 2 期。

⑤ 冉启斌：《汉语鼻音韵尾的消变及相关问题》，载四川大学汉语史研究所编《汉语史研究集刊》第八辑，巴蜀书社 2005 年版。

⑥ 冉启斌：《汉语鼻音韵尾的实验研究》，《南开语言学刊》2005 年第 1 期。

现象之间的关系，对于研究鼻音韵尾具有很高的参考价值。

综上，对汉语方言鼻音韵尾的研究描述性成果居多，大多以叙述类型和演变途径为主。少有的探讨动因的文章虽富有启发性，但需加以验证。实验研究做得很不够。通过对演变动因的探讨分析，揭示影响语言演变的多种因素，丰富语言演变理论，这还需要将共时、历时的研究相结合，需要音系（phonology）与语音（phonetics）的相互印证，才能够使这方面的研究得到进一步的推进。

第三节　鼻音与非鼻音的对比格局

一　鼻音的量化分析

由上文分析看到，关于普通话单字音中鼻音声母及鼻音韵尾的研究成果较多，语流中鼻音韵尾的表现也有一定的成果，但缺乏系统全面的分析。方言中鼻音韵尾的研究，历时、共时层面都较多，系统研究方言鼻音声母以及鼻、边音声母分混类型的资料不多，且传统语言方法研究的居多，实验研究较少。

虽然普通话鼻音实验研究较多，但对鼻音的量化分析有不足。鼻音的声学特征主要表现在第一共振峰 F1 和反共振峰上。鼻辅音之间的差异主要取决于它们前面元音末出现的不同共振峰音渡。由于鼻音的共振峰比元音的弱，难以精准测量，而鼻化元音和鼻音韵尾更加难以测量。

前人主要从三个角度研究鼻化元音：发音、声学和感知。发音的角度主要是通过成像的方法获取小舌的张合程度及声道的几何尺寸，根据获得的数据判断声道的耦合程度并且求出声道传递函数，建立鼻化元音的数学模型。声学的角度主要是利用声学和空气动力学信号（鼻腔内气压、鼻腔内的振动、鼻流和声学信号的频域分析）获取小舌张合程度的数据，借以判断鼻化程度的强弱。其中频域分析是为了反映鼻腔总的表面积和鼻侧的鼻窦和鼻腔的耦合情况。Delattre 认为第一共振峰能量的降低是元音鼻化的主要线索；元音鼻化后在略高于第一共振峰的地方产生一对零极点而零点的位置依赖于元音的音色。Maeda 在对真实声道模型的声学模拟的基础上，对由于鼻腔耦合产生的声谱变化做了系统的研究。他认为鼻化程度越大，由鼻音共振峰引起的 F1—F2 之间的能量分布越均匀，所以频谱显得更平缓。House 和 Stevens 观察到当小舌下垂很大时，第一共振峰的能量会降低并且在 1000Hz 左右出现一个谱峰，同时在 700—1000Hz 的范围内会出现一个反共振峰。为了量化分析鼻化的程度，Maeda 提出了两个参数 N1（第一共振峰位置），N2（第一共振峰位置），用 N2 - N1 作为量化元音鼻化的声学相关物，结果只是对元音/a/和/i/有效。Marilyn Y. Chen 测量了 A1、P0、P1（1000Hz 左右能量最强的谐波）三个参数，并且使用 A1—P0，A1—P1 作为量化元音鼻化的声学相关物，但 A1—P0，A1—P1 在后高元音/u/鼻化前后的差异并不明显。①

　　普通话音系中只有/m/、/n/可以做声母，只有/n/、/ŋ/可以做韵尾，没有纯粹的鼻化元音。元音在鼻音韵尾和鼻音声母的影响下产生鼻化现象，且"鼻尾本身并不是普通话鼻韵母的必要特征"，"鼻韵母的鼻尾在许多情况下是会脱落的，这个时候，所谓'鼻音音色'就全部靠元音的鼻化来体现了"（吴宗济等②）。林茂灿、颜景助发现，韵腹元音（V）V 对鼻尾时长有影响，低元音后面的鼻尾明显地比高元音后面的鼻尾短；去声后面的鼻尾比其他三声都短，认为"鼻辅音前面元音的共振峰过渡是区分/n/和/ŋ/的最重要依据"，这一点和其他语言一样，是语言共性的表现。③

　　方强、李爱军④对普通话鼻化元音的声学信号进行了频率分析，运用声学参数 P2（2500—3000Hz 范围内共振峰的能量），并 A1—P0，A1—P1，A1—P2 作为量化元音鼻化的声学相关物，发现元音鼻化后在 250Hz 左右产生一个能量较弱的共振峰，在两个共振峰之间出现一些能量较弱的谱峰。元音鼻化后在频率域的表现与元音的音色密切相关。

　　汉语方言纷繁复杂，通音声母和鼻音韵尾各方言都有着不同的发展类型，各种类型体现出不同的制约关系。这些关系或体现为语言的共性，或表现出语言的个性，都将为普通语言学和历史比较语言学的研究提供重要

---

　　①　鲍怀翘、林茂灿：《实验语音学概要》（增订版），北京大学出版社 2014 年版。

　　②　吴宗济、林茂灿：《实验语音学概要》，高等教育出版社 1989 年版。

　　③　林茂灿、颜景助：《普通话带鼻尾零声母音节中的协同发音》，《应用声学》1992 年第 13 卷第 1 期。

　　④　方强、李爱军：《普通话鼻化元音的研究》，第六届全国现代语音学学术会议论文，2013 年，天津。

参考资料，推进语音演变理论的研究。研究鼻音声母、鼻音韵尾的特性还应该同时观照元音及其他辅音，全面系统地了解它们之间的相互影响。此外，仅凭生理、声学特征还不足以深刻地揭示鼻音等一些语音的特性，还需要借助其他的仪器，如鼻音计。[①] 我们认为鼻化度参数可以很好地量化鼻音、鼻化音。

二　鼻化度及其相关概念

鼻化度指发音时鼻腔通过的能量占整个发音能量的百分比。鼻音计（Nasolmeter Ⅱ 6400）能够自动测算口音能量及鼻音能量，实时计算鼻化度。鼻化度的计算公式为：

$$N = 100 \times n / (n + o)$$

其中 n 表示鼻音能量（nasal acoustic energy），o 表示口音能量（oral acoustic energy）。此公式实际上表示的是鼻音能量在整个口音、鼻音能量之和中所占的比例。计算出的数值在 0—100 之间，数值越大，鼻化度越高；反之则鼻化度越低。

鼻音计能实时显示鼻化度曲线。鼻化度曲线是在以鼻化度为纵轴（标度在 0—100 之间）、时间为横轴的二维平面图中显示的由鼻化度数据样点连成的曲线。鼻音计采集的是声带振动条件下的语音能量数据，鼻化度主要表示的是声带音（voiced）部分的语音鼻化程度的大小。

元音内在鼻化度（intrinsic nasality）指不同元音本身所具有的鼻化度。

通过考察北京话基础元音的内在鼻化度发现：7 个元音的内在鼻化度由大到小的排列顺序为：a: 36 > i: 10 > y: 10 > ɤ: 5 / ʅ: 5 > u: 4 > ɿ: 3（">"表示大于）。元音的内在鼻化度高低与发音舌位关系密切：舌位较低、较前则鼻化度较高；舌位较高、较后则鼻化度较低。[②] 声母、声调及语速对元音鼻化度都有影响。

---

① 王志洁（1996）运用鼻音计对普通话鼻音提取了鼻化度，而对元音等鼻音之外的音段音位的鼻化度没有研究，没有研究音节内部、音节之间鼻化度的相互影响，语流中鼻化率的变化特性等。

② 时秀娟、冉启斌、石锋：《北京话响音鼻化度的初步分析》，《当代语言学》2010 年第 4 期。

元音复合鼻化度。元音鼻音相连而产生变化，变化后的鼻化度称为"元音复合鼻化度"，包括元音后接鼻尾时的复合鼻化度；元音前接鼻音声母时的复合鼻化度。

带鼻尾的不同元音的鼻化度有差异，具体顺序为：

ṽ（n）：ã：43 < ũ：44 < ẽ：48 < ỹ：54 < ĩ：62（"<"表示小于，下同）

ṽ（ŋ）：ã：47/ũ：47 < ẽ：49 < ỹ：51 < ĩ：55

带前鼻音韵尾的元音/ã/、/ɤ̃/、/ũ/的鼻化度小于其带后鼻音尾时的鼻化度，高元音/ĩ/、/ỹ/相反。五个元音被前、后鼻韵尾影响后的鼻化度由大到小的排列顺序是一致的，都为：ĩ > ỹ > ɤ̃ > ũ > ã。

与元音内在鼻化度相比，元音/ĩ/、/ỹ/、/ɤ̃/的复合鼻化度位次提高，元音/ũ/的位次没变，/ã/的位次降低。/ɤ̃/的鼻化度位次提高，是跟它在鼻音韵母中的发音比在单韵母中的发音舌位降低趋央的变化有关。[1] 前、高元音/ĩ/、/ỹ/的鼻化度最高的原因可能是，带上鼻尾/－n/、/－ŋ/后，前部的开口度小，后部通向鼻腔的通道开度大了，由鼻腔出来的气流增大，鼻化度升高的幅度也就大了。

鼻音声母后不同元音的鼻化度也有差异，具体顺序为：

（n）v：ĩ：79 > ỹ：66 > ũ：48 > ɤ̃：44 > ã：40

（m）v：ĩ：77 > ũ：44 > ã：39 > ɤ̃：37

鼻音声母/m/、/n/后元音的鼻化度与元音内在鼻化度相比也都已经提高。/n/声母后元音的鼻化度大于/m/声母后元音的鼻化度。

鼻音韵尾对元音/a/、/ɤ/、/u/鼻化度的逆同化影响大于鼻音声母的顺同化影响；但前高元音/i/、/y/则正相反。汉语的音节结构中，声韵组合（nv、mv）与韵母中的主元音和韵尾的组合处于不同的层次，主元音和韵尾的组合处于声韵组合之下，而且研究表明韵尾对主元音的影响更大[2]，声韵组合较之主元音和韵尾的组合更松一些。所以鼻音声母/m/、/n/后元音/ã/、/ɤ̃/、/ũ/的鼻化度小于其带鼻音韵尾时鼻化度。但是前、高元音/i/、/y/正相反。这是因为发鼻音声母时后部鼻腔通道已打开，并

---

[1] 石锋：《北京话的元音格局》，《南开语言学刊》2002年第1期。

[2] 同上。

很快过渡到元音时，前高元音/i/、/y/的前部开口度仍较小，因此从鼻腔流出的气流量必然较大，所以鼻化度就高得多。

通音声母的鼻化对比度是量化分析一种语言（方言）中鼻音声母和非鼻音浊声母区分度的有效指标。具体方法为：

总体鼻化对比度是一种语言所有浊音声母当中鼻音声母的鼻化度平均值减去非鼻音声母的鼻化度平均值所得的差值。如北京话通音声母的总体鼻化对比度为：

$\{N\} = [N(m) + N(n)] /2 - [N(l) + N(ʐ)] /2$ 即：$(91+93) /2 - (27+25) /2 = 66$。

个体鼻化对比度就是同一语言中发音部位相同或相近的某个鼻音声母的鼻化度减去某个非鼻音声母的鼻化度所得的差值。如把北京话/l/、/r/与/n/的鼻化对比度分别代入下式：

$\{N\} x = N(n) - N(x)$。

得到：/l/与/n/的鼻化对比度为 93—27 = 66；/r/与/n/的鼻化对比度为 93—25 = 68。

鼻化对比度越大，鼻音跟非鼻音的区分越清晰，越明显；鼻化对比度越小，则鼻音跟非鼻音的区分越模糊，越含混，甚至有可能发生一定程度的音位合流现象。同一种语言或方言中的不同声母各有不同的鼻化对比度。在不同的语言和方言中，这种鼻化对比度也是会有个性差异的。

声母鼻化对比度分析作为有效的方法，对于认识鼻音边音等通音之间的关系，对于汉语方言鼻音、边音的分混及其语音实质的探讨都具有较大的实际意义，是探索鼻音特性的一个重要参量。同时，如果能够从听觉感知等方面对与鼻音有关的通音进行研究，将会使有关语音现象得到更深入的揭示。鼻化对比度的概念在某种程度上可以解释汉语方言中众多的/n/、/l/分混现象。

鼻音与口音的临界值。从语音的鼻化度数值可以看到，鼻音和口音的区分是相对的。在发音上鼻音和口音并不是简单的全有和全无的对立。各种元音都具有各自的内在鼻化度。同时，在鼻音或口音内部，不同语音各自的鼻化度也都各有差异。

鼻音、口音的区分是定性分析的结果；从定量分析的角度看，鼻音或非鼻音的鼻化度数据各自在一定范围内分布。

通过对北京话响音鼻化度的考察看到，鼻音声母和鼻音韵尾的鼻化度都在 80 以上。非鼻音方面，非鼻音浊声母/l/、/r/的鼻化度都低于 40。元音/a/鼻化度最高，为 29。鼻化度 40 可以作为非鼻音的临界值，鼻化度 80 可以作为鼻音的临界值。鼻化度在 40 以下的音在听觉上很可能一般都听为非鼻音；而鼻化度在 80 以上的音一般都听为鼻音。[①]

鼻音和非鼻音之间的连续性。鼻音的鼻化度具有相对性。鼻音的临界值为 80 左右，非鼻音的临界值在 40 左右。在这两个临界值之间存在断裂带，鼻化元音的鼻化度分布在两个临界值之间。口音和鼻音在发音生理上并不是截然二分的，它们之间存在连续性。鼻音与非鼻音的鼻化度之间形成一个断裂带。鼻化元音则是分布在这个断裂带上。

元音的内在鼻化度和复合鼻化度都在一定的范围之内，元音内在鼻化度分布在非鼻音的临界值 40 以下，元音复合鼻化度分布在鼻音临界值 80 和非鼻音临界值 40 之间的断裂带上。

三　鼻音韵尾的不同表现

关于汉语方言鼻音韵尾的消变，上文已经看到，描述性成果居多，且以叙述类型和演变途径为主。少数探讨动因的文章需加以验证。实验研究做得很不够。尚需将共时、历时的研究相结合，需要音系（phonology）与语音（phonetics）的相互印证，才能够使这方面的研究得到进一步的推动。本书全面测量典型方言点中鼻音声母和鼻音韵尾以及元音的鼻化度，客观、量化地研究鼻音韵尾正常、弱化、鼻化的不同表现，归纳总结其中的规律，以期科学解释鼻音韵尾演变的动因。

以北京话为例，单音节不同结构以及不同声调中，鼻音韵尾/‑n/和/‑ŋ/都会出现弱化、鼻化的现象，尤其是前鼻韵尾/‑n/。正常、弱化和鼻化的鼻尾鼻化度有不同的表现。我们以鼻化度数值的高低和共振峰的谱图模式为主要依据，发现鼻化度在 80 以上的是正常鼻尾；鼻尾鼻化度介于 60 到 80 之间的是弱化的鼻尾；鼻尾鼻化度低于 60 的是鼻化的鼻尾。

---

① 时秀娟、冉启斌、石锋：《北京话响音鼻化度的初步分析》，《当代语言学》2010 年第 4 期。

四 鼻音与非鼻音的对比格局

鼻音与非鼻音对比格局量化分析的主要参量就是鼻化度（Nasalance）。每一种语言和方言都有各自的语音格局。[①] 鼻音和口音的区分在一定程度上是相对的，在发音上鼻音和口音并不是简单的全有和全无的对立，这在鼻化度上有清楚的反映。鼻音和非鼻音的区分是定性分析的结果；从定量分析的角度看，鼻音或非鼻音的鼻化度数据是各自在一定范围内分布的。同时，在鼻音或口音内部，不同语音各自的鼻化度也都应各有差异。鼻音和非鼻音之间应有一个断裂带，这个区间很可能是鼻化元音以及其他特定的语音分布的范围。总体而言，鼻音与非鼻音存在系统的对比格局。通过对北京话语音的鼻化度分析总结出的鼻音与非鼻音的总体格局体，应该是汉语语音的某些共性特征。不同方言中语音的鼻化度应该有各自的个性特征。对大量方言点的语音的鼻化度进行考察，可以从类型学上进行分析，从而对汉语语音的特性有更加深入的了解。

汉语中的鼻音在音系上似乎并不复杂，但在语音上，由于其不同组合位置和语境，与鼻化音、口音及其他通音产生了纠葛，既相互区别，又相互融合。在字首跟边通音和半元音（又可称为全通音）成一类；它在字末跟半元音和/r/通音成为一类；汉语中的鼻音尾的实际表现常常为鼻化，其音系地位有待商榷。运用鼻化度的指标通过量化分析解决这种复杂的语音和音系的交错关系。

可以看到，考察一种语言（方言）鼻音与非鼻音的对比格局，事实上涉及了该语言（方言）整个的语音系统。以北京话为例，对通音声母/m/、/n/、/l/、/r/，鼻音韵尾/–n/、/–ŋ/，基础元音/a/、/i/、/u/、/y/、/ɤ/、/ɣ/、/ʅ/（"基础元音"即能做单韵母的元音[②]）、带鼻尾元音等的鼻化度进行分析，并考察音节内部、音节之间鼻化度的相互影响，语流中鼻化度的变化规律等，建立北京话中静态（单字音）和动态（语流）的鼻音与非鼻音对比格局。

汉语普通话（北京话）与方言的语音格局既有不同又有联系，北京

---

① 石锋：《北京话的元音格局》，《南开语言学刊》2002 年第 1 期。

② 同上。

话鼻音与非鼻音的对比格局可以作为研究各方言鼻音与非鼻音对比格局的重要参照，对普通话及方言进行横向、纵向对比分析，总结其共性、个性特征，在此基础上进行类型学分析。对鼻音及其他语音的鼻化度的分析不是避免孤立的原子式分析，而是把它们纳入其所在的语音系统中去分析，找出各语音单位之间的这种对应一致的关系，用量化方法描写出来，也就是音系分析的量化描写，即实验音系学（Experimental Phonology）方法，总结出汉语普通话及方言中的鼻音与非鼻音的对比格局，解决鼻音等语音研究中存在的问题。

五 汉语方言/n/、/l/分混的类型

运用鼻音计对汉语方言语音进行研究还是崭新的领域。汉语方言中分布较为普遍的鼻音声母是/m/、/n/、/ŋ/，有的方言还有/ȵ/、/ɳ/；边音的数量少，以舌尖中音/l/最为常见，极少数方言中有/ȴ/。鼻音和边音声母在汉语方言中的分布以及格局类型很不相同，有些方言中/n/与边音/l/常常发生混淆，而混淆的情况又各有不同。[①] 季云起对分与混都区分了不同的类型。[②] 从实际的语音来看，情况更为复杂，分混地区的方言往往有许多变体，涉及鼻音和边音以及鼻化的边音等。前人对有关方言中鼻音、边音的音位设立、分混的处理办法等都做过很多研究，对鼻音、边音分混的不同表现有了较为清楚的说明，但都是基于传统方法的描写、定性研究，缺乏基于科学实验解释、定量研究。运用鼻音计测量鼻通音、边通音的鼻化度，考察二者之间的关系，可以揭示鼻边音分混的类型。

声母鼻化对比度分析作为有效的方法，对于认识鼻音边音等通音之间的关系，对于汉语方言鼻音、边音的分混及其语音实质的探讨都具有较大的实际意义，是探索鼻音特性的一个重要参量。

北京话声母的总体鼻化对比度及个体鼻化对比度都较大，说明北京话鼻音声母与非鼻音声母的区分很清晰。天津话、郑州话、西宁话通音声母的鼻化对比度都比较大，说明它们与北京话一样，鼻音声母与非鼻音声母

---

① 袁家骅等：《汉语方言概要》（第二版），语文出版社 2001 年版。
② 季云起：《汉语塞音声母的格局研究——在汉藏语系大背景下的类型学观照》，博士学位论文，南开大学，2006 年。

的区分很清晰。

对长沙话、武汉话、南京话声母/n/、/l/不分的情况进行鼻化度的分析，可以划分出三种不同的类型。长沙话是/n/、/l/音位不分，/n/、/l/语音也不分，有纯粹的鼻音，无纯粹的边音；武汉话是/n/、/l/音位合为/n/，/n/、/l/语音区分，有纯粹的鼻音，也有纯粹的边音，也有一个半鼻化的 l̃；南京话是/n/、/l/音位合为/l/，无纯粹的鼻音，有纯粹的边音，有完全鼻化的边鼻音。这三种类型在/n/、/l/不分的方言中很可能具有代表意义。

六　研究价值及意义

研究鼻音声母和鼻音韵尾，可以解释汉语的语音结构及音系格局。就语音构成来看，元音音素前、后带鼻辅音在很多语言中都很普遍，但是它们在不同语言中可能具有不同的特性和音系地位。鼻音在汉语音节中既可以处在声母位置，也可以出现在韵腹之后形成鼻音韵尾音节。已经有不少研究指出，汉语鼻音声母与鼻音韵尾有不同的特点。从共时的层面上来说，实验研究显示汉语鼻音声母是一个纯粹的鼻音，而鼻音韵尾作为鼻辅音性质已不完整，而是常常发生弱化甚至丢失。从历时的层面上看，汉语方言鼻音韵尾由中古到现代的消变，与其韵尾特殊的位置及特性有关。这是汉语的重要特点，与印欧语系诸语言如英语不同。英语中的鼻音，无论处于音节首还是音节尾，其性质都一样，是完整的鼻辅音。

研究意义表现在：

（1）发展了语音学的研究方法及理论。口音和鼻音在发音生理上并不是截然二分的，它们之间存在连续现象。鼻音计（Nasolmeter）是测算分析发音时口腔能量与鼻腔能量的仪器。它分别对口腔和鼻腔能量进行采样，并做相关计算分析，再通过对实验数据的归一化处理，建立鼻音的系统格局。这对于深入了解鼻音、鼻化音的产生过程及特性具有重要意义。鼻音计实验可以提供一套汉语普通话各类语音单位的鼻化度参数、鼻化度的轨迹线，有利于更深入全面地认识了解鼻音的发音特性及汉语其他语音的特性。声母鼻化对比度分析作为有效的方法，对于认识鼻音边音等通音之间的关系，对于汉语方言鼻音、边音的分混及其语音实质的探讨都具有较大的实际意义，是探索鼻音特性的一个重要参量。这种基于语音格局的实验音系学的量化描写，数字化的音系学研究可以拓展和深化我们对语音性质和语言规律的认识；同时又可以使语音格局理论得到深化提高。

（2）有助于汉语言汉语语音史的研究。现代汉语方言从古代发展而来，由于地理环境、文化经济等原因，各个方言所处的发展阶段很不相同，保留的古音成分的多少也有差别，共时的方言空间分布的汉语方言格局类型可以透视出历时语音发展演变的轨迹。本书可以为汉语语音的深入研究提供更全面、坚实的基础，解决一些汉语语音研究中悬而未决的疑难问题，如与历时研究相结合，立足语音实验的量化分析，对汉语方言鼻音韵尾的演变与消失的原因做出科学解释；总结出/n/、/l/分混的发展变化趋势，合理解释汉语方言中/n/、/l/不分现象的实质。这对于历时语音的发展变化研究都具有积极意义。

（3）有助于全面认识汉语的音节结构和语音系统。汉语声母的发展变化与韵母及韵尾都有关。对方言/n/、/l/分混的考察与元音及鼻韵尾的考察相结合，从量化的角度深入研究元音的"鼻化"及鼻音韵尾脱落、弱化与元音类型之间的关系以及探讨鼻音韵尾的性质，对于全面认识汉语的音节结构和语音系统具有积极意义。

（4）本书研究成果可以为语音合成和识别、播音训练、普通话水平测试、语音习得、语音病理矫治、语音司法鉴定等提供参考标准和理论依据，还可以运用到少数民族语言研究之中。

第 二 章

北京话响音鼻化度的静态表现

第一节　北京话响音鼻化度的初步分析

引言

鼻音（nasal）和鼻化（nasalization）是语言中受到广泛关注的现象之一。20 世纪 70 年代在美国曾举行过鼻音、鼻化的讨论会，出版有专题论文集。研究者们对鼻音、鼻化的共性现象，鼻音本身的声学特性等方面进行了很多研究，推进了对鼻音的认识。例如 J. J. Ohala 从生理、物理角度对鼻音模式进行了探讨；J. Wright 研究了元音鼻化在感知空间中的表现；H. Clumeck 使用光鼻仪（Nasograph）研究了不同语言发元音时软腭的变化情况；M. Ruhlen 给出了鼻化元音的较多语言材料并对鼻化元音的历时演化情况进行了探讨；等等。①

一般认为，人们发鼻音时语音从鼻腔发出，发口音时语音从口腔发出。这只是一种粗略的、定性的说法。实际上，口腔和鼻腔是相互关联的，发口音时有鼻腔通道的作用，发鼻音时也有口腔通道的作用。我们对语音的感知实际上包含了口腔和鼻腔共同作用发出的声音的综合效应。那么口腔通道和鼻腔通道在发音中各自具有怎样的作用，其表现又如何呢？

本实验使用鼻音计（Nasometer）对北京话单字音中响音（包括辅音和元音）的鼻化度进行初步研究。

---

① Ferguson et al. （eds.）, *Násalfest：Papers from a Symposium on Nasals and Nasalization*, Stanford：Language Universals Project, 1975.

一　实验说明

（一）语料

本章所用的发音表为汉语普通话单音节字表。音节中的声母包括塞音、擦音、塞擦音以及流音 /m/、/n/、/l/、/r/ 等。音节中的韵母包括单元音韵母、复元音韵母以及带鼻音韵母。按普通话的声韵拼合关系组成各种音节（发音表这里从略）。

发音人为一名男性青年，年龄 22 岁，生长于北京，父母均为北京人。发音人口音纯正，无口鼻咽疾病。发音人用自然语速朗读发音字表进行录音。

录音在语音实验室进行。发音人戴上鼻音计的口鼻分音装置，有一块隔板挡在口与鼻之间，将口腔声音与鼻腔声音分开。录音时鼻音计分为口、鼻两个通道同步进行采样获取语音。同时另外进行同步的普通声学录音，以满足做相关分析的需要。

（二）分析处理

使用美国 Kay 公司生产的 Nasometer II 6400 鼻音计，利用口鼻分音装置，分别对口音和鼻音能量进行采样，并进行相关计算分析。鼻音计能够自动测算口音能量及鼻音能量，实时计算并显示鼻化度（Nasalance）曲线的图形。

鼻化度就是语音发音时鼻音化的程度。鼻化度的数值称为 N 值。N 值的计算公式为：

$$N = 100 \times n/(n + o)$$

其中 n 表示鼻音能量（nasal acoustic energy），o 表示口音能量（oral acoustic energy）。此公式实际上表示的是鼻音能量在整个口音、鼻音能量之和中所占的比例。计算出的数值在 0—100 之间，数值越大，表明鼻音能量越强，鼻化度越高；反之则鼻音能量越弱，鼻化度越低。鼻化度曲线是在以鼻化度为纵轴（标度在 0—100 之间）、时间为横轴的二维平面图中显示的由鼻化度数据样点连成的曲线。图 2—1 是发音人"娘 niáng [niaŋ]"的鼻化度曲线。

在图 2—1 中，起点处曲线很高，随后逐渐降低，到谷底后又逐渐升高。这反映出发音时从鼻音能量很高的声母 /n/ 到鼻音能量较低的元音

/i/、/a/再到鼻音能量很高的韵尾/ŋ/的鼻化度变化情况。图形中的谷值表示鼻音能量较低,峰值表示鼻音能量较高。

鼻音计还能够按设定时间步长逐点显示鼻化度数据,也能进行一定的统计分析,例如计算一段语音的鼻化度平均值及相关数据。下文的统计分析利用鼻音计的相关功能以及社会科学统计分析软件包(SPSS 10.0)完成。

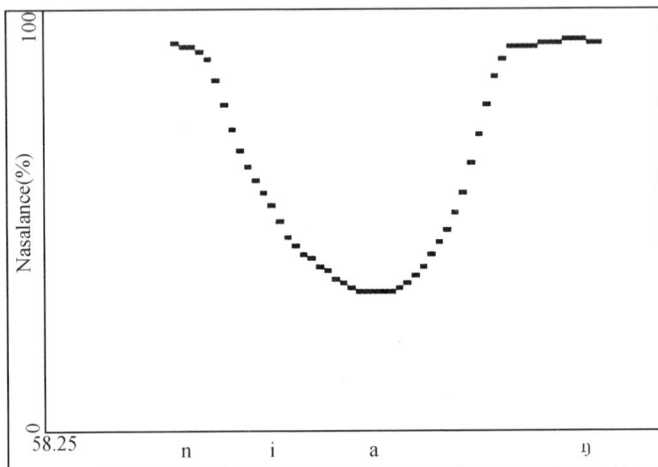

图2—1　鼻化度曲线示例(图例语音为"娘")

二　声母的鼻化对比度

(一)鼻音声母和非鼻音浊声母的鼻化度

鼻音计采集的是声带振动条件下的语音能量数据,北京话的塞音、擦音、塞擦音都是不带音(voiceless)的辅音,发音时鼻音计采集不到语音能量,所以没有数据显示,也就没有鼻化曲线。这种情况就跟声调曲线一样,带音的部分就显示出曲线,不带音的部分就是空白段。因此,鼻化度主要表示的是声带音(voiced)部分的语音鼻化程度的大小。

北京话中鼻音声母有/m/、/n/,非鼻音浊声母有/l/、/r/,它们都可以归为流音声母。在北京话单音节录音语料中选取/m/、/n/、/l/、/r/各声母的稳定段进行测量,得到不同流音声母的鼻化度数据。原始数据较多,这里给出计算得到的 N 值平均数据如表2—1所示。

表2—1 汉语北京话流音声母的鼻化度

流音声母	鼻化度平均值	样点数
m	88.7	171
n	91.3	150
l	32.4	196
r	23.9	68

从表2—1看来，两个鼻音声母的鼻化度均非常高，N值在90左右，其中/n/比/m/的鼻化度略高，N值相差2.6；两个非鼻音浊声母也有相当程度的鼻化度，N值在20—30左右，其中/l/的鼻化度高于/r/，N值相差8.5。

两个鼻音声母的N值没有达到100，两个非鼻音浊声母的N值也并非为0，说明鼻音与非鼻音的对立具有相对性。非鼻音浊声母具有相当程度的鼻化度是一个值得注意的现象，这说明鼻化度并非为鼻辅音的发音所独有。

（二）声母的鼻化对比度

北京话辅音声母除去塞音、擦音、塞擦音这些不带音的声母之外，就是鼻音声母/m/、/n/和非鼻音浊声母/l/、/r/。根据表2—1数据做出声母的鼻化度对比图（见图2—2）。从图上看来，北京话声母的鼻音和非鼻音对立非常清晰明显。我们可以引入鼻化对比度的概念来进行量化的分析。

首先可以观察鼻音声母和非鼻音浊声母的总体鼻化对比度。北京话中的鼻音声母为/m/和/n/，计算这两个声母的鼻化度平均值为（88.7 + 91.3）/2 = 90。非鼻音浊声母为/l/和/r/，计算这两个声母的鼻化度平均值为（32.4 + 23.9）/2 = 28.2。可以看到，北京话中鼻音声母与非鼻音浊声母的鼻化对比度为90 - 28.2 = 61.8。这个数值表示的是一种语言（方言）中所有鼻音声母和非鼻音声母各自平均鼻化度的差值，显示了北京话中鼻音声母与非鼻音浊声母的总体鼻化对比度。它是对一种语言（方言中）鼻音声母和非鼻音声母总体对比特征的反映，是鼻音与非鼻音区分的重要标志。

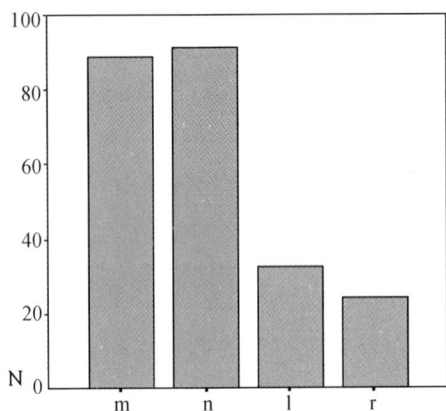

图2—2　汉语北京话流音声母的鼻化度对比图

　　其次可以观察具体语音的鼻化对比度。为便于比较，一般都在相同或相近的发音部位上计算鼻化对比度。在北京话中，/n/与/l/、/r/发音部位接近（均用到舌尖部位），因此可以进行对比分析。计算/n/与/l/的鼻化度差值为 91.3 – 32.4 = 58.9，这是/n/与/l/的鼻化对比度。计算/n/与/r/的鼻化度差值为 91.3 – 23.9 = 67.4，这是/n/与/r/的鼻化对比度。可以看到/l/与/r/的鼻化对比度是不同的，/l/的鼻化度大于/r/的鼻化度。单个语音的鼻化对比度与总体的鼻化对比度具有联系，但是它们表现的意义有所不同。单个语音的鼻化对比度显示的是具体声母的特征，反映了不同声母的个体差异。单个语音的鼻化对比度是不同声母的重要量化标志。

　　从上面的分析不难看出，鼻化对比度越大，鼻音跟非鼻音的区分越清晰，越明显；鼻化对比度越小，则鼻音跟非鼻音的区分越模糊，越含混，甚至有可能发生一定程度的音位合流现象。同一种语言或方言中的不同声母各有不同的鼻化对比度。在不同的语言和方言中，这种鼻化对比度也是会有个性差异的。

三　元音的内在鼻化度

（一）不同元音的鼻化度差异

一般认为，口音和鼻音是两种不同性质的语音单位，然而实验表明口元音都具有不同程度的鼻化度。北京话有七个基础元音，即/a/、/i/、/u/、/y/、/ɤ/、/ɣ/、/ʅ/（"基础元音"，即能做单韵母的元音①），这里任意选取七个基础元音的鼻化曲线（其声母均为塞音、擦音或塞擦音），并放在一起作为示例（图2—3）。

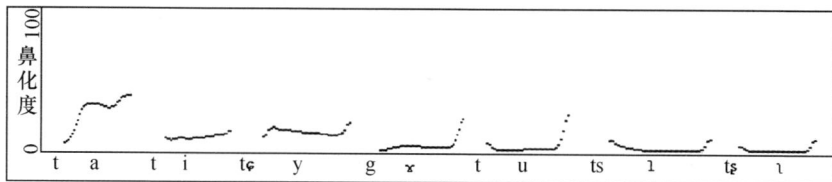

图2—3　汉语北京话基础元音的鼻化度曲线

从上图可以看出，从舌面元音/a/、/i/、/u/到舌尖元音/ɣ/、/ʅ/，都没有鼻化度数值为0的情况。元音/a/的鼻化度曲线位置是最高的；而/ʅ/的位置是最低的。这是两种最典型的形式。其他元音的曲线位置都分布于/a/与/ʅ/二者之间。

上述元音所处的环境（前面的声母和后面的韵母）均没有鼻音出现，表明它们所具有的 N 值并不是受其他语音成分的影响而产生的。结合上面流音声母的情况来看，鼻化度虽然是鼻音能量大小的反映，但它也存在于非鼻音之中。换言之，存在不同程度的鼻化度实际上是各种语音的普遍现象。

（二）元音的内在鼻化度（intrinsic nasality）

我们对发音字表中塞音、擦音、塞擦音声母之后的所有单元音（也就是一级元音）的鼻化度进行了测量。流音/m/、/n/、/l/、/r/等可能会对后接元音的鼻化度产生较大影响，这里没有包括在内，留待另文讨论。测量时选取鼻化曲线稳定的段落进行取值，对所测得的数据分别计算各个一级元音的 N 值平均值，得到结果列为表2—2。

---

① 石锋：《北京话的元音格局》，《南开语言学刊》2002 年第 1 期。

表 2—2   汉语北京话一级元音的鼻化度

元音	平均 N 值	样点数
a	36.2	221
i	10.4	160
y	9.7	67
ɤ	4.5	242
u	4.1	393
ɿ	5.0	54
ʅ	3.0	67

从表 2—2 看来，元音/a/的鼻化度是最高的，达到 36.2，远远高出其他元音。元音/ɤ/最低，只有 3.0。这个结果与图 2—3 鼻化度曲线图形的直观表现是一致的。对于舌面元音，前低元音/a/的鼻化度最高，前高元音/i/、/y/的鼻化度较低；后元音/u/、/ɤ/的鼻化度最低。舌尖元音总体来看都较低，其中舌尖前元音/ɿ/略高于舌尖后元音/ʅ/。

如果将元音分为舌面元音和舌尖元音两类，那么对于舌面元音，舌位高低是主要的决定因素，对 N 值的变化影响较大；舌位前后是次要的因素，对 N 值的变化影响较小。圆唇与否则对 N 值的影响最小。总体看来，舌位越前、越低则鼻化度越高；舌位越后、越高则鼻化度越低。这种趋势是比较明显的。对于舌尖元音，则是舌尖前元音鼻化度略高于舌尖后元音。这跟舌面元音的表现一致。总结如下：

（1）高元音鼻化度较低，低元音鼻化度较高；

（2）前元音鼻化度较高，后元音鼻化度较低；

（3）舌尖元音鼻化度都比较低，二者差别不大。

由于这里测量的都是单元音韵母，声母没有鼻音存在，所以不同元音具有的鼻化度并不是由外界条件引起的，而是一种内在现象。我们把不同元音本身所具有的鼻化度称为元音的内在鼻化度（intrinsic nasality）。这正如不同元音具有各自的内在音高一样，是语音本身固有的一种现象。在不同的语言和方言中，元音的内在鼻化度应该具有共性的表现。

不同元音的内在鼻化度应该具有一定生理上的原因。发前、低元音时，口腔前部打开，肌肉控制主要发生在口腔前部位置，这时对口腔后部的控制较弱，软腭、小舌更容易自然下垂。而发后、高元音时，口腔前部打开较小，肌肉控制主要发生在口腔后部，气流正好从舌面后部和软腭之间的通道通过，这种状态更容易使软腭和小舌保持在目标位置。Moll[1]、Ohala[2]、Clumeck[3]等都曾通过实验研究指出"中、低元音在发音时软腭降低的可能性更大"[4]。

（三）鼻音与口音的临界值与断裂带

在音素分析上，一般认为鼻音和口音是截然二分的。一个音要么是鼻音，要么是口音，二者处于两极。在区别特征分析中，雅可布逊、乔姆斯基、拉迪福吉德等提出的特征都有鼻音性（+nasal）/口音性（oral，或非鼻音性 -nasal）的对立。[5]

从以上得到的声母和元音的鼻化度数值可以看到，鼻音和口音的区分在一定程度上是相对的。在发音上鼻音和口音并不是简单的全有和全无的对立。鼻音的鼻化度并不是 100，而口音的鼻化度也不是 0。各种元音都具有各自的内在鼻化度。同时，在鼻音或口音内部，不同语音各自的鼻化度也都各有差异，例如鼻音/m/和/n/的鼻化度并不完全相等；元音/a/和/ɤ/的鼻化度则相差更大，达到 30 以上。鼻音、口音的区分是定性分析的结果；从定量分析的角度看，鼻音或非鼻音的鼻化度数据是各自在一定范围内分布的。

依据本章的初步数据，非鼻音方面，元音里的/a/鼻化度最高，为 36.2；流音中的/l/鼻化度最高，为 32.4。所以 N 值 40 可以作为非鼻音的

①　Moll, K. L. , "Velopharyngeal Closure on Vowels", *Journal of Speech and Hearing Research*, Vol. 5, 1962.

②　Ohala, J. J. , "Phonetics Explanations for Nasal Sound Patterns", In C. Ferguson et al. (eds.), *Násalfest: Papers from a Symposium on Nasal and Nasalization*, Stanford: Language Universals Project, 1975.

③　Clumeck, Harold, "A Cross-linguistic Investigation of Vowel Nasalization: An Instrumental Study", In C. Ferguson et al. eds. , *Násalfest: Papers from a Symposium on Nasals and Nasalization*, Stanford: Language Universals Project, 1975.

④　Hess, Susan, "Universals of Nasalization: Development of Nasal Finals in Wenling", *Journal of Chinese Linguistics*, No. 1, 1990.

⑤　吴宗济、林茂灿：《实验语音学概要》，高等教育出版社 1989 年版。

临界值。鼻音方面，/m/的鼻化度略低，也在 88.7。因此 N 值 80 可以作为鼻音的临界值。鼻化度在 40 以下的音在听觉上很可能一般都听为非鼻音；而鼻化度在 80 以上的音一般都听为鼻音。实际上，语言听觉属于范畴感知（categorical perception），范畴感知常常会忽略较为次要的信息，而将感知对象纳入主观已经存在的范畴之中。[①]

从临界值的角度分析，非鼻音的 N 值在 40 以下，鼻音的 N 值在 80 以上。这样，在 40 和 80 之间有一个断裂带。这如同塞音的 VOT 值一样，在不送气音和送气音之间存在约 40 毫秒以上的隔离带。[②] 鼻音和非鼻音之间的断裂带达到 N 值 40，这个区间很可能是鼻化元音以及其他特定的语音分布的范围。为此，我们又进行了下面的考察。

四　鼻化元音的鼻化度分布

（1）鼻化元音的鼻化度：北京话中没有鼻化元音，但是一般认为带鼻音韵尾的元音会受到韵尾的影响而发生鼻化现象。例如/an/中的元音会成为鼻化元音/ã/。在北京话中，两个舌尖元音/ʅ/、/ɿ/不能带鼻音韵尾。根据语料，我们选择带后鼻音的韵母，考察/aŋ/、/əŋ/、/iŋ/、/uŋ/和/yŋ/[③]五个韵母中元音的鼻化度。测量时选取元音鼻化的段落，计算得到 N 值平均值如表 2—3 所示。

表 2—3　　　　　　汉语北京话带鼻音韵尾元音的鼻化度

韵母中的元音	平均 N 值	样点数
ã (ŋ)	71.3	90
ə̃ (ŋ)	50.4	88
ĩ (ŋ)	47.2	62
ỹ (ŋ)	45.5	97
ũ (ŋ)	42.1	148

---

① 王士元：《实验语音学讲座》，载《语言学论丛》第十一辑，商务印书馆 1983 年版。

② 石锋：《苏州话浊塞音的声学特征》，《语言研究》1983 年第 1 期。

③ 韵母/iŋ/、/uŋ/和/yŋ/应分别为/iəŋ/、/uəŋ/和/yəŋ/，中间的/ə/在第一声和第四声发音时成为过渡音。

在带后鼻音韵尾的元音中，前、低元音/ã/的鼻化度最高，达到71.3；其次是中元音/ə̃/为50.4。以下依次是三个高元音/ĩ/、/ỹ/、/ũ/，都在40以上。这里的数据与表2—2北京话一级元音的鼻化度有大致的对应关系，都是舌位较低的元音鼻化度较高。其中元音/ə̃/的鼻化度位次提高，是跟它在鼻音韵母中的发音比在单韵母中的发音舌位降低趋央①的变化有关。

（2）鼻音和非鼻音之间的连续性，上节曾提出鼻音与非鼻音的临界值分别为80和40。这里测得的鼻化元音N值都在40以上，80以下，正好位于鼻音和非鼻音的两个临界值之间。这说明鼻音和非鼻音的断裂带之间并不是空白区，鼻化元音作为鼻音和非鼻音之间的一类语音，正好分布在这个断裂带里。从定量分析的角度看，鼻音和口音处于两极，中间存在有一个鼻化度从高到低逐渐变化的连续统（continuum）。鼻音和非鼻音之间是一种连续状态。

（3）关于不同元音鼻化时的特点，王力先生曾讲过："普通语音学证明，高元音不容易鼻化。"② 冯颖雅（Fung）曾用口、鼻气流量的方法研究北京话和香港粤语单音节鼻韵母中的鼻化现象，认为"低元音最容易鼻音化"③；北京话中从高元音向中元音到低元音，鼻化的比例逐步升高。这些结论与本节的实验结果是一致的。

根据对汉语方言中鼻音韵尾的消变情况进行的考察研究，一般认为鼻尾的消变与元音的高低相关，低元音后的鼻音韵尾更容易消变。④⑤⑥ 从本节得到的不同元音的鼻化程度来看，历时的演变情况与共时的表现是相互对应的。

（4）依据本节实验数据初步得出的鼻化度和断裂带数值，还有待于

---

① 石锋：《北京话的元音格局》，《南开语言学刊》2002年第1期。

② 王力：《王力语言学论文集》，商务印书馆2000年版。

③ Fung, Wing-Nga, "A Physiological Analysis of Vowel Nasalization", In Beijing Mandarin and Hong Kong Contonese,《新世纪的现代语音学——第五届全国现代语音学学术会议论文集》，清华大学出版社2001年版。

④ Chen, M. Y., "An Areal Study of Nasalization in Chinese", *Journal of Chinese Linguistics*, No. 1, 1975.

⑤ 王洪君：《阳声韵在山西方言中的演变》（下），《语文研究》1992年第1期。

⑥ 冉启斌：《汉语鼻音韵尾的实验研究》，《南开语言学刊》2005年第1期。

更多语言材料和实验的验证、完善。另外，如果能够从听觉方面得到证实，那将更加理想。

五　结语

本节利用鼻音计对汉语北京话单元音和流音声母的鼻化度进行了考察，得到了普通话四个流音声母和七个单元音及五个鼻化元音的鼻化度数据，并就相关问题进行了讨论，得到一些初步看法。

鼻化对比度的高低是鼻音声母与非鼻音浊声母之间的区分程度的重要表现。同一种语言或方言中的不同声母各有不同的鼻化对比度。在不同的语言和方言中，这种声母的鼻化对比度会表现出个性差异。

不同元音具有各自的内在鼻化度。内在鼻化度的高低与元音的舌位有关。舌位越低、越前，鼻化度越高；舌位越高、越后，鼻化度越低。元音的内在鼻化度是语音本身固有的一种现象。在不同的语言和方言中，元音的内在鼻化度应该具有共性的表现。

鼻音的鼻化度具有相对性。鼻音的临界值为 N 值 80 左右，非鼻音的临界值在 N 值 40 左右。在这两个临界值之间存在断裂带，鼻化元音的 N 值分布在两个临界值之间。口音和鼻音在发音生理上并不是截然二分的，它们之间存在连续性。

考察语音的鼻化度，分析鼻音成分和口音成分各自的作用，对于深入了解语音的产生过程具有重要意义。本节的分析结果对于深入认识语音现象的内在规律有较大的参考价值，同时在语音病理矫治、语音工程研究方面也会有一定作用。通过鼻化度的表现考察语音的共时和历时变化，进行方言对比以及类型学分析等，我们将另文讨论。

第二节　元音内在鼻化度和复合鼻化度

引言

元音内在鼻化度是元音本身独立所具有的鼻化度，反映了不同元音发音时软腭变化的不同情况。由于元音内在鼻化度是元音不受其他语音的影响而未发生音质的改变时的鼻化度，所以也可以称为单质鼻化度。在不同的发音人甚至不同的语言和方言中，元音的单质或同质鼻化度应该具有共

性的表现。与此相对,元音与鼻音音素相连从而产生音质变化即鼻化的鼻
化度称为复合鼻化度,也可称为异质鼻化度。汉语普通话中有两种情况,
一是元音与鼻音声母相拼时产生鼻化,二是与鼻音韵尾相连产生鼻化。这
两种情况下已经鼻化了的元音的鼻化度都可称为复合鼻化度。我们曾考察
北京话元音的内在鼻化度和带鼻音韵尾的鼻化后元音的鼻化度(即元音
的复合鼻化度)以及通音声母的鼻化度,确定了鼻音和非鼻音的临界值
的大致范围。没有考察元音与鼻音声母相拼时的复合鼻化度以及鼻音韵尾
的鼻化度,发音人也只有一位。

元音内在鼻化度值其实就是口元音的“鼻化”程度的量化值,元音
复合鼻化度就是鼻化元音“鼻化”程度的量化值。口元音都有一定程度
的鼻化度,鼻音的鼻化度也非100,证明口音、鼻音的划分是一种定性的
分类,事实上口腔和鼻腔是相互关联,发口音时有鼻腔通道的作用,发鼻
音时也有口腔通道的作用。我们对语音的感知实际上包含了口腔和鼻腔共
同作用发出的声音的综合效应。本节进一步分析汉语北京话元音的内在鼻
化度和复合鼻化度,考察二者的本质特征,对元音的“鼻化”进行进一
步的量化分析。

一 实验设计及发音人

鼻化度(Nasalance)就是语音发音时鼻音化的程度,是鼻音能量在
整个口音、鼻音能量之和中所占的比例。鼻化度的计算公式为:

$N = 100 \times n / (n + o)$

其中 n 表示鼻音能量(nasal acoustic energy),o 表示口音能量(oral
acoustic energy)。此公式实际上表示计算出的数值在 0—100 之间,数值
越大,表明鼻音能量越强,鼻化度越高;反之则鼻音能量越弱,鼻化度
越低。

本节发音人为 10 名北京青年(5 男 5 女),年龄均在 20—22 岁,父
母均为北京人。发音人口音纯正,无口鼻咽疾病。发音表为汉语普通话单
音节字表,按普通话的声韵拼合关系组成的各种音节,可以满足考察元音
内在鼻化度、元音复合鼻化度以及通音声母和鼻音韵尾鼻化度的要求。录
音在语音实验室进行。录音及分析仪器为 Kay Nasometer Ⅱ 6400 鼻音计。
发音人戴上鼻音计的口鼻分音装置,有一块隔板挡在口与鼻之间,将口腔

声音与鼻腔声音分开。录音时鼻音计分为口、鼻两个通道同步进行采样获取语音。

二　元音内在鼻化度

（一）元音内在鼻化度与元音舌位的关系

表 2—4 为 10 位发音人七个单韵母（即基础元音[①]）鼻化度（即上文所说的"元音内在鼻化度"或"单质鼻化度"）的数据。由表 2—4 中 10 位发音人七个元音的内在鼻化度平均值来看，/u/、/y/ 及舌尖元音 /ɿ/、/ʅ/ 的内在鼻化度较低，基本都不超过 10，标准差都较小，在 2—6 之间，数据较集中，说明发音较为稳定；/a/、/i/、/y/ 的较高，基本在 20—30 之间，标准差都较大，在 6—10 之间，数据较分散，说明发音较为灵活。10 位发音人七个基础元音的内在鼻化度平均值由大到小的排列顺序为：/a/ > /i/ > /y/ > /ɿ/ > /ʅ/ > /u/ > /ɤ/。可以清楚地看到元音内在鼻化度与元音的舌位有关。舌位较低、较前鼻化度较高，舌位较高、较后鼻化度较低。北京话一级元音鼻化度的高低与舌位的对应关系见图 2—4。这与时秀娟等[②]所观察到的完全一致。

表 2—4　　　　　　　　　　北京话元音的内在鼻化度

发音人	a	i	y	ɤ	u	ɿ	ʅ
1	37 (3.0)	10 (2.8)	10 (4.1)	4 (0.7)	4 (1.1)	5. (2.0)	3 (0.1)
2	31 (3.4)	32 (6.2)	13 (3.8)	8 (0.8)	7 (1.2)	12 (2.8)	10 (1.8)
3	17 (1.3)	40 (7.1)	28 (6.3)	9 (0.8)	13 (3.5)	11 (2.6)	13 (5.0)
4	31 (1.3)	19 (4.4)	19 (4.2)	9 (1.3)	7 (2.1)	10 (1.4)	13 (1.3)
5	34 (1.9)	38 (5.8)	34 (1.4)	10 (1.3)	9 (1.7)	20 (7.6)	16 (1.9)
6	32 (7.2)	12 (3.7)	6 (1.9)	4 (1.1)	4 (1.3)	4 (0.6)	4 (0.7)
7	19 (2.6)	22 (8.0)	16 (1.1)	6 (1.2)	4 (2.6)	8 (2.6)	6 (2.7)
8	29 (4.8)	27 (3.2)	20 (2.6)	8 (0.3)	15 (8.5)	11 (2.6)	9 (0.9)

---

① 石锋：《北京话的元音格局》，《南开语言学刊》2002 年第 1 期。

② 时秀娟、冉启斌、石锋：《北京话响音鼻化度的初步分析》，《当代语言学》2010 年第 4 期。

续表

发音人	a	i	y	ɤ	u	ʅ	ɿ
9	26（2.8）	22（8.9）	20（8.5）	9（1.9）	11（4.0）	18（7.1）	24（6.8）
10	36（0.8）	33（3.2）	25（2.9）	6（2.4）	14（2.2）	9（1.3）	11（1.4）
平均值	29（6.7）	25（10.3）	19（8.3）	7（2.0）	9（4.3）	11（4.9）	11（6.1）

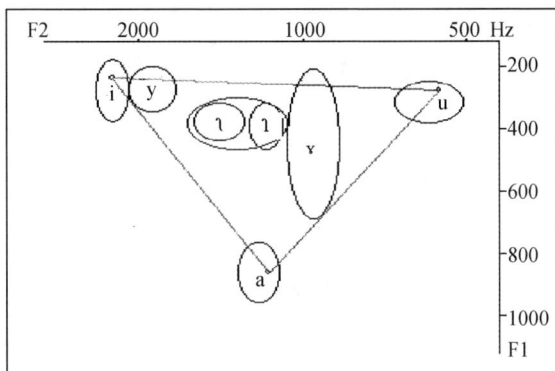

图2—4　北京话基础元音声位图（石锋，2002）

依据表2—4中10位发音人七个基础元音的鼻化度平均值做出的柱状图（见图2—5）显示，/a/、/i/、/y/与/u/、/ɤ/、/ʅ/、/ɿ/处于两个不同阵营，一高一低，其中/a/最高，/ɤ/最低，/u/仅次于/ɤ/，也很低。但同为高元音，前高元音/i/、/y/的鼻化度也较高。分别来看表2—4中十位发音人七个元音内在鼻化度数据的各自排序发现，有六位发音人元音/a/的鼻化度是最大的，有四位发音人元音/i/的鼻化度是最大的，除9号发音人外，其他九位发音人都是/y/元音排在第三位。另外，有五位发音人元音/u/的鼻化度最小，有四位发音人元音/ɤ/的鼻化度最小，一位发音人的舌尖后元音/ʅ/最小。

时秀娟等①还提到，不同元音的内在鼻化度的不同大致与生理发音机制相对应。发低元音时，舌腭肌使得舌体下降，同时也使得软腭稍降，因

---

① 时秀娟、冉启斌、石锋：《北京话响音鼻化度的初步分析》，《当代语言学》2010年第4期。

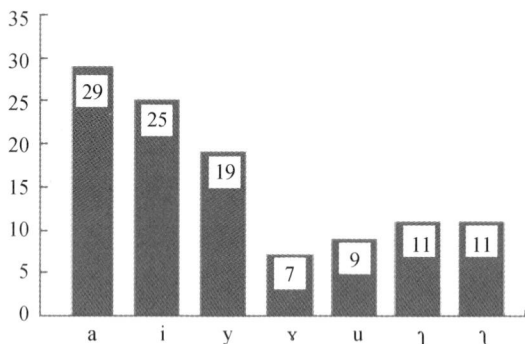

图2—5 北京话元音的内在鼻化度平均值柱状图

此发音时往往伴有一定开度鼻咽通道，发高元音时，鼻咽通道被阻塞。[①] Moll[②]、Ohala[③]、Clumeck[④] 等都曾通过实验研究指出"中、低元音在发音时软腭降低的可能性更大"[⑤]。综合10人的实验数据来看，低元音发音机制与鼻化度大小是对应的，但是高元音的情况就要具体分析。高元音鼻化度的大小还与舌位的前后有关，后高元音/u/的鼻化度较小，基本符合上述生理机制，前高元音/i/、/y/的鼻化度较大，似乎不符合上述生理机制。[⑥] 汉语方言中鼻韵尾增生现象颇受关注，学者们多论及"高元音容易

① 吴宗济、林茂灿：《实验语音学概要》，高等教育出版社1989年版。

② Moll, K. L., "Velopharyngeal Closure on Vowels", *Journal of Speech and Hearing Research*, Vol. 5, 1962.

③ Ohala, J. J., "Phonetics Explanations for Nasal Sound Patterns", In C. Ferguson et al. (eds.), *Násalfest: Papers from a Symposium on Nasal and Nasalization*, Stanford: Language Universals Project, 1975.

④ Clumeck, Harold, "A Cross-linguistic Investigation of Vowel Nasalization: An Instrumental Study", In C. Ferguson et al. eds., *Násalfest: Papers from a Symposium on Nasals and Nasalization*, Stanford: Language Universals Project, 1975.

⑤ Hess, Susan, "Universals of Nasalization: Development of Nasal Finals in Wenling", *Journal of Chinese Linguistics*, No. 1, 1990.

⑥ 由于普通话低元音无前后之分，所以低元音鼻化度的大小是否与前后有关还无法确认。只有待考察其他语言或方言中的相关元音之后才能得知。

增生鼻尾"①②③④。高元音/i/、/y/的鼻化度较大似乎与增生鼻尾有关联。下文详述。

（二）元音内在鼻化度的人际差异

仔细观察表2—4，还发现在鼻化度较大的元音/a/、/i/、/y/中，十位发音人的数据也有差异。有三位发音人（1、4、6号）/i/、/y/的鼻化度在20以下，两位发音人（2、7号）/y/的鼻化度在10—20之间，两位发音人（3、7号）/a/的鼻化度在20以下。在鼻化度较小的元音/u/、/ɤ/、/ɿ/、/ʅ/中，十位发音人的表现较为一致，鼻化度都不超过20，还有很多都在10以下。表明在鼻化度较大的元音/a/、/i/、/y/中，发音人的鼻化度更不稳定，而在鼻化度较小的元音/u/、/ɤ/、/ɿ/、/ʅ/中，发音人的鼻化度较稳定。一方面这可能是因为由于发音时舌腭开合的状态更加灵活，形成不同发音习惯；另一方面发音器官是先天的，不同的人小舌及悬雍垂的大小不一，这两方面造成鲜明的个性差异。

由上文分析可以看到，元音内在鼻化度的大小首先与舌位的高低有关，低元音的鼻化度大于高元音的鼻化度；其次与舌位的前后也有关，前元音的鼻化度大于后元音的鼻化度。另外元音内在鼻化度的个体差异也较明显。另一方面我们也看到，没有一个口元音的内在鼻化度为0，即口元音也都有一定的"鼻化"成分。

三　元音复合鼻化度

元音与其他音素（汉语中主要为鼻音声母和鼻音韵尾）相连而产生质的变化，变化后的鼻化度称为"元音复合鼻化度"，也叫元音异质鼻化度。

（一）元音后接鼻尾时的复合鼻化度

吴宗济等认为："元音鼻化是普通话鼻韵母的必要特征。"⑤ 鼻音韵尾

---

① 徐越：《浙北杭嘉湖方言语音研究》，中国社会科学出版社2007年版。
② 魏刚强：《汉语高元音的鼻音化》，中国语言学会第十五届学术年会论文提要，2010年。
③ 张燕芬：《中古阳声韵韵尾在现代汉语方言中的读音类型》，博士学位论文，山东大学，2009年。
④ 袁丹：《汉语方言中的鼻尾增生现象》，《语文研究》2014年第3期。
⑤ 吴宗济、林茂灿：《实验语音学概要》，高等教育出版社1989年版。

不是孤立的，对前面的韵腹元音会有影响。北京话中没有鼻化元音，带鼻尾的元音会发生不同程度的鼻化现象。选择带前、后鼻音尾的韵母，考察/an/、/ɤn/、/in/、/un/、/yn/、/aŋ/、/ɤŋ/、/iŋ/、/uŋ/、/yŋ/[①]韵母中五个元音的鼻化度。测量时选取元音鼻化的段落，计算得到鼻化度平均值如表2—5所示（10人的数据见附录，下同）。

表2—5   北京话元音后接鼻音韵尾时的复合鼻化度

元音	ã (n)	ɤ̃ (n)	ĩ (n)	ũ (n)	ỹ (n)
平均值（标准差）	43 (4.9)	48 (9.1)	62 (14.7)	44 (12.2)	54 (15.6)
元音	ã (ŋ)	ɤ̃ (ŋ)	ĩ (ŋ)	ũ (ŋ)	ỹ (ŋ)
平均值（标准差）	47 (7.8)	49 (3.5)	55 (11.9)	47 (6.9)	51 (9.7)

由表2—5可以看出，10位发音人带鼻音韵尾的元音的鼻化度与其内在鼻化度相比，都已经提高，大都已超过临界值40，成为鼻化元音。前、后鼻尾对元音鼻化度的影响又稍有区别。总体上看，带前鼻音尾的元音/ã/、/ɤ̃/、/ũ/的鼻化度小于其带后鼻音尾时的鼻化度，高元音/ĩ/、/ỹ/相反。但五个元音被前、后鼻韵尾影响后的排列顺序是一致的，都为：/ĩ/＞/ỹ/＞/ɤ̃/＞/ũ/＞/ã/。

这里的数据与表2—4北京话基础元音的内在鼻化度相比，其元音/ɤ̃/的鼻化度位次提高，/ã/的位次降低，其余元音位次没变。/ɤ̃/的鼻化度位次提高，是跟它在鼻音韵母中的发音比在单韵母中的发音舌位降低趋央（参见石锋[②]）的变化有关。/ã/的位次降低可能与其后鼻尾弱化或脱落有关。前、高元音/ĩ/、/ỹ/的鼻化度最高的原因可能是，带上鼻尾/－n/、/－ŋ/后，声腔后部的鼻音通道开放，前部的开口度小，由鼻腔出来的气流增大，鼻化度升高的幅度也就大了。

（二）元音前接鼻音声母时的复合鼻化度

鼻音声母/m/、/n/后元音的也会受到声母的影响，带上鼻化色彩，

① 韵母/in/、/iŋ/；/un/、/uŋ/和/yn/、/yŋ/应分别为/iən/、/iəŋ/；/uən/、/uəŋ/和/yən/、/yəŋ/，中间的/ə/在第一声和第四声发音时成为过渡音。

② 石锋：《北京话的元音格局》，《南开语言学刊》2002年第1期。

鼻化度也会有变化。我们测量了nv、mv（NV音节）组合中单元音的鼻化度。数据见表2—6。

由表2—6看到，鼻音声母/m/、/n/后元音的鼻化度与单元音相比也都已经提高。由平均值来看，/n/声母后元音的鼻化度大于/m/声母后元音的鼻化度。在/n/声母后，五个元音鼻化度由大到小的排列顺序为：/ĩ/＞/ỹ/＞/ũ/＞/ɤ̃/＞/ã/；在/m/声母后，顺序为/ĩ/＞/ũ/＞/ã/＞/ɤ̃/。

表2—6　　　　　　　北京话元音前接/n/、/m/时的复合鼻化度

元音	(n) ã	(n) ĩ	(n) ɤ̃	(n) ũ	(n) ỹ
平均值（标准差）	40 (6.6)	79 (9.5)	44 (12.2)	48 (12.6)	66 (13.1)
元音	(m) ã	(m) ĩ	(m) ɤ̃	(m) ũ	/
平均值（标准差）	39 (4.0)	77 (12.4)	37 (8.5)	44 (13.4)	/

由表2—6，结合上文可知，鼻音韵尾对元音/a/、/ɤ/、/u/鼻化度的逆同化影响大于鼻音声母的顺同化影响；但前高元音/i/、/y/则正相反。汉语的音节结构中，声韵组合（nv、mv）与韵母中的主元音和韵尾的组合处于不同的层次，主元音和韵尾的组合处于声韵组合之下，而且研究表明韵尾对主元音的影响更大[①]，声韵组合较之主元音和韵尾的组合更松一些。所以鼻音声母/m/、/n/后元音/ã/、/ɤ̃/、/ũ/的鼻化度小于其带鼻音韵尾时鼻化度。但是前、高元音/i/、/y/正相反。这是因为发鼻音声母时后部鼻腔通道已打开，很快过渡到元音时，前高元音/i/、/y/的前部开口度仍较小，因此从鼻腔流出的气流量必然较大，所以鼻化度就高得多。

（三）前接鼻音声母后接鼻音韵尾时的元音复合鼻化度

考察前接鼻音声母后接鼻音韵尾时的元音/a/、/i/和/ə/的复合鼻化度，发现规律相当一致，总结如下：

m (i) n：71＞m (e) n：51＞m (a) n：47；

m (i) ng：70＞m (e) ng：56＞m (a) ng：50；

n (i) n：77＞n (e) n：52＞n (a) n：50；

---

① 石锋：《北京话的元音格局》，《南开语言学刊》2002年第1期。

n（i）ng：74＞n（e）ng：60＞n（a）ng：57＞n（o）ng：54；

即：m/n＋（i）＋n/ng＞m/n＋（e）＋n/ng＞m/n＋（a）＋n/ng，而且当声母相同时，元音/a/和/ə/带前鼻尾时的鼻化度小于其带后鼻尾时的鼻化度，高元音/i/正好相反。

由于元音的前后都有鼻音的影响，我们看到，此处的元音的复合鼻化度都大于表2—5和表2—6中元音的复合鼻化度。处于鼻音声母和鼻音韵尾之间的/i/元音的复合鼻化度最大，70多，接近鼻音的临界值80。如加上标准差的话，都超出了80。

四　与元音复合鼻化度相关的因素

（一）元音的复合鼻化度与内在鼻化度

把元音内在鼻化度与四种情况下的元音复合鼻化度放在一起进行比较，分析元音内在鼻化度和复合鼻化度之间的关系。图2—6即为由表2—4至表2—6中的数据形成的比较图。

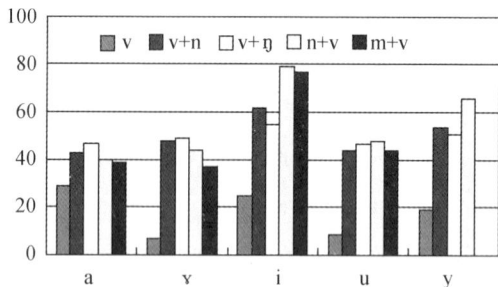

图2—6　北京话元音的内在鼻化度与
复合鼻化度平均值比较图

图2—6直观显示，同一元音的复合鼻化度都大于自身的内在鼻化度。由上文已知，不包括两个舌尖元音，五个元音的内在鼻化度由大到小的排列顺序为：/a/＞/i/＞/y/＞/u/＞/ɤ/，由上文的分析可知，元音复合鼻化度四中情况下的排序如下：

/-n/、/-ŋ/前：/ĩ/＞/ỹ/＞/ɤ̃/＞/ũ/＞/ã/；

/n/后：/ĩ/＞/ỹ/＞/ũ/＞/ɤ̃/＞/ã/；

/m/后：/ĩ/＞/ũ/＞/ã/＞ ̃ɤ/。

显然，元音复合鼻化度排序都显示/ã/和/ ̃ɤ/的位次都排得较靠后。与内在鼻化度相比，/ ̃ɤ/的鼻化度位次已经提高，是因为它在鼻音韵母中的发音比在单韵母中的发音舌位降低趋央。/ã/的位次降低，与其后的鼻尾有关，下文还将详述。不考虑非高元音/ã/和/ ̃ɤ/，元音复合鼻化度由大到小的排序基本都是/ĩ/＞/ỹ/＞/ũ/，与它们在内在鼻化度的排序/i/＞/y/＞/u/一致。说明高元音的内在鼻化度越大，其复合鼻化度也可能会越大。

（二）元音的复合鼻化度与组合关系

元音与鼻音声母组合、与鼻音韵尾组合时鼻化度明显升高，但鼻化度升高的幅度不同。将表2—5、表2—6中五个元音的复合鼻化度均值减去表2—4中元音内在鼻化度均值，得到五个元音的升高的鼻化度数值。数据见表2—7。

表2—7　　　　　　　　　　　元音复合鼻化度升高数值

鼻化度	a	i	ɤ	u	y
内在鼻化度	29	25	7	9	19
（n）v 增加	+11	+54	+37	+39	+47
（m）v 增加	+10	+52	+30	+35	\
v（n）增加	+14	+37	+41	+35	+35
v（ŋ）增加	+18	+30	+42	+38	+32
平均增加值	13（3.6）	43（11.6）	38（5.4）	37（2.1）	38（7.9）

由表2—7中四种情况下元音复合鼻化度提高幅度的平均值来看，五个元音复合鼻化度提高幅度由大到小的排列顺序为：/ĩ/＞/ỹ/＞/ ̃ɤ/＞/ũ/＞/ã/。除去/ã/和/ ̃ɤ/，与上文的排序基本一致。但分别看来，在升高的幅度上，在鼻音韵尾前/ ̃ɤ/是最高的，分别为41和42，在鼻音声母后，/ĩ/是最高的，分别为54和52，其次是（n）y为47，其他情况的/ĩ/、/ỹ/、/ ̃ɤ/、/ũ/增加幅度都在30—40之间。唯独/ã/在四种情况下增加的幅度都不大，在10—20之间。

上文已述，鼻音韵尾对元音的逆同化影响与鼻音声母对后面元音的顺同化影响在鼻化度上有些不同。此处又看到，/ã/元音鼻化度提高幅度四种条件下都是最小的，在/n/、/m/声母后，/i/、/y/元音鼻化度提高幅度都是最大的。

（三）元音复合鼻化度与鼻音的关系

元音复合鼻化度大小可能与邻接的鼻音的鼻化度有关。

观察元音后鼻音韵尾/−n/、/−ŋ/的鼻化度的情况。北京话零声母音节中10位发音人鼻尾/−n/、/−ŋ/的鼻化度平均值数据见表2—8。

表2—8　　　　　　　零声母单音节中韵尾/−n/、/−ŋ/的鼻化度

n尾	(a) n	(e) n	(i) n	(u) n	(y) n	平均值
鼻化度	84.5 (18.3)	86.9 (17.1)	88.7 (14.7)	86.7 (16.5)	88.5 (15.3)	87.1 (16)
ŋ尾	(a) ŋ	(e) ŋ	(i) ŋ	(u) ŋ	(y) ŋ	平均值
鼻化度	92.7 (4.1)	93.3 (3.7)	94.1 (4.1)	93.1 (3.6)	93 (3.4)	93.2 (3.2)

由表2—8看到，不同元音后/−n/尾的鼻化度大小顺序为：(i) n >(y) n >(e) n >(u) n >(a) n。这与/−n/尾前元音复合鼻化度顺序ĩ>ỹ>ɤ̃>ũ>ã完全一致。不同元音后/−ŋ/尾的鼻化度大小顺序为：(i) ŋ>(e) ŋ>(u) ŋ>(y) ŋ>(a) ŋ。这与/−ŋ/尾前元音复合鼻化度顺序ĩ>ỹ>ɤ̃>ũ>ã大体一致（只有(y) ŋ位次降低）。元音复合鼻化度的大小与其后接鼻尾的鼻化度的大小正相关。

北京话鼻音声母/m/、/n/的鼻化度分别为91 (4.2)、93 (3.4)（时秀娟等[①]）。由上文看到，/n/声母后的元音复合鼻化度大于/m/声母后的元音复合鼻化度。元音复合鼻化度的大小与其前接鼻音声母的鼻化度的大小正相关。

北京话中只有/n/既可做声母，又可做韵尾。声母/n/的鼻化度高于/−n/韵尾的鼻化度，高元音/i/、/y/、/u/与声母/n/相连时鼻化度大于它们与/−n/韵尾相连时的复合鼻化度，其复合鼻化度的大小与其邻接鼻音的鼻化度的大小正相关。但低元音/a/、中元音/ɤ/正相反，与声母/n/

---

① 时秀娟、冉启斌、石锋：《北京话响音鼻化度的初步分析》，《当代语言学》2010年第4期。

相连的复合鼻化度小于它们与 /－n/ 韵尾相连时的复合鼻化度。这可能与汉语音节结构的声韵组合关系及元音的发音的生理基础都有关。

五　鼻音与非鼻音的临界值

（一）元音内在鼻化度的临界值

据对北京话响音鼻化度的初步分析，鼻音与非鼻音及鼻化音具有不同的鼻化度临界值。非鼻音鼻化度分布在 40 以下，鼻音的鼻化度都在 80 以上。鼻化度数值 40 可以作为非鼻音的临界值。鼻化度数值 80 可以作为鼻音的临界值。鼻化度在 40 以下的音在听觉上很可能一般都听为非鼻音；而鼻化度在 80 以上的音一般都听为鼻音。非鼻音和鼻音之间的区域 40—80 之间是鼻化元音或其他鼻化语音分布的范围。[①] 由上文可知，10 位发音人中有 6 位元音 /a/ 的内在鼻化度在七个元音中最大，分别为 1 号、4 号、6 号、8 号、9 号和 10 号；有 4 位 /i/ 的鼻化度在七个元音中最大，分别为 2 号、3 号、5 号和 7 号。1 号、3 号、5 号发音人元音鼻化度的最大值加上各自的元音的标准差之后鼻化度分别为 40、47、44，这是元音内在鼻化度的最大分布范围，比临界值 40 往上浮动了 10，元音内在鼻化度的最大范围可以到 50，与鼻化元音有 10 度的交叉区域。

（二）元音复合鼻化度的临界值

由上文可知，10 位发音人元音的复合鼻化度平均值都在 40 以上，80 以下，正好位于鼻音和非鼻音的两个临界值之间。

据附录（1）（2）（3），10 位发音人元音复合鼻化度数值最大的元音都为 /i/，把这些最大值放在一起，见表 2—9。

表 2—9　　　　　　　　十位发音人 /i/ 元音的复合鼻化度

发音人	î（n）	î（ŋ）	（n）î	（m）î
1	44（9.6）	46（8.0）	72（6.5）	67（6.8）
2	68（4.6）	59（6.0）	89（2.6）	88（2.2）
3	79（4.7）	80（4.0）	88（4.2）	90（1.4）

[①] 时秀娟、冉启斌、石锋：《北京话响音鼻化度的初步分析》，《当代语言学》2010 年第 4 期。

续表

发音人	ĩ (n)	ĩ (ŋ)	(n) ĩ	(m) ĩ
4	37 (1.5)	43 (3.2)	60 (3.0)	52 (4.8)
5	77 (5.4)	65 (2.5)	85 (3.1)	86 (2.2)
6	66 (1.4)	59 (5.8)	85 (2.2)	81 (5.6)
7	62 (4.7)	40 (0.6)	75 (5.7)	70 (0.7)
8	77 (4.1)	53 (3.6)	87 (3.4)	86 (1.5)
9	65 (1.5)	54 (4.6)	82 (5.0)	80 (10.0)
10	47 (3.2)	48 (7.5)	67 (5.7)	68 (6.5)
平均值	62 (14.8)	55 (11.8)	79 (10.0)	77 (12.2)

由表2—9看到，/i/的复合鼻化度10人的平均值分布在55—79之间。具体到每个发音人，情况又有不同。在（n）ĩ、（m）ĩ音节中，2号、3号、5号、6号、8号、9号共6位发音人/i/元音的复合鼻化度超过了80，甚至达到了90，3号发音人ĩ（ŋ）中/i/的鼻化度也为80。考虑到标准差，元音复合鼻化度的最大范围可超出鼻音临界值80，达到90。由前文已知，鼻音韵尾及鼻音声母的鼻化度也都在80以上，所以鼻音与鼻化元音的鼻化度也有10度的交叉区域。结合上文，鼻音与非鼻音以及鼻化音的临界值可用图2—7表示。

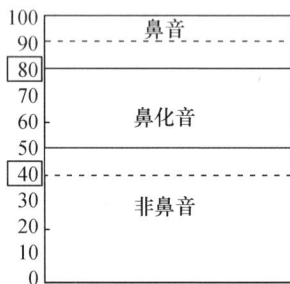

图2—7　北京话鼻音与非鼻音的临界值图示

图2—7显示，非鼻音与鼻化音、鼻化音与鼻音之间存在10度的交叉范围。在交叉范围40—50之间非鼻音和鼻化音有时界限是模糊的；在交叉范围80—90之间鼻音和鼻化音有时界限也是模糊的。可以更清楚地看

到，鼻音和口音处于两极，中间存在一个鼻化度从高到低逐渐变化的连续统（continuum）。鼻音和非鼻音之间是一种连续状态。

依据本节实验数据初步得出的元音内在鼻化度和元音复合鼻化度数值，还有待于以大样本的统计分析进行验证，还要从听觉方面加以研究。

六　元音"鼻化"的量化与鼻音韵尾的增生

（一）元音"鼻化"程度的量化

前人主要是从三个角度研究鼻化元音：调音、声学和感知。声学方面对鼻化元音的量化分析学界有不少探索，取得了显著成效。[①]鼻化度可以作为考察元音鼻化程度的量化指标。

区分元音的内在鼻化度和复合鼻化度，可以区分"鼻化"的不同性质。元音内在鼻化度是元音本身固有的鼻化度，与生理机制密切相关，虽然元音的内在鼻化度有时会超出临界值40，达到50，到了鼻化音的范围，但仍是口元音。元音的复合鼻化度实质上是元音鼻化后的鼻化度，与组合环境密切相关。元音复合鼻化度的大小实际上可以反映鼻化程度的大小。学者们提到低元音最容易鼻化[②]，而"高元音不容易鼻化"[③]。就元音的内在鼻化度而言，低元音和前高元音都自然带有较高程度的"鼻化"成分。就元音复合鼻化度而言，低元音/a/"鼻化"的程度就较低；前高元音/i/、/y/"鼻化"的程度就很高，后高元音/u/和中元音/ɤ/的"鼻化"程度也较高。前文已详述了它们的鼻化度表现。

说低元音容易鼻化，还与鼻韵尾的脱落有关。"鼻尾本身并不是普通

---

① Maeda（1982a；1982b）提出了两个参数 N1（第一共振峰位置），N2（第二共振峰位置），用 N2—N1 作为量化元音鼻化的声学相关物，结果只是对元音/a/和/i/有效。Marilyn Y. Chen（1997）测量了 A1、P0、P1（1000Hz 左右能量最强的谐波）三个参数，并且使用 A1—P0，A1—P1 作为量化元音鼻化的声学相关物，但 A1—P0，A1—P1 在后高元音/u/鼻化前后的差异并不明显。方强、李爱军（2003）对普通话鼻化元音的声学信号进行了频率分析，运用声学参数 P2（2500—3000Hz 范围内共振峰的能量），并把 A1—P0，A1—P1，A1—P2 作为量化元音鼻化的声学相关物，发现元音鼻化后在 250Hz 左右产生一个能量较弱的共振峰，在两个共振峰之间出现一些能量较弱的谱峰。元音鼻化后在频率域的表现与元音的音色密切相关。

② Hess，Susan，"Universals of Nasalization：Development of Nasal Finals in Wenling"，*Journal of Chinese Linguistics*，No. 1，1990.

③ 王力：《王力语言学论文集》，商务印书馆 2000 年版。

话鼻韵母的必要特征","鼻韵母的鼻尾在许多情况下是会脱落的,这个时候,所谓'鼻音音色'就全部靠元音的鼻化来体现了"[1]。低元音后的鼻音韵尾更容易消变,高元音后的鼻音韵尾更稳定,鼻韵尾/-n/先于/-ŋ/脱落。[2][3][4] 低元音/a/与其后鼻尾的鼻化度大小是正相关关系,鼻化度值都小,低元音/a/后鼻尾的鼻化度往往较小,分布在鼻化元音的范围里,与其前面的元音几乎是一体的,共生的,这就是常说的鼻音韵尾鼻化、弱化或者脱落;高元音/i/与其后鼻尾的鼻化度大小是正相关关系,鼻化度值都大,高元音的复合鼻化度有时达到了80以上,到了鼻音的分布范围,与其后的鼻尾几乎是一体的,共生的。

(二)元音鼻化度与鼻音韵尾的增生

前文谈到前高元音/i/、/y/的内在鼻化度较大与高元音容易产生鼻尾有关。关于原因学者们虽有不同的解释,[5] 但倾向于从听感上解释,认为高元音在听感上容易被听成鼻音带鼻化或鼻韵尾。[6] 从鼻化度来看,高元音鼻腔里的能量还是挺高的,[7] 听感与生理发音和声学是有对应性的。汉语方言中鼻音声母与高元音组合(NV)的音节中鼻尾增生的例子数量众

---

① 吴宗济、林茂灿:《实验语音学概要》,高等教育出版社1989年版。

② Chen, M. Y., "An Areal Study of Nasalization in Chinese", *Journal of Chinese Linguistics*, No. 1, 1975

③ 王洪君:《阳声韵在山西方言中的演变》(下),《语文研究》1992年第1期。

④ 冉启斌:《汉语鼻音韵尾的消变及相关问题》,载四川大学汉语史研究所编《汉语史研究集刊》第八辑,巴蜀书社2005年版。

⑤ 徐越(2007)认为,生理上,发高元音时,气流容易从鼻腔溢出,从而引发鼻音韵尾的增生。Ohala(1972)、Clumeck(1973)的研究表明:发低元音时,软腭趋于下降,使气流从鼻腔溢出,产生鼻流;发高元音时,软腭上升,气流不容易从鼻腔溢出。

⑥ Ohala等实验表明,高元音容易引发"颤燥效应"(microphonic effect)。发高元音时软腭虽关闭,但是仪器还是能够检测到鼻腔中的振动,而且F1低的音最明显,这包括高元音i和浊辅音d、b;F1高的音(低元音)基本上没有颤燥。从声学角度来看,高元音i、u的f1以及浊塞音浊音杠频率都很低,在300Hz左右,而鼻音的F1频率也很低,Keith Johnson(2003)通过计算得出鼻音的F1的频率为407Hz,实际测量的结果大致在400Hz左右。这使得高元音和浊塞音在听感上接近于鼻音。汉语方言中鼻尾增生语例基本都是高元音i、u、ɯ、y增生鼻尾,ɪ、e、ø、o、ɔ这样的中高元音和央元音增生鼻尾,是因为高元音在增生鼻尾或鼻化后F1升高的缘故。因此汉语方言中高元音更容易引发鼻尾增生,与发音生理无关,而与听觉感知相关。见Ohala, Manjari & Ohala, John J., "Nasal Epenthetsis in Hindi", *Phonetica*, No. 48, 1991。

⑦ Dang和Honda的研究表明,在发高元音和浊塞音时,即使是软腭已经关闭,鼻腔中仍有相当大的声音辐射。

多，且地域分布很广。① 上文中已经看到 NV 音节高元音的鼻化度非常高，有的达到了鼻音的分布范围。低元音增生鼻尾的条件是鼻音声母。前面是鼻音声母，由于协同发音（co-articulation）作用，其后接口元音会有鼻流通过，带上鼻化色彩，很容易被感知为鼻化元音或增生出了鼻尾。② 上文中也看到 NV 音节低元音的鼻化度也到了鼻化元音的分布范围。可见鼻化度参量可以作为划分语言中的口音、鼻化音、鼻尾的参考标准，可以作为判断鼻尾是否增生的参考标准。当然还要结合听感方面的表现。

七　结论

本节研究了北京话元音/a/、/i/、/y/、/ɤ/、/u/、/ɣ/、/ʅ/的内在鼻化度和复合鼻化度。元音内在鼻化度不受其他音素的影响，是同质的。元音内在鼻化度的大小与元音的舌位有关，舌位低且高前鼻化度越高，舌位高且后鼻化度越低。元音复合鼻化度是异质的，与元音内在鼻化度有关系，还与组合位置及鼻音韵尾的发音部位有关。元音的内在鼻化度和复合鼻化度都在一定的范围之内，元音内在鼻化度基本分布在非鼻音的临界值 40 以下，但与鼻化元音有 10% 的交叉范围，元音复合鼻化度分布在鼻音临界值 80 和非鼻音临界值 40 之间的断裂带上，但与鼻音有 10% 的交叉范围。口元音、鼻化元音都有不同程度的鼻化度，从这个意义上来说，没有真正的"口元音"，所有元音都是"鼻化"元音。鼻化度实际上贯穿了口音、鼻化音和鼻音，三者只是鼻化度的大小不同，三者之间在鼻化度的范围上也不是截然区分的，而是有一定的连续性，有交叉范围。

元音内在鼻化度和元音复合鼻化度对于深入研究元音的"鼻化"程度，鼻音韵尾的鼻化、弱化、脱落以及增生都具有积极意义。听感上对元音内在鼻化度和复合鼻化度的容忍度还待研究。

附录　北京话响音鼻化度十位发音人数据见表 2—10、表 2—11、表 2—12

---

① 袁丹：《汉语方言中的鼻尾增生现象》，《语文研究》2014 年第 3 期。

② 同上。

表 2—10　　　　　　　　元音后接鼻音韵尾时的复合鼻化度

发音人	ã（n）	ã（ŋ）	ɤ̃（n）	ɤ̃（ŋ）	ĩ（n）	ĩ（ŋ）	ũ（n）	ũ（ŋ）	ỹ（n）	ỹ（ŋ）
1	46 （6.5）	49 （5.6）	41 （10.0）	44 （7.0）	44 （9.6）	46 （8.0）	44 （9.9）	48 （10.3）	45 （10.8）	52 （10.3）
2	41 （2.2）	33 （2.3）	46 （2.9）	52 （4.5）	68 （4.6）	59 （6.0）	40 （2.4）	55 （5.7）	54 （6.9）	60 （10.0）
3	46 （1.5）	44 （4.7）	61 （5.1）	53 （3.6）	79 （4.7）	80 （4.0）	57 （2.1）	48 （2.6）	75 （2.0）	68 （6.0）
4	33 （4.1）	42 （3.5）	29 （2.0）	50 （3.5）	37 （1.5）	43 （3.2）	22 （1.6）	47 （3.5）	29 （3.2）	39 （3.0）
5	46 （1.3）	50 （5.3）	52 （10.0）	50 （2.3）	77 （5.4）	65 （2.5）	53 （6.5）	54 （2.3）	77 （4.0）	60 （8.2）
6	44 （2.1）	58 （9.8）	48 （7.8）	43 （6.0）	66 （1.4）	59 （5.8）	41 （3.4）	46 （9.3）	44 （4.8）	46 （9.3）
7	42 （2.1）	43 （2.3）	46 （3.1）	46 （5.0）	62 （4.7）	40 （0.6）	39 （2.9）	36 （3.0）	45 （3.2）	40 （1.0）
8	52 （1.4）	58 （2.2）	49 （0.9）	55 （2.9）	77 （4.1）	53 （3.6）	33 （5.4）	35 （6.3）	61 （7.0）	50 （5.3）
9	44 （4.9）	44 （4.4）	45 （12.7）	46 （5.8）	65 （1.5）	54 （4.6）	65 （4.4）	54 （7.2）	66 （4.1）	53 （1.0）
10	42 （8.7）	51 （6.8）	59 （9.6）	44 （3.2）	47 （3.2）	48 （7.5）	45 （4.2）	49 （4.7）	43 （4.6）	41 （4.5）
平均值	44 （4.9）	47 （7.6）	48 （9.1）	48 （3.5）	62 （14.8）	55 （11.8）	44 （12.2）	47 （6.9）	54 （15.6）	51 （9.7）

表 2—11　　　　　　　　元音前接 /n/ 声母时的复合鼻化度

发音人	（n）ã	（n）ĩ	（n）ɤ̃	（n）ũ	（n）ỹ
1	36（1.7）	72（6.5）	35（3.5）	35（9.8）	68（5.7）
2	40（5.0）	89（2.6）	69（5.7）	56（6.4）	85（3.2）
3	50（2.6）	88（4.2）	55（4.9）	65（5.5）	81（2.8）

续表

发音人	(n) ã	(n) ĩ	(n) r̃	(n) ũ	(n) ỹ
4	39 (1.2)	60 (3.0)	34 (1.4)	31 (4.2)	41 (0.6)
5	42 (6.1)	85 (3.1)	57 (0.7)	59 (4.2)	71 (4.9)
6	45 (1.5)	85 (2.2)	40 (2.1)	42 (1.2)	72 (4.9)
7	35 (4.9)	75 (5.7)	33 (2.1)	35 (0.7)	56 (4.9)
8	49 (0.6)	87 (3.4)	43 (4.9)	55 (5.6)	70 (5.7)
9	30 (12.6)	82 (5.0)	44 (11.3)	56 (8.0)	61 (2.8)
10	39 (9.8)	67 (5.7)	34 (2.8)	46 (7.0)	59 (1.4)
平均值	41 (6.2)	79 (10.0)	44 (12.2)	48 (12.6)	66 (13.1)

表 2—12　　　　　　　元音前接/m/声母时的复合鼻化度

发音人	(m) ã	(m) ĩ	(m) r̃	(m) ũ
1	34 (1.5)	67 (6.8)	40 (2.1)	40 (3.5)
2	35 (2.5)	88 (2.2)	51 (2.1)	55 (6.4)
3	40 (2.4)	90 (1.4)	37 (0.1)	59 (10.0)
4	38 (0.7)	52 (4.8)	24 (4.9)	24 (3.1)
5	43 (3.0)	86 (2.2)	43 (0.7)	56 (1.5)
6	43 (4.5)	81 (5.6)	45 (6.4)	35 (7.6)
7	39 (1.4)	70 (0.7)	27 (0.7)	27 (0.7)
8	46 (3.0)	86 (1.5)	39 (2.0)	54 (4.6)
9	38 (10.2)	80 (10.0)	41 (0.6)	52 (4.6)
10	36 (3.2)	68 (6.5)	30 (2.6)	41 (6.0)
平均值	39 (4.0)	77 (12.2)	38 (8.4)	44 (13.4)

第三节　北京话单字音中元音的鼻化度再分析

引言

　　鼻音、鼻化音和口音之间的区别在音系描写上是清楚的，但在语音上是有纠葛的，特别是鼻化音，一头与鼻音有关联，另一头与口音有联系，存在两头划界的问题。语音上的量化分析可以为音系的划分提供依据，选用何种指标进行量化分析也很重要。鼻化度指标可以作为划分鼻音、鼻化音和口音的重要参量。通过对北京话单字音中响音鼻化度的初步分析，大体得出了鼻音与非鼻音的鼻化度分布格局①②，也在某些方言点中得到了验证③④。不同音素间的协同发音以及声调都有可能影响语音的鼻化度。为了更细致地考察鼻音与非鼻音的鼻化度分布格局，本节运用鼻音计继续研究北京话单字音中不同辅元组合中的元音的鼻化度，并进一步为听感考察提供依据。

一　实验说明

（一）实验语料

考察各类声母以及声调对元音鼻化度的影响。发音词表包括普通话单音节字的各种组合，包括四声俱备的零声母音节和辅音声母音节，测量各种音节组合中元音的内在鼻化度和复合鼻化度。发音人为 10 名 20 岁左右的老北京人。⑤

录音在语音实验室进行。发音人戴上鼻音计（Nasometer Ⅱ 6400）的口鼻分音装置，将口、鼻两个通道的声音同步录入鼻音计。另外利用 CSL4500 进行同步的普通声学录音，以便做相关声学分析。

（二）鼻化度

鼻化度指发音时鼻腔通过的能量占整个发音能量的百分比（计算公式略）。实验表明，元音有内在鼻化度⑥和复合鼻化度⑦。鼻音与非鼻音具

---

① 时秀娟、冉启斌、石锋：《北京话响音鼻化度的初步分析》，《当代语言学》2010 年第 4 期。

② 时秀娟：《汉语语音的鼻化度分析》，《当代外语研究》2011 年第 5 期。

③ 时秀娟、向柠：《武汉话语音的鼻化度考察》，《语言研究》2010 年第 4 期。

④ 时秀娟、贝先明：《长沙话响音的鼻化度考察》，《中国语音学报》第 4 辑，2013 年。

⑤ 指父母双方是北京人，本人在北京出生和长大的人。胡明扬：《北京话初探》，商务印书馆 1987 年版。

⑥ 元音内在鼻化度指不同元音本身所具有的鼻化度。北京话零声母音节中七个基础元音内在鼻化度由大到小的排序为 a：32（7.6）＞i：29（11.1）＞y：19（8.9）＞ɤ：10（4.6）＞u：9（4.9）＞ɿ：11（4.6）＞ʅ：10（3.9）（括号内数据是标准差）（时秀娟、冉启斌、石锋，2010）。基础元音也叫"一级元音"，即能做单韵母的元音（参见石锋，2002）。

⑦ 元音与鼻音相连而产生变化，变化后的鼻化度称为"元音复合鼻化度"。包括元音后接鼻尾时的复合鼻化度、元音前接鼻音声母时的复合鼻化度。时秀娟：《汉语语音的鼻化度分析》，《当代外语研究》2011 年第 5 期。

有各自的鼻化度临界值，临界值之间形成一个区分鼻音与非鼻音对立的断裂带。鼻化元音则是分布在临界值之间的断裂带上。鼻音的鼻化度具有相对性。鼻音的临界值为 N 值 80 左右，非鼻音的临界值在 N 值 40 左右。在这两个临界值之间存在断裂带，鼻化元音的 N 值分布在两个临界值之间。口音和鼻音在发音生理上并不是截然二分的，它们之间存在连续性。如图 2—8 所示。[①]

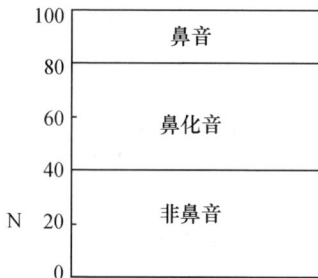

图 2—8　鼻音与非鼻音临界值示意图

二　非鼻音声母对元音内在鼻化度的影响

测量语料中普通话清辅音声母塞音、擦音、塞擦音及边通音/l/和/r/，通音声母分别与基础元音相拼时元音的鼻化度（只考察阴平调音节），考察清辅音声母对元音内在鼻化度的影响。

（一）塞音声母对元音鼻化度的影响

测量与塞音声母相拼的元音/a/、/i/、/u/、/ɣ/的鼻化度，具体数据见表 2—13，男女发音人分开统计的数据见附录表 2—22。

由表 2—13 可看出，塞音的发音部位、送气与否对元音的内在鼻化度都有影响。不送气塞音随着发音部位由双唇向舌尖、舌根后移，非高元音/a/、/ɣ/的鼻化度逐步增大：pa：26 < ta：27 < ka：28，tɣ：7 < kɣ：8，高元音/i/、/u/的鼻化度逐步缩小：pi：27 > ti：26，pu：9 > tu：8/ku：8；送气塞音随着发音部位的后移，四个元音的鼻化度持平或稍小。

---

① 时秀娟：《汉语语音的鼻化度分析》，《当代外语研究》2011 年第 5 期。

表 2—13　　　　　　　　塞音声母音节中元音的内在鼻化度

（括号内数据是标准差，下文同）

元音	双唇		舌尖		舌根		总平均值
	p	pʰ	t	tʰ	k	kʰ	
a	26（10.4）	28（11.3）	27（11.8）	28（13.3）	28（12.6）	28（14.0）	28（11.8）
i	27（10.6）	28（12.1）	26（11.9）	28（12.2）	\	\	27（11.3）
u	9（4.8）	8（3.6）	8（3.7）	8（4.1）	8（3.6）	7（3.7）	8（3.8）
ɣ	\	\	7（3.4）	\	8（2.9）	8（3.2）	8（3.1）

同一发音部位的塞音声母送气与否对其音节中元音的鼻化度的影响表现为：送气塞音往往使元音/u/、/ɣ/的鼻化度降低，一般使元音/i/、/a/的鼻化度升高。男女发音人表现大体一致。

（二）塞擦音声母对元音鼻化度的影响

测量与塞擦音声母相拼的元音/a/、/i/、/u/、/ɣ/、/y/、/ʅ/、/ʮ/的鼻化度，具体数据见表 2—14。男女发音人分开统计的数据见附录表 2—23。

表 2—14　　　　　　　　塞擦音声母音节元音鼻化度

元音	舌尖—齿龈		舌尖—硬腭		舌面				总平均值
	ts	tsʰ	tʂ	tʂʰ	tɕ	tɕʰ	tɕ	tɕʰ	
a	30（13.5）	29（15.7）	28（12.9）	28（13.3）	\	\	\	\	29（13.3）
u	9（3.5）	8（3.6）	8（3.9）	8（4）	\	\	\	\	8（3.6）
ɣ	9（3.4）	8（3.6）	9（3.2）	8（3.3）	\	\	\	\	9（3.3）
ʅ	13（4）	10（3.8）	\	\	\	\	\	\	12（4）
ʮ	\	\	10（3.3）	9（3.7）	\	\	\	\	10（3.4）
i	\	\	\	\	24（11.2）	20（8.4）	\	\	22（9.8）
y	\	\	\	\	\	\	16（7.9）	14（7.5）	15（7.6）

由表 2—14 看出，塞擦音声母不管送气与否，随着发音部位由齿龈向

硬腭的后移，后接元音/a/、/u/、/ɣ/的鼻化度往往逐渐降低或持平：
ts a: 30 > tʂa: 28；s u: 9 > tʂu: 8；ts ɣ: 9 = tʂɣ: 9；tsʰa: 29 > tʂʰa:
28；tsʰu: 8 = tʂʰu: 8；tsʰɣ: 8 = tʂʰɣ: 8。相同部位的送气塞擦音声母
较之不送气音一般会使同一元音的鼻化度降低或持平。男女发音人表现大
体一致。

（三）擦音声母对元音鼻化度的影响

测量与擦音声母相拼的元音/a/、/i/、/u/、/ɣ/、/y/、/ɿ/、/ʅ/的
鼻化度，具体数据见表2—15。男女发音人分开统计的数据见附录表
2—24。

表2—15　　　　　　　　　　擦音声母音节中元音的鼻化度

元音	唇齿	舌尖（齿龈—硬腭）		舌根	总平
	f	s	ʂ	x	均值
a	28（12.9）	30（14.5）	28（13.4）	27（13.6）	28（13.1）
u	10（4.3）	9（4.5）	8（3.6）	7（2.3）	9（3.9）
ɣ	\	8（3.6）	8（3.8）	8（3.6）	8（3.6）

由表2—15来看，同一元音的鼻化度会随擦音声母发音部位的后移而
降低，即随着擦音声母的发音部位由唇齿向齿龈、硬腭、舌根的后移，元
音/u/、/ɣ/的鼻化度往往逐步减小或持平：fu: 10 > su: 9 > ʂu: 8 >
xu: 7；sɣ: 8 = ʂɣ: 8 = x ɣ: 8。元音/a/的鼻化度先升高再降低：fa:
28 < sa: 30 > ʂa: 28 > xa: 27。男女发音人表现大体一致。另外，还考
察了音节/sɿ/、/tʂʅ/、/ɕi/、/ɕy/中元音的鼻化度，分别为：/ɿ/: 11；
/ʅ/: 9；/i/: 25；/y/: 15。

由十位发音人的平均值来看，与零声母音节相比，清辅音声母一般会
使元音的内在鼻化度降低，且标准差较大，特别是在擦音和塞擦音声母音
节中，元音内在鼻化度的标准差更大。总体看来，送气音往往会使元音的
内在鼻化度降低。

（四）边通音/l/和/r/通音声母对元音内在鼻化度的影响

/l/、/r/音节中元音/a/、/i/、/u/的鼻化度数据见表2—16。

表 2—16　　　　　边通音/l/和/r/通音声母音节中元音的鼻化度

	a	i	u
l	29（10.2）	34（14.4）	11（5.0）
r	\	\	11（4.6）

边通音/l/以及/r/通音音节中，元音/a/、/i/、/u/的鼻化度都大于其在清声母音节中的鼻化度，但都未超过口音的临界值 40，这可以看出边通音/l/和/r/通音声母对元音内在鼻化度的影响。此外，元音也对边通音/l/以及/r/通音的鼻化度有影响，/l/在齐齿、撮口呼前的鼻化度大于开口、合口呼前的鼻化度。齐齿呼前鼻化度最大，合口呼前鼻化度最小。/r/在开口呼前鼻化度大于合口呼前。二者都是合口呼前鼻化度最小。①

三　声母对元音复合鼻化度的影响

（一）元音的复合鼻化度

零声母音节中/a/、/i/、/u/、/ɤ/、/y/的复合鼻化度见表 2—17。

表 2—17　　　　　零声母音节中元音的复合鼻化度②

元音	ã（n）	ɤ̃（n）	ĩ（n）	ũ（n）	ỹ（n）
平均值（标准差）	43（4.9）	48（9.1）	62（14.7）	44（12.2）	54（15.6）
元音	ã（ŋ）	ɤ̃（ŋ）	ĩ（ŋ）	ũ（ŋ）	ỹ（ŋ）
平均值（标准差）	47（7.8）	49（3.5）	55（11.9）	47（6.9）	51（9.7）
元音	（n）ã	（n）ĩ	（n）ɤ̃	（n）ũ	（n）ỹ
平均值（标准差）	40（6.6）	79（9.5）	44（12.2）	48（12.6）	66（13.1）
元音	（m）ã	（m）ĩ	（m）ɤ̃	（m）ũ	\
平均值（标准差）	39（4.0）	77（12.4）	37（8.5）	44（13.4）	\

---

① 时秀娟、冉启斌、石锋：《为什么有的方言 n、l 不分——通音声母的鼻化对比度》，《实验语言学》2012 年创刊号。

② 石锋：《北京话的元音格局》，《南开语言学刊》2002 年第 1 期。

表2—17中/m/、/n/声母后元音/a/、/i/、/u/、/ɤ/、/y/的复合鼻化度都大幅升高,超过了口音的临界值40,都是鼻化元音了。特别是/i/元音,鼻化度高达79,接近鼻音的临界值。

（二）声母对元音复合鼻化度的影响

考察清声母、通音声母与鼻音韵母组合时元音的复合鼻化度情况,具体数据见表2—18。

表2—18　　　　　　　清声母、通音声母音节中元音的复合鼻化度

元音	韵尾	鼻音声母 m、n		非鼻音浊声母 l、r		清声母 p/tɕ/t +
		m + (v) +n/ŋ	n + (v) +n/ŋ	l+ (v) +n/ŋ	r+ (v) +n/ŋ	(v) + n/ŋ
a	-n	47 (8.8)	50 (6.3)	34 (5.4)	38 (7.6)	43 (6.0)
i		71 (6.6)	77 (9.1)	44 (2.4)	\	55 (8.7)
y		\	\	\	\	55 (6.2)
ɤ		50 (9.6)	52 (9.7)	25 (9.6)	36 (5.8)	44 (6.1)
a	-ŋ	50 (5.5)	57 (5.8)	39 (6.9)	40 (9.0)	46 (8.1)
i		70 (7.9)	74 (5.7)	45 (2.1)	\	55 (7.6)
y		\	\	\	\	47 (6.8)
ə		56 (7.8)	60 (8.8)	43 (7.3)	46 (7.2)	50 (7.9)
u		\	54 (9.1)	43 (6.0)	38 (8.5)	47 (8.5)

由表2—18可知,与零声母音节相比较,清辅音声母、通音声母音节中元音的复合鼻化度有明显的变化,规律如下:

（1）同一个元音接前、后鼻尾韵时,该元音的复合鼻化度,按声母不同从大到小的排序为:/n/>/m/>/C/>/r/>/l/（C代表清辅音）。只有元音/u/后接/-ŋ/尾时是l（43）>r（38）。鼻通音声母使元音复合鼻化度数值升高的幅度较大,因为这时元音的前后都有鼻音的影响。边通音/l/和/r/通音时元音复合鼻化度较低,清声母时元音复合鼻化度居中。

（2）声母相同时,元音/i/、/y/、/a/、/ɤ/依据后接前、后鼻尾韵

的不同有两种情况。元音/a/、/ə/后接鼻尾/－n/时元音的鼻化度小于其后接鼻尾/－ŋ/时的鼻化度，元音/i/、/y/恰好相反。

（3）元音/a/、/i/、/y/、/u/、/ɤ/处在声母和韵尾都相同的音节中时。/m/、/n/及清声母音节中，元音复合鼻化度由大到小排序为：/i/＞/y：ɤ/＞/a：u/。/l/、/r/声母音节，接前鼻尾时为：/i/＞/a/＞/ɤ/，接后鼻尾时为：/i/＞/ɤ：u/＞/a/。

总体上看，鼻音声母使元音的复合鼻化度显著提高，清辅音声母音节中的元音复合鼻化度稍有降低，边通音/l/、/r/通音声母音节中元音复合鼻化度最低，许多音节中元音的复合鼻化度都没有达到鼻化元音的分布范围，即未超出口元音临界值40。

四 声调对元音鼻化度的影响

（一）声调对元音的内在鼻化度的影响

测量零声母四声俱备音节中元音的内在鼻化度，数据见表2—19。

表2—19　　　　　　零声母不同声调音节中的元音的内在鼻化度

	阴平	阳平	上声	去声	平均值
a	34 (7.5)	33 (8.1)	31 (8.0)	32 (7.7)	33 (7.6)
i	31 (12.2)	29 (11.1)	28 (12.4)	28 (10.1)	29 (11.1)
y	22 (10.9)	21 (8.5)	15 (6.2)	19 (8.8)	19 (8.9)
ɤ	11 (4.9)	9 (4.7)	11 (5.7)	9 (3.5)	10 (4.6)
u	10 (6.2)	9 (3.3)	10 (6.5)	9 (3.5)	10 (4.9)
ɭ	12 (5.2)	11 (5.7)	11 (3.7)	11 (4.0)	11 (4.6)
ʅ	11 (5.1)	9 (3.3)	9 (3.6)	9 (3.5)	10 (3.9)
平均值	19 (10.3)	17 (10.4)	16 (9.2)	17 (9.8)	\

由表2—19看到，七个基础元音的鼻化度受不同声调的影响非常明显。阴平音节中元音的鼻化度都是最高的，阳平次之，上声或去声最小。总体而言，平声音节中元音的鼻化度大于非平声音节的鼻化度，即阴平、

阳平音节中元音的鼻化度大于上声和去声音节中的。不同声调音节中各元音内在鼻化度的平均值由大到小排序为阴平＞阳平＞去声＞上声。每个元音具体表现又有差异：央低元音/a/和前高元音/i/、/y/的鼻化度表现出相同的趋势，是阴平音节中的最高，上声或去声音节中的最小，阳平音节中的居中，四种声调音节中元音的鼻化度大小顺序基本为：阴＞阳＞去＞上；后高元音/u/和中元音/ɤ/则是阴平和上声音节中的鼻化度较大且相等，去声和阳平音节中的鼻化度较小且相等，四种声调音节中元音的鼻化度大小顺序为：阴平/上声＞阳平/去声；舌尖元音/ɿ/、/ʅ/的鼻化度都是阴平音节中的最大，阳平、上声、去声音节中的鼻化度相等。

　　七个基础元音四个声调的内在鼻化度平均值大小排序为：a（32）＞i（29）＞y（19）＞ɿ（11）＞ɤ/ʅ（10）＞u（9），基本与时秀娟等[①]的结论相同。用独立样本 T 检验法将本次实验结果与时秀娟等[②]进行比较，结论表明两次实验结果差异不显著（sig. ＝ 0.264）。通过对七个元音平均值标准差的比较发现，内在鼻化度相对较大的/a/、/i/、/y/的标准差也远大于鼻化度相对较小的/ɤ/、/u/、/ɿ/、/ʅ/。由此可见，内在鼻化度越高的元音，个体间发音差异性越大；反之，内在鼻化度相对较低的元音，个体间发音的差异性较小，鼻化度较稳定。

　　对男女发音人的鼻化度分别进行了统计（数据见附录表 2—24），结果发现男女发音人的鼻化度也存在差异，总体表现为女性发音人的鼻化度大于男性发音人的。用独立样本 T 检验法将男女发音人的实验结果进行比较，结论表明男女发音人的鼻化度差异不显著（sig. ＝ 0.211）。

　　（二）声调对元音的复合鼻化度的影响

　　1. 声调对 NV 结构中元音复合鼻化度的影响

　　普通话的浊音声母有/m/、/n/两个，它们与单元音共能组成 8 个音节，即：/ma/、/mɤ/、/mi/、/mu/、/na/、/n i/、/nu/、/n y/。考察的语料中的这些音节皆四声俱全。实验数据见表 2—20。

---

　　①　时秀娟、冉启斌、石锋：《北京话响音鼻化度的初步分析》，《当代语言学》2010 年第 4 期。

　　②　同上。

表 2—20　　　　　　　　　　NV 音节中不同声调的元音复合鼻化度

通音声母	元音	调类				平均值
		阴平	阳平	上声	去声	
m	a	44（8.4）	44（7.4）	44（8.2）	44（8.9）	44（7.9）
	i	81（7.4）	80（8.6）	78（8.6）	79（9.1）	80（8.2）
	u	46（10.6）	43（9.5）	36（8.5）	41（8.9）	42（9.7）
	ɤ	38（10.0）	37（10.1）	35（9.1）	35（10.8）	36（9.6）
n	a	48（9.3）	46（7.6）	45（8.4）	46（8.1）	46（8.1）
	i	80（6.2）	79（8.7）	75（7.9）	79（6.9）	78（7.5）
	u	52（12.5）	51（11.7）	43（11.3）	48（12.1）	49（11.9）
	y	69（6.3）	67（9.0）	63（7.0）	67（7.8）	67（7.6）

由表 2—20 看到，鼻通音声母与单元音拼合的音节中，不同声调音节中元音的复合鼻化度由大到小依次为：阴平＞阳平＞去声＞上声。该排序与零声母不同声调音节中的元音的内在鼻化度的排序相同。

2. 声调对 CVN 结构中元音复合鼻化度的影响

由于声母的发音部位及发音方法（包括送气与否）都会对元音鼻化度有影响（见上文），故只统计双唇不送气清声母/p/与元音带鼻音韵尾韵母且四声俱全的若干音节，个别元音采用了其他不送气清声母。由于北京话中两个舌尖元音/ɿ/和/ʅ/不能带鼻音韵尾，故不考虑。实验数据见表 2—21。

表 2—21　　　　　　　　　CVN 音节中不同声调的元音复合鼻化度

元音	i		a		ɤ		y	u
音节	pin	piŋ	pan	paŋ	pɤn	pɤŋ	tɕyn（yun）	tuŋ（xuŋ）
阴平	55（8.7）	55（7.4）	43（6.0）	46（8.1）	44（6.1）	50（7.9）	56（6.8）	47（8.5）
阳平	51（12.0）	54（8.8）	38（8.3）	43（4.6）	43（6.4）	48（4.9）	53（9.3）	45（9.7）
上声	46（8.8）	51（8.8）	36（5.5）	41（4.7）	39（5.0）	47（6.4）	51（9.8）	40（9.6）
去声	49（6.0）	51（8.1）	29（5.9）	36（9.6）	40（7.6）	48（8.0）	51（7.3）	41（8.1）

由表 2—21 来看，各个元音的复合鼻化度，按四声的不同，/i/、/ɤ/、/u/、/y/ 的鼻化度从大到小依次为：阴平 > 阳平 > 去声 > 上声。该排序与零声母不同声调音节中的元音的内在鼻化度的排序相同。元音 /a/ 的复合鼻化度从大到小依次为：阴平 > 阳平 > 上声 > 去声，此顺序与其他元音不同，这是因为 /a/ 带鼻尾音节中去声音节鼻音韵尾的弱化、脱落现象较多，以致影响到了该音节中的 /a/ 元音的复合鼻化度。主要元音相同时，各元音基本表现为带前鼻音韵尾时的鼻化度小于带后鼻音韵尾时的，这与时秀娟[1][2]的结论相同。

五　相关问题讨论

（一）元音 /a/ 的鼻化度问题

/a/ 的内在鼻化度较之其他元音是最高的，与生理发音机制相对应。[3] 发 /a/ 时，舌腭肌使得舌体下降，同时也使得软腭稍降，因此发音时鼻咽通道往往有一定的开度。[4] Moll[5]，John J. Ohala[6]，Clumeck[7] 等都曾通过实验研究指出"中、低元音在发音时软腭降低的可能性更大"[8]。本章中在零声母音节中元音 /a/ 的内在鼻化度男女发音人的数值也都比较大，有些超过了口音的临界值 40（见附录表 2—25）。

从上文看到，清辅音音节中 /a/ 元音的内在鼻化度变动最大，在与塞音、擦音、塞擦音相拼时，/a/ 的鼻化度平均值加上标准差之后许多都超

---

① 时秀娟：《汉语语音的鼻化度分析》，《当代外语研究》2011 年第 5 期。

② 时秀娟、冉启斌、石锋：《北京话响音鼻化度的初步分析》，《当代语言学》2010 年第 4 期。

③ 同上。

④ 吴宗济、林茂灿：《实验语音学概要》，高等教育出版社 1989 年版。

⑤ Moll, K. L., "Velopharyngeal Closure on Vowels", *Journal of Speech and Hearing Research*, Vol. 5, 1962.

⑥ Ohala, J. J., "Phonetics Explanations for Nasal Sound Patterns", In C. Ferguson et al. (eds.), *Nàsalfest: Papers from a Symposium on Nasal and Nasalization*, Stanford: Language Universals Project, 1975.

⑦ Clumeck, Harold, "A Cross-linguistic Investigation of Vowel Nasalization: An Instrumental Study", In C. Ferguson et al. eds., *Nàsalfest: Papers from Symposium on Nasals and Nasalization*, Stanford: Language Universals Project, 1975.

⑧ Hess, Susan, "Universals of Nasalization: Development of Nasal Finals in Wenling", *Journal of Chinese Linguistics*, No. 1, 1990.

过了口音的临界值 40，达到了鼻化元音的范围，最大值出现在/sa/音节中。/a/元音有可能产生了鼻化。口元音通过同化作用而发生鼻化的程度主要依靠它们声学上的和发音上的必要条件（requirement）。比如元音与鼻音相邻很容易鼻化，与非鼻音相连一般很少鼻化。但/a/与塞音、塞擦音及擦音相邻时的鼻化度的确较高，从生理机制上似乎不可以解释。塞音、塞擦音以及擦音发音时都需要较强的口腔气压，从口腔到鼻腔没有气流漏出，所以它们自身不容易鼻化，大多都没有鼻化度，更不会影响到相邻元音。但方言中的一些现象与此相吻合。

汉语方言中有低元音增生鼻尾的现象，条件是声母必须为鼻音或高气流辅音。[1] 鼻音声母容易理解，高气流辅音包括清擦音（特别是［h］）、塞擦音、送气清塞音（但不包括不送气清塞音）也容易使后接低元音被感知为鼻化元音或增生出了鼻尾。[2] 这种现象 Ohala[3] 称之为"自发（spontaneously）的鼻化"，认为这种反复发生的现象是由高气流造成的。他还提到［s］、声门音以及咽辅音与元音邻接而发生"自发"（spontaneously）鼻化。［h］会对元音产生"模拟"（mocks）的鼻化作用的影响。由于发音伴随着一个［h］（或者送气噪声）时声门打开，元音将会以如下方式发生变化：共振峰上移，特别是 F1（Ohala[4]），共振峰带宽增加，谱图上反共振峰出现，并且元音振幅总体下降。John J. Ohala[5] 认为这与发生在元音上的鼻化作用相同。也就是说，实际上的鼻化现象在元音上产生。但 Ohala 也同时指出，并没有合理的发音的或空气动力学的原理来解释这种高气流的音段会引起软腭下降。Ohala 认为应该从发音和声学—听

---

① 袁丹：《汉语方言中的鼻尾增生现象》，《语文研究》2014 年第 3 期。

② 这种现象在其他语言中也都有语例。例如梵语 sarpa "蛇" ＞ 印第语 ［sāp］，梵语 aksii ＞ 印第语 ［āk^h］。

③ Ohala, John J., "Sound Change as Nature's Speech Perception Experiment", *Speech Communication*, No. 13, 1993.

④ Ohala, J. J., "Experimental Historical Phonology", In J. M. Anderson and C. Jones, eds., *Historical Linguistics II. Theory and Description in Phonology*, Proceedings of the 1st International Conference on Historical Linguistics, Amsterdam: North Holland, 1974.

⑤ Ohala, J. J., "Experimental Historical Phonology", In J. M. Anderson and C. Jones, eds., *Historical Linguistics II. Theory and Description in Phonology*, Proceedings of the 1st International Conference on Historical Linguistics, Amsterdam: North Holland, 1974.

觉事实的相互影响来解释。我们的实验发现不送气塞音后低元音的鼻化度也较高。云南洱源方言中所有声母后的低元音［a］都增生了鼻化，有些声母并非鼻音声母或高气流辅音，如"爸［pã］、大［tã］"①，与我们的实验结果相印证。这种普遍现象还需要生理实验来验证。

此外，零声母音节中元音/a/鼻化度较高，其他元音的鼻化度也高于辅音声母音节中的。这或许与普通话零声母的来源有关。现代普通话的零声母字来自三十六字母中影［ø］、喻［j］、疑［ŋ］、微［ɱ］四母以及少部分日母字。② 鼻化度较大可能是鼻音声母还留有的微弱的痕迹。

（二）元音内在鼻化度与舌位、声调、时长、音强的关系

研究表明元音内在鼻化度的大小与元音的舌位有关：舌位较低、较前则鼻化度较高；舌位较高、较后则鼻化度较低。③ 由上文看到，不同声调音节中各元音内在鼻化度的平均值由大到小排序为阴平＞阳平＞去声＞上声，但/a/、/i/、/y/与/ɤ/、/u/、/ɣ/、/ɻ/又有不同。

央低元音/a/和前高元音/i/、/y/的鼻化度表现出相同的趋势，鼻化度大小顺序基本为：阴＞阳＞去＞上；后高元音/u/和中元音/ɤ/则是阴平/上声＞阳平/去声；舌尖元音/ɹ/、/ɻ/的鼻化度都是阴平音节中的最大，阳平、上声、去声音节中的鼻化度相等。似乎舌位的前后对鼻化度影响也很大。

前人研究显示，汉语音节中韵母是声调的主要载体。④ 元音对声调有影响，反之，声调对韵母也有影响。王萍研究发现，同一元音四声的音位变体的声学空间分布男、女均表现为阴平的元音三角形位置最高且偏前，上声的元音三角形位置最低且偏后。低调和高调相比，低调的舌位偏低偏后，高调的舌位偏高偏前。⑤ Erickson 等发现元音/a/的第三调相对于第 1

---

① 丁邦新：《论官话方言中的几个问题》，载《丁邦新语言学论文集》，商务印书馆 1998 年版。

② 唐作藩：《普通话语音史话》六，《语文建设》1986 年第 6 期。

③ 时秀娟、冉启斌、石锋：《北京话响音鼻化度的初步分析》，《当代语言学》2010 年第 4 期。

④ Howie，John M.，*Acoustical Studies of Mandarin Vowels and Tones*，New York：Cambridge University Press，1976.

⑤ 王萍：《北京话声调和元音的实验与统计》，南开大学出版社 2009 年版。

调表现出了舌位后缩（retracted）的趋势。[①] Philip Hoole 和 Fang Hu 通过三维电磁发音仪（electro magnetic articulography）研究了声调对于发音器官（舌、腭、下唇）的影响，发现/u/、/a/的第三调与它们各自的其他声调相比，舌位更低更后。各元音的内在鼻化度基本都表现为阴平音节最大，上声音节中最小，与声调对元音舌位的高低、前后影响相一致。

元音音长会不会对元音的鼻化度有影响呢？学者们对北京话声调的时长研究的共识是：声调的时长与它自身的调型有密切的关系，曲折调上声最长，高降调去声最短，[②] 但对于阴平、阳平的时长不同学者观点不同。[③][④][⑤] 冯隆认为单韵母的时长与舌位的高低有直接的关系，舌位越低越长，舌位越高越短。[⑥] 王萍研究表明：舌位高低对于元音音长的影响只存在于阴平调中，阳平调、去声调的元音音长分布无规律可循。联系不同声调对鼻化度的影响可知，上声音节中元音的鼻化度都是最小的，而上声的音长是最长的，可推知元音的鼻化度大小与其时长没有关系。[⑦] 李北曾对一名北京人的元音内在鼻化度时长做了分析，发现时长与鼻化度大小没有关系。[⑧]

音强会不会对元音的鼻化度有影响呢？相关研究表明，基频与音强的关系是成正比的。[⑨][⑩] 上声强度只是多数为最弱（与其他声调比

① Erickson, D., Iwata, R., Endo, M., and Fujino, A., *Effect of Tone Height on Jaw and tongue articulation in Mandarin Chinese*, Proc. Tonal aspects of languages, Beijing, 2004.

② 白涤洲（1934）使用浪纹计首次测量了北京话四个声调平均的时值如下：阴平，436ms；阳平，455ms；上声，483ms；去声，425ms。转引自罗常培、王均《普通语音学纲要》，商务印书馆 1981 年版，第 140 页。

③ 吴宗济、曹剑芬：《实验语音学知识讲话（四）》，《中国语文》1979 年第 5 期，第 393—398 页。

④ 吴宗济、林茂灿：《实验语音学概要》，高等教育出版社 1989 年版。

⑤ 冯隆：《北京话语流中韵韵调的时长》，载林焘、王理嘉等编《北京语音实验录》，北京大学出版社 1985 年版，第 131—195 页。

⑥ 同上。

⑦ 王萍：《北京话声调和元音的实验与统计》，南开大学出版社 2009 年版。

⑧ 李北：《北京话单音节中元音鼻化度的影响因素分析》，本科毕业论文，天津师范大学，2013 年。

⑨ 吴宗济、曹剑芬：《实验语音学知识讲话（四）》，《中国语文》1979 年第 5 期，第 393—398 页。

⑩ Eric Zee, "Duration and Intensity as Correlates of F0", *Journal of Phonetics*, No. 6, 1978, pp. 213 – 220.

较而言)①。王萍②发现北京话中基频与音强成正比关系适用于非圆唇元音（如/a/、/ɤ/、/i/），不适用于圆唇元音（如/u/、/y/）。/a/、/ɤ/、/i/都是以上声的音强为最低，/u/、/y/都是以阴平的音强为最低，/a/、/ɤ/、/u/、/y/都是以去声的音强为最高，/i/以阳平的音强为最高。元音的音强值与元音开口度成正比关系，圆唇元音比同部位的展唇元音音强值高，后元音比同高度的前元音音强值高。而各元音的鼻化度最高值都出现在阴平音节中，后元音的鼻化度小于前元音，可推知，音强与鼻化度之间没有直接的对应关系。

综合看来可知，元音内在鼻化度的大小既受舌位高低影响，也受舌位前后影响。低元音的鼻化度一般大于高元音的鼻化度，相同高度上，前元音的鼻化度一般大于后元音的鼻化度。如舌位前、后同时考虑，排序应该是前高元音 > 前低元音 > 后低元音 > 后高元音。

六　结论

本节考察了北京话单音节中音质层面各音素间协同发音作用在元音鼻化度上的反应以及超音质层面上声调对元音鼻化度的影响。结果发现：

（1）清辅音声母的发音部位和方法会对元音的内在鼻化度大小产生影响，增加或缩小因元音而异。送气往往会使元音的内在鼻化度降低。元音/a/与塞音、塞擦音、擦音相拼时鼻化度升高，特别是擦音/s/使元音/a/鼻化程度更高。

（2）鼻音使元音的复合鼻化度显著提高，清辅音声母音节中的元音复合鼻化度稍有降低，边通音/l/、/r/通音声母音节中元音复合鼻化度最低。

（3）不同声调对元音内在鼻化度、元音复合鼻化度都有影响，且具有一致性。七个元音内在鼻化度的平均值由大到小排序为阴平 > 阳平 > 去声 > 上声；/i/、/ə/、/u/、/y/的复合鼻化度从大到小依次为：阴平 > 阳平 > 去声 > 上声，元音/a/的复合鼻化度从大到小依次为：阴平 > 阳平 >

① 上声也有一些最强的，见吴宗济、林茂灿：《实验语音学概要》，高等教育出版社1989年版，第159页。

② 王萍：《北京话声调和元音的实验与统计》，南开大学出版社2009年版。

上声＞去声，因为/a/带鼻尾音节中去声音节鼻音韵尾的弱化、脱落现象较多，以致影响到了该音节中的/a/元音的复合鼻化度。

（4）元音内在鼻化度的大小既受舌位高低影响，也受舌位前后影响，但与时长、音强无关。

以上表现男女发音人有差异，但差异不显著。

附录

表 2—22 　　　　　　　　　塞音声母音节中元音的内在鼻化度

元音	塞音	女生	男生	平均值
a	pa	22.8 (12.6)	28.3 (8.3)	25.6 (10.4)
	pha	24.4 (15.2)	31.3 (4.7)	27.9 (11.3)
	ta	23.9 (15.2)	30.2 (7.4)	27.1 (11.8)
	tha	23.8 (18.1)	32.4 (5.2)	28.1 (13.3)
	ka	23.5 (16.9)	31.8 (5.3)	27.7 (12.6)
	kha	24.7 (18.6)	31.5 (5.5)	28.1 (14.0)
i	pi	31 (8.7)	23.1 (11.8)	27.1 (10.6)
	phi	33 (9.5)	23.7 (13.7)	28.4 (12.1)
	di	31 (9.5)	20.4 (12.5)	25.7 (11.9)
	ti	34.3 (11.4)	22.2 (10.7)	28.3 (12.2)
u	pu	9.9 (4.2)	7.9 (5.7)	8.9 (4.8)
	phu	9.1 (4)	6.3 (2.7)	7.7 (3.6)
	tu	10.9 (4.5)	6.2 (2.4)	8.6 (4.2)
	thu	10.1 (4.5)	5.4 (2.0)	7.8 (4.1)
	ku	10.1 (4)	6.1 (1.7)	8.1 (3.6)
	khu	9.3 (4.4)	5.6 (1.9)	7.5 (3.7)
ɤ	kɤ	9.2 (3.6)	7.6 (2.0)	8.4 (2.9)
	khɤ	9.2 (4.2)	7.2 (1.8)	8.2 (3.2)
	tɤ	8.1 (4.7)	6.7 (1.6)	7.4 (3.4)

表 2—23　　　　　　　　　塞擦音声母音节中元音的鼻化度

元音	塞擦音	女生	男生	平均值
a	tsa	23.4（14.9）	37.4（8.3）	30.4（13.5）
	tʂha	24.8（18.5）	35.1（11）	30.0（15.70）
	tʂa	21.7（12.4）	36.1（9.3）	28.9（12.9）
	tʂha	24.7（16.7）	32.5（7.5）	28.6（13.3）
ɹ	tsɹ	13.4（3.6）	12.1（4.6）	12.8（4.0）
	tsh ɹ	9.6（4.7）	10.2（3.1）	9.9（3.8）
ʅ	tʂʅ	11.1（3.8）	8.6（2.5）	9.9（3.3）
	tʂh ʅ	10.6（4.7）	7.9（1.9）	9.3（3.7）
ɤ	tsɤ	9.6（4.3）	8（2.6）	8.8（3.4）
	tsh ɤ	9.8（4.6）	6.3（1.2）	8.1（3.6）
	tʂɤ	9.7（3.9）	7.3（2.2）	8.5（3.2）
	tʂh ɤ	9.5（4.1）	6.8（1.7）	8.2（3.3）
u	tsu	10.9（3.2）	6.3（2.0）	8.6（3.5）
	tshu	9.9（4.2）	6（1.5）	8.0（3.6）
	tʂu	10.3（4.4）	6.4（2.1）	8.4（3.9）
	tʂhu	9.5（4.7）	5.6（1.9）	7.6（4.0）
i	t ɕi	28.5（3）	18.9（14.8）	23.7（11.2）
	t ɕhi	26.6（2.0）	13.7（7.2）	20.2（8.4）
y	t ɕy	21.7（4.4）	9.5（5.5）	15.6（7.9）
	t ɕh y	20.1（3.8）	7.7（3.8）	13.9（7.5）

表 2—24　　　　　　　　　擦音声母音节中元音的鼻化度

元音	擦音	女生	男生	平均值
a	fa	21.2（13.3）	34.2（9.4）	27.7（12.9）
	sa	23.5（17）	35.7（9.3）	29.6（14.5）
	ʂa	21.6（15.4）	34.6（9.8）	28.1（13.4）
	xa	21.4（16.4）	33.4（7.8）	27.4（13.6）

元音	擦音	女生	男生	平均值
u	fu	10.3 (3.5)	9.0 (5.4)	9.7 (4.3)
	su	9.8 (3.2)	8.1 (5.8)	9.0 (4.5)
	ʂu	9.8 (3.9)	5.9 (2.1)	7.8 (3.6)
	xu	7.6 (2.3)	5.6 (2.2)	6.6 (2.3)
ɣ	sɣ	10.2 (4.3)	6.6 (1.8)	8.4 (3.6)
	ʂɣ	10.1 (4.5)	6.2 (1.4)	8.2 (3.8)
	xɣ	9.2 (4.3)	5.8 (2.0)	7.5 (3.6)
ɿ	sɿ	11.2 (2.9)	11.2 (5.2)	11.2 (4.0)
ʅ	ʂʅ	11.1 (4.6)	7.3 (2.0)	9.2 (3.9)
i	ɕi	28.8 (11.5)	20.9 (8.2)	24.9 (10.3)
y	ɕy	16.7 (5.8)	14 (8.0)	15.4 (6.7)

表 2—25　　　　　　零声母不同声调音节中的元音的鼻化度

		阴平	阳平	上声	去声
a	男	33 (6.9)	36 (7.4)	33 (7.9)	33 (8.5)
	女	35 (9.2)	30 (8.8)	27 (8.0)	30 (7.5)
	均值	34 (7.5)	33 (8.1)	30 (8.0)	32 (7.7)
i	男	28 (15.2)	26 (12.8)	30 (17.1)	22 (8.2)
	女	35 (6.9)	33 (9.0)	27 (6.5)	33 (9.1)
	均值	32 (12.2)	30 (11.1)	29 (12.4)	28 (10.1)
y	男	14 (7.0)	18 (9.3)	13 (5.3)	14 (4.0)
	女	30 (7.3)	24 (7.1)	16 (7.6)	24 (9.8)
	均值	22 (10.9)	21 (8.5)	15 (6.2)	19 (8.8)
ɣ	男	9 (4.3)	8 (3.7)	7 (2.1)	7 (1.8)
	女	13 (5.1)	10 (5.7)	14 (5.7)	11 (3.9)
	均值	11 (4.9)	9 (4.7)	11 (5.7)	9 (3.5)
u	男	6 (1.9)	8 (3.3)	7 (3.4)	8 (3.0)
	女	13 (7.4)	10 (3.4)	12 (8.4)	10 (3.9)
	均值	10 (6.2)	9 (3.3)	10 (6.5)	9 (3.5)

		阴平	阳平	上声	去声
ɿ	男	11（6.0）	12（7.4）	9（3.5）	11（4.8）
	女	14（4.2）	10（3.9）	12（4.0）	11（3.6）
	均值	13（5.2）	11（5.7）	11（3.7）	11（4.0）
ʅ	男	9（4.6）	9（3.2）	7（1.6）	8（1.9）
	女	13（5.1）	10（3.8）	10（4.7）	11（4.2）
	均值	11（5.1）	10（3.3）	9（3.6）	10（3.5）

第四节　北京话不同声调单字音中响辅音的鼻化度

本节研究北京话单字音中声调对通音声母及鼻音韵尾鼻化度的影响。发音词表包括北京话四种声调具备的各种组合的单音节字，包括的零声母音节和辅音声母音节。发音人为 10 名 20 岁左右的老北京人。①

一　四种声调音节中通音声母的鼻化度

（一）鼻通音声母的鼻化度

北京话中的鼻通音声母有/m/、/n/两个，按音节声调的不同，/m/、/n/的鼻化度有明显的不同。实验数据见表 2—26。

表 2—26　　　　　　四种声调音节中鼻音声母的鼻化度

元音	m 声母				n 声母			
	阴平	阳平	上声	去声	阴平	阳平	上声	去声
a	87（4.3）	87（4.3）	86（4.7）	87（4.3）	93（2.1）	93（1.8）	92（2.0）	93（1.6）
i	90（3.0）	90（3.7）	89（4.1）	89（3.9）	94（1.1）	94（1.7）	93（1.7）	94（1.1）
u	87（2.6）	87（3.0）	86（4.4）	87（2.9）	93（1.4）	93（2.0）	93（2.8）	93（2.2）
o	89（2.1）	87（4.0）	86（5.1）	87（4.0）	\	\	\	\

---

① 指父母双方是北京人，本人在北京出生和长大的人。胡明扬：《北京话初探》，商务印书馆 1987 年版。

续表

元音	m 声母				n 声母			
	阴平	阳平	上声	去声	阴平	阳平	上声	去声
y	\	\	\	\	94 (1.6)	94 (2.1)	93 (1.9)	94 (1.1)
平均值	88 (3.3)	88 (4.0)	87 (4.7)	88 (3.7)	94 (1.6)	94 (1.9)	93 (2.1)	94 (1.6)

从表 2—26 来看，/n/声母的鼻化度分布在 92—94 这个范围，/m/声母则分布在 86—90，/n/声母的鼻化度数值稳定且一律大于/m/声母的。这与时秀娟等[①]一致。鼻音声母/m/、/n/的鼻化度在不同声调音节中由大到小的顺序基本为：阴平 = 阳平 = 去声 > 上声。不论韵母是/a/、/i/、/u/、/o/、/y/中的哪个元音都表现一致。上声音节中/m/、/n/鼻化度虽然最小，但与阴平、阳平、去声音节中的鼻化度差值都很小，大多为 1，几乎可以说没有差别，音节/nu/中/n/的鼻化度各声调音节中完全相等，即阴平 = 阳平 = 去声 = 上声。可以说，声调对鼻音声母鼻化度几乎没有影响。

（二）边通音/l/、/r/通音声母的鼻化度

四种声调音节中边通音/l/、/r/通音声母的鼻化度数据见表 2—27。

表 2—27　　　　　　　四种声调音节中/l/、/r/声母的鼻化度

元音	l 声母				r 声母			
	阴平	阳平	上声	去声	阴平	阳平	上声	去声
a	34 (14.1)	31 (10.8)	27 (11.8)	33 (14.8)	\	\	\	\
i	47 (24.4)	37 (21.6)	37 (17.9)	42 (19.8)	\	\	\	\
u	32 (19.5)	30 (15.6)	24 (8.9)	26 (12.2)	34 (14.1)	31 (10.8)	27 (11.8)	33 (14.8)

---

① 时秀娟、冉启斌、石锋：《北京话响音鼻化度的初步分析》，《当代语言学》2010 年第 4 期。

元音	l声母				r声母			
	阴平	阳平	上声	去声	阴平	阳平	上声	去声
y	42 (24.2)	40 (23.7)	38 (24.7)	41 (23.9)	\	\	\	\
平均值	39 (21.9)	35 (19.3)	32 (18.2)	36 (19.6)	\	\	\	\

由表2—27可知,与鼻音声母/m/、/n/不同,声调对非鼻声母/l/、/r/还是有一定影响的。在后接韵母相同的条件下,/l/的鼻化度大小依次为:阴平>去声>阳平>上声,除了在后接合口呼时,/l/的鼻化度大小依次为:阴平>阳平>去声>上声。/r/声母只有与合口呼相拼时,才能组合成四声俱全的音节,所以只考察了这一种情况。与/l/声母的表现一致,在声调的影响下,/r/声母的鼻化度大小依次也为:阴平>去声>阳平>上声。

二 四种声调音节中鼻音韵尾的鼻化度

考察在清声母音节中,不同声调对鼻音韵尾鼻化度的影响,此处以CVN表示清声母音节,其中C代表清声母,V代表元音,N代表前鼻尾/-n/、后鼻尾/-ŋ/。下文同。

(一) 前鼻音韵尾/-n/的鼻化度

实验中发现,CVN结构中的前鼻尾/-n/鼻化度的影响因素主要有三点,分别是主要元音、声调和发音人的性别,具体数据见表2—28。

表2—28　　　　　　　　CVN中鼻尾/-n/的鼻化度

音节结构	调类	女发音人	男发音人	平均值		鼻化度平均值
				女	男	
a(n)	阴平	87 (15.8)	91 (4.5)	82 (11.1)	75 (5.7)	79 (9.6)
	阳平	89 (8.0)	90 (2.1)			
	上声	81 (13.6)	70 (22.9)			
	去声	71 (20.1)	47 (9.9)			

续表

音节结构	调类	女发音人	男发音人	平均值		鼻化度平均值
				女	男	
ə（n）	阴平	90（11.0）	92（3.3）	91（4.4）	87（6.2）	89（5.5）
	阳平	94（3.3）	93（2.2）			
	上声	88（11.1）	80（15.2）			
	去声	91（4.5）	84（14.0）			
i（n）	阴平	93（1.7）	93（3.2）	89（4.5）	91（4.2）	90（4.4）
	阳平	90（3.4）	94（3.5）			
	上声	86（1.6）	90（2.3）			
	去声	88（7.8）	85（10.3）			
y（n）	阴平	95（1.9）	93（1.9）	95（1.1）	89（8.3）	92（6.6）
	阳平	95（1.0）	87（11.3）			
	上声	95（2.0）	86（14.8）			
	去声	94（1.9）	88（10.2）			
u（n）	阴平	92（4.4）	85（14.5）	89（7.0）	84（10.8）	87（9.0）
	阳平	91（6.6）	90（6.2）			
	上声	88（11.9）	77（18.0）			
	去声	86（13.5）	84（13.9）			

由表 2—28 可知，在清声母音节中，前鼻尾/ − n/前接不同元音时的鼻化度大小依次为：

y（n）＞i（n）＞ə（n）＞u（n）＞a（n）（92＞90＞89＞87＞79）。这与时秀娟[①]一致。在四个声调中，同一主要元音后的鼻尾/ − n/的鼻化度最大值都出现在阴平或阳平中，最小值都出现在上声和去声音节中，反映出声调会对鼻音韵尾的鼻化度产生影响的规律性。此外，相同结构中，上声和去声音节中/ − n/鼻化度标准差一般都较大；女性发音人的鼻尾鼻化度大于男性，男性发音人的标准差大于 10 的情况多于女性发音人的。这些较大的标准差，基本都是因为鼻尾/ − n/发生弱化和鼻化的较

---

① 时秀娟、冉启斌、石锋：《北京话响音鼻化度的初步分析》，《当代语言学》2010 年第 4 期。

多，所以数值的浮动大。

（二）后鼻音韵尾/ - ŋ/的鼻化度

CVN 结构中后鼻尾/ - ŋ/的鼻化度数据见表 2—29。

表 2—29　　　　　　　　CVN 中鼻尾/ - ŋ/的鼻化度

音节结构	调类	女发音人	男发音人	平均值		鼻化度平均值
				女	男	
a（ŋ）	阴平	94（1.8）	94（1.8）	89（4.3）	89（2.7）	89（3.7）
	阳平	94（1.9）	94（2.6）			
	上声	91（2.6）	91（2.4）			
	去声	75（20.1）	75（12.1）			
ə（ŋ）	阴平	94（2.1）	94（2.2）	92（2.0）	93（2.1）	93（1.9）
	阳平	94（1.3）	93（2.2）			
	上声	92（2.8）	91（2.5）			
	去声	89（4.5）	92（2.5）			
i（ŋ）	阴平	95（1.5）	94（1.5）	93（2.2）	93（1.4）	93（1.8）
	阳平	94（2.1）	93（1.8）			
	上声	93（2.3）	93（1.3）			
	去声	87（8.6）	91（0.7）			
o（ŋ）	阴平	93（3.8）	88（4.8）	90（2.1）	85（5.7）	88（4.8）
	阳平	91（3.0）	88（3.8）			
	上声	89（3.1）	86（6.7）			
	去声	87（3.3）	76（9.2）			
y（ŋ）	阴平	93（1.6）	87（4.5）	\	\	90（4.4）

由表 2—29 可知，在清声母音节 CVN 中，后鼻尾/ - ŋ/前接不同元音
时的鼻化度大小依次为：

i（ŋ）= ə（ŋ）> y（ŋ）> a（ŋ）> o（ŋ）（93 = 93 > 90 > 89 >
88）。这与时秀娟[1]一致。在四个声调中，不论男女，同一主要元音后的

————————

① 时秀娟、冉启斌、石锋：《北京话响音鼻化度的初步分析》，《当代语言学》2010 年第
4 期。

鼻尾/－ŋ/的鼻化度最大值都出现在阴平音节中，其中元音为/a/、/ə/时的阴平和阳平音节中的鼻尾/－ŋ/的鼻化度相等，最小值基本都出现在去声音节中，只有男发音人的 C ə（ŋ）结构中/－ŋ/尾鼻化度的最小值出现在上声音节中。在 Ca（ŋ）结构去声音节中/－ŋ/尾鼻化度的标准差都较大，也是由于在去声音节中后鼻尾/－ŋ/发生弱化和脱落的情况较多，导致数值变化的浮动大。

三　四种声调音节中鼻音韵尾的弱化和鼻化

（一）正常、弱化和鼻化的鼻尾鼻化度的不同表现

正常、弱化和鼻化的鼻尾的鼻化度有不同的表现。主要以鼻化度数值的高低和共振峰的谱图模式为主要依据。鼻尾鼻化度数值在 80 以上，谱图上有明显的共振峰的是正常鼻尾；鼻尾鼻化数值度介于 60 到 80 之间，谱图上的共振峰不明显的是弱化的鼻尾；鼻尾鼻化度介于 40 到 60 之间，谱图上已无独立的共振峰的是鼻化的鼻尾。[①]

（二）前鼻音韵尾/－n/的弱化和鼻化

正常鼻尾、弱化鼻尾和鼻化鼻尾之间的界限我们弱化率和鼻化率的计算方法为：弱化率 = 鼻化度小于 80 大于 60 的鼻尾个数/该鼻尾总样本数×100%；鼻化率 = 鼻化度小于 60 的鼻尾个数/该鼻尾总样本数 ×100%。以主要元音为/a/时的整体计算为例，词表中/a/和/－n/组合成的 VN 和 CVN 音节结构一共有 a（n）、ba（n）1、ba（n）2、pa（n）2、ba（n）3、ba（n）4 六种，共有 10 位发音人，每位发音人读三遍，从中选取两个较好样本，共计 6×10×2 = 120 个样本，即可测得 120 个 N 值。在这 120 个 N 值中，测得其中有 18 个 N 值在 60 和 80 之间，即算得弱化率为 15%（18/120×100%）；其中有 20 个 N 值在 60 以下，即算得鼻化率为 17%（20/120×100%）。下文后鼻尾/－ŋ/的弱化率和鼻化率也采取同样的计算方法。表 2—30 中是只对 CVN 音节结构中四声俱备的音节中鼻尾/－n/的弱化率和鼻化率进行的统计，不包括零声母音节。后鼻尾/－ŋ/相同。

---

①　具体划分标准见《北京话鼻音韵尾的量化分析》（时秀娟，2015）及本章第五节。

表 2—30 　　　　　　CVN 音节中鼻尾／－n/的弱化率和鼻化率

音节结构	阴平		阳平		上声		去声	
	弱化率	鼻化率	弱化率	鼻化率	弱化率	鼻化率	弱化率	鼻化率
a（n）	0%	10%	11%	0%	30%	10%	20%	60%
ə（n）	10%	0%	0%	0%	30%	30%	10%	0%
i（n）	0%	0%	5%	0%	21%	0%	20%	0%
y（n）	0%	0%	10%	0%	10%	0%	10%	0%
u（n）	10%	0%	10%	0%	30%	0%	20%	0%
平均值	4%	2%	7%	0%	24%	8%	16%	12%

由表 2—30 可知，就弱化率来看，各元音后前鼻尾／－n/在各声调音节中弱化率由大到小顺序为：上声＞去声＞阳平＞阴平（24%＞16%＞7%＞4%）；上声和去声音节中的／－n/最容易出现弱化，不论前接哪个元音，都没有 0% 的情况。就鼻化来看，各元音后前鼻尾／－n/在各声调音节中鼻化率由大到小顺序为：去声＞上声＞阴平＞阳平（12%＞8%＞2%＞0%）。因此，上声和去声音节中的前鼻尾／－n/相对不稳定，极易出现弱化和鼻化的现象。

（三）后鼻音韵尾／－ŋ/的弱化和鼻化

表 2—31 中是 CVN 音节结构中四声俱备的音节中后鼻尾／－ŋ/的弱化率和鼻化率。

表 2—31 　　　　　　CVN 音节中鼻尾／－ŋ/的弱化率和鼻化率

音节结构	阴平		阳平		上声		去声	
	弱化率	鼻化率	弱化率	鼻化率	弱化率	鼻化率	弱化率	鼻化率
a（ŋ）	0%	0%	0%	0%	0%	0%	60%	10%
ə（ŋ）	0%	0%	0%	0%	0%	0%	0%	0%
i（ŋ）	0%	0%	0%	0%	0%	0%	10%	0%
o（ŋ）	0%	0%	0%	0%	10%	0%	30%	0%
平均值%	0%	0%	0%	0%	2%	0%	20%	2%

由表 2—31 可看出，声调对后鼻尾／－ŋ/弱化和鼻化的影响规律很清晰，在上声和去声时会出现弱化；而且只有在去声时才会出现鼻化。与前

鼻尾/－n/的情况一致，后鼻尾/－ŋ/也是在除了在 Ci（ŋ）结构中男生的鼻化度略大于女生的鼻化度外，在其他元音结构中均小于女生的。

由上述分析可知，鼻音韵尾的鼻化度受多方面因素的影响，前接元音舌位的不同、调类的不同以及发音人性别都会对其产生影响。而且不论前鼻尾/－n/和后鼻尾/－ŋ/，在去声时都更容易出现弱化现象。

四 相关现象讨论

（一）通音声母鼻化度的波动

已考察过通音声母后接不同韵母时鼻化度会有不同。[①] 上文已述，声调对鼻通音声母鼻化度几乎没有影响。Howie[②]、石锋认为声调作用由韵母表现。声调的范围不是音节中全部的带音部分，而限于元音和它后面带音的部分。以浊辅音和半元音开头的音节中，声调曲线跟其他音节的声调曲线存在着有规律的差别。前者有弯头，而后者没有。前者的弯头只是预期性的调节段，弯头后面才是真正的声调。声调对音节开头的鼻音的鼻化度没有影响也证明了这一点。而声调对鼻音韵尾鼻化度的影响是明显的，这也从另一个角度说明鼻音声母和鼻音韵尾性质不同。

已知北京话辅音系统中/l/、/r/没有系列的音位聚合，聚合度最小，音位变体较多，/r/还有元音变体，很容易受后接语音影响。而且有的变体就是元音。[③][④] 后接不同韵母的/l/、/r/的鼻化度有不同。[⑤] 声调对边通音/l/以及/r/通音声母鼻化度的影响与元音很相似：/l/的鼻化度大小依次为：阴平＞阳平＞去声＞上声，/r/声母的鼻化度大小依次也为：阴平＞去声＞阳平＞上声。

---

① 时秀娟、冉启斌、石锋：《北京话响音鼻化度的初步分析》，《当代语言学》2010 年第 4 期。

② Howie, John M., *Acoustical Studies of Mandarin Vowels and Tones*, New York：Cambridge University Press, 1976.

③ 李俭、郑玉玲：《汉语普通话动态腭位的数据缩减方法》，载王嘉龄编《第六届现代语音学学术会议论文集》，天津师范大学出版社 2004 年版。

④ 冉启斌、石锋：《北京话 r 声母的变体及音位的聚合程度》，载《中国音韵学——中国音韵学研究会南京研讨会论文集》，南京大学出版社 2008 年版。

⑤ 时秀娟：《汉语语音的鼻化度分析》，《当代外语研究》2011 年第 5 期。

（二）声调对鼻音韵尾鼻化度的影响

关于汉语普通话音节鼻音韵尾的性质，学者们认为是一种不太纯粹的鼻音。①②③④⑤⑥ 吴宗济等认为普通话的鼻音韵尾有三个主要特征：（1）单念时，鼻音韵尾常常表现为鼻辅音，即与声母的鼻音声学特征一致。（2）鼻音韵尾有时也不是鼻辅音，它会使前面元音发生鼻化。（3）鼻尾的不同表现与鼻尾本身的发音部位以及前面元音的发音部位和开口度大小有关。⑦ 这些在北京话鼻音韵尾的鼻化度上都有反映。我们研究发现／-ŋ/尾的鼻化度大于／-n/尾的，且低元音/a/后鼻音韵尾的鼻化度都是最小的，／-n/尾、／-ŋ/尾都有不同程度的弱化和脱落现象，低元音/a/后的／-n/尾弱化和脱落最为明显。说明／-ŋ/尾比较稳定，／-n/尾已经不是纯粹的鼻音了，鼻尾的弱化和鼻化与前接元音的舌位密切相关。鼻音韵尾的鼻化度还受音节组合结构的影响，即鼻音声母音节中的鼻音韵尾的鼻化度会小于非鼻音声母音节中的。这些都与前人的研究互相印证，与前人对汉语鼻尾演变的历时及汉语方言共时的考察相一致。

关于声调与鼻音韵尾的关系，吴宗济等认为去声音节里的鼻音韵尾容易脱落。陈其光⑧曾探讨不同方言鼻音韵尾演变依据五种条件，第五种是声调的类别促使鼻音韵尾分化，"当声调是平声和上声时，中古的／-m/尾和／-n/尾变成了元音的鼻化成分；当声调是去声时，中古的／-m/尾和／-n/尾变成了元音韵尾／-i"。通过上文对不同声调音节中鼻音韵尾的考察，发现／-n/、／-ŋ/基本都是去声音节中的鼻化度最小，上声中的稍次之，弱化率和鼻化率表明上声和去声时鼻音韵尾更容易出现弱化或脱落现象。这与吴宗济等、陈其光一致。但我们还发现，声调对鼻音韵尾的鼻化率及弱化率所起作用与鼻音韵尾的前后以及元音的舌位密切相关。

---

①　吴宗济、林茂灿：《实验语音学概要》，高等教育出版社 1989 年版。

②　许毅：《普通话音联的声学语音学特性》，《中国语文》1986 年第 5 期。

③　王志洁：《英汉音节鼻韵尾的不同性质》，《现代外语》1997 年第 4 期。

④　施向东：《汉语普通话的 -n 尾》，载石锋、沈钟伟编《乐在其中——王士元教授七十华诞庆祝文集》，南开大学出版社 2004 年版。

⑤　陈其光：《汉语鼻音韵尾的消失》，《语言研究》1991 年增刊。

⑥　许宝华：《中古阳声韵类在现代吴语中的演变》，《声韵论丛》1997 年第 6 期。

⑦　吴宗济、林茂灿：《实验语音学概要》，高等教育出版社 1989 年版。

⑧　陈其光：《汉语鼻音韵尾的消失》，《语言研究》1991 年增刊。

　　比较上文表2—30、表2—31，先看前、后鼻尾：去声音节中，鼻化率前鼻尾/－n/为12％，后鼻尾/－ŋ/仅为2％，弱化率前鼻尾/－n/为16％，后鼻尾/－ŋ/为20％；上声音节中，鼻化率前鼻尾/－n/为8％，后鼻尾/－ŋ/为0％，弱化率前鼻尾/－n/为25％，后鼻尾/－ŋ/仅为2％；阴平和阳平音节中，前鼻尾/－n/的鼻化率分别为2％和0％，弱化率分别为4％和8％，/－ŋ/鼻化率和弱化率均为0％。再看不同元音后鼻尾：/a/元音后，去声音节中，前鼻尾/－n/的鼻化率为60％，弱化率为20％，后鼻尾/－ŋ/的鼻化率为10％，弱化率为60％；上声音节中，前鼻尾/－n/的鼻化率为10％，弱化率为30％，后鼻尾/－ŋ/的鼻化率、弱化率均为0％；阴平音节中，前鼻尾/－n/鼻化率为10％，弱化率为0％；阳平音节中，前鼻尾/－n/鼻化率为0％，弱化率为10％；阴平和阳平音节中后鼻尾/－ŋ/的鼻化率和弱化率均为0％。/ə/、/i/、/y/、/u/元音后，去声音节中前鼻尾/－n/及后鼻尾/－ŋ/的鼻化率均为0％，弱化率均在0％—20％之间；上声音节中，除/ə/元音后的前鼻尾/－n/有30％的鼻化率外，/i/、/y/、/u/元音后的前鼻尾/－n/分别有10％—30％的弱化率；只有/i/元音后的/－ŋ/有10％的弱化率，其他元音后的/－ŋ/鼻化率和弱化率均为0％。阴平、阳平音节中，除/u/后前鼻尾/－n/有10％的弱化率外，其他元音后鼻尾/－n/以及/－ŋ/鼻化率和弱化率均为0％。显然，去声、上声对前鼻尾/－n/的鼻化率和弱化率影响较大，同时对低元音后的鼻音韵尾影响更大。也就是说，鼻音韵尾的鼻化率和弱化率首先与鼻音韵尾的前后及元音的舌位的高低密切相关，其次才是声调起作用。

　　关于时长对鼻音韵尾的影响，许毅、吴宗济等都认为纯鼻音有自己确切的时长，半鼻音由于只是加在元音之上的鼻化音色，因此很难确定其时长。①② 吴宗济等、张家騄等都测得汉语鼻音韵尾虽然弱化，但时长并不短，指出长度与鼻音的充分程度并不成正比。③④ 吴宗济等认为韵腹元音舌位越靠后鼻音韵尾越长；开口度越小鼻音韵尾也越长。/－n/与/－ŋ/在

①　许毅：《普通话音联的声学语音学特性》，《中国语文》1986年第5期。
②　吴宗济、林茂灿：《实验语音学概要》，高等教育出版社1989年版。
③　同上。
④　齐士钤、张家騄：《汉语普通话辅音音长分析》，《声学学报》1982年第1期。

时长上有差别，／－ŋ/的时长常常要比／－n/长。／－ŋ/有时甚至会超过元音部分的时长。韵腹元音会受后鼻音／－ŋ/的影响而后移，且／－ŋ/会变长。另外，单念音节中影响鼻音韵尾脱落的因素之一是鼻音韵尾本身的时长，时长越短鼻音韵尾越容易脱落。[1] 张婧祎发现，鼻音韵尾时长与其鼻化度大小有关系。[2]

综上，鼻音韵尾的鼻化度受多方面因素的影响，前接元音舌位的不同、组合结构的不同、调类的不同以及发音人性别都会对其产生影响。但是鼻音韵尾的前后及元音的舌位的高低在鼻尾弱化和鼻化中起主要作用，其次才是声调。语流中的表现有待进一步讨论。

五　结语

通过对北京话不同声调单字音中通音声母和鼻音韵尾的鼻化度考察发现：声调对鼻通音声母/m/、/n/的鼻化度没有影响。对两个非鼻通音声母/l/、/r/有一定影响，/l/、/r/的表现一致，按调类从大到小为：阴平 > 去声 > 阳平 > 上声。

声调对鼻音韵尾的影响显著。鼻音韵尾／－n/、／－ŋ/的鼻化度表现一致，不同声调音节中鼻音韵尾的鼻化度由大到小顺序为：阴平 > 阳平 > 上声 > 去声，并且在上声和去声中更容易有弱化和鼻化的现象。但是鼻音韵尾的前、后及元音的舌位的高低在鼻尾弱化和鼻化中起主要作用，其次才是声调。男性较女性的鼻音韵尾更容易弱化。

第五节　北京话鼻音韵尾的量化分析

引言

关于汉语鼻音韵尾的研究成果众多，既有历时研究也有共时研究；既有传统的语音研究也有现代语音的实验研究；既有语音研究也有音系探索。每一个方面都取得了丰硕成果。在历时研究方面，王力、陈渊泉、张

---

①　吴宗济、林茂灿：《实验语音学概要》，高等教育出版社 1989 年版。

②　张婧祎：《北京话单字音鼻化度的大样本的统计分析》，硕士学位论文，天津师范大学，2017 年。

琨、陈其光（1991）等先生总结出的汉语鼻音韵尾的弱化规律大致：（1）鼻尾的消变按发音部位从前往后，即按／－m／尾最先消失，／－n／尾其次，／－ŋ／尾最后消失。（2）鼻音韵尾的消变倾向于从低元音向高元音进行。陈其光（1991）指出声调的类别促使鼻音韵尾分化，"当声调是平声和上声时，中古的／－m／尾和／－n／尾变成了元音的鼻化成分；当声调是去声时，中古的／－m／尾和／－n／尾变成了元音韵尾／－i／"。

在共时语音研究方面，北京话鼻音韵尾的特性，大多数学者认为已经不是纯粹的鼻辅音或鼻塞音，无论是传统语音研究还是现代的实验研究，都支持这一结论。①②③④⑤⑥⑦⑧⑨ 吴宗济等认为普通话的鼻音韵尾有三个主要特征：（1）单念时，鼻韵尾常常表现为鼻辅音，即与声母的鼻音声学特征一致。（2）鼻音韵尾有时也不是鼻辅音，它会使前面元音发生鼻化。（3）鼻尾的不同表现与鼻尾本身的发音部位以及前面元音的发音部位和开口度大小有关。⑩ 董少文（李荣）在《语音常识》中指出，"／a／后头的鼻音韵尾／－n／、－ŋ／比较弱，其他元音后头的鼻音韵尾／－n／、－ŋ／比较显著。"实际上是指出鼻音韵尾的完整程度与前接元音的舌位高低有关。关于声调与鼻音韵尾的关系，吴宗济等认为去声音节里的鼻音韵尾容易脱落。⑪ 吴宗济等认为鼻音韵尾／－n／和／－ŋ／的共振峰值看不出彼此有什么差别，但根据实验两者的鼻音长度很不相同，／－ŋ／尾时长长于／－n／尾。在自然语言中，它与元音之间的界限常常缺少"断层"现象，

---

① 王力：《汉语讲话》，文化教育出版社 1955 年版；载《王力文集》第三卷，山东教育出版社 1985 年版。

② 徐世荣：《普通话语音知识》，文字改革出版社 1980 年版。

③ 游汝杰、钱乃荣、高钲夏：《论普通话的音位系统》，《中国语文》1980 年第 5 期。

④ 吴宗济等：《汉语普通话单音节语图册》，中国社会科学出版社 1986 年版。

⑤ 许毅：《普通话音联的声学语音学特性》，《中国语文》1986 年第 5 期。

⑥ 王志洁：《英汉音节鼻韵尾的不同性质》，《现代外语》1997 年第 4 期。

⑦ 施向东：《汉语普通话的－n尾》，载石锋、沈钟伟编《乐在其中——王士元教授七十华诞庆祝文集》，南开大学出版社 2004 年版。

⑧ 陈其光：《汉语鼻音韵尾的消失》，《语言研究》1991 年增刊。

⑨ 许宝华：《中古阳声韵类在现代吴语中的演变》，《声韵论丛》1997 年第 6 期。

⑩ 吴宗济、林茂灿：《实验语音学概要》，高等教育出版社 1989 年版。

⑪ 同上。

界限不够明显，在语图上测量其长度要靠目估，特别是前鼻尾／－n／。[①]
许毅认为处于音节首和音节尾的两个鼻音／n／是不同的，音节首的鼻音称
为"纯鼻音"，音节尾的鼻音称为"半鼻音"。"半鼻音"的声学特征是
不能自己单独存在，而只能以增加元音共振峰（主要是 F1）的带宽和在
元音共振峰之间增加一些较弱的谐波群等方式来表现自己的存在，并且缺
乏确切的时长。[②] Ohala 认为所有鼻辅音，／ŋ／是最不容易被改变或者删去
的。这都表明鼻音韵尾不是稳态的，它是极具动态变化的，但对于鼻音韵
尾不同特征量化分析还不够明确。[③]

　　鼻音韵尾的特性决定了对其量化分析不太好操作。学者们做过有益的
探索。王志洁曾用鼻化度研究了汉语的鼻音韵尾，发现作为／－n／尾的鼻
化度低于作为声母／n／的鼻化度。对普通话响音鼻化度的研究发现鼻化度
参量可以很好地量化分析各类语音的鼻化程度，北京话／－ŋ／尾的鼻化度
大于／－n／尾的，／－n／尾、／－ŋ／尾都有不同程度的弱化和鼻化现象。低
元音／a／后鼻尾的鼻化度都是最小的，低元音／a／后的／－n／尾弱化、鼻化
现象最为明显；另外声调对鼻尾的影响非常显著。这些研究结果都与前人
的研究互相印证，与前人对汉语鼻尾演变的历时及汉语方言共时的考察相
一致。同时也证明鼻化度参量可以很好地量化分析鼻尾的各种状态。运用
鼻化度量化分析鼻尾是有效的。但对鼻音韵尾不同特征的量化分析还不够
细致明确，不够系统，比如什么程度算正常鼻音韵尾？什么状态的鼻音韵
尾是鼻化的？什么状态已经脱落？如何量化"半鼻音"？不同元音后的前
后鼻尾又有何不同？四种声调音节中的鼻音韵尾具体表现如何？有没有一
个统一的量化标准来判断鼻尾的各种状态？如何可以观察鼻音韵尾从正常
鼻音到鼻化鼻尾甚至脱落的进程？

　　汉语普通话的鼻音韵尾影响因素较多，是动态的，有些变化是细微
的，运用鼻化度参量进行量化分析，一方面可以很好地观察到这些细微变
化，另一方面可以确定不同状态鼻音韵尾的量化标准。本文细致分析北京

---

　①　吴宗济、林茂灿：《实验语音学概要》，高等教育出版社 1989 年版，第 146 页。

　②　许毅：《普通话音联的声学语音学特性》，《中国语文》1986 年第 5 期。

　③　Ohala, John, *Experimental Historical Phonology*, *Proceedings of the First International Conference of Historical Linguistics*, Vol. 2, Edinburgh, North Holland Press, 1974.

话单字音中不同组合四声俱全音节中鼻音韵尾的鼻化度，尝试回答以上问题，初步划分正常、弱化、鼻化鼻音韵尾的鼻化度范围及其之间的参考界限，以便更加细致地观察渐变进程和变化程度。

结果都与前人的研究互相印证，与前人对汉语鼻尾演变的历时及汉语方言共时的考察相一致。同时也证明鼻化度参量可以很好地量化分析鼻尾的各种状态。汉语普通话的鼻尾影响因素较多，是动态的，有些变化是细微的，运用鼻化度参量进行量化分析，一方面可以很好地观察到这些细微变化，另一方面可以确定不同状态鼻尾的量化标准。本节利用鼻化度参量量化分析北京话单字音中鼻音韵尾的不同特征，运用鼻化度参量划分正常、弱化、鼻化鼻音韵尾以及脱落鼻尾的鼻化度范围及其之间的参考界限。

一 鼻化度参数及语料录音

(一) 鼻化度

鼻化度指发音时鼻腔通过的能量占整个发音能量的百分比。计算公式略。

鼻化度曲线是在以鼻化度为纵轴（标度在 0—100 之间）、时间为横轴的二维平面图中显示的由鼻化度数据样点连成的曲线。鼻音计采集的是声带振动条件下的语音能量数据，鼻化度主要表示的是声带音（voiced）部分的语音鼻化程度的大小。图 2—9 就是北京话字音"娘 niáng"的鼻化度曲线，纵轴为鼻化度（0%—100%），横轴为时间。

鼻化度可以作为衡量鼻音、口音、鼻化音以及通音等各类语音的口、鼻能量的很好量化参量，是探索鼻音特性的一个重要参量。时秀娟等[1]研究表明，鼻音与非鼻音具有各自的鼻化度临界值，临界值之间形成一个区分鼻音与非鼻音对立的断裂带。鼻化元音则是分布在临界值之间的断裂带上。鼻音的鼻化度具有相对性。鼻音的临界值为 N 值 80 左右，非鼻音的临界值在 N 值 40 左右。在这两个临界值之间存在断裂带，鼻化元音的 N 值分布在两个临界值之间。口音和鼻音在发音生理上并不是截然二分的，它们之间存在连续性，如图 2—10 所示。测量北京话鼻音韵尾/－n/、

---

① 时秀娟、冉启斌、石锋：《北京话响音鼻化度的初步分析》，《当代语言学》2010 年第 4 期。

/ – ŋ/的鼻化度，可以直观地观察到鼻音韵尾的动态变化。

（二）语料录音

本章所用的发音表为汉语普通话单音节字表。音节中的声母包括塞音、擦音、塞擦音以及通音/m/、/n/、/l/、/r/、零声母等。音节中的韵母包括单元音韵母、复元音韵母以及带鼻尾韵母。按普通话的声韵拼合关系组成各种音节（发音字表从略）。

发音人为 10 名青年，5 男（1—5 号）5 女（6—10 号），年龄均在 20—22 岁，生长于北京，父母均为北京人。发音人口音纯正，无口鼻咽疾病。发音人用自然语速朗读发音字表进行录音。

录音在语音实验室进行。使用 Kay Nasometer II 6400 鼻音计进行录音及分析。发音人戴上鼻音计的口鼻分音装置，有一块隔板挡在口与鼻之间，将口腔声音与鼻腔声音分开。录音时鼻音计分为口、鼻两个通道同步进行采样获取语音。同时将另一话筒置于发音人口部的右前侧，把普通声学录音同步录入 Kay CSL4500，以满足相关分析的需要。

二 不同组合四声俱全音节中鼻音韵尾的鼻化度

（一）零声母音节中鼻音韵尾/ – n/、/ – ŋ/的鼻化度

在北京话单音节录音语料中选取零声母鼻韵母音节（标为 VN）中鼻尾/ – n/、/ – ŋ/的鼻化度曲线的平稳段进行测量，得到北京话鼻音尾/ – n/、/ – ŋ/的鼻化度数据，见表 2—32。

表 2—32　　　　　　　　VN 音节中韵尾/ – n/、/ – ŋ/的鼻化度

（a）n	（e）n	（i）n	（u）n	（y）n	平均值
84.5（18.3）	86.9（17.1）	88.7（14.7）	86.7（16.5）	88.5（15.3）	87.1（16）
（a）ŋ	（e）ŋ	（i）ŋ	（u）ŋ	（y）ŋ	平均值
92.7（4.1）	93.2（3.7）	94.1（4.1）	93.1（3.6）	93（3.4）	93.2（3.2）

由表 2—32 看到，10 位发音人前鼻韵尾/ – n/的鼻化度的平均值为 87.1，标准差较大。分别看来，4 号发音人鼻韵尾/ – n/的鼻化度最低，只有 44，可以认为其鼻韵尾/ – n/已经脱落。3 号、10 号发音人/ – n/的鼻化度分别为 82、84，其他 6 位发音人/ – n/尾的鼻化度都在 92—97 之间。（每

个发音人的数据见附录表2—38）对10位发音人不同元音后/ – n/尾的鼻化度数值分别进行统计，结果发现不同元音后/ – n/尾的鼻化度数值有差异，具体顺序为：（a）n＜（u）n＜（e）n＜（y）n＜（i）n。

10位发音人鼻韵尾/ – ŋ/的鼻化度的平均值为93.2，标准差较小。分别看来，4号发音人鼻韵尾/ – ŋ/的鼻化度最低，为86，其他9位发音人 – ŋ尾的鼻化度都在91—96之间（每个发音人的数据见附录表2—39）。对10位发音人不同元音后/ – ŋ/尾的鼻化度分别进行了统计，结果发现不同元音后/ – ŋ/尾的鼻化度有差异，具体顺序为：（a）ŋ＜（y）ŋ＜（u）ŋ＜（e）ŋ＜（i）ŋ。

总体上，鼻韵尾/ – n/的鼻化度小于鼻韵尾/ – ŋ/的鼻化度，10位发音人中鼻韵尾/ – n/有脱落现象，鼻韵尾/ – ŋ/没有。总之，鼻韵尾/ – n/不太稳定，鼻韵尾/ – ŋ/较稳定。不同元音后鼻音尾/ – n/、/ – ŋ/的鼻化度大小有不同，都是/a/后最小，/i/后最大，/u/、/e/、/y/后处于二者之间。

（二）清声母音节中的前鼻尾/ – n/、/ – ŋ/的鼻化度

表2—33　　　　　　　CVN音节中鼻尾/ – n/、/ – ŋ/的鼻化度

（a）n	（a）ŋ	（ə）n	（ə）ŋ	（i）n	（i）ŋ	（y）n	（y）ŋ
81（13.7）	88（9.5）	89（3.9）	92（1.5）	90（2.8）	93（2.0）	91（1.6）	92（1.2）
a（n）	a（ŋ）	ə（n）	ə（ŋ）	i（n）	i（ŋ）	y（n）	y（ŋ）
81（13.7）	88（9.5）	89（3.9）	92（1.5）	90（2.8）	93（2.0）	91（1.6）	92（1.2）

由表2—33可知，CVN音节中不同元音后/ – n/尾的鼻化度由小到大的具体顺序为：（a）n＜（ə）n＜（y）n＜（i）n；不同元音后/ – ŋ/尾的鼻化度由小到大的具体顺序为：（a）ŋ＜（y）ŋ/（ə）ŋ＜（i）ŋ。

将表2—32和表2—33中的数据放在一起比较并形成图2—11，可以看到，前鼻音韵尾/ – n/的鼻化度在主要元音为/a/时，清声母音节中小于零声母音节中的鼻化度；其余元音均是清声母音节中的/ – n/尾鼻化度要大于零声母音节中的鼻化度。后鼻音韵尾/ – ŋ/的鼻化度表现为，四个主元音都是清声母结构中的/ – ŋ/鼻化度小于零声母音节中的。

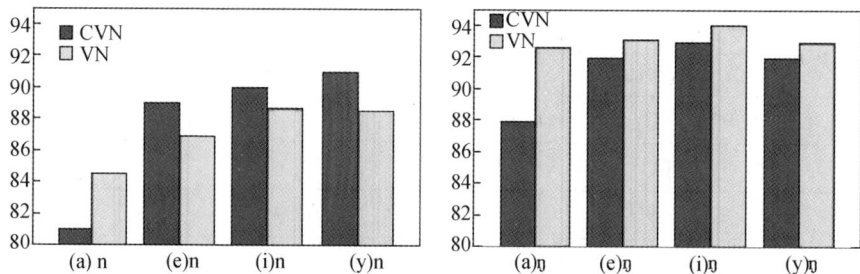

图 2—9　VN 及 CVN 音节中鼻音韵尾的鼻化度比较图

（三）通音声母音节中的鼻尾韵/ – n/、/ – ŋ/的鼻化度

北京话中通音声母包括鼻通音/m/、/n/，边通音/l/和/r/通音，统一记为 TVN。包含前鼻尾/ – n/的通音声母音节有如下几组：/man/、/nan/、/lan/、/ran/；/mən/、/nen/、/rən/；/min/、/nin/、/lin/；/luən/、/ruən/；包含后鼻尾/ – ŋ/的同音声母音节有如下几组：/maŋ/、/naŋ/、/laŋ/、/raŋ/；/məŋ/、/nəŋ/、/ləŋ/、/rəŋ/；/miŋ/、/niŋ/、　/liŋ/；/noŋ/、/loŋ/、/roŋ/。此处 LVN 和 RVN 分别表示边通音/l/、/r/通音声母音节，NVN 表示鼻通音声母音节，其中 N 分别代表鼻通音声母/m/、/n/（音节首）和鼻尾/ – n/、/ – ŋ/（音节尾）。通音声母音节中的鼻尾韵/ – n/、/ – ŋ/的鼻化度数据见表 2—34。

由表 2—34 看出，通音声母音节中/ – n/尾鼻化度也有降低的趋势，鼻音声母音节中的表现更显著。与表 2—32 及表 2—33 相比可知，这种降低的趋势比清音声母音节中/ – n/尾鼻化度降低趋势大很多。施向东用实验的办法分析了汉语普通话若干语料，揭示了韵尾/ – n/实际上已经不是十足的舌尖—齿龈鼻音，它早已受到严重的侵蚀，变得面目全非了；通过历史的研究，指出由于声母/n –/的排斥作用，韵尾/ – n/不得不向其他语音形式异化。[1] 我们的实验证明了这一点，/ – n/尾鼻化度的降低说明其进一步弱化，正在向其他形式转化，已经不是纯粹的鼻音。/ – ŋ/的鼻化度这种趋势不明显。

---

[1]　施向东：《汉语普通话的 – n 尾》，载石锋、沈钟伟编《乐在其中——王士元教授七十华诞庆祝文集》，南开大学出版社 2004 年版。

表 2—34　　　　　　　　TVN 音节中鼻尾/－n/、/－ŋ/的鼻化度

n/ŋ	NVN		LVN/RVN	
	m 声母	n 声母	l 声母	r 声母
(a) n	72 (12.6)	85 (12.6)	75 (16.1)	84 (14.0)
(ə) n	78 (17.3)	79 (15.3)	\	88 (11.1)
(i) n	87 (9.6)	91 (7.1)	91 (4.5)	\
(u) n	\	\	68 (22.2)	75 (17.2)
(a) ŋ	92 (2.1)	93 (1.3)	92 (2.6)	88 (7.1)
(ə) ŋ	87 (8.5)	93 (1.5)	90 (2.2)	94 (1.4)
(i) ŋ	93 (2.7)	94 (1.4)	93 (2.3)	\
(o) ŋ	\	91 (5.1)	89 (4.5)	87 (7.3)

在鼻音声母中，/n/声母音节中的/－ŋ/尾鼻化度均大于/m/声母中的；非鼻音声母没有表现出明显的规律。

无论主要元音如何变化，在通音声母结构中，鼻尾/－n/、/－ŋ/鼻化度的排序均为：NV（N）＞MV（N）＞RV（N）＞LV（N）。说明通音声母可以隔过中间的元音，对鼻音韵尾产生一定影响。

（四）四种声调音节中鼻音韵尾的鼻化度

测量清声母音节（CVN）音节四个声调的鼻音韵尾的鼻化度，数据见表 2—35。[①]

表 2—35　　　　　　　四种声调 CVN 音节中鼻音韵尾的鼻化度

鼻尾	调类	女发音人	男发音人	鼻尾	调类	女发音人	男发音人
(a) n	阴平	87 (15.8)	91 (4.5)	(a) ŋ	阴平	94 (1.8)	94 (1.8)
	阳平	89 (8.0)	90 (2.1)		阳平	94 (1.9)	94 (2.6)
	上声	81 (13.6)	70 (22.9)		上声	91 (2.6)	91 (2.4)
	去声	71 (20.1)	47 (9.9)		去声	75 (20.1)	75 (12.1)

---

① VN/TVN 音节中鼻尾/－n/、/－ŋ/的鼻化度从略。

鼻尾	调类	女发音人	男发音人	鼻尾	调类	女发音人	男发音人
（ə）n	阴平	90（11.0）	92（3.3）	（ə）ŋ	阴平	94（2.1）	94（2.2）
	阳平	94（3.3）	93（2.2）		阳平	94（1.3）	93（2.2）
	上声	88（11.1）	80（15.2）		上声	92（2.8）	91（2.5）
	去声	91（4.5）	84（14.0）		去声	89（4.5）	92（2.5）
（i）n	阴平	93（1.7）	93（3.2）	（i）ŋ	阴平	95（1.5）	94（1.5）
	阳平	90（3.4）	94（3.5）		阳平	94（2.1）	93（1.8）
	上声	86（1.6）	90（2.3）		上声	93（2.3）	93（1.3）
	去声	88（7.8）	85（10.3）		去声	87（8.6）	91（0.7）
（y）n	阴平	95（1.9）	93（1.9）	（u）ŋ	阴平	93（3.8）	88（4.8）
	阳平	95（1.0）	87（11.3）		阳平	91（3.0）	88（3.8）
	上声	95（2.0）	86（14.8）		上声	89（3.1）	86（6.7）
	去声	94（1.9）	88（10.2）		去声	87（3.3）	76（9.2）

由表2—35可知，同一主要元音后的鼻尾/−n/的鼻化度最大值都出现在阴平或阳平中，最小值都出现在上声和去声音节中。/−n/鼻化度标准差一般都较大，男性发音人的标准差大于10的情况多于女性发音人的；女性发音人的鼻尾鼻化度大于男性。这些较大的标准差，基本都是因为鼻尾/−n/发生弱化和鼻化的较多，所以数值的浮动大。不论男女，同一主要元音后的鼻尾/−ŋ/的鼻化度最大值都出现在阴平音节中，其中元音为/a/、/ə/时阴平和阳平音节中鼻尾/−ŋ/的鼻化度相等；最小值基本都出现在去声音节中，只有男发音人的（Cə）ŋ结构中/−ŋ/尾鼻化度的最小值出现在上声音节中。在去声音节（Ca）ŋ中/−ŋ/尾鼻化度的标准差都较大，达到了20，也是说在去声音节中，后鼻尾/−ŋ/发生弱化和鼻化的情况较多，导致数值变化的浮动大。总体看来，/−n/、/−ŋ/的鼻化度基本都是去声音节中的最小，上声中的稍次之，阴平和阳平音节中最大。

三　鼻音韵尾的正常率、弱化率和鼻化率

（一）不同状态的鼻音韵尾的鼻化度表现

通过上文考察发现，不同结构以及不同声调单音节中，鼻音韵尾/−n/和/−ŋ/的鼻化度都有很大的不同。依据鼻化度的数值和谱图的共

振峰模式，参考鼻音与非鼻音的临界值，我们把鼻尾划分出正常、弱化、鼻化三种类型：鼻化度在 80 以上的大都是正常鼻尾，介于 60 到 80 之间的则是弱化的鼻尾，低于 60 大于 40 的就是鼻化的鼻尾。具体的划分依据结合下面的图 2—12 进行说明，图 2—12 中由上、中、下依次表示的是鼻尾的鼻化度曲线、鼻音通道共振峰模式和口音通道共振峰模式。

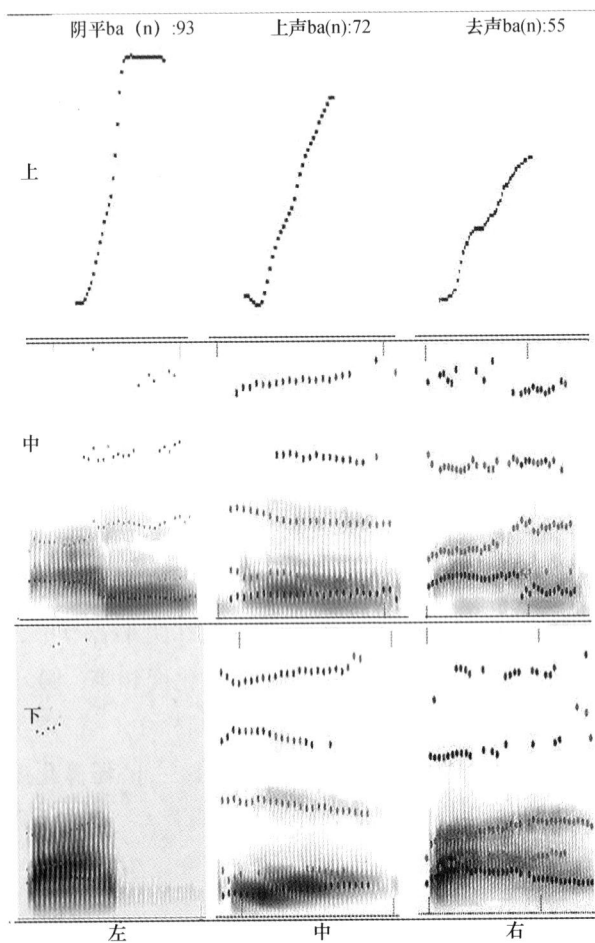

正常鼻尾（左）　　　弱化鼻尾（中）　　　鼻化鼻尾（右）

鼻化度曲线（上）、鼻音通道共振峰模式（中）、口音通道共振峰模式（下）

图 2—10　鼻音韵尾的各种状态的鼻化度表现

图 2—12（左）上、中、下为正常鼻尾的鼻化度曲线、鼻音通道共振峰模式和口音通道共振峰模式，所读字为"班"，鼻尾/－n/的鼻化度取为 93。正常鼻尾/－n/的鼻化度曲线表现为一条平稳的横线，其所对应的鼻音共振峰清晰明显，在整个音节中所占据的时长，与其他两种情况相比也较长；而在其口音共振峰图中已经看不到/－n/的共振峰能量，说明此时的/－n/是一个标准的纯鼻音。鼻化度取值在 80 以上的都大致与图 2—12（左）相当，因此将 80 作为正常鼻尾和弱化鼻尾的分界点。

图 2—12（中）上、中、下表示的是鼻尾弱化情况下的三种语图模式，所读字为"版"，鼻尾/－n/的鼻化度取为 72。在弱化鼻尾/－n/的鼻化度曲线中，没有明显的平稳横线，最高点的高度也比图 2—12（左）中最高点的高度低，直观上鼻化度较小；将其鼻音共振峰和口音共振峰对比来看，鼻尾/－n/在整个音节中所占时长缩短，且鼻音共振峰的能量也不如正常鼻尾情况下的明显，元音与鼻尾的结合部即鼻化部分时长增加，说明此时的/－n/已经发生一定程度的弱化了。鼻化度取值在 60 到 80 之间的鼻尾表现都大致与图 2—12（中）相当。

图 2—12（右）上、中、下表示的是鼻尾鼻化情况下的三种语图模式，所读字为"办"，鼻尾/－n/的鼻化度值为 55。与正常鼻尾/－n/的鼻化度曲线模式差距最大，末尾完全没有平稳段；且鼻音共振峰和口音共振峰的时长相差不多，在音节末尾处已经没有明显的鼻音能量出现，可认为是鼻化了，前接元音已经成为鼻化元音。鼻化度在 60 以下的鼻尾表现都大致与图 2—12（右）相当，因此 60 可作为鼻尾弱化和鼻化的分界点。后鼻尾/－ŋ/的划分标准与前鼻尾/－n/的标准一样，不再赘述。

（二）不同音节组合中鼻尾的正常率、弱化率和鼻化率

依据鼻化度标准，计算在各种音节中鼻尾的弱化率和鼻化率，对男女发音人的数据分别进行统计，具体数据见表 2—36。[①] 图 2—13、图 2—14

---

① 此处的弱化率 = 鼻化度小于 80 大于 60 的鼻尾个数/该鼻尾总样本数×100%；鼻化率 = 鼻化度小于 60 的鼻尾个数/该鼻尾总样本数×100%。以主要元音为/a/时的整体计算为例，词表中/a/和/－n/组合成的 VN 和 CVN 音节结构一共有 a（n）、ba（n）1、ba（n）2、pa（n）2、ba（n）3、ba（n）4 六种，共有 10 位发音人，每位发音人读三遍，从中选取两个较好样本，共计 6×10×2 = 120 个样本，即可测得 120 个 N 值。在这 120 个 N 值中，测得其中有 18 个 N 值在 60 和 80 之间，即算得弱化率为 15%（18/120×100%）；其中有 20 个 N 值在 60 以下，即算得鼻化率为 17%（20/120×100%）。下文中其他后鼻尾的弱化率和鼻化率也采取同样的计算方法。

是依据表2—36中的平均值得出的鼻尾正常率、弱化率和鼻化率对比图。

表2—36 VN&CVN/TVN 音节中鼻尾/－n/、/－ŋ/的

正常率、弱化率和鼻化率

VN&CVN	女发音人			男发音人			平均值		
	正常率	弱化率	鼻化率	正常率	弱化率	鼻化率	正常率	弱化率	鼻化率
(a) n	65%	20%	15%	70%	10%	20%	67%	15%	18%
(ə) n	92%	8%	0%	84%	8%	8%	88%	8%	4%
(i) n	82%	18%	0%	94%	6%	0%	88%	12%	0%
(u) n	88%	12%	0%	80%	16%	4%	84%	14%	2%
(y) n	100%	0%	0%	84%	16%	0%	92%	8%	0%
(a) ŋ	90%	7%	3%	83%	10%	3%	88%	9%	3%
(ə) ŋ	100%	0%	0%	100%	0%	0%	100%	0%	0%
(i) ŋ	97%	3%	0%	100%	0%	0%	98%	2%	0%
(u) ŋ	100%	0%	0%	80%	20%	0%	90%	10%	0%
(y) ŋ	100%	0%	0%	100%	0%	0%	100%	0%	0%
a (n)	75%	25%	0%	40%	35%	25%	57%	30%	13%
(ə) n	66%	27%	7%	60%	27%	13%	63%	27%	10%
(i) n	92%	8%	0%	60%	36%	4%	76%	22%	2%
(u) n	60%	23%	17%	54%	17%	29%	57%	26%	17%
(a) ŋ	95%	5%	0%	100%	0%	0%	97%	3%	0%
(ə) ŋ	90%	10%	0%	100%	0%	0%	95%	5%	0%
(i) ŋ	96%	4%	0%	100%	0%	0%	98%	2%	0%
(u) ŋ	85%	10%	5%	80%	20%	0%	82%	15%	3%

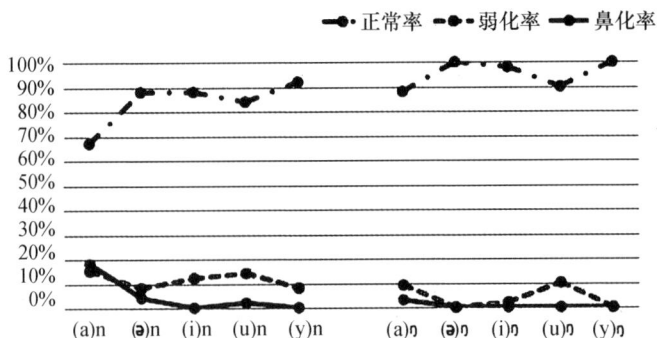

图2—13 VN&CVN 音节中鼻尾/－n/、/－ŋ/的正常率、

弱化率和鼻化率对比图

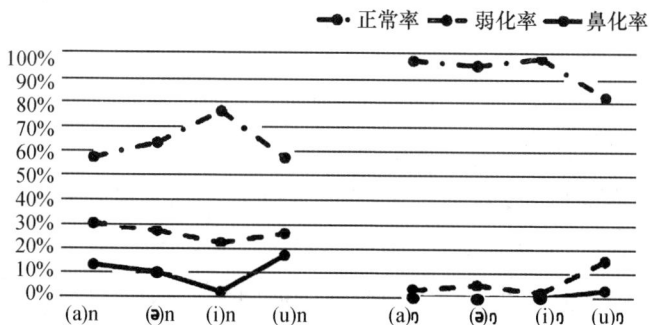

图 2—14　TVN 音节中鼻尾/－n/、/－ŋ/的正常率、

弱化率和鼻化率对比图

由表 2—36 和图 2—13、图 2—14 分析鼻尾的情况。VN 和 CVN 音节中，各元音后/－n/尾的正常率平均值由大到小的顺序为：（y）n >（i）n =（ə）n >（u）n >（a）n；弱化率平均值的顺序为：（a）n >（u）n >（i）n >（ə）n =（y）n；鼻化率平均值由大到小的顺序为：（a）n >（ə）n >（u）n >（i）n =（y）n。与上文鼻尾/－n/鼻化度大小的排序（a）n <（u）n <（ə）n <（y）n <（i）n 大致相吻合，基本规律是鼻尾的鼻化度越小，其弱化和鼻化的比率就越大，其正常率也就越小。元音/a/后面的/－n/尾弱化率（15%）和鼻化率（18%）都最高，而且鼻化率大于弱化率，正常率也是最低的，说明/a/后的/－n/尾偏离正常鼻尾程度已经很高了。元音/y/后面的/－n/尾弱化率只有 8%，鼻化率为 0%，最稳定，其次是（i）n、（ə）n、（u）n 音节。/－n/尾表现存在性别差异，正常率，（ə）n、（u）n 和（y）n 音节男性小于女性的；弱化率，（a）n、（ə）n、（i）n 音节男性小于女性的；鼻化率，（a）n、（ə）n、（u）n 音节男性大于女性的，（i）n 和（y）n 音节中，男女鼻化率为 0%。因此，整体来看，男性/－n/尾较女性更为不稳定，变化的程度也更大一些。

VN 和 CVN 音节中，各元音后/－ŋ/尾正常率平均值由大到小的顺序为：（y）ŋ =（ə）ŋ >（i）ŋ >（u）ŋ >（a）ŋ；弱化率平均值的顺序为：（u）ŋ >（a）ŋ >（i）ŋ =（y）ŋ >（ə）ŋ；鼻化率平均值由大到小的顺序为：（a）ŋ＞（u）ŋ＝（i）ŋ＝（y）ŋ＝（ə）ŋ。（y）ŋ、（ə）ŋ的正确率高达100％，弱化率和鼻化率都为0％。弱化率和鼻化率最高的分别为（u）ŋ（10％）、（a）ŋ（3％），（a）ŋ的弱化率为9％，仅次于（u）ŋ。最不稳定的是（a）ŋ，其次是（u）ŋ和（i）ŋ，（y）ŋ、（ə）ŋ最稳定。性别差异方面，正常率，男性的（a）ŋ、（u）ŋ小于女性的，弱化率也小于女性的；弱化率，各元音后的鼻尾男女都一样。总体上仍然是男性／－ŋ／尾的稳定性小于女性。

　　VN和CVN音节中，／－n／尾、／－ŋ／尾相比较，／－ŋ／尾的正常率、弱化率和鼻化率都高于／－n／尾，说明／－ŋ／要比前鼻尾／－n／稳定得多。

　　通音声母（TVN）音节中，各元音后／－n／尾、／－ŋ／尾的大致规律与VN和CVN音节中的相同，男女差异也大体一致。值得注意的是，／－n／尾的正确率明显小于VN和CVN音节中的；弱化率和鼻化率要明显大于VN和CVN音节中的。说明TVN音节中／－n／尾的稳定性变差。／－ŋ／尾的表现不如／－n／尾明显，但是，总体上也是稳定性变差，（ə）ŋ、（u）ŋ的正确率都比VN和CVN音节中的低，变化幅度不如／－n／尾大。

　　结合图2—13、图2—14可以看到，两种结构中，组合结构对鼻尾的影响是明显的，特别是前鼻尾／－n／。不管何种组合结构，各元音后前后鼻尾／－n／、／－ŋ／共性的特点是弱化率普遍大于鼻化率，即先发生弱化再进一步鼻化，直至脱落。但只有VN和CVN音节中的（a）n例外，它是鼻化率大于弱化率，表明（a）n的鼻尾／－n／变化得最快，接近脱落了。其次是（ə）n和（u）n，（y）n和（i）n最稳定。通音声母加速了鼻尾的不稳定性。

　　（三）不同声调鼻音韵尾的正常率、弱化率和鼻化率

　　计算CVN音节四种声调鼻音韵尾的正常率、弱化率和鼻化率，数据见表2—37。图2—15、图2—16是依据表2—37中的平均值得出的不同声调鼻尾正常率、弱化率和鼻化率对比图。

表 2—37　　　　　　　CVN 音节中不同声调鼻尾/－n/、/－ŋ/的
正常率、弱化率和鼻化率

CVN	阴平			阳平			上声			去声		
	正常率	弱化率	鼻化率	正常率	弱化率	鼻化率	正常率	弱化率	鼻化率	正常率	弱化率	鼻化率
（a）n	90%	0%	10%	89%	11%	0%	60%	30%	10%	20%	20%	60%
（ə）n	90%	10%	0%	100%	0%	0%	40%	30%	30%	90%	10%	0%
（i）n	100%	0%	0%	95%	5%	0%	79%	21%	0%	80%	20%	0%
（y）n	100%	0%	0%	90%	10%	0%	90%	10%	0%	90%	10%	0%
（u）n	100%	10%	0%	90%	10%	0%	70%	30%	0%	80%	20%	0%
平均值	94%	4%	2%	92%	8%	0%	67%	25%	8%	72%	16%	12%
（a）ŋ	100%	0%	0%	100%	0%	0%	100%	0%	0%	30%	60%	10%
（ə）ŋ	100%	0%	0%	100%	0%	0%	100%	0%	0%	100%	0%	0%
（i）ŋ	100%	0%	0%	100%	0%	0%	100%	0%	0%	90%	10%	0%
（u）ŋ	100%	0%	0%	100%	0%	0%	90%	10%	0%	70%	30%	0%
平均值	100%	0%	0%	100%	0%	0%	98%	2%	0%	78%	20%	2%

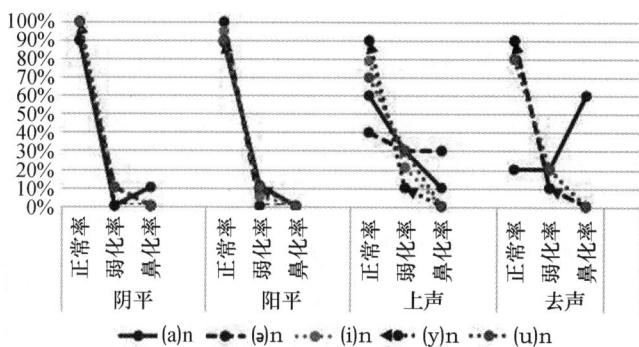

图 2—13　CVN 音节中不同声调鼻尾/－n/的正常率、弱化率和鼻化率

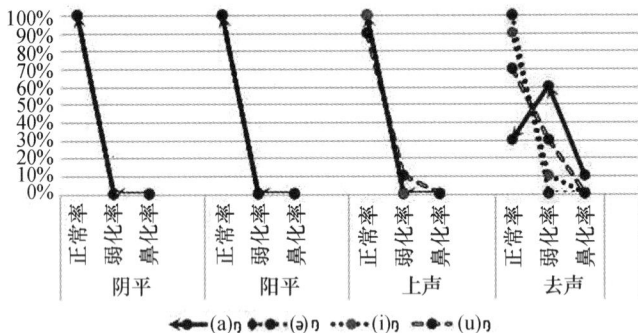

图2—14 CVN音节中不同声调鼻尾／－ŋ/的正常率、弱化率和鼻化率

表2—37可知各元音／－n/尾、／－ŋ/尾四声中的排序正常率、弱化率和鼻化率排序如下：

正常率：

（a）n：阴平＞阳平＞上声＞去声　　（a）ŋ：阴平＞阳平＞上声＞去声

（ə）n：阳平＞阴平＞去声＞上声　　（ə）ŋ：阴平＝阳平＝上声＝去声

（i）n：阴平＞阳平＞去声＞上声　　（i）ŋ：阴平＝阳平＝上声＞去声

（u）n：阴平＞阳平＞去声＞上声　　（u）ŋ：阴平＝阳平＞上声＞去声

（y）n：阴平＞阳平＝上声＝去声

弱化率：

（a）n：阴平＜阳平＜去声＜上声　　（a）ŋ：阴平＜阳平＜去声＜上声

（ə）n：阳平＜阴平＜去声＜上声　　（ə）ŋ：阴平＝阳平＝去声＝上声

（i）n：阴平＜阳平＜去声＜上声　　（i）ŋ：阴平＜阳平＜上声＜去声

（u）n：阴平＝阳平＜去声＜上声　　（u）ŋ：阴平＜阳平＜上声＜

去声

（y）n：阴平＜阳平＝去声＝上声

鼻化率：

（a）n：阳平＜阴平＜去声＜上声　　（a）ŋ：阴平＝阳平＝上声＝
去声

（ə）n：阴平＜阳平＜去声＜上声　　（ə）ŋ：阴平＝阳平＝上声＝
去声

（i）n：阴平＝阳平＝上声＝去声　　（i）ŋ：阴平＝阳平＝上声＝
去声

（u）n：阴平＝阳平＝上声＝去声　　（u）ŋ：阴平＝阳平＝上声＜
去声

（y）n：阴平＜阳平＝上声＝去声

由以上排序结合图 2—15、图 2—16，看到各元音后的／‐n/尾、
／‐ŋ/尾的正常率基本都是阴平＞阳平＞上声＞去声，而弱化率正好与正
常率相反，基本都是阴平＜阳平＜去声＜上声，鼻化率基本为阳平＜阴
平＜去声＜上声（或"阴平＜阳平＜去声＜上声"），当然后鼻尾／‐ŋ/有
许多弱化率和鼻化率都为 0%。／‐n/尾、／‐ŋ/尾相比较，／‐ŋ/尾的正
常率大于／‐n/尾的，但弱化率和鼻化率小于／‐n/尾的。

综上可知，声调对鼻尾弱化和鼻化的影响规律很清晰，在上声和去声
时会出现较普遍的弱化和鼻化现象；不同元音中，（a）n、（a）ŋ的弱化
率和鼻化率最高，（a）n 去声音节中的鼻化率高达 60%，大于其弱化率
20%，其正常率只有 20%，在上声音节中也分别有 30% 的弱化率和 10%
的鼻化率，在阴平和阳平中分别也有 10% 左右的弱化率或鼻化率；（a）ŋ
只在去声音节有 60% 的弱化率和 10% 的鼻化率，其他三个声调中弱化率
和鼻化率都为 0%。其他元音后的鼻尾，除（ə）ŋ外，其他只有在去声时
才弱化，即使在最稳定的（y）n、（i）n 和（u）ŋ中，上声中也有不少
的弱化率和鼻化率为 0%。

由本部分的分析看到，鼻尾的动态变化与鼻尾的发音部位、前接元音
以及声调都有关系，这与前人研究相吻合。但是我们还看到与音节的组合
结构也有关系。

四　鼻音韵尾动态变化的规律和进程

上文依据鼻化度的数值和谱图的共振峰模式，参考鼻音与非鼻音的临界值，把鼻尾划分出正常、弱化、鼻化三种类型，并计算了各种条件下鼻尾的正常率、弱化率和鼻化率，实验结果与前贤的历时研究相吻合，证明了这种划分是合理的。

正常、弱化、鼻化的划分可以清楚看到前后两个鼻尾/ – n/、/ – ŋ/不同的演化进程，还可以看到同一个鼻尾在不同元音之后的变化轨迹，更可以观察到同一个元音带同一个鼻尾时在不同组合和不同声调时的细致变化。就前后两个鼻尾/ – n/、/ – ŋ/而言，后鼻尾/ – ŋ/的鼻化度普遍高于前鼻尾/ – n/的鼻化度，且正常率、弱化率和鼻化率也都高于前鼻尾/ – n/的。变化先从前鼻尾/ – n/开始，然后向后鼻尾/ – ŋ/发展。就不同元音而言，先从低元音/a/后的鼻尾开始变化，然后逐步向中元音、高元音演进。就声调条件而言，从低元音/a/的去声音节中的鼻尾开始变化，再向上声、阳平和阴平蔓延。就鼻尾的正常率来看，后鼻尾/ – ŋ/的正常率大于前鼻尾/ – n/的正常率，说明后鼻尾/ – ŋ/比前鼻尾/ – n/稳定。

不同元音后鼻尾的正常率排序为：（y）n >（i）n =（ə）n >（u）n >（a）n，（y）ŋ =（ə）ŋ >（i）ŋ >（u）ŋ >（a）ŋ，最稳点的是前高元音后的鼻尾，然后是中元音，再后是后高元音，最后是低元音；不同声调音节鼻尾正常率的排序为：阴平 > 阳平 > 上声 > 去声，说明阴平音节中的鼻尾最稳定，然后是阳平，再后是上声，最后是去声。这个顺序反映的就是鼻尾稳定性由强到弱的顺序。就弱化率来看，基本是前鼻尾/ – n/的弱化率大于后鼻尾/ – ŋ/的；不同元音后鼻尾的弱化率排序为：（a）n >（u）n >（i）n >（ə）n =（y）n，（u）ŋ >（a）ŋ >（i）ŋ（y）ŋ >（ə）ŋ。

不同声调音节鼻尾弱化率的排序为：阴平 < 阳平 < 去声 < 上声。就鼻化率来看，仍然是前鼻尾/ – n/的弱化率大于后鼻尾/ – ŋ/的；不同元音后鼻尾的鼻化率排序为：（a）n >（ə）n >（u）n >（i）n =（y）n，（a）ŋ >（u）ŋ =（i）ŋ =（y）ŋ =（ə）ŋ；不同声调音节鼻尾鼻化率的排序基本为：阳平 < 阴平 < 去声 < 上声（或"阴平 < 阳平 < 去声 < 上声"）。不同声调音节中鼻音韵尾的弱化率和鼻化率，表明上声和去声时

鼻尾更容易出现弱化或鼻化现象。去声、上声对前鼻尾/－n/的弱化率和鼻化率影响较大，同时对低元音后的鼻尾影响更大。

弱化率和鼻化率的排序正好与正常率相反。弱化率和鼻化率恰好反映出鼻尾由正常鼻尾开始弱化进一步鼻化的过程。同一个元音后的鼻尾其正常率一般大于弱化率，弱化率又大于鼻化率。许多情况下鼻化率为0%，但弱化率不为0%。说明弱化已经开始，但还未到鼻化阶段。只有（a）n中的鼻尾/－n/的鼻化率大于弱化率，去声音节中的更甚，说明（a）n中的鼻尾/－n/变化速度最快，下一步就是完全消失了。鼻尾的弱化率和鼻化率首先与鼻尾的前、后发音部位相关，其次是前接元音的舌位的高低前后起作用，然后是与声调有关。

所以，鼻尾的变化是一个渐进的过程，无论从历时还是共时都是如此。笼统地说鼻化、脱落都不够精准。北京话鼻尾应该还没有太多的脱落现象，鼻化的鼻尾应该是"半鼻音"状态，弱化的鼻尾虽然不是正常的鼻尾了，但是应该还属于鼻音范围。

还应该看到鼻尾所谓的稳定不稳定也是相对的。许宝华认为"/－ŋ/尾最为稳定，各地鼻音尾韵母中使用最多"[1]。我们看到并非所有情况下的/－ŋ/尾都稳定，去声音节中的/－ŋ/都有一定的弱化率，（a）ŋ中还有10%的鼻化率。/－n/尾不稳定，却并非所有情况下的/－n/尾都不稳定，阴平、阳平音节中的（a）n尾都较稳定，正常率都较高。

鼻尾的动态变化与音节的组合结构也有关系。通音声母加速了鼻尾的不稳定性。在以上所有项目考察中，也发现了男女的差异性。

综上，鼻音韵尾的鼻化度受多方面因素的影响，前接元音舌位的不同、组合结构的不同、调类的不同以及发音人性别都会对其产生影响。虽然各种情况下鼻音韵尾的鼻化度表现有不同，但都具有鼻音、弱化和鼻化三种状态。

五　结论

运用鼻化度参量尝试对北京话鼻尾进行了量化分析，并依据鼻化度数值划分出正常鼻尾、弱化鼻尾和鼻化鼻尾分布的范围，即鼻化度80以上

---

[1]　许宝华：《中古阳声韵类在现代吴语中的演变》，《声韵论丛》1997年第6期。

为正常；60 至 80 之间为弱化；60—40 为鼻化（见图 2—17），并计算了
鼻尾的正常率、弱化率和鼻化率。

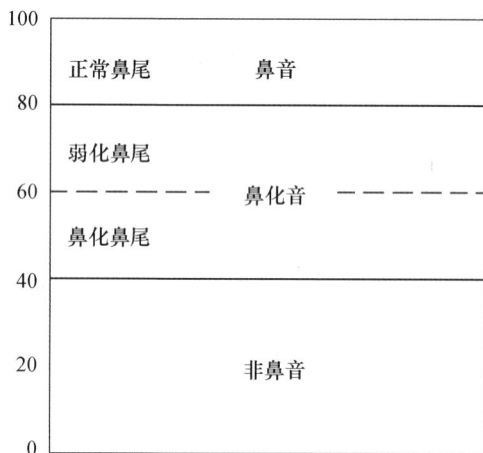

图 2—17　不同状态鼻尾的分布范围

由图 2—17 显示出鼻尾的分布范围可以是鼻化音和鼻音的全部范围，
即鼻化度在 40 以上的范围，在这个范围内再分出正常、弱化和鼻化三种
情况。这样可以客观有效地量化描写鼻尾的不同特征，直接观察到两个鼻
尾的变化规律及其变化进程和轨迹，预测鼻尾进一步演化的方向。同时可
以细致观察元音的舌位、声调、组合结构以及性别对鼻尾产生的不同影
响。鼻尾变化的起点是先从去声音节中的低元音后的前鼻尾/ − n/开始，
由弱化再鼻化，然后再蔓延到上声音节，再到阳平和阴平音节。中元音和
高元音后的也是按此顺序由强而弱演化。后鼻尾/ − ŋ/的变化慢于前鼻尾，
但也是沿着此顺序来变化。/a/元音后的前鼻尾/n/是弱化和鼻化程度最高
的，可以预测，（a）n 中的鼻尾/ − n/会最早脱落。组合结构影响鼻尾最
明显的是鼻通音声母虽然会使鼻音韵尾的鼻化度稍降低，也就是会使鼻尾
的弱化率和鼻化率提高。男女差异方面男性鼻尾的稳定性小于女性。当然
这些还要在更多的语言和方言中进行验证。语流中的表现另文讨论。可见
依据鼻化度参量对鼻尾进行正常、弱化、鼻化的区分是有效的，也是有意
义的，可操作性也比较强。也可以运用到方言及民族语言以及病理语言的

研究中去。

附录

表2—38　　　　十位发音人零声母音节中韵尾/‒n/的鼻化度

发音人	(a) n	(e) n	(i) n	(u) n	(y) n	平均值
1	94 (0.5)	93 (1.5)	94 (1.4)	91 (0.7)	93 (1.4)	93 (1.2)
2	92 (3.8)	93 (1.5)	92 (2.1)	92 (3.2)	93 (2.0)	93 (0.5)
3	80 (0.7)	86 (9.5)	81 (1.5)	79 (3.5)	86 (6.6)	82 (3.4)
4	41 (3.6)	41 (0.6)	49 (5.0)	42 (2.3)	46 (3.5)	44 (3.6)
5	94 (1.5)	93 (2.1)	93 (1.5)	94 (1.0)	95 (0.6)	94 (0.8)
6	93 (3.2)	95 (1.0)	95 (1.5)	91 (1.0)	95 (1.2)	94 (1.8)
7	94. (1.0)	95 (0.6)	94 (1.0)	95 (1.5)	95 (1.0)	95 (0.5)
8	96 (1.2)	97 (0.6)	96 (0.6)	96 (0.6)	96 (0.6)	96 (0.4)
9	97 (0.6)	97 (0.0)	97 (0.6)	96 (0.6)	96 (0.6)	97 (0.5)
10	64 (5.2)	79 (5.0)	96 (0.6)	91 (4.2)	90 (5.0)	84 (12.8)
平均值	84.5 (18.3)	86.9 (17.1)	88.7 (14.7)	86.7 (16.5)	88.5 (15.3)	87 (16)

表2—39　　　　十位发音人零声母音节中韵尾/‒ŋ/的鼻化度

发音人	(a) ŋ	(e) ŋ	(i) ŋ	(u) ŋ	(y) ŋ	平均值
1	94 (0.5)	90 (1.0)	90 (0.7)	90 (0.7)	95 (0.7)	92 (2.3)
2	95 (1.2)	94 (1.0)	95 (1.5)	94 (1.2)	95 (1.5)	95 (0.5)
3	85 (6.0)	95 (2.6)	97 (0.6)	95 (0.6)	93 (1.5)	93 (4.7)
4	87 (1.2)	85 (1.2)	84 (0.6)	84 (0.6)	88 (1.1)	86 (2.0)
5	89 (7.0)	90 (3.8)	94 (0.6)	94 (0.6)	87 (1.2)	91 (3.0)
6	94 (1.0)	95 (1.0)	95 (1.0)	94 (1.5)	96 (1.0)	95 (0.9)
7	95 (1.0)	95 (1.5)	95 (0.6)	94 (0.6)	90 (0.6)	94 (2.0)
8	96 (0.6)	96 (0.6)	97 (0.6)	96 (0.6)	96 (0.6)	96 (0.2)
9	96 (0.6)	96 (0.0)	97 (0.6)	96 (1.0)	96 (1.5)	96 (0.4)
10	96 (1.0)	96 (0.6)	96 (0.5)	94 (0.5)	94 (1.2)	95 (0.8)
平均值	92.7 (4.1)	93.2 (3.7)	94.1 (4.1)	93.1 (3.6)	93 (3.4)	93.22 (3.2)

第 三 章

北京话响音鼻化度的动态变化

第一节　北京话音节音联中通音声母及鼻音韵尾的鼻化度

一　实验说明

（一）语料

本节考察北京话双音节中通音声母及鼻音韵尾的鼻化度。北京话中有通音声母/n/、/m/、/l/、/r/四个，鼻音韵尾两个/ − n/和/ − ŋ/，由于协同发音作用，双字音中通音声母及鼻音韵尾的鼻化度应有不同。考察的语料为汉语普通话的双音节词，包括以下组合：（1）前字为元音尾、后字为鼻音声母元音尾组合，记作（c）v + n（m）v；（2）前字为元音尾、后字为通音声母/l/、/r/元音尾的组合，记作（c）v + l（r）v；（3）前字为鼻音尾、后字为零声母元音尾组合，记作（c）vn（ŋ）+ v；（4）前字为鼻音尾、后字为零声母鼻音尾组合，记作（c）vn（ŋ）+ v n（ŋ）；（5）前字为鼻音尾、后字为鼻音声母元音尾组合，记作（c）vn（ŋ）+ n（m）v；（6）前字为鼻音尾、后字为通音声母/l/、/r/元音尾组合，记作（c）vn（ŋ）+ l（r）v。

（二）发音人及实验仪器

发音人为4名青年，2男（1、2号）2女（3、4号），年龄均在20—22岁，生长于北京，父母均为北京人。发音人口音纯正，无口鼻咽疾病。发音人用自然语速朗读发音字表进行录音。

录音在语音实验室进行。录音及分析仪器为 Kay Nasometer Ⅱ 6400 鼻音计。发音人戴上鼻音计的口鼻分音装置，有一块隔板挡在口与鼻之间，将口腔声音与鼻腔声音分开。录音时鼻音计分为口、鼻两个通道同步进行采样获取语音。同时另外运用 CSL4500 进行同步的普通声学录音，以满足做相关分析的需要。鼻化度参数与前文同，略。

二　双音节中通音声母的鼻化度

（一）前字元音尾后字通音声母的鼻化度

测量录音语料中（c）v＋n（m）v组合及（c）v＋l（r）v组合中后字声母/m/、/n/及/l/、/r/的鼻化度。数据见表 3—1。鼻化度曲线图例见图 3—1。

表 3—1　　　　　　　前字元音尾后字通音声母的鼻化度

通音声母/m/、/n/	鼻化度	通音声母/l/、/r/	鼻化度
（c）v＋nv→n	92（3.2）	（c）v＋lv→l	28（8.1）
（c）v＋mv→m	90（3.9）	（c）v＋rv→r	15（3.5）

由表 3—1 看到，前字为元音尾后字为通音声母时，鼻音声母/m/、/n/及边通音/l/的鼻化度与单字音中的相近，/n/的鼻化度下降了 1，/m/、/l/的鼻化度值没变。只有/r/声母的鼻化度比单音节中的有所下降，差值为 9。另外，由四人的平均值来看，/m/、/n/鼻化度的标准差有所增大，单字音中的标准差在 2.1—2.5 之间，而双字音中后字中的标准差在 3.0—4.0 之间；/l/、/r/鼻化度的标准差有所减小，单字音中的标准差在 11.0—13.0 之间，而双字音中后字中的标准差在 3.0—8.0 之间。说明双字音中后字鼻音声母/m/、/n/的稳定性稍稍减弱，而/l/、/r/声母的稳定性有所增强。原因可能是单音节中鼻音声母/m/、/n/处在首音位值，发音比较充分，因而发音稳定性好，而在双音节中，处在（c）v＋m/nv 的环境中，受前后元音的影响，/m/、/n/的发音就有些不充分，所以稳定性稍稍减弱。而/l/、/r/的情况与/m/、/n/不同，单音节中通音声母/l/、/r/处在首音位值，发音比较充分，由于其性质不同于鼻音，变体较多，发音灵活，稳定性较差，而在双音节中，处在（c）v＋l/rv 的环境中，/l/、/r/的发音受到前后元音的限制，其变体不能很好地实现，所以

稳定性反而增强。

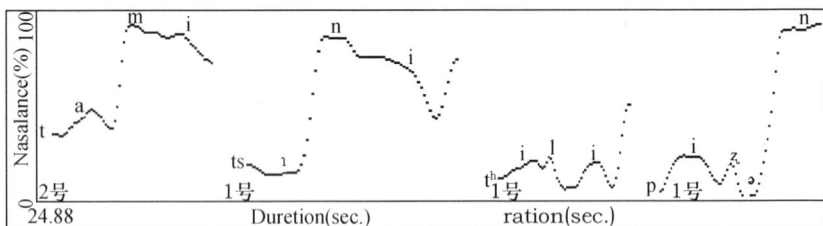

图 3—1　双音节中前字元音尾后字通音声母的鼻化度曲线图例

（例词"大米、兹尼、体力、逼人"）

双音节中，/n/、/m/ 两个声母的鼻化度平均值为（92＋90）/2 ＝ 91；/l/、/r/ 这两个声母的鼻化度平均值为（28＋15）/2 ＝ 21。鼻音声母与非鼻音浊声母的总体鼻化对比度为 91－21 ＝ 70。比在单字音情况下的总体鼻化对比度提高了 4，说明鼻音声母与非鼻音浊声母的区分度略有提高。从具体语音的鼻化对比度来看，/n/ 与 /l/ 的鼻化对比度为 92－28 ＝ 64，比单音节中的降低 1，/n/ 与 /l/ 的区分度有下降的趋势；/n/ 与 /r/ 的鼻化对比度为 92－15 ＝ 77，比单音节中的提高 8，/n/ 与 /r/ 的区分度上升。

（二）前字鼻音韵尾后字通音声母的鼻化度

测量录音语料中（c）vn（ŋ）＋n（m）v、（c）vn（ŋ）＋l（r）v 组合中前字鼻音韵尾及后字通音声母的鼻化度。数据见表 3—2。鼻化度曲线图例见图 3—2、图 3—3。

表 3—2　　　　双音节中前字鼻音尾韵后字通音声母的鼻化度

鼻音声母		平均值（标准差）	声母/l/、/r/		平均值（标准差）
（c）vn＋nv	nn	94（2.2）	（c）vn＋lv	l	39（6.7）
（c）vn＋mv	nm	90（3.8）	（c）vn＋rv	r	37（6.3）
（c）vŋ＋nv	ŋn	93（2.6）	（c）vŋ＋lv	l	56（3.0）
（c）vŋ＋mv	ŋm	90（4.1）	（c）vŋ＋rv	r	43（6.9）

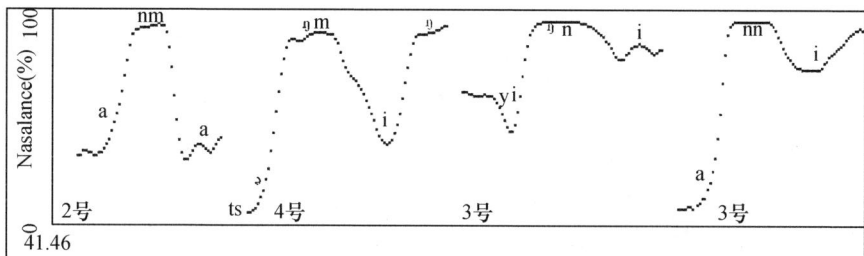

图3—2　双音节（c）vn（ŋ）+n（m）v组合中前字鼻音尾后字鼻音声母的
鼻化度曲线图例（例词"鞍马、严密、声明、安妮"）

1. 前字鼻音韵尾后字鼻通音声母的鼻化度

由图3—2看到，前字以／‒n／、／‒ŋ／收尾，后字又以鼻音／n／、／m／起首，两字交界处有两个鼻音相连，形成／nn／、／nm／、／ŋn／、／ŋm／四个双鼻音，鼻化度曲线加长，鼻化度增高。表3—2中四个双鼻音的平均值为92，与表3—1中鼻音声母／m／、／n／的鼻化度大致相同；大于下文表3—4中鼻音韵尾／‒n／、／‒ŋ／的鼻化度。许毅曾考察前字以鼻尾／n／收尾，后字又以／n／起首，两字交界处有两个／n／相连的情况，在宽带频谱图中可以看到两字交界处有一个较长的纯鼻音。[①] 在窄带图上，前后两个音节的音高转折点正好处在长鼻音［n：］的中部，长鼻音［n：］的前后两部分分别属于前后两个音节。两个相连的／n／的平均长度是单个／n／平均长度的2倍。王志洁[②]的结论与许毅同。我们也看到了相同的表现。

2. 前字鼻音韵尾后字通音声母／l／、／r／的鼻化度

（c）vn（ŋ）+l（r）v组合中鼻音韵尾及声母／l／、／r／的鼻化度曲线图例见图3—3。

由表3—2看到，前字鼻音韵尾后字通音声母／l／、／r／组合中，后字通音声母／l／、／r／的鼻化度升高，／l／的鼻化度为（39＋56）／2＝48，／r／的鼻化度为（37＋43）／2＝40，与表3—1相比，／l／、／r／的鼻化度大副增高。其中／‒ŋ／尾后声母／l／、／r／的鼻化度升高的幅度大于前鼻尾／‒n／

---

① 许毅：《普通话音联的声学语音学特性》，《中国语文》1986年第5期。
② 王志洁：《英汉音节鼻韵尾的不同性质》，《现代外语》1997年第4期。

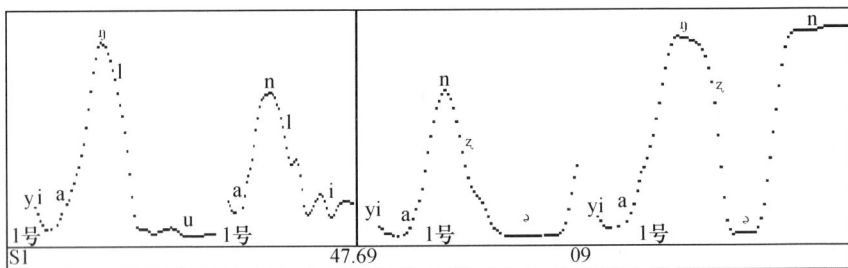

图 3—3 双音节（c）vn（ŋ）+l（r）v组合中鼻音韵尾及通音声母/l/、/r/的鼻化度曲线图例（例词"养路、案例、炎热、洋人"）

后升高的幅度。图 3—3 中可以看到鼻尾的鼻化度曲线与图 3—1 有较大差别，特别是前鼻尾/ - n/的鼻化度变小，但是/l/、/r/的鼻化度曲线由于前字鼻尾的影响都有提升。

三 双音节中鼻音韵尾的鼻化度

（一）（c）vn（ŋ）+ v（n/ŋ）组合中鼻音韵尾的鼻化度

测量录音语料中（c）vn（ŋ）+ v组合中鼻音韵尾/ - n/、/ - ŋ/的鼻化度，数据见表 3—3。

表 3—3   （c）vn（ŋ）+ v组合中前字鼻音韵尾的鼻化度平均值

鼻音韵尾	鼻化度
（c）vn + v →/ - n/	77（8.1）
（c）vŋ + v →/ - ŋ/	86（5.1）

由表 3—3 看到，双音节中前字鼻音韵尾/ - n/、/ - ŋ/的鼻化度都大大小于单音节中鼻尾的鼻化度，标准差也增大。/ - ŋ/的鼻化度大于/ - n/的鼻化度，二者差值为 9。

测量录音语料中（c）vn（ŋ）+ vn（ŋ）组合中鼻音韵尾/ - n/、/ - ŋ/的鼻化度，数据见表 3—4。鼻化度曲线图例见图 3—4。

表 3—4 （c）vn（ŋ）+ v n（ŋ）组合中前、后字鼻音韵尾的鼻化度

鼻音韵尾		鼻化度	鼻音韵尾		鼻化度
（c）vn1 + vn2	/ – n1/	73（10.5）	（c）v ŋ + vn	/ – ŋ/	86（5.8）
	/ – n2/	85（8.2）		/ – n/	81（4.6）
（c）vn + v ŋ	/ – n/	76（13.6）	（c）v ŋ1 + v ŋ2	/ – ŋ1/	88（5.0）
	/ – ŋ/	85（6.8）		/ – ŋ2/	90（4.5）

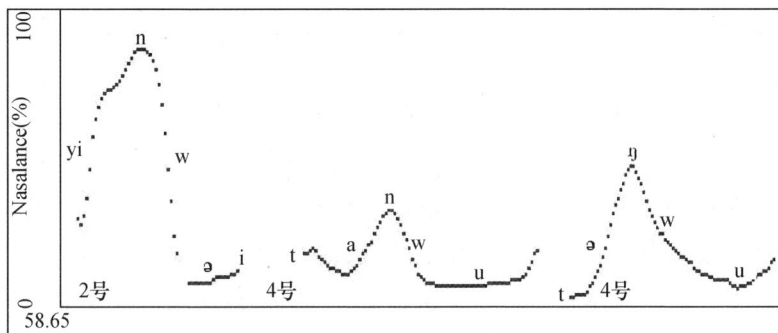

图 3—4 双音节（c）vn（ŋ）+ v 组合中前字鼻音韵尾的鼻化度
曲线图例（例词"因为、耽误、动武"）

由表 3—4 我们看到与表 3—3 中相同的趋势，即前字鼻音尾/ – n/的鼻化度为 70—75 之间，/ – ŋ/的鼻化度都在 85—90 之间，/ – ŋ/的鼻化度大于/ – n/的鼻化度，标准差都较大。由表 3—4 我们还看到，相同鼻音韵尾总是前字鼻音韵尾的鼻化度小于后字鼻音韵尾的鼻化度，鼻化度的标准差大于后字鼻音韵尾的鼻化度的标准差。在（c）v ŋ + vn 组合中，前字鼻音韵尾/ – ŋ/的鼻化度大于后字鼻音韵尾/ – n/的鼻化度。鼻音韵尾/ – ŋ/不管是在前字末尾还是在后字末尾，其鼻化度都大于相同位置的鼻音韵尾/ – n/的鼻化度。

（二）（c）vn（ŋ）+l（r）v 组合中鼻音韵尾的鼻化度

前字鼻音韵尾后字鼻音声母元音尾的情况上文已讨论，这种情况下鼻音尾已经和后接鼻音声母融为一体，成为双鼻音，且鼻化度较高，不再讨论。只讨论前字鼻音韵尾后字通音声母/l/、/r/元音尾时的鼻音韵尾的鼻化度。测量录音语料中（c）vn（ŋ）+l（r）v 组合中前字鼻音尾/ – n/、

/ – ŋ/的鼻化度数据见表3—5。

表3—5　　　　　　　前字鼻音韵尾接后字/l/、/r/声母时的鼻化度

鼻音韵尾		平均值
（c） vn + lv	/ – n/	65 （6.9）
（c） vn + rv	/ – n/	70 （5.1）
（c） v ŋ + lv	/ – ŋ/	86 （2.5）
（c） v ŋ + rv	/ – ŋ/	84 （1.6）

由表3—5看到，前字鼻音韵尾后字通音声母/l/、/r/组合中，前字鼻音韵尾的鼻化度降低，/ – n/的降低幅度稍大，鼻化度为（65 + 70）/ 2 = 68，与表3—3中的/ – n/尾相比，鼻化度下降了9；/ – ŋ/的降幅较小，鼻化度为（86 + 84）/2 = 85，与表3—3中的/ – ŋ/尾相比，鼻化度下降了1。鼻音韵尾/ – n/、/ – ŋ/后接通音声母/l/、/r/时鼻化度会降低，/ – n/尾降低的幅度大于/ – ŋ/尾，且标准差都较大，说明鼻音韵尾的稳定性较差。

（三）鼻音韵尾的鼻化度及性质

有研究认为鼻音声母与鼻音韵尾的性质一样，都是鼻辅音。[1][2] 还有许多研究从声学及生理角度探讨北京话中鼻音韵尾/ – n/、/ – ŋ/与鼻声母/n/在音联及协同发音方面的表现，从而肯定汉语北京话中鼻音韵尾/ – n/的特性有别于作为声母的鼻音/n/。[3][4][5] 再有认为普通话的鼻音韵尾有三个主要特征：（1）单念时，鼻音韵尾常常表现为鼻辅音，即与声母的鼻音声学特征一致。（2）鼻音韵尾有时也不表现为鼻辅音，它会使前面元音发生鼻化。（3）鼻尾的不同表现决定于鼻音韵尾本身的发音部

①　林焘、王理嘉：《语音学教程》，北京大学出版社1992年版。
②　毛也桢：《上海话鼻韵母鼻音性质的实验研究》，《华东师范大学学报》（哲学社会科学版）1984年第2期。
③　许毅：《普通话音联的声学语音学特性》，《中国语文》1986年第5期。
④　王志洁：《英汉音节鼻韵尾的不同性质》，《现代外语》1997年第4期
⑤　郑玉玲、刘佳：《普通话N1C2（C#C）协同发音的声学模式》，《南京师范大学文学院学报》2005年第3期。

位以及前面元音的发音部位和开口度大小。①

由鼻化度来看，北京话鼻音韵尾的鼻化度的确有三种数据对应于上文所说的鼻音尾三种特征。由单字音来看，鼻音韵尾的鼻化度很高，特别是零声母音节中，与鼻音声母的鼻化度一样。辅音声母中鼻尾的鼻化度有所下降，已经低于鼻音声母的鼻化度，有弱化的现象（参见本书第一章内容）。双音节中做鼻尾/－n/的鼻化度更低，标准差较大，发音极不稳定，而鼻音声母的鼻化度很高，标准差很小，发音较稳定。这充分表明了鼻音声母/－n/与鼻音尾/－n/的不同性质。后鼻音韵尾/－ŋ/的鼻化度总是高于前鼻尾/－n/的，稳定性较好于/－n/尾，很少与元音融合。EPG 证实/ŋ/是普通话辅音中舌根位置最靠后的辅音，在协同发音中稳定，不易被同化。②

/－n/、/－ŋ/尾前接不同元音时鼻化度不同，央低元音/a/后面的鼻音韵尾鼻化度最低，标准差较大，有的发音人的/n/尾样本鼻化度曲线没有稳定段，甚至与前面的元音完全融合；/－ŋ/尾鼻化度稍高于/－n/尾。前高元音/i/后面的鼻音韵尾鼻化度最高，标准差较小，鼻音韵尾样本鼻化度曲线都有稳定段，较少与前面的元音完全融合，处于中间状态的是元音/u/、/ə/后的鼻尾，/ə/后的鼻尾的鼻化度又稍高于/u/。鼻音韵尾在双音节中后接通音声母/l/、/r/时鼻化度进一步降低，稳定性变得更差。

据观察，在一些语言中不同元音跟其邻近鼻辅音之间相互作用有不同的起始时间。在鼻辅音前面的元音中，鼻音耦合的起始点时间跟元音高度有关，这种时间分布模式因语言而异。林茂灿、颜景助观察到汉语普通话鼻尾时长在主要元音开口度大/a/后面的，比在主要元音开口度非大的后面的短。从而设想在鼻辅音前面的低元音中，由于鼻音耦合开始得早，使得鼻辅音本身时长较短，而在高元音中，由于鼻音耦合开始得晚，因而鼻辅音本身时长较长。③ 不同元音后面的鼻尾鼻化度不同可能与此相关。

―――――――――――

① 吴宗济、林茂灿：《实验语音学概要》，高等教育出版社 1989 年版。

② 郑玉玲、刘佳：《普通话 N1C2（C#C）协同发音的声学模式》，《南京师范大学文学院学报》2005 年第 3 期。

③ 林茂灿、颜景助：《普通话带鼻尾零声母音节中的协同发音》，《应用声学》1992 年第 13 卷第 1 期。

鼻音尾/－n/、/－ŋ/发音都具有不稳定性，但相比较而言，/－ŋ/尾的稳定性明显好于/－n/尾。

四　结论

本节研究北京话双音节中通音声母/n/、/m/、/ŋ/、/l/、/r/及鼻音韵尾的鼻化度。结果发现：（1）（c）v＋n（m）v结构中后字声母/n/、/m/的鼻化度与单音节中的接近，但稳定性降低；cv＋l（r）v结构中后字声母/l/的鼻化度与单音节中接近，/r/的鼻化度小于单音节中的鼻化度。二者稳定性增强。（2）（c）vn（ŋ）＋l（r）v结构中后字声母/l/、/r/的鼻化度受前字鼻音韵尾的影响显著提高，且后鼻尾/－ŋ/后的/l/、/r/的鼻化度升高的幅度大于前鼻尾/－n/后的/l/、/r/的鼻化度升高的幅度。同时前字鼻尾/－n/、/－ŋ/的鼻化度也下降，其中既有逆同化影响，也有顺同化影响。（3）（c）vn（ŋ）＋n（m）v结构中前字鼻音韵尾与后字鼻声母的鼻化度曲线融为一体，成为双鼻音，时长增加，鼻化度较高。（4）（c）vn（ŋ）＋v及cvn（ŋ）＋v（ŋ）结构中韵尾/－n/、/－ŋ/的鼻化度都小于单音节中的鼻化度，/－ŋ/的鼻化度大于/－n/的鼻化度。相同鼻音韵尾总是前字鼻音韵尾的鼻化度小于后字鼻尾。（c）vŋ＋vn结构中前字鼻音韵尾/ŋ/的鼻化度大于后字鼻音韵尾/－n/。（5）各种结构中/－n/尾的稳定性明显差于/－ŋ/尾；鼻音韵尾的稳定性与前接元音的舌位有关，央低元音/a/后的/－n/尾最不稳定，有些甚至已经弱化或鼻化，高元音/i/后的/－n/尾稳定性最好，/－ŋ/尾也表现出相同的趋势。

第二节　北京话音节音联中元音的内在鼻化度

引言

由于协同发音及音联的影响，双音节中元音的内在鼻化度会与单音节中的不同。本节研究北京话音节音联中元音的内在鼻化度。

一　实验说明

（一）语料及发音人

本节所用的发音表为汉语普通话单音节字表和双音节词表。单音节中的声母包括塞音、擦音、塞擦音以及通音/m/、/n/、/l/、/r/等。音节中的韵母包括单元音韵母、复元音韵母以及带鼻尾韵母。按普通话的声韵拼合关系组成各种音节。单音节字表用以考察单音节中元音的鼻化度，以与双音节中元音的鼻化度相比较。

双音节词表包括以下组合：（1）前字为元音、后字为鼻通音声母加元音组合，记作（c）v＋n（m）v；（2）前字为元音、后字为通音声母/l/、/r/加元音的组合，记作（c）v＋l（r）v；（3）前字为元音带鼻音尾、后字为零声母加元音组合，记作（c）vn（ŋ）＋v。

发音人为4名青年，2男（1、2号）2女（3、4号），年龄均在20—22岁，生长于北京，父母均为北京人。发音人口音纯正，无口鼻咽疾病。发音人用自然语速朗读发音字表进行录音。

（二）录音及实验仪器

录音在语音实验室进行。录音及分析仪器为 Kay NasometerⅡ6400 鼻音计。发音人戴上鼻音计的口鼻分音装置，有一块隔板挡在口与鼻之间，将口腔声音与鼻腔声音分开。录音时鼻音计分为口、鼻两个通道同步进行采样获取语音。同时另外进行同步的普通声学录音，以满足做相关分析的需要。

（三）鼻化度

鼻化度就是语音发音时鼻音化的程度。计算公式略。图3—5是1号发音人七个一级元音的鼻化度曲线。

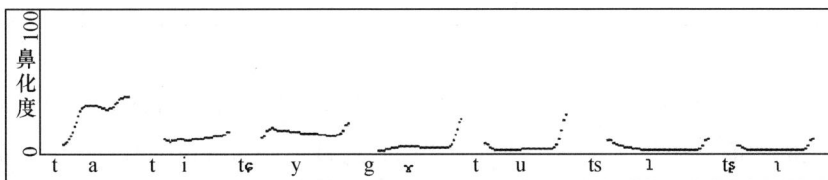

图3—5　北京话一级元音的鼻化度曲线

在图 3—5 中，七个元音的鼻化度都较低，但是各不相同。

鼻音计还能够按设定时间步长逐点显示鼻化度数据，也能进行一定的统计分析，例如计算一段语音的鼻化度平均值及相关数据。本节的统计分析利用鼻音计的相关功能以及社会科学统计分析软件包（SPSS10.0）完成。

二　双音节中元音的鼻化度

（一）双音节中前字元音的鼻化度

测量双音节词表（c）v + ni、（c）v + mi、（c）v + li、（c）v + ri 组合中前字元音的鼻化度，数据见表 3—6。

表 3—6　　　　　双音节中前字元音后接通音声母时的鼻化度

元音		四人均值	元音		四人均值
a	v（+ni）	32（8.3）	a	v（+li）	28（5.8）
	v（+mi）	32（4.4）		v（+ri）	28（7.1）
i	v（+ni）	36（19.5）	i	v（+li）	22（7.8）
	v（+mi）	32（7.4）		v（+ri）	27（10.5）
ə	v（+ni）	8（1.7）	ə	v（+li）	7（3.0）
	v（+mi）	12（6.7）		v（+ri）	6（1.4）
u	v（+ni）	10（3.4）	u	v（+li）	8（0.6）
	v（+mi）	14（8.6）		v（+ri）	8（2.2）
y	v（+ni）	37（5.8）	y	v（+li）	24（8.8）
	v（+mi）	35（5.5）		v（+ri）	21（3.7）
ɿ	v（+ni）	15（4.0）	ɿ	v（+li）	10（2.5）
	v（+mi）	11（3.3）		v（+ri）	86（2.6）
ʅ	v（+ni）	18（13）	ʅ	v（+li）	10（2.5）
	v（+mi）	12（9.1）		v（+ri）	11（5.6）

由表 3—6 来看，七个一级元音在双音节中前字元音后接通音声母时鼻化度数值都比其内在鼻化度有所提高，后接不同通音声母时每个元音鼻化度提高的幅度也有不同。后接鼻通音声母时比后接通音声母/l/、/r/时提高的幅度稍大些，但都没有超过 40。由四位发音人的平均值来看，后

接鼻音声母/n/时，七个元音鼻化度由大到小的排列顺序为：/y/ > /i/ > /a/ > /ɤ/ > /ɣ/ > /u/ > /ʮ/；后接鼻音声母/m/时，七个元音鼻化度由大到小的排列顺序为：/y/ > /i/ > /a/ > /ɤ/ > /ɣ/ > /ʮ/ > /u/；后接边通音声母/l/时，七个元音鼻化度由大到小的排列顺序为：/a/ > /y/ > /i/ > /ɤ/ > /ɣ/ > /ʮ/ > /u/；后接通音声母/r/时，七个元音鼻化度由大到小的排列顺序为：/a/ > /i/ > /y/ > /ɤ/ > /ɣ/ > /ʮ/ > /u/。

（二）双音节中前字、后字元音的鼻化度

测量双音节词表（c）v1n + v2、（c）v1 ŋ + v2 组合中 v1、v2 的鼻化度，前字都是单元音带鼻音尾音节，后字都为零声母单元音音节，所以不包括两个舌尖元音，数据见表 3—7。

表 3—7　　　双音节中前字带鼻尾元音 v1 及后字元音 v2 的鼻化度

发音人		四人均值	四人均值
元音		（c）v1n + v2	（c）v1 ŋ + v2
a	v1	42（4.1）	47（8.2）
	v2	30（2.8）	22（4.6）
i	v1	50（7.5）	58（13.4）
	v2	37（13.0）	41（15.1）
ɤ	v1	35（10.2）	54（5.8）
	v2	12（2.4）	11（4.5）
u	v1	41（3.2）	47（6.0）
	v2	14（8.3）	16（9.0）
y	v1	49（4.8）	50（8.9）
	v2	27（7.2）	33（14.3）

由表 3—7 来看，双音节中前字带鼻音尾元音的鼻化度即复合鼻化度都有提高，且大都达到了 40 以上。由四位发音人的平均值来看，前字元音后接鼻音韵尾/ – n/时，五个元音鼻化度由大到小的排列顺序为：/i/ > /y/ > /a/ > /u/ > /ɤ/；前字元音后接鼻音韵尾/ŋ/时，五个元音鼻化度由大到小的排列顺序为：/i/ > /ɤ/ > /y/ > /a/ > /u/。双音节中前接前字鼻音尾的后字元音的鼻化度也都有提高，但提高幅度不大，基本都在

40 以下。由四位发音人的平均值来看，后字元音前接前字鼻尾/n/时，五个元音鼻化度由大到小的排列顺序为：/i/ > /a/ > /y/ > /u/ > /ɤ/；后字元音前接前字鼻尾/ŋ/时，五个元音鼻化度由大到小的排列顺序为：/i/ > /y/ > /a/ > /u/ > /ɤ/。

　　总之，双音节中前字元音后接通音声母及带鼻音韵尾时，鼻化度数值大都有所提高，只有/a/、/ɤ/有时会下降。双音节中每个元音的鼻化度与其内在鼻化度相比较，可以看出其鼻化度提高或下降的幅度。双音节中某元音的鼻化度减去单音节中元音内在鼻化度（4 人单音节中元音内在鼻化度数据见附录 1），就是其提高的鼻化度数值，记作△N，△N 的大小或正负即可反映出该元音鼻化度提高或降低的幅度。

三　双音节中元音鼻化度的变化幅度分析

（一）双音节中前字元音的内在鼻化度变化幅度分析

　　由前文得知，双音节中前字元音后接通音声母时鼻化度数值大都有所提高，后接鼻通音声母/n/、/m/时比后接通音声母/l/、/r/时提高的幅度稍大些，但都没有超过 40。为了方便比较，把表 3—6 中的元音 "v" 的相关数据及由表 3—6 中元音 "v" 的数据减去附录 1 中元音内在鼻化度的数据计算出的元音的△N 值列在表 3—8 中。

表 3—8　双音节中前字元音后接通音声母的鼻化度四人平均值及△N

音节	N	a	i	ɤ	u	y	ʅ	ʯ
v（+ni）	N	32	36	8	10	37	15	18
	△N	2	17	2	5	26	8	12
v（+mi）	N	32	32	12	14	35	11	12
	△N	2	13	6	9	16	4	6
v（+li）	N	28	22	7	8	24	10	10
	△N	−2	3	1	3	13	3	4
v（+ri）	N	28	27	6	8	21	8	11
	△N	−2	8	0	3	10	1	5

　　由表 3—8 看出，后接鼻音声母/n/时，前字七个元音鼻化度由大到小

的排列顺序为：/y/ > /i/ > /a/ > /ɤ/ > /ʅ/ > /u/ > /ʯ/；△N 值的顺序为
/y/ > /i/ > /ʅ/ > /ɤ/ > /u/ > a/ʯ。后接鼻音声母/m/时，七个元音鼻化度
由大到小的排列顺序为：/y/ > i = a > /u/ > ʅ = ʯ > /ɤ/；△N 值的顺序为
/y/ > /i/ > /u/ > ʯ = ʅ > /ɤ/ > /a/ 。后接边通音声母/l/时，七个元音鼻化
度由大到小的排列顺序为：/a/ > /y/ > /i/ > /ʅ/ > u = ʯ > /ɤ/；△N 值的顺
序为/y/ > /ʅ/ > /i = u = ʯ/ > /ɤ/ > /a/ ，/a/的 △N 值为负值，鼻化度下降
了。后接通音声母/r/时，七个元音鼻化度由大到小的排列顺序为：
/a/ > /i/ > /y/ > /ʅ/ > ʯ = u > /ɤ/；△N 值的顺序为/y/ > /i/ > /ʅ/ >
/u/ > /ʯ/ > /ɤ/ > /a/，同样，/a/的 △N 值为负值，鼻化度下降了。

　　总之，双音节中前字元音后接通音声母时的内在鼻化度会有不同的变
化。主要是受后字音节通音声母的逆同化影响所致。后接鼻通音声母
/n/、/m/时元音鼻化度提高的幅度大于后接通音声母/l/、/r/时提高的幅
度。不同元音提高的幅度也不相同，由 △N 值来看，四种情况下都是
/y/、/i/元音提高的幅度最大，其次是舌尖后元音/ʅ/和后高元音/u/，再
次是舌尖前元音/ʯ/，/ɤ/、/a/提高的幅度较小，/a/后接/l/、/r/声母时
还有下降现象。

　　（二）双音节中前字元音的复合鼻化度变化幅度分析

　　由上文得知，双音节中前字元音的复合鼻化度都有变化，且大都达到
了 40 以上。与单音节中的元音复合鼻化度（4 人单音节中元音复合鼻化
度数据见附录 2）相比有不同。为了方便比较，把表 3—7 中元音"v1"
的相关数据及由表 3—7 中元音"v1"的数据减去附录 2 中元音复合鼻化
度的数据计算出的元音的 △N 值列在表 3—9 中。

表 3—9　　　　　　　　单音节、双音节中元音复合鼻化度比较

元音	a	i	ʅ	u	y
单音节 v（n）	43	60	45	41	47
双音节 v1（n + v2）	42	50	35	41	49
△N（双音节—单音节）	−1	−10	−10	0	2
单音节 v（ŋ）	46	51	46	46	50
双音节 v1（ŋ + v2）	47	58	54	47	50
△N（双音节—单音节）	1	7	8	1	0

由表3—9看到，单音节中/ - n/尾前各元音的复合鼻化度基本都是大于双音节中的复合鼻化度，/u/元音持平，/y/元音例外，稍大于单音节中的。单音节中/ - ŋ/尾前各元音的复合鼻化度基本都是小于双音节中的复合鼻化度，/y/元音持平。换句话说，双音节中带/ - n/尾元音的复合鼻化度与单音节中的相比都减小了，减小幅度最大的是元音/i/、/ɤ/，双音节中带/ - ŋ/尾元音的复合鼻化度与单音节中的相比都增大了，增加幅度最大的也是元音/i/、/ɤ/。

时秀娟[1]考察双音节（c）vn（ŋ） + v组合中鼻音尾/ - n/、/ - ŋ/的鼻化度分别为77、86，分别小于单音节中的87和93。前鼻韵尾/ - n/的鼻化度在双音节中明显弱化，已不是纯粹鼻音，对其前面元音的影响力也变小，导致双音节中带/ - n/尾元音的复合鼻化度也变小。后鼻韵尾/ - ŋ/的鼻化度在双音节中仍较稳定，鼻化度较高，对其前面元音的影响力变化不太大。元音/i/、/ɤ/的复合鼻化度增加的幅度大，还需进一步研究。

（三）双音节中后字元音前接鼻尾时的鼻化度变化幅度分析

为了方便比较，把表3—7中元音"v2"的相关数据及由表3—7中元音"v2"的数据减去附录1中的元音内在鼻化度数据计算出的元音的△N值列在表3—10中。

表3—10　双音节中后字元音前接鼻尾时的四人鼻化度平均值及△N

音节	N	a	i	ɤ	u	y
（v1n + ） v2	N	30	37	12	14	27
	△N	0	18	6	9	16
（v1 ŋ + ） v2	N	22	41	11	16	33
	△N	− 8	22	5	11	22

由表3—10看到，后字元音前接前字鼻尾/ - n/时，五个元音鼻化度由大到小的排列顺序为：/i/ > /a/ > /y/ > /u/ > /ɤ/，与其内在鼻化度相

① 时秀娟、冉启斌、石锋：《北京话响音鼻化度的初步分析》，《当代语言学》2010 年第 4 期。

比，鼻化度提高的幅度△N 值的由大到小的顺序为：/i/ > /y/ > /u/ > /ɤ/ > /a/；后字元音前接前字鼻尾/－ŋ/时，五个元音鼻化度由大到小的排列顺序为：/i/ > /y/ > /a/ > /u/ > /ɤ/；与其内在鼻化度相比，鼻化度提高的幅度△N 值由大到小的顺序为：/i/ > /y/ > /u/ > /ɤ/ > /a/，/a/元音的鼻化度下降了 8。

四　结论

本节考察了双音节中相关条件下元音的内在鼻化度和复合鼻化度，并与单音节中的进行了对比。结果发现双音节中前字元音后接通音声母时的内在鼻化度会有不同的变化。主要是受后字音节通音声母的逆同化影响所致。后接鼻通音声母/n/、/m/时元音鼻化度提高的幅度大于后接通音声母/l/、/r/时提高的幅度。不同元音提高的幅度也不相同，由△N 值来看，四种情况下都是/y/、/i/元音提高的幅度最大，其次是舌尖后元音/ʅ/和后高元音/u/，再次是舌尖前元音/ɿ/，/ɤ/、/a/提高的幅度较小，/a/后接/l/、/r/声母时还有下降现象。

双音节中前字带鼻音尾元音的复合鼻化度都有提高，且大都达到了40 以上。双音节中带/－n/尾元音的复合鼻化度与单音节中的相比都减小了，减小幅度最大的是元音/i/、/y/，双音节中带/－ŋ/尾元音的复合鼻化度与单音节中的相比都增大了，增加幅度最大的也是元音/i/、/y/。

双音节中后字元音前接鼻尾/－n/、/－ŋ/时的鼻化度也有提高。但都没有超过临界值40。各元音提高的幅度不同，与其内在鼻化度相比，元音鼻化度提高的幅度△N 值的由大到小的顺序为：i = y > /u/ > /ɤ/ > /a/。

双音节中前字元音后接鼻音声母/n/、/m/时的鼻化度大于后字元音前接鼻音韵尾/－n/、/－ŋ/时的鼻化度。

附录 1　　　　　　　4 人单音节中元音内在鼻化度的平均值

元音	a	i	y	ɤ	u	ɿ	ʅ
鼻化度	30（7.3）	19（9.8）	11（4.2）	6（1.6）	5（1.5）	7（3.7）	6（2.8）

附录 2 　　　　　　　　4 人单音节中元音复合鼻化度的平均值

元音	a（n）	a（ŋ）	ɤ（n）	ɤ（ŋ）	i（n）	i（ŋ）	u（n）	u（ŋ）	y（n）	y（ŋ）
鼻化度	43 (2.0)	46 (10.4)	45 (3.3)	46 (3.9)	60 (11.0)	51 (9.8)	41 (3.3)	46 (7.8)	47 (4.7)	50 (8.5)

第三节　　北京话不同级别音联中通音声母的鼻化度

引言

我们运用鼻音计对北京话单字音的鼻化度做了初步分析，得出了北京话元音的内在鼻化度、通音声母的鼻化对比度和鼻音与口音的临界值，[①]也研究了音节音联中响音的鼻化度，证明音节音联中响音的鼻化度与单音节中的不同。音联（juncture）是指语音单元交界处或分界处的语音特征。许多语言中都存在音联且各具特征。汉语普通话的音联有闭音联、音节音联、节奏音联、停顿音联四个级别，分别指不同级别中语音的连接和分界。[②]曹剑芬对音节音联的时长分布进行考察，找出影响音节音联时域特征的几个因素：（1）音节的重音地位；（2）前音节韵尾的性质；（3）后音节声母发音方法。[③]本节运用鼻音计考察北京话不同级别音联中通音声母的鼻化度。

一　鼻化度及鼻化对比度

（一）鼻化度

鼻化度指发音时鼻腔通过的能量占整个发音能量的百分比。计算公式略。

（二）鼻化对比度

鼻化对比度指鼻音声母与非鼻音声母鼻化度的差值。可以分为总体对

---

① 时秀娟、冉启斌、石锋：《北京话响音鼻化度的初步分析》，《当代语言学》2010 年第 4 期。

② 许毅：《普通话音联的声学语音学特性》，《中国语文》1986 年第 5 期。

③ 曹剑芬：《普通话音节间音联的时域特征》，中国社会科学院院语言研究所《语音研究报告》，1994—1995。

比度和个体对比度。总体鼻化对比度就是一种语言或方言中鼻音声母鼻化度与非鼻音声母鼻化度的差值。个体鼻化对比度就是同一语言或方言中发音部位相同或相近的某个鼻音声母的鼻化度减去某个非鼻音声母的鼻化度所得的差值。具体计算方法见附录1。一般情况下，鼻音的鼻化度在80以上，也就是完整鼻音；鼻化度在40以下的可以算作口音；在二者之间的就是鼻化语音，也就是半鼻化音。[①]

（三）发音人及语料

北京话通音声母有鼻通音/m/、/n/和非鼻通音/l/、/r/。使用 Kay Nasometer Ⅱ 6400 鼻音计测量 10 位北京话发音人的通音声母数据。发音人5 男 5 女，年龄在 20—22 岁，生长于北京，父母均为北京人。

发音表为汉语普通话双音节字表，具体组合为 v + tv、vn + tv（t 为通音声母），分别处于音节、节奏及停顿三级音联中。其中音节音联是一个意义完整的词，例如："唐诗"；节奏音联放在句中考察，并且把音节音联中的两个音节放在前后两个意义不同的词中，但这两个音节在句中仍然相邻，句子语言连贯，没有停顿，例如"高汤适合炒菜"；停顿音联在句中考察，使两个音节分别处于前后两个意义不同的词中，两个音节间加入停顿，例如"高汤，适合炒菜"。三级音联中各音节鼻化度曲线示例图见图3—6。

二　各级音联中通音声母的鼻化度

（一）v + tv 组合中通音声母的鼻化度

测量 v + tv 组合在音节、节奏及停顿三级音联中通音声母的鼻化度。每一级音联中，前字为零声母或清辅音声母与单元音/a/、/ɤ/、/i/、/u/、/y/拼合，后字为通音声母/n/、/m/、/l/、/r/与单元音拼合。目的在于考察相同条件下：（1）后字通音声母的鼻化度规律；（2）前字单元音韵母对后字通音声母鼻化度的影响；（3）后字通音声母与不同单元音韵母相拼时鼻化度的变化。

按 10 位发音人三级音联中的通音声母鼻化度平均值数据做出图表（见表3—11、图3—7）。

---

① 时秀娟、冉启斌、石锋：《北京话响音鼻化度的初步分析》，《当代语言学》2010 年第4 期。

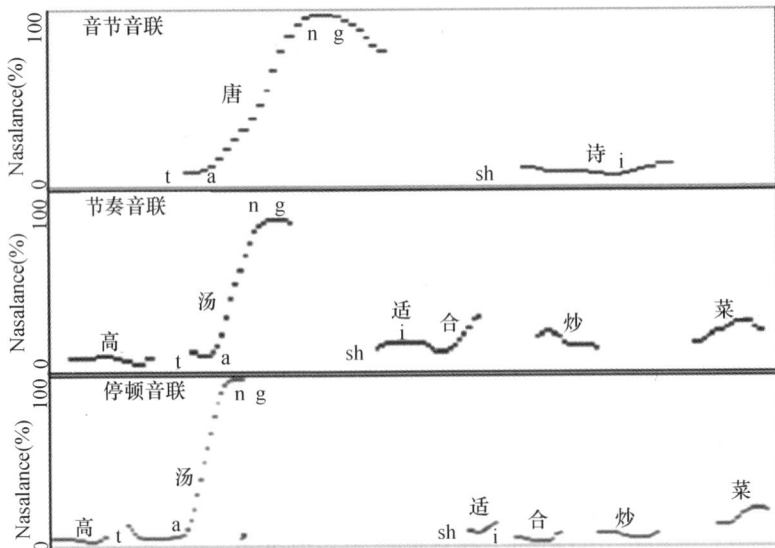

图3—6 三级音联中各音节鼻化度曲线图

表3—11　　　　　　　　　　三级音联中通音声母的鼻化度

	音节音联	节奏音联	停顿音联
n	92 (1.2)	89 (2.3)	89 (4.1)
m	91 (2.7)	88 (4.1)	91 (3.3)
l	21 (4.3)	25 (5)	30 (5.9)
r	18 (2.8)	19 (3.5)	21 (3.8)

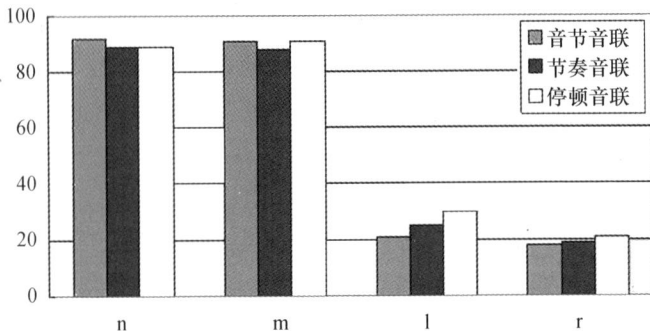

图3—7 三级音联中通音声母的鼻化度对比图

由表3—11看到，不同级别音联中，/n/、/m/在音节音联中的鼻化度都在90以上，在节奏音联、停顿音联中的鼻化度稍小，在88—91之间，总体排序大体为：音节音联＞节奏音联＞停顿音联。/l/、/r/在停顿音联中的鼻化度最大，分别为30、21，在节奏音联中的鼻化度次之，分别为25、19，在音节音联中的最小，分别为21、18，总体排序大体为停顿音联＞节奏音联＞音节音联。鼻通音声母与非鼻通音声母在三级音联中鼻化度的大小排序明显不同。二者性质有显著差异。

/n/、/m/在三级音联中鼻化度总体上有所下降。/l/、/r/与单字音相比，音节音联中有下降，与时秀娟[①]同。节奏音联中也有下降。停顿音联中/l/有上升、/r/略有下降。

在同一级别音联中，四个通音声母相比，鼻通音声母的鼻化度大大高于非鼻通音声母的鼻化度，大小排序为：/n/＞/m/＞/l/＞/r/。统计分析表明：同一通音声母在不同音联之间，鼻通音声母表现为差异不显著（$F = 2.570$，$sig = 0.095$），而非鼻通音声母表现为差异显著（$F = 4.440$，$sig = 0.022$），组间方差分析表明：音节音联和节奏音联间差异不显著（$sig = 0.176$），节奏音联和停顿音联间差异不显著（$sig = 0.124$），音节音联和停顿音联间差异显著（$sig = 0.006$）。

相同音联中不同通音声母之间，表现为差异显著（$F = 851.846$，$sig = 0.000$），组间方差分析表明：/n/、/m/之间差异不显著（$sig = 0.110$），/l/、/r/之间差异不显著（$sig = 0.110$）；而/n/、/m/与/l/、/r/之间差异显著（$sig = 0.000$）。

四个通音声母的标准差也有不同，基本上都是停顿音联中最高，节奏音联次之，音节音联中最低，说明停顿音联中各通音声母最不稳定，音节音联中发音最稳定。另外声母/n/、/m/的标准差小于声母/l/、/r/的标准差，说明/n/、/m/发音较/l/、/r/稳定。

---

① 时秀娟：《北京话双音节中通音声母及鼻音韵尾的鼻化度》，《实验语言学》2013年第2卷第2号。

单音节中通音声母/n/、/m/、/l/、/r/的鼻化度分别为93、91、27、25。[1] 与单音节相比，三级音联中通音声母的鼻化度都有所下降或持平，只有/l/在停顿音联中有所提高。从通音声母发音的稳定性来看，单音节与各级音联中都表现为/n/、/m/较/l/、/r/稳定。

（二）前字元音对后字通音声母的鼻化度的影响

分别统计音联前字为不同韵母时后字通音声母的鼻化度，后字韵母都为/u/，得到表3—12、表3—13。

表3—12　　音联后字鼻音声母/n/、/m/前接不同元音时的鼻化度

/n/声母	a–(n)u	ɤ–(n)u	i–(n)u	u–(n)u	y–(n)u
音节音联	90 (1.5)	89 (1.4)	92 (2.1)	88 (2.6)	91 (2.4)
节奏音联	87 (3.3)	87 (3.5)	89 (3.3)	85 (2.7)	87 (3.6)
停顿音联	89 (3.3)	87 (4.2)	91 (3.7)	87 (3.9)	90 (3.8)
/m/声母	a–(m)u	ɤ–(m)u	i–(m)u	u–(m)u	y–(m)u
音节音联	90 (3)	88 (2.9)	92 (3)	89 (3.3)	91 (2.7)
节奏音联	86 (3.9)	85 (3.9)	89 (3.7)	86 (3.4)	87 (3.4)
停顿音联	87 (5)	86 (4.4)	89 (4.2)	87 (3.5)	88 (3.7)

由表3—12看到，在三级音联中，受音联前字韵母影响，声母/n/、/m/的鼻化度由大到小的顺序基本是：音节音联＞停顿音联＞节奏音联。同一级别音联中，声母/n/受音联前字不同韵母影响，鼻化度大小排序基本为（i＋）n＞（y＋）n＞（a＋）n＞（ɤ＋）n＞（u＋）n，声母/m/鼻化度大小排序基本为：（i＋）m＞（y＋）m＞（a＋）m＞（u＋）m＞（ɤ＋）m。

① 时秀娟、冉启斌、石锋：《北京话响音鼻化度的初步分析》，《当代语言学》2010 年第4 期。

表 3—13   音联后字非鼻音声母/l/、/r/前接不同元音时的鼻化度

/l/声母	a－（l）u	ɣ－（l）u	i－（l）u	u－（l）u	y－（l）u
音节音联	24 (2.6)	20 (2.7)	30 (3.6)	21 (3.2)	32 (4)
节奏音联	25 (3)	21 (3.7)	30 (3.1)	24 (2.5)	37 (3.9)
停顿音联	31 (3.9)	28 (3.9)	36 (4.4)	29 (3.5)	42 (3.8)
/r/声母	a－（r）u	ɣ－（r）u	i－（r）u	u－（r）u	y－（r）u
音节音联	18 (2.8)	16 (1.7)	22 (3.4)	17 (2.1)	18 (2)
节奏音联	21 (2.4)	19 (3.4)	23 (2.8)	17 (2.3)	20 (2.8)
停顿音联	22 (2.7)	20 (3.2)	24 (3.4)	19 (2.4)	21 (2.8)

由表 3—13 可知，在三级音联中，声母/l/、/r/与前字不同韵母相邻时鼻化度大小排序为停顿音联＞节奏音联＞音节音联。同一级别音联中，声母/l/鼻化度由大到小的顺序为：（y）N＞（i）N＞（a）N＞（u）N＞（ɣ）N；声母/r/鼻化度由大到小的顺序为：（i）N＞（y）N＞（a）N＞（ɣ）N/（u）N。

（三）后字元音对通音声母的鼻化度的影响

分别统计音联后字为不同韵母时后字通音声母的鼻化度，前字韵母都为/u/，得到表 3—14、表 3—15。

表 3—14   音联后字鼻通音声母/n/、/m/与不同元音相拼时的鼻化度

/n/声母	u－（n）a	u－（n）i	u－（n）u	u－（n）y
音节音联	90 (2.8)	92 (2)	89 (1.8)	91 (2.3)
节奏音联	87 (3.7)	89 (3.4)	85 (2.5)	88 (2.5)
停顿音联	89 (3.2)	91 (3.5)	88 (3.5)	90 (2.7)
/m/声母	u－（m）a	u－（m）o	u－（m）i	u－（m）u
音节音联	89 (2.6)	88 (3.2)	92 (2.3)	87 (2.7)
节奏音联	87 (4.1)	85 (3.4)	89 (3.4)	84 (3.6)
停顿音联	88 (6)	87 (4.7)	90 (3.9)	86 (5.1)

由表 3—14 可知，在三级音联中，鼻音声母/n/和元音/a/、/i/、

/u/、/y/拼合，声母/n/鼻化度排序为：音节音联＞停顿音联＞节奏音联。相同音联中鼻音声母/n/的鼻化度顺序为：n（i）＞n（y）＞n（a）＞n（u）。

在三级音联中，鼻音声母/m/和元音/a/、/o/、/i/、/u/拼合，声母/m/鼻化度排序为：音节音联＞停顿音联＞节奏音联，相同音联中鼻音声母/m/鼻化度顺序为：m（i）＞m（a）＞m（o）＞m（u）。

分析标准差，三级音联中声母/n/、/m/鼻化度的标准差基本为停顿音联中最大，节奏音联次之，音节音联最小，说明停顿音联中声母/n/、/m/发音最不稳定，音节音联中最稳定。

表3—15　音联后字非鼻通音声母/l/、/r/与不同元音相拼时的鼻化度

/l/声母	u－（l）a	u－（l）ɤ	u－（l）i	u－（l）u	u－（l）y
音节音联	22（1.8）	20（2.4）	32（3.3）	21（3.7）	24（3.3）
节奏音联	25（3）	24（3.7）	35（4.1）	25（3.2）	28（3.3）
停顿音联	29（4.5）	26（4.1）	39（3.5）	29（4.1）	33（4.6）
/r/声母	u－（r）ɤ	u－（r）ʅ	u－（r）u	\	\
音节音联	19（2.5）	17（2.6）	16（2.9）	\	\
节奏音联	22（3.4）	19（3.1）	18（2.9）	\	\
停顿音联	24（3.8）	20（3.4）	19（3.2）	\	\

由表3—15可知，声母/l/与元音/a/、/ɤ/、/i/、/u/、/y/拼合时，在三级音联中鼻化度的大小顺序为：停顿音联＞节奏音联＞音节音联。同一级别音联中声母/l/的鼻化度受后接元音影响由大到小的顺序为：l（i）＞l（y）＞l（a）＞l（u）＞l（e）。

声母/r/和元音/ɤ/、/ʮ/、/u/拼合，在三级音联中鼻化度的大小顺序为：停顿音联＞节奏音联＞音节音联。同一级别音联中/r/受后接元音影响由大到小的顺序为：r（e）＞r（ʮ）＞r（u）。

三级音联中/l/、/r/鼻化度的标准差基本上为停顿音联中最大，节奏音联中次之，音节音联中最小，说明停顿音联声母/l/、/r/发音最不稳

定，音节音联最稳定。

单字音中，/l/在齐齿、撮口呼前的鼻化度（分别为 33、31）大于开口、合口呼前的鼻化度（分别为 26、22）。齐齿呼前鼻化度最大，合口呼前鼻化度最小。/r/在开口呼前鼻化度（26）大于合口呼前（21）。二者都是合口呼前鼻化度最小。[1] 各级音联中/l/、/r/声母与不同韵母相拼时鼻化度的大小规律与单字音相同。

在北京话辅音系统中，/l/、/r/这两个音没有系列的音位聚合，聚合度最小，音位变体较多。由 EPG 实验看，声母/l/的成阻部位和成阻程度是最灵活的，很容易受后接语音的影响。[2] 声母/r/的摩擦程度很自由，变体多，已被实验所证明。[3] 这是造成/l/、/r/后接不同韵母时鼻化度不同的原因。

由上文看到，三级音联中前字韵母及后字韵母对通音声母/n/、/m/、/l/、/r/鼻化度都有影响，且都是/i/、/y/对声母鼻化度的影响大于/a/、/ɤ/、/u/的影响，但影响幅度不同。在同一级别的音联中，相同的前字或后字韵母对鼻音声母/n/、/m/鼻化度的影响小于对非鼻音声母/l/、/r/鼻化度的影响。在三级音联中，受前后字不同韵母影响，鼻音声母/n/、/m/鼻化度的大小排序为：音节音联 > 停顿音联 > 节奏音联；非鼻音声母/l/、/r/鼻化度的大小排序为：停顿音联 > 节奏音联 > 音节音联。表明鼻音声母与非鼻音声母具有不同的性质。

（四）vN + tv 中音联后字通音声母的鼻化度

测量 vN + tv 组合在音节、节奏及停顿三级音联中通音声母的鼻化度。每一级音联中，前字为零声母或清辅音声母与鼻韵母拼合，后字为通音声母/n/、/m/、/l/、/r/与单元音拼合。目的在于考察前字为鼻音韵尾时后字通音声母的鼻化度。音联后字声母为鼻音声母时，由鼻化度曲线看，在音节音联及节奏音联中前字鼻尾和后字鼻音声母发音时已融合，成为一个

---

① 时秀娟、冉启斌、石锋：《北京话响音鼻化度的初步分析》，《当代语言学》2010 年第4 期。

② 李俭、郑玉玲：《汉语普通话动态腭位的数据缩减方法》，载王嘉龄编《第六届现代语音学学术会议论文集》，天津师范大学出版社 2004 年版。

③ 冉启斌、石锋：《北京话 r 声母的变体及音位的聚合程度》，载《中国音韵学——中国音韵学研究会南京研讨会论文集》，南京大学出版社 2006 年版。

长鼻音，所以其中鼻音声母数据与前字鼻尾合二为一，具体分为 vn-nv、vng-nv、vn-mv、vng-mv 四种情况。这一点与许毅[1]、时秀娟[2]的研究结果相同。停顿音联中前字鼻尾与后字鼻音声母各自独立，所以停顿音联中鼻音声母的鼻化度数据不包括前字鼻尾的。具体数据见表3—16及图3—8。

表3—16 "vN＋tv"组合中通音声母的鼻化度

/m、n/声母	音节音联	节奏音联	停顿音联
v1n＋（n）v2	94（0.7）	93（1.1）	92（2.6）
v1ng＋（n）v2	94（0.8）	91（1.4）	92（2.3）
v1n＋（m）v2	93（0.6）	92（1.1）	89（3.5）
v1ng＋（m）v2	93（0.9）	90（1.5）	89（3.7）
/l、r/声母	音节音联	节奏音联	停顿音联
v1n＋（l）v2	37（4）	32（4.1）	39（4.6）
v1ng＋（l）v2	48（3.6）	40（3.8）	40（4.8）
v1n＋（r）v2	35（2.8）	30（3.3）	31（5.3）
v1ng＋（r）v2	42（3.2）	31（3.7）	30（4.1）

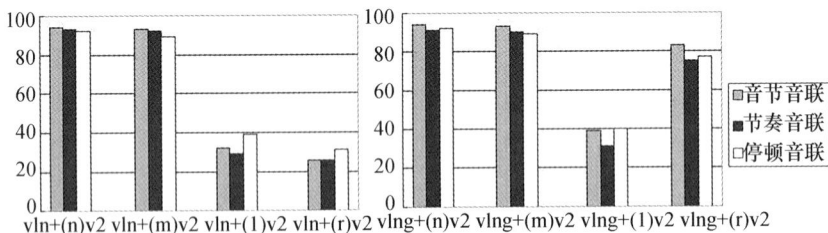

图3—8 "vN＋tv"组合中通音声母的鼻化度

由表3—16可知，通音声母前邻前鼻音韵尾/－n/时，声母/n－/的鼻化度数值在三级音联中由大到小的排序是：音节音联＞节奏音联＞停顿音联，其鼻化度都很高，集中在90以上。声母/m－/的鼻化度数值由大到

---

① 许毅：《普通话音联的声学语音学特性》，《中国语文》1986年第5期。
② 时秀娟：《北京话双音节中通音声母及鼻音韵尾的鼻化度》，《实验语言学》2013年第2卷第2号。

小的排序是：音节音联 > 节奏音联 > 停顿音联，其鼻化度也很高，在 80 以上。声母/l –/的鼻化度数值由大到小的排序是：停顿音联 > 音节音联 > 节奏音联，其鼻化度在非鼻音临界值 40 以下。声母/r –/的鼻化度数值由大到小的排序基本为：停顿音联 > 音节音联/节奏音联，鼻化度也最低，在 40 非鼻音临界值以内。

前字鼻尾后字为鼻音声母组合时，前字鼻尾和后字鼻音声母发音时已融合，成为一个长鼻音，与许毅①、王志洁②、时秀娟③相同。

通音声母前邻后鼻音韵尾/ – ŋ/时，声母/n –/的鼻化度数值在三级音联中由大到小的排序是：音节音联 > 停顿音联 > 节奏音联，其鼻化度都很高，集中在 90 以上。声母/m –/的鼻化度数值由大到小排序是：音节音联 > 节奏音联 > 停顿音联，其鼻化度也很高，在 80 以上。声母/l –/的鼻化度数值由大到小排序是：停顿音联 > 音节音联 > 节奏音联，其鼻化度都在非鼻音临界值 40 以上。声母/r –/的鼻化度数值由大到小排序是：音节音联 > 停顿音联 > 节奏音联，鼻化度相对较低，在非鼻音临界值 40 以下。

/l –/、/r –/在音节音联中的鼻化度，受前字鼻尾的影响，鼻化度有上升，与时秀娟④一致。

标准差分析，基本上停顿音联中最高，节奏音联次之，音节音联中最低，说明停顿音联中各通音声母最不稳定，音节音联中发音最稳定。另外声母/n/、/m/的标准差小于声母/l/、/r/的标准差，说明/l/、/r/发音没有/n/、/m/稳定。

前、后鼻尾/ – n/、/ – ŋ/与声母/n/相连时的鼻化度大于与/m/相连时的鼻化度。声母/l/、/r/前接后鼻尾/ – ŋ/时的鼻化度大于与前接前鼻尾/ – n/时的鼻化度。单字音中声母/n/的鼻化度大于/m/的鼻化度，鼻尾/ – ŋ/的鼻化度大于前鼻尾/ – n/的鼻化度。

用 SPSS 分析不同通音声母之间的差异显著性。同一通音声母在不同音联之间，表现为差异不显著（F = 1.038，sig = 0.368）。相同音联中不同通

① 许毅：《普通话音联的声学语音学特性》，《中国语文》1986 年第 5 期。
② 王志洁：《英汉音节鼻韵尾的不同性质》，《现代外语》1997 年第 4 期。
③ 时秀娟：《北京话双音节中通音声母及鼻音韵尾的鼻化度》，《实验语言学》2013 年第 2 卷第 2 号。
④ 同上。

音声母之间，表现为差异显著（F = 205.173，sig = 0.000），组间方差分析表明：/n/、/m/之间差异不显著（sig = 0.135），/l/、/r/之间差异不显著（sig = 0.135）；而/n/、/m/与/l/、/r/之间差异显著（sig = 0.000）。同一浊声母分别与前后鼻尾相邻时，表现为差异不显著（F = 0.050，sig = 0.825）。

三 通音声母的鼻化对比度

（一）v + tv 组合中通音声母的鼻化对比度

图 3—7 中直观地显示了 v + tv 组合中鼻音声母与非鼻音声母在三级音联中鼻化度的不同。这种不同仍可以计算声母的鼻化对比度来进行量化分析。鼻化对比度的计算方法见附录 1。表 3—17 为单音节及三级音联中通音声母的总体鼻化对比度和个体鼻化对比度，同时列出了单音节中通音声母的总体鼻化对比度和个体鼻化对比度。

表 3—17　　　单音节及三级音联 v + tv 组合中通音声母鼻化对比度

鼻化对比度	单音节	音节音联	节奏音联	停顿音联
总体	66	72	67	65
l 与 n	66	71	64	59
r 与 n	68	74	70	68

个体鼻化对比度与总体鼻化对比度相联系，反映了不同声母的个体差异，是声母的重要量化标志。鼻化对比度越大，鼻音跟非鼻音的区分越清晰明显；鼻化对比度越小，则鼻音跟非鼻音的区分越模糊含混，并有可能发生一定程度的音位合流。北京话单字音中总体鼻化对比度为 66，/l/ 与 /n/ 的个体鼻化对比度为 66；/r/ 与 /n/ 的个体鼻化对比度为 68。总体鼻化对比度和个体鼻化对比度都较大，说明北京话中鼻音声母与非鼻音声母区分显著，不易混淆。①

由表 3—17 看到，v + tv 组合中鼻音声母和非鼻音声母的总体鼻化对比度在音节音联中是 72，在节奏音联是 67，与单字音相比都有所提高。

---

① 时秀娟、冉启斌、石锋：《北京话响音鼻化度的初步分析》，《当代语言学》2010 年第 4 期。

在停顿音联中是 65，与单字音相比稍有下降。总体来看，都比较大。

/l/ 与 /n/ 的个体鼻化对比度在音节音联中为 71，与单字音相比有所提高；在节奏音联和停顿音联中分别为 64、59，与单字音相比都有所下降，在停顿音联中下降幅度较大。/l/ 与 /n/ 的区分度在节奏音联和停顿音联中降低，特别是在停顿音联中降低的幅度较大，而在音节音联中却有提高。/r/ 与 /n/ 的个体鼻化对比度在音节音联、节奏音联中分别为 74、70，都比单字音中的大，在停顿音联中为 68，与单字音中的相同。/l/ 与 /n/ 的个体鼻化对比度与 /r/ 与 /n/ 的个体鼻化对比度相比较，三级音联中均表现为 /l/ 与 /n/ 的个体鼻化对比度小于 /r/ 与 /n/ 的个体鼻化对比度，说明语句中 /l/ 与 /n/ 的区分度有降低的趋势。

无论是总体鼻化对比度还是个体鼻化对比度都是音节音联中最大，节奏音联中次之，停顿音联中最小。说明北京话 v + tv 组合在三级音联中鼻音声母和非鼻音声母区分都较清晰，特别是在音节音联中区分度最清晰，节奏音联中次之，在停顿音联中稍差。

（二）vN + tv 组合中通音声母的鼻化对比度

据表 3—16 计算 vN + tv 组合中通音声母的鼻化对比度，包括总体鼻化对比度和个体鼻化对比度。具体数值见表 3—18。部分鼻化度曲线图例见附录 2。

表 3—18　　　　三级音联 vN + tv 组合中通音声母鼻化对比度

鼻化对比度	音节音联			节奏音联			停顿音联		
	/ - n/ 后	/ - ŋ/ 后	平均值	/ - n/ 后	/ - ŋ/ 后	平均值	/ - n/ 后	/ - ŋ/ 后	平均值
总体	58	49	54	62	55	59	55	55	55
/l/ 与 /n/	57	46	52	61	51	56	53	52	53
/r/ 与 /n/	59	52	56	63	60	62	61	62	62

由表 3—18 看到，各级音联中，vN + tv 组合中通音声母的鼻化对比度，无论是总体鼻化对比度还是个体鼻化对比度，与单音节及 v + tv 中相比都有所下降。其中，在音节音联中下降幅度较大，在节奏音联及停顿音联中次之。表明 vN + tv 组合在三级音联中鼻音和非鼻音的区分度降低，其中音节音联中的最低，节奏音联及停顿音联中次之。vN + tv 组合中，/l/ 与 /n/ 的个体鼻化对比度和 /r/ 与 /n/ 的个体鼻化对比度相比较，三级音

联中均表现为/l/与/n/的个体鼻化对比度小于/r/与/n/的个体鼻化对比度，说明语句中/l/与/n/的区分度有降低的趋势，这与 v + tv 组合中的表现相同。

通音声母的鼻化对比度前接不同鼻尾时也有不同。具体来看，无论是总体鼻化对比度还是个体鼻化对比度，音节音联、节奏音联中都是前接后鼻尾/ - ŋ/的小于后接前鼻尾/ - n/的，停顿音联中很接近，几乎没有差异。

综上可知，通音声母的鼻化度在不同语境中有变化，通音声母的鼻化对比度在不同语言环境中也就有不同。这种因语境不同而不同的鼻化度我们叫作相对鼻化度，由相对鼻化度计算出的鼻化对比度叫作相对鼻化对比度。

由上文已知，v + tv 组合，在音节音联和节奏音联中，通音声母的总体相对鼻化对比度与单字音相比有提高，特别是在音节音联中提高了 6，而在停顿音联中略有下降。因为在音节音联和节奏音联中，/l/、/r/的鼻化度受前字元音的限制，音位变体不能充分实现，发音稳定性提高，鼻化度有所下降，因而总体鼻化度随之提高。在停顿音联中，由于发音前有较大停顿，发音比较自由，音位变体得到实现，发音的稳定性下降，所以相对鼻化对比度略有下降。

由上文已知，vN + tv 组合，在三级音联中，相对总体鼻化对比度和个体鼻化对比度都比单字音中有所下降，这是前字鼻尾使后字声母/l/、/r/的鼻化度升高造成的。

四 结论

通过分析北京话" v + tv"组合中三级音联中通音声母的鼻化度，得到：在每一级音联中，通音声母鼻化度由大到小的顺序为：/n/ > /m/ > /l/ > /r/。在三级音联中，鼻通音声母/n/、/m/的鼻化度由大到小的顺序为：音节音联 > 停顿音联 > 节奏音联；非鼻通音声母/l/、/r/的鼻化度由大到小的顺序为：停顿音联 > 节奏音联 > 音节音联。

在音联中，声母的总体鼻化对比度和个体鼻化对比度与单字音相比都有变化。无论是总体鼻化度还是个体鼻化度，都是音节音联中最大，节奏音联中次之，停顿音联中最小。说明北京话 v + tv 组合在三级音联中鼻通音声母和非鼻通音声母区分都较清晰，特别是在音节音联中区分度最清晰，节奏音联中次之，在停顿音联中稍差。

实验还表明，音联前、后字元音对通音声母的鼻化度都有影响，按影响幅度的大小顺序排列，具体表现为：前字元音影响四个通音声母鼻化度的顺序为/i/ > /y/ > /a/ > /ɤ/ > /u/；后字元音影响声母/n/的鼻化度大小的顺序为/i/ > /y/ > /a/ > /u/，影响声母/m/鼻化度大小的顺序为/i/ > /a/ > /o/ > /u/，影响声母/l/鼻化度大小的顺序为/i/ > /y/ > /a/ > /u/ > /ə/，影响声母/r/鼻化度大小的顺序为/ə/ > /ɻ/ > /u/。总体而言，/n/、/m/的鼻化度受前后元音影响的幅度不大，但仍有差异；/l/、/r/的鼻化度受前后元音影响较大。

通过分析北京话 vN + tv 组合中三级音联中通音声母的鼻化度，看到：音节音联及节奏音联中前字鼻尾和后字鼻音声母发音时已融合，成为一个长鼻音，停顿音联中前字鼻尾与后字鼻音声母各自独立。通音声母前邻前鼻音韵尾/ - n/、/ - ŋ/时，声母/n -/、/m -/的鼻化度数值在三级音联中由大到小的排序是：音节音联 > 节奏音联 > 停顿音联，其鼻化度也很高，在 80 以上；非鼻音声母/l -/、/r -/的鼻化度数值由大到小的排序是：停顿音联 > 音节音联 > 节奏音联，其鼻化度在非鼻音临界值 40 上下，其中与后鼻尾/ - ŋ/相连时鼻化度都高于 40。vN + tv 组合在三级音联中鼻音和非鼻音的区分度降低，其中音节音联中的最低，节奏音联及停顿音联中次之。

通音声母的鼻化对比度既受音联级别的影响，也受其前后音素的影响，具有相对性。无论是总体鼻化对比度还是个体鼻化对比度，与单字音中相比都有所下降，说明语句中鼻音与非鼻音的区分程度降低，降低的程度与音联的级别有关，也与前接的鼻尾有关。/l/与/n/的个体鼻化对比度更容易降低，说明语句中/l/与/n/更易相混。这一点今后可以从听感角度加以印证。

附录 1　鼻化对比度计算方法

总体鼻化对比度是一种语言所有浊音声母当中鼻音声母的鼻化度平均值减去非鼻音声母的鼻化度平均值所得的差值。如北京话通音声母的总体鼻化对比度为：

$\{N\}$ = [N (m) + N (n)] /2 - [N (l) + N (r)] /2   即：

(91 + 93) /2 - (27 + 25) /2 = 66。

个体鼻化对比度就是同一语言中发音部位相同或相近的某个鼻音声母的鼻化度减去某个非鼻音声母的鼻化度所得的差值。如把北京话/l/、/r/与/n/的鼻化对比度分别代入下式：

$\{N\}$ x = N (n) - N (x)。

得到：/l/与/n/的鼻化对比度为 93 - 27 = 66；/r/与/n/的鼻化对比度为 93 - 25 = 68。

附录 2

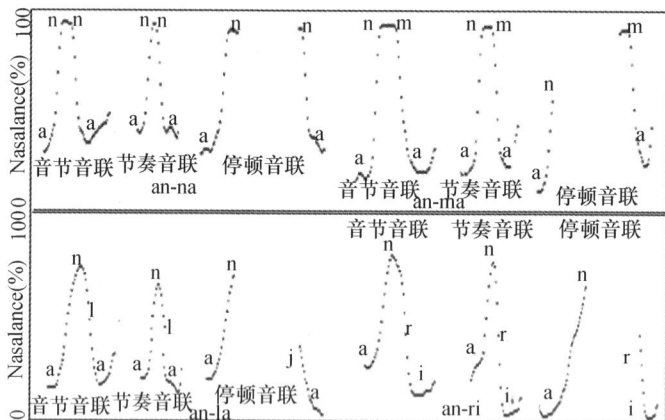

图 3—9　三级音联中前字鼻尾/－n/和后字通音声母/n/、

/m/、/l/、/r/相连时的鼻化度曲线图

第四节　北京话响音鼻化度在不同语速中的变化

引言

从生理上讲，口腔和鼻腔是各自独立的共鸣腔，但在发音时二者是相互关联的，发口音时有鼻腔通道的作用，发鼻音时也有口腔通道的作用。也就是说，口音和鼻音实际上包含了口腔和鼻腔共同作用发出的声音。对于某一口音或鼻音以及鼻化音来说，精确量化发音中口腔和鼻腔分别所起的作用，对探求各类语音的实质及特性很重要。而纯粹从普通声学的各种参量或谱图来看，这一点还不太容易做到。

鼻化度这一参量可以量化地表现口腔通道和鼻腔通道在发音中的作用。前文对北京话单字音中响音（包括辅音和元音）的鼻化度进行了初步研究，考察了通音声母的鼻化度、元音的内在鼻化度、元音复合鼻化度、鼻音韵尾的鼻化度[①]；也对北京话双音节中响音（包括辅音和元音）的鼻化度进行了研究，发现由于协同发音作用的影响，通音声母的鼻化度、元音的内在鼻化度、元音复合鼻化度、鼻音韵尾的鼻化度与单字音中的相比都有变化，同时声调也会对响音的鼻化度有影响。[②] 那么，在不同语速语流中北京话响音的鼻化度又有怎样的表现呢？本节研究北京话响音鼻化度在不同语速中的变化。

一　实验说明

（一）语料

本节语料选用的实验语句为北京话陈述句，语句这样构成：先分别组成包含单元音、鼻音声母加单元音、带鼻音韵尾三种音节的三字组，然后把这个三字组嵌在同一个相同句法结构的负载句中。例如："笔笔逼"，他说"笔笔逼"他写字。总共 12 个句子（见附录）。目的是考察每一句中不同语速中元音、鼻音、鼻尾、声母的鼻化度。

发音人为 10 名青年，年龄在 22—25 岁，生长于北京，父母均为北京人。发音人口音纯正，无口鼻咽疾病。请发音人分别用中速、快速、慢速三种语速进行朗读实验语句，每句话分别以三种语速朗读两遍。同时也录了单发时的元音和音节，以便做比较。

录音在语音实验室进行。发音人戴上鼻音计（Nasometer Ⅱ 6400）的口鼻分音装置，将口、鼻两个通道的声音同步录入鼻音计。另外利用 CSL4500 进行同步的普通声学录音，以便做相关声学分析。

（二）鼻化度

鼻化度指发音时鼻腔通过的能量占整个发音能量的百分比。计算公式

---

① 时秀娟、冉启斌、石锋：《北京话响音鼻化度的初步分析》，《当代语言学》2010 年第 4 期。

② 时秀娟、郑亦男：《北京话单音节中元音鼻化度的再分析》，《南开语言学刊》2016 年第 2 期。

略。鼻音计能够自动测算口音能量及鼻音能量，实时计算并显示鼻化度（Nasalance）曲线的图形。计算出的数值在0—100之间，数值越大，表明鼻音能量越强，鼻化度越高；反之则鼻音能量越弱，鼻化度越低。鼻化度曲线是在以鼻化度为纵轴（标度在0—100之间）、时间为横轴的二维平面图中显示的由鼻化度数据样点连成的曲线。

鼻化度主要表示的是声带音（voiced）部分的语音即响音鼻化程度的大小。北京话中的响音包括通音声母和元音。北京话中鼻音声母有/m/、/n/，非鼻音浊声母有/l/、/r/。鼻音可称为鼻通音，边音又叫作边通音。北京话的/r/声母在语音性质上也存在通音的变体。[①] 所以统称为通音声母。北京话有7个一级元音，即/a/、/i/、/u/、/y/、/ɤ/、/ɿ/、/ʅ/。实验表明，北京话通音声母和元音都具有不同程度的鼻化度。[②]

鼻化度可以作为衡量鼻音、口音、鼻化音以及通音等各类语音的口、鼻能量的很好量化参量，是探索鼻音特性的一个重要参量。研究表明，鼻音与非鼻音具有各自的鼻化度临界值，临界值之间形成一个区分鼻音与非鼻音对立的断裂带。鼻化元音则是分布在临界值之间的断裂带上。鼻音的鼻化度具有相对性。鼻音的临界值为N值80左右，非鼻音的临界值在N值40左右。在这两个临界值之间存在断裂带，鼻化元音的N值分布在两个临界值之间。口音和鼻音在发音生理上并不是截然二分的，它们之间存在连续性。如图3—11所示。[③]

图3—12为本节其中一位发音人所发句子"他说爸爸怕蜈蚣"慢、中、快三种语速的鼻化度曲线。其他九位发音人所发句子表现都相同。由图3—12看到，随着语速的加快，元音的鼻化度曲线升高；鼻尾的鼻化度曲线下降。明显看出语速对元音及鼻音的鼻化度有显著影响，下文详细分析影响的规律和表现。

---

① 石锋、冉启斌：《北京话r声母的变体及音位的聚合程度》，载《中国音韵学——中国音韵学研究会南京研讨会论文集》，南京大学出版社2006年版。

② 时秀娟、冉启斌、石锋：《北京话响音鼻化度的初步分析》，《当代语言学》2010年第4期。

③ 时秀娟：《汉语语音的鼻化度分析》，《当代外语研究》2011年第5期。

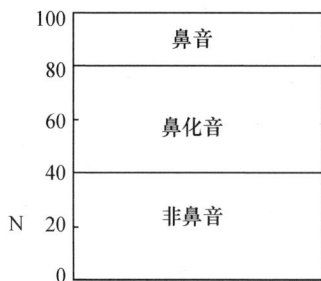

图 3—10　鼻音与非鼻音临界值示意图

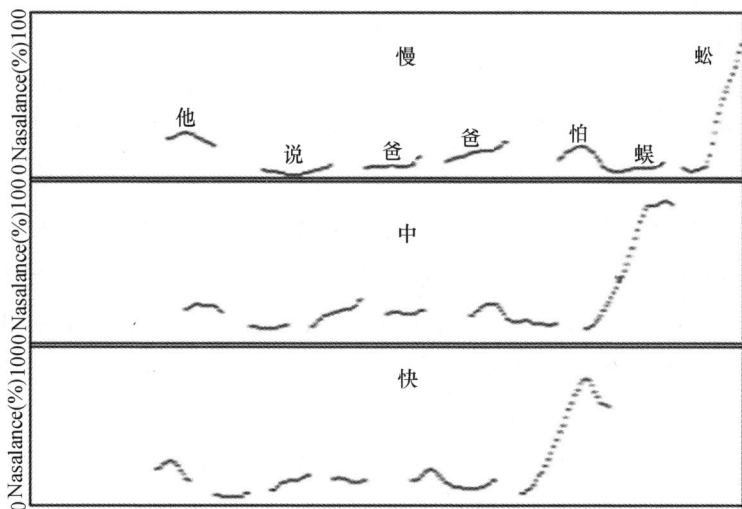

图 3—11　某发音人所发"他说爸爸怕蜈蚣"
三种语速的鼻化度曲线

二　元音内在鼻化度在不同语速中的表现

不同元音本身所具有的鼻化度称为元音的内在鼻化度（intrinsic nasality）。[①] 测量实验语句中三个单元音/i/、/u/、/a/的鼻化度，三种语速的

———————————

[①]　时秀娟、冉启斌、石锋：《北京话响音鼻化度的初步分析》，《当代语言学》2010 年第 44 期。

数据分别统计，数据见表3—19。表3—19 中元音的鼻化度数据为 10 位发音人的平均值，每个元音为嵌于负载句的三字组的首字。单发的元音的内在鼻化度也列在表中，以做比较。实验句中与元音/i/、/u/、/a/相拼的声母没有鼻音存在，元音所处的环境（前面的声母和后面的韵母）均没有鼻音出现，所以/i/、/u/、/a/具有的鼻化度并不是由外界条件引起的，是内在鼻化度，对/i/、/u/、/a/的内在鼻化度有影响的只有语速。

表3—19 不同语速中元音的内在鼻化度（表中括号内的数字是标准差）

	a	i	u
快速	16（1.4）	24（4.7）	12（1.3）
中速	20（3.3）	23（1.1）	11（0.9）
慢速	20（1.9）	22（2.9）	8（3.0）
单发[①]	29（6.7）	26（10.3）	9（4.3）

由表3—19 看到，元音/i/、/u/的鼻化度在不同语速中的表现都是快速＞中速＞慢速，而/a/元音则是快速最小，中速、慢速相等。与单发时相比，三种语速中/a/、/i/的内在鼻化度都小于单发时的，/u/的是快速和中速大于单发时的。除/i/外，/a/、/u/慢速时的内在鼻化度最接近于单发时的。

研究表明，元音的鼻化度与舌位的高低有关，舌位越高、越前或舌位越低则鼻化度越高；舌位越后、越高则鼻化度越低。也就是说前高元音和低元音的鼻化度高，后高元音的鼻化度低。这与生理机制相吻合。Moll[②]、Ohala[③]、Clumeck[④]等都曾通过实验研究指出"中、低元音在发音时软腭

---

① 单发的数据见《元音内在鼻化度和复合鼻化度》（见本书第二章第二节），下文表3—20、3—21、3—23 中单发的各种数据出处同此。

② Moll，K. L.，"Velopharyngeal Closure on Vowels"，*Journal of Speech and Hearing Research*，Vol. 5，1962.

③ Ohala，J. J.，"Phonetics Explanations for Nasal Sound Patterns"，In C. Ferguson*et al.*（eds.）. *Násalfest*：*Papers from a Symposium on Nasal and Nasalization*，Stanford：Language Universals Project，1975.

④ Clumeck，Harold，"A Cross-linguistic Investigation of Vowel Nasalization：An Instrumental Study"，In C. Ferguson et. Al. eds. *Násalfest*：*Papers from a Symposium on Nasals and nasalization*，Stanford：Language Universals Project，1975.

降低的可能性更大"①。发前、低元音时，口腔前部打开，肌肉控制主要发生在口腔前部位置，这时对口腔后部的控制较弱，软腭、小舌更容易自然下垂。而发后、高元音时，口腔前部打开较小，肌肉控制主要发生在口腔后部，气流正好从舌面后部和软腭之间的通道通过，这种状态更容易使软腭和小舌保持在目标位置。北京话中基础元音的内在鼻化度是/a/、/i/的大于/u/的。②

　　语速对元音音质有显著影响。石锋先生曾对此进行了考察，他把单发的元音/i/、/u/、/a/和以快、中、慢三种语速所发的元音的共振峰都画在同一张声学元音图中，发现：单发的元音都是位于元音图的外围极限位置。三种语速的元音在图中分布的总体趋势为：慢速在外，中速在内，快速最靠近中央位置。这就是随着语速加快，元音的分布呈现出从四周向中央的趋势。单发和慢速的元音是有足够的时间到达标准位置的，而快速发音时元音则往往不到位，因为没有足够的发音时间。③

　　元音/i/、/u/、/a/的鼻化度在三种语速中的表现与其音质的变化密切相关，高度吻合。/a/单发时舌位最低，鼻化度最大，慢速、中速时最接近单发时的状态，所以鼻化度较大，快速时向中央靠拢，即舌位抬高，鼻化度随即变小。/i/单发时舌位最高且前，鼻化度最大；三种语速中却是快速最大，中速、慢速次之，快速时向下、向中央靠拢，即舌位降低、趋央，鼻化度与单发时最接近。/u/单发时舌位最高且后，鼻化度较小，慢速时最接近单发时的状态，所以鼻化度接近单发时的，快速时向中央靠拢，即舌位降低、趋央，鼻化度与单发时相比变大。/i/、/u/中速时的状态在慢速和快速的中间，鼻化度的大小亦与之吻合。

　　我们也考察了语句中三字组中字和后字元音鼻化度的情况，表现趋势和规律基本与前字相同。数据从略。

　　① Hess, Susan, "Universals of Nasalization: Development of Nasal finals in Wenling", *Journal of Chinese Linguistics*, No. 1, 1990.

　　② 时秀娟、冉启斌、石锋：《北京话响音鼻化度的初步分析》，《当代语言学》2010 年第 4 期。

　　③ 石锋：《汉语语调格局在不同语速中的表现》，载《中国语言学的新拓展》，香港城市大学出版社 1999 年版。又见石锋：《语音格局——语音学与音系学的交汇点》，商务印书馆 2008 年版。

总之，语流中元音的内在鼻化度基本都小于单发时的内在鼻化度。

三 元音复合鼻化度在不同语速中的表现

（一）VN 结构中元音复合鼻化度在不同语速中的表现

元音与其他音素相连而产生变化，变化后的鼻化度称为"元音复合鼻化度"。主要是指元音与鼻音相连时的鼻化度，包括元音后接鼻尾时的复合鼻化度；元音前接鼻音声母时的复合鼻化度。[①] 一般认为带鼻音韵尾的元音会受到韵尾的影响而发生鼻化现象。例如/an/中的元音会成为鼻化元音/ã/，受鼻音韵尾影响后发生不同程度鼻化的元音的鼻化度称为元音复合鼻化度。

测量实验语句中四个鼻音韵母 an 、in 、ang、ing 中的元音/a/、/i/的鼻化度，三种语速的数据分别统计，数据见表 3—20。表 3—20 中带鼻音韵尾元音的鼻化度数据为十位发音人的平均值，每个元音为嵌于负载句的三字组的首字。单发的带鼻音韵尾元音的鼻化度也列在表中，以做比较。实验句中与元音/i/、/a/相拼的声母没有鼻音存在，但元音后有鼻音韵尾，所以/i/、/a/具有的鼻化度已经受到鼻音韵尾的影响，是复合鼻化度，记为/ã/、/ĩ/，对/ã/、/ĩ/的复合鼻化度有影响的只有语速。

表 3—20　　　　　　　　不同语速中元音的复合鼻化度

	ã（n）	ĩ（n）	ã（ng）	ĩ（ng）
快速	45（1.9）	72（3.0）	46（2.7）	5i（2.6）
	ã（n）	ĩ（n）	ã（ng）	ĩ（ng）
中速	46（1.1）	70（2.6）	43（3.2）	50（5.5）
慢速	46（2.5）	67（3.2）	41（2.3）	50（2.2）
单发	43（4.9）	62（14.7）	47（7.8）	55（11.9）

由表 3—20 看到，/ã/、/ĩ/的复合鼻化度在不同语速中的表现都是快

[①] 时秀娟：《汉语语音的鼻化度分析》，《当代外语研究》2011 年第 5 期。

速＞中速＞慢速。a（n）、i（n）与a（ng）、i（ng）又有不同的表现。a（n）、i（n）中/ã/、/ĩ/的复合鼻化度三种语速的数值都大于单发的，而a（ng）、i（ng）中/ã/、/ĩ/的复合鼻化度三种语速的数值都小于单发的。a（n）的情况更为特别，其后的鼻音韵尾已经脱落，完全变成了鼻化元音，所以其复合鼻化度较单念时高。单念时元音复合鼻化度由大到小的顺序为ĩ＞ỹ＞ɤ̃＞ũ＞ã[①]，语流中三种语速/ã/的鼻化度都小于/ĩ/的，与单念时相符。

（二）NV结构中元音复合鼻化度在不同语速中的表现

受鼻音声母影响后发生不同程度鼻化的元音的鼻化度也称为元音复合鼻化度。[②] 测量实验语句中包含na、ma音节的三字组首字的元音/a/、/i/的鼻化度，数据见表3—21。单发的数据也列在表中，以作比较。实验句中与元音/a/相拼的是/n/、/m/两个鼻声母，元音没有鼻音韵尾，所以/a/具有的鼻化度已经受到鼻音声母的影响，是复合鼻化度。

表 3—21 　　　　　　　　 不同语速中元音的复合鼻化度

	（n）a	（m）a
快速	53（2.4）	51（1.4）
中速	50（1.5）	49（2.0）
慢速	48（1.6）	48（2.0）
单发	40（6.6）	39（4.0）

由表3—21看到，/a/的邻接鼻化度在不同语速中的表现都是快速＞中速＞慢速，且三种语速中/a/的鼻化度都大于单发的，慢速时的最接近于单发时的。单念时/n/声母后元音的鼻化度大于/m/声母后元音的鼻化度，语流中三种语速中也都是同样的表现。

我们也考察了语句中三字组中字和后字元音复合鼻化度的情况，表现趋势和规律基本与前字相同。

───────────────

① 时秀娟：《汉语语音的鼻化度分析》，《当代外语研究》2011年第5期。

② 同上。

四　通音声母的鼻化度在不同语速中的表现

北京话中通音声母有四个，即/m/、/n/两个鼻通音声母，边通音声母/l/以及非鼻音浊声母有/r/。测量实验语句中通音声母/m/、/n/、/l/与元音/a/拼合，/r/同元音/u/拼合三音节的首字音节中通音声母的鼻化度，数据见表3—22。单发的数据也列在表中，以做比较。

表3—22　　　　　　　　　　不同语速中通音声母的鼻化度

	n（a）	m（a）	l（a）	r（u）
快速	88（2.5）	84（3.2）	20（4.1）	17（1.6）
中速	90（1.1）	87（1.4）	23（3.0）	18（1.1）
慢速	91（1.3）	88（1.3）	24（4.9）	18（1.1）
单发①	93（3.4）	91（4.2）	27（7.6）	25（7.0）

由表3—22看到，通音声母/m/、/n/、/l/、/r/的鼻化度在不同语速中的表现都是慢速＞中速＞快速，且三种语速中的各通音声母的鼻化度都小于单发的，慢速时的最接近于单发时的。单念时/n/声母的鼻化度大于/m/声母的鼻化度，语流中三种语速中也都是同样的表现。

三种语速的语句中三字组的中字和后字的通音声母的鼻化度表现趋势和规律基本与前字相同。

五　鼻音韵尾的鼻化度在不同语速中的表现

测量实验语句中包含四个鼻音韵母 an 、in 、ang、ing 的三音节中首字音节的鼻音韵尾 - n 、- ng 的鼻化度，三种语速的数据分别统计，数据见表3—23。单发的数据也列在表中，以做比较。

---

① 此处单发数据转引自时秀娟、冉启斌、石锋《为什么有的方言 n、l 不分——通音声母的鼻化对比度》，《实验语言学》2012 年创刊号。

表 3—23　　　　　　　　　　　不同语速中鼻音韵尾的鼻化度

	（a）n	（i）n	（a）ng	（i）ng
快速	45（1.9）	89（2.8）	85（1.6）	76（2.7）
中速	46（1.1）	90（1.0）	88（2.3）	83（4.2）
慢速	46（2.5）	91（1.4）	91（1.4）	90（0.8）
单发	85（18）	89（14）	93（4）	94（4）

　　由表 3—23 看到，鼻音韵尾 – n、– ng 的鼻化度在不同语速中的表现都是慢速 > 中速 > 快速，且三种语速中的两个鼻音韵尾的鼻化度都小于单发的，后鼻尾 – ng 的鼻化度慢速时的最接近于单发时的。单念时后鼻尾 – ng 的鼻化度大于前鼻尾 – n 的鼻化度，语流中三种语速中的表现更多样，特别是 an 中的鼻 – n 尾，鼻化度数值都 40—50 之间，鼻尾已经鼻化，[①] 元音/a/已成鼻化元音/ã/。

　　单念时，不同元音后/ – n/尾的鼻化度有差异，具体顺序为：（i）n >（y）n >（e）n >（u）n >（a）n，不同元音后/ – ŋ/尾的鼻化度也不同，具体顺序为：　（i）ŋ >（e）ŋ >（u）ŋ >（y）ŋ >（a）ŋ[②]。/ – n/尾有弱化和鼻化现象，特别是元音/a/后的前鼻尾弱化率和鼻化率较其他元音高。[③] 语流中前鼻尾鼻化得更彻底，且语速越快，鼻化后的鼻化度也越小；后鼻尾虽然鼻化度较高，数值都在 80 以上，处于鼻音的范围，但是，语速越快，鼻化度也越小。

　　三种语速的语句中三字组的中字和后字的鼻尾的鼻化度表现趋势和规律基本与前字相同。

---

　　① 　依据鼻化度数据划分出正常鼻尾、弱化鼻尾和鼻化鼻尾三者之间的界限，即鼻化度 80 以上为正常，60 至 80 之间为弱化，60 以下为鼻化（｜时秀娟等：《北京话鼻音韵尾不同特征的量化分析》，《汉语方言学论坛》，南京师范大学，2015 年。）。

　　② 　此处数据引自时秀娟《汉语语音的鼻化度分析》，《当代外语研究》2011 年第 5 期。

　　③ 　时秀娟等：《北京话鼻音韵尾不同特征的量化分析》，《汉语方言学论坛》，南京师范大学，2015 年。

六　结论

通过上文分析我们看到，语速对响音的鼻化度有影响，且对不同性质的语音的鼻化度的影响是不同的。这是由于语速与时长密切相关，音节时长缩短的结果会使发音不到位，影响音质。

语速对元音的内在鼻化度、复合鼻化度有影响，在不同语速中的表现都是快速＞中速＞慢速，即对同一元音来说，语速越快，鼻化度越大。但仔细分析也有不同。就元音内在鼻化度而言，/a/、/i/、/u/在三种语速中的表现又有不同，与/i/、/u/不同，/a/的鼻化度语速越快鼻化度越小。三种语速中/a/、/i/的内在鼻化度都小于单发时的，/u/的是快速和中速大于单发时的，/a/、/u/的慢速时的内在鼻化度最接近于单发时的，这些表现都与语速对音质的影响有关。与单发时相比，三种语速中元音的复合鼻化度都大于单发时的。说明元音内在鼻化度与复合鼻化度性质不同，后者已经改变了口元音的性质，成为鼻化元音。

通音声母/m/、/n/、/l/、/r/的鼻化度在不同语速中的表现都是慢速＞中速＞快速，即语速越快，通音的鼻化度就越小，语速越慢，通音的鼻化度就越大。

鼻音韵尾/–n/、/–ŋ/的鼻化度在不同语速中的表现都是慢速＞中速＞快速，表现与通音声母一致，即语速越快，鼻尾的鼻化度就越小，语速越慢，鼻尾的鼻化度就越大。语流中鼻音韵尾更容易弱化或脱落：前鼻尾/–n/弱化或脱落得普遍，且语速越快，弱化后的鼻化度也越小，/a/元音后的/–n/尾已经完全脱落；后鼻尾/–ŋ/虽然鼻化度较高，数值都在80以上，处于鼻音的范围，但是，语速越快，鼻化度也越小。

附录

12个句子：

他说<u>爸爸</u>怕蜈蚣。

他说<u>笔笔</u>逼他写字。

他说<u>图图</u>吐了一身。

他说<u>娜娜拿</u>东西。

他说<u>妈妈骂</u>小林。

他说<u>安安按</u>开关。

他说<u>琴琴亲</u>狗狗。

他说<u>邦邦绑</u>兔子。

他说<u>英英赢</u>比赛。

他说<u>丽丽利</u>用他。

他说<u>腊腊拉</u>住他。

他说<u>茹茹入</u>门快。

第 四 章

官话方言响音的鼻化度

第一节　天津话响音的鼻化度

一　天津话语音研究概况

天津话属于冀鲁官话，和北京话一样，有 22 个声母（包括零声母），其中有/m/、/n/两个鼻音声母。天津话语音有一个重要特点：就是在零声母音节中以/a/、/o/、/e/开头的一些韵母前加上鼻音/n/，如："爱"读成［nai］，"袄"读成［nao］，"安"读成［nan］，"鹅"读成［ne］，"藕"读成［nou］等。实验表明，语言或方言中的口音和鼻音并不是截然二分的，从语音的鼻化度来看，口元音有内在鼻化度，口音和鼻音存在连续性，临界值 N 值分别为 40 和 80，鼻化元音处在 N 值为 40—80 的断裂带上。①

本节对天津话浊音声母的鼻化对比度和七个基础元音的内在鼻化度进行考察，客观地描写天津响音的鼻化度，分析其表现出的语言的共性和个性特征。

二　实验说明

（一）语料录音

本节所用的发音表为天津话单音节字表。音节中的声母包括塞音、擦音、塞擦音以及流音/m/、/n/、/l/、/r/等。音节中的韵母包括单元音韵

---

① 时秀娟、冉启斌、石锋：《北京话响音鼻化度的初步分析》，《当代语言学》2010 年第 4 期。

母、复元音韵母以及带鼻尾韵母。按普通话的声韵拼合关系组成各种音节（发音表从略）。

发音人为 1 名，女，年龄 26 岁，生长于天津，父母均为天津人。发音人口音纯正，无口鼻咽疾病。发音人用自然语速朗读发音字表进行录音。

录音在语音实验室进行，使用 Kay Nasometer Ⅱ 6400 鼻音计进行录音及分析。发音人戴上鼻音计的口鼻分音装置，有一块隔板挡在口与鼻之间，将口腔声音与鼻腔声音分开。录音时鼻音计分为口、鼻两个通道同步进行采样获取语音。同时另外进行同步的普通声学录音，以满足做相关分析的需要。

（二）数据分析

鼻化度就是语音发音时鼻音化的程度。鼻化度的计算公式略。

图 4—1 是发音人天津话"娘 niáng"的鼻化度曲线。

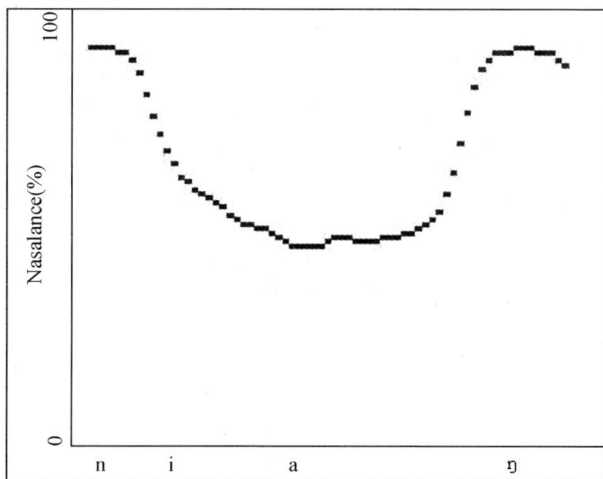

图 4—1　鼻化度曲线示例（图例语音为"娘"）

在图 4—1 中，起点处曲线很高，随后逐渐降低，到谷底后又逐渐升高。这反映出发音时从鼻音能量很高的声母/n/到鼻音能量较低的元音/i/、/a/再到鼻音能量很高的韵尾/ŋ/的鼻化度变化情况。图形中的谷值表示鼻音能量较低，峰值表示鼻音能量较高。

鼻音计还能够按设定时间步长逐点显示鼻化度数据，也能进行一定的统计分析，例如计算一段语音的鼻化度平均值及相关数据。下文的统计分析利用鼻音计的相关功能以及社会科学统计分析软件包（SPSS11.0）完成。

三 天津话声母的鼻化对比度

（一）通音声母的鼻化度

鼻音计采集的是声带振动条件下的语音能量数据，天津话的塞音、擦音、塞擦音都是不带音（voiceless）的辅音，发音时鼻音计采集不到语音能量，所以没有数据显示，也就没有鼻化曲线。这种情况就跟声调曲线一样，带音的部分就显示出曲线，不带音的部分就是空白段。因此，鼻化度主要表示的是声带音（voiced）部分的语音鼻化程度的大小。

实验表明，鼻音与非鼻音的对立具有相对性。非鼻音浊声母具有相当程度的鼻化度，鼻化度并非为鼻辅音的发音所独有（时秀娟等[1]）。天津话中鼻音声母有/m/、/n/，非鼻音浊声母有/l/、/r/，它们都可以归为流音声母。在天津话单音节录音语料中选取/m/、/n/、/l/、/r/各声母的稳定段进行测量，得到不同流音声母的鼻化度数据。原始数据较多，这里给出计算得到的 N 值平均数据如表4—1[2]及均值图（见图4—2）所示。

表4—1 汉语天津话通音声母的鼻化度

通音声母	鼻化度平均值	标准差
m	94	1.8
n	95	1.2
l	56	10.2
r	58	12.8

---

① 时秀娟、冉启斌、石锋：《北京话响音鼻化度的初步分析》，《当代语言学》2010 年第 4 期。

② 天津话零声母音节中以 a、o、e 开头的一些韵母前的鼻音 n 与声母 n 在这里一并统计。

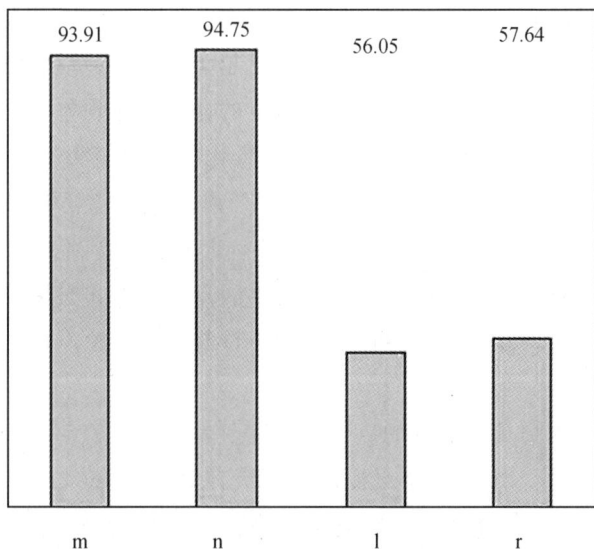

图4—2 汉语天津话通音声母的鼻化度均值图

从表4—1看来，发音人两个鼻音声母的鼻化度均非常高，两个非鼻音浊声母/l/、/r/也有相当程度的鼻化度。发音人/m/、/n/的N值平均值分别为94、95，其中/n/比/m/的鼻化度略高；/l/、/r/的N值平均值分别为56、58，其中/r/比/l/的鼻化度略高。

由表4—1我们还可以看到，发音人/m/、/n/的N值标准差较小，分别为1.8和1.2，说明/m/、/n/的发音较集中。而发音人非鼻音浊声母/l/、/r/的N值标准差较大，为10.2和12.8，说明/l/、/r/的发音较分散。

（二）声母的鼻化对比度

由发音人的/m/、/n/、/l/、/r/的鼻化度的均值数据（见表4—1），我们可以计算天津话鼻音声母和非鼻音浊声母的总体鼻化对比度。声母的鼻化对比度由时秀娟等[①]提出，又分总体鼻化对比度和具体语音的鼻化对比度。声母的总体鼻化对比度即一种语言（方言）中所有鼻音声母和非

————————

① 时秀娟、冉启斌、石锋：《北京话响音鼻化度的初步分析》，《当代语言学》2010年第4期。

鼻音声母各自平均鼻化度的差值，它是鼻音声母和非鼻音声母总体对比特征的反映，是鼻音与非鼻音区分的重要标志。鼻化对比度越大，鼻音跟非鼻音的区分越清晰，越明显；鼻化对比度越小，则鼻音跟非鼻音的区分越模糊，越含混，甚至有可能发生一定程度的音位合流现象。天津话中的鼻音声母为/m/和/n/，计算这两个声母的鼻化度平均值为（94 + 95）/2 = 95。非鼻音浊声母为/l/和/r/，计算这两个声母的鼻化度平均值为（56 + 58）/2 = 57。可以看到，天津话中鼻音声母与非鼻音浊声母的鼻化对比度为95 – 57 = 38。这个数值表示的是天津话鼻音声母和非鼻音声母各自平均鼻化度的差值，显示了天津话中鼻音声母与非鼻音浊声母的总体鼻化对比度。

其次可以观察具体语音的鼻化对比度。为便于比较，一般都在相同或相近的发音部位上计算鼻化对比度。在天津话中，/n/与/l/、/r/发音部位接近（均用到舌尖部位），因此可以进行对比分析。计算/n/与/l/的鼻化度差值为95 – 56 = 39，这是/n/与/l/的鼻化对比度。计算/n/与/r/的鼻化度差值为95 – 58 = 37，这是/n/与/r/的鼻化对比度。可以看到/l/与/r/的鼻化对比度稍有不同，/l/的鼻化对比度稍小于/r/的鼻化对比度。单个语音的鼻化对比度与总体的鼻化对比度具有联系，但是它们表现的意义有所不同。单个语音的鼻化对比度显示的是具体声母的特征，反映了不同声母的个体差异。总体语音的鼻化对比度是不同声母的重要量化标志。

从上面的分析不难看出，鼻化对比度越大，鼻音跟非鼻音的区分越清晰，越明显；鼻化对比度越小，则鼻音跟非鼻音的区分越模糊，越含混，甚至有可能发生一定程度的音位合流现象。

四　天津话元音的内在鼻化度及鼻化元音的鼻化度分布

（一）天津话元音的内在鼻化度

口音和鼻音虽然是两种不同性质的语音单位，但实验表明口元音都具有不同程度的鼻化度，称为元音内在鼻化度。[①] 天津话有七个基础元音，即/a/、/i/、/u/、/y/、/ɤ/、/ɣ/、/ʅ/（"基础元音"即能做单韵母的元

---

　　① 时秀娟、冉启斌、石锋：《北京话响音鼻化度的初步分析》，《当代语言学》2010 年第4 期。

音①)。

我们测量了七个基础元音的内在鼻化度，测量时在鼻化曲线稳定的段落进行取值，分别计算出七个基础元音的 N 值平均值，请看表 4—2。

表 4—2　　　　　　　　　汉语天津话基础元音的鼻化度

元音	平均 N 值	标准差
a	38	4.5
i	33	4.8
y	15	1.7
ɤ	8	2.2
u	8	1.5
ɿ	11	2.3
ʅ	15	6.4

从表 4—2 看来，发音人七个基础元音的鼻化度平均值，a 元音鼻化度最高，为 38，ɤ 元音最低，为 8，鼻化度从大到小的顺序依次为：/a/＞/i/＞/y/＞/ʅ/＞/ɿ/＞/u/＞/ɤ/，除两个舌尖元音和央、中元音 ɤ 之外，都是低元音大于高元音，前元音大于后元音，展唇元音大于圆唇元音。

由于这里测量的都是单元音韵母，声母没有鼻音存在，所以不同元音具有的鼻化度并不是由外界条件引起的，而是一种内在现象。我们把不同元音本身所具有的鼻化度称为元音的内在鼻化度（intrinsic nasality）。这正如不同元音具有各自的内在音高一样，是语音本身固有的一种现象。

（二）带鼻音韵尾元音的鼻化度

天津话中没有纯粹的鼻化元音，但是一般认为带鼻音韵尾的元音会受

———————

① 石锋：《北京话的元音格局》，《南开语言学刊》2002 年第 1 期。

到韵尾的影响而发生鼻化现象。例如/an/中的元音会成为鼻化元音/ã/。在天津话中，两个舌尖元音/ɤ/、/ʅ/不能带鼻音韵尾。根据语料，我们选择带后鼻音的韵母，考察/a ŋ/、/əŋ/、/i ŋ/、/u ŋ/和/y ŋ/①五个韵母中元音的鼻化度。测量时选取元音鼻化的段落，计算得到 N 值平均值如表4—3 所示。

表4—3　　　　　　　　　　天津话带鼻音韵尾元音的鼻化度

韵母中的元音	平均 N 值	标准差
ã（ŋ）	578	6.5
ə̃（ŋ）	63	8.3
ĩ（ŋ）	59	5.8
ỹ（ŋ）	67	4.2
ũ（ŋ）	57	10.3

　　由表4—3 可以看出，发音人带鼻音韵尾的元音的鼻化度与其单元音相比，都已经提高，大都已超过临界值40，成为鼻化元音。由发音人的平均值来看，/ỹ/元音的鼻化度最高，为67，/ũ/元音鼻化度最低，为57。从这些数值可以看出天津话鼻化元音的 N 值处在 40 和 80 之间的断裂带上。②

五　天津话鼻音韵尾鼻化度

　　天津话共有两个鼻音韵尾，分别为/n/和/ng/。计算得到的 N 值平均数据如下（见表4—4）。

---

　　① 韵母/i ŋ/、/u ŋ/和/y ŋ/应分别为/i əŋ/、/u əŋ/和/y əŋ/，中间的/ə/在第一声和第四声发音时成为过渡音。
　　② 时秀娟、冉启斌、石锋：《北京话响音鼻化度的初步分析》，《当代语言学》2010 年第4 期。

表4—4　　　　　　　　　　　汉语天津话鼻音韵尾鼻化度

鼻音韵尾	平均值	标准差
n	93	4.2
ng	91	4.2

天津话鼻音声母和鼻音韵尾都有一个 n，做声母的/n/的鼻化度为95，做鼻韵尾的/n/的鼻化度为93，相差2。

鼻音韵尾的鼻化度平均值为（93＋91）/2＝92，其值也小于鼻音声母鼻化度平均值95。

六　天津话/n/音做声母和鼻音韵尾时分别对相邻单元音的影响

我们知道，天津话既能做声母又能做韵尾的只有一个 n，那么它对相邻单元音又有什么影响呢？我们将/a/、/e/、/i/、/y/在/n/声母后和/n/韵尾前分别做了统计和比较[①]（见表4—5）。

表4—5　　　　　　　天津话/n/声母后和鼻韵尾前元音的鼻化度

n	a	e	i	y
声母	73（5.0）	71（0）	90（6.4）	92（0）
韵尾	62（0）	59（0）	81（14.0）	63（14.3）

从表4—5可以看出，四个单元音与/－n/韵尾相邻时的鼻化度都小于与/n/声母相邻的鼻化度，且前者的稳定性也要小于后者。

七　结语

通过天津话响音的鼻化度分析，我们看到，天津话鼻音声母的 N 值都在90以上，没有达到100，/m/、/n/的鼻化度也不相等，/n/的 N 值比/m/的 N 值大；元音的内在鼻化度在50以下，最小值为7.91，不是0，

---

① 　天津话读/un/音时，都读成/ven/，因此没有元音/u/和韵尾/n/结合的情况。

各元音的内在鼻化度也有差异；鼻音韵尾鼻化度小于鼻音声母鼻化度；单元音与/n/韵尾相邻时的鼻化度都小于与/n/声母相邻的鼻化度，且前者的稳定性也要小于后者。这充分表明，天津话语音的鼻化度所表现出的鼻音与非鼻音的格局体现出语言的某些共性特征。

第二节 济南话响音的鼻化度

引言

济南话指济南市内通行的方言，属于汉语官话方言的冀鲁官话，在山东省内，属于西区的西齐片。济南市内语音系统基本一致，内部差异主要存在于文读和白读、新派和老派的不同。文读接近普通话、新派向普通话靠拢，所以有些文读音实际上也是新派的口语音。① 济南话声母有 25 个，有/m/、/n/、/ȵ/、/ŋ/、/l/、/ʐ/、/v/七个通音声母，四个鼻音声母，其中［n］只拼开口、合口韵母，［ȵ］只拼齐齿、撮口呼韵母；三个非鼻音浊声母。韵母有 37 个②，能单独做韵母的元音有/ɤ/、/ʮ/、/i/、/u/、/y/、/a/、/ə/、/ɛ/、/ɔ/、/ã/、/ẽ/共 11 个，有两个鼻化元音/ã/，/ẽ/。鼻音韵尾少，只有后鼻音韵尾/－ŋ/，没有前鼻音韵尾/－n/，北京话中八个前鼻音韵尾韵母在济南话中都成为鼻化元音韵母。众多的通音声母及鼻化韵母使济南话在鲁西中部方言中具有代表性。济南话整个音系中口元音、鼻化元音、带鼻尾元音、鼻音声母、非鼻音浊声母、鼻音韵尾各具有怎样的特性？

本节利用鼻音计（Nasometer）对济南话通声母的鼻化对比度以及基

---

① 钱曾怡：《济南话音档》，上海教育出版社 1999 年版，第 72 页。

② 袁家骅等《汉语方言概要》（第 2 版）列出的是 38 个韵母，多出一个/uəŋ/、把/ə/、/iə/、/uə/、/yə/记作/ɤ/、/ie/、/uɤ/、/yɤ/，把/ã/、/iã/、/uã/、/yã/记作/æ̃/、/iæ̃/、/uæ̃/、/yæ̃/。北大中文系语言教研室编《汉语方音字汇》（第 2 版）列出的也是 38 个韵母，把/ə/、/iə/、/uə/、/yə/记作/ɤ/、/ie/、/uɤ/、/ye/，也把/ã/、/iã/、/uã/、/yã/记作/æ̃/、/iæ̃/、/uæ̃/、/yæ̃/，多出的也是/uəŋ/。以上三种列出的济南话能单独做韵母的元音都有/ɤ/、/ʮ/、/i/、/u/、/y/、/a/、/ə/、/ɛ/、/ɔ/、/ã/、/ẽ/11 个。我们以《音档》记录的音标为准。

础元音①的内在鼻化度进行考察，客观地描写济南话中这些语音的鼻化度，分析其表现出的语言的共性和个性特征。

一　实验说明及数据分析处理

（一）语料及实验设备

本节实验的元音语料依据钱曾怡②归纳的音系进行设计。所用的发音表为济南话单音节字表。声母包括零声母、清声母（塞音、擦音、塞擦音）以及通音声母/m/、/n/、/ȵ/、/ŋ/、/l/、/z̞/、/v/等，韵母包括单元音韵母、鼻化元音、复元音韵母、鼻音韵母。按济南话的声韵拼合关系组成各种音节（发音表这里从略）。

发音人为一名男性青年，年龄26岁，生长于济南，父母均为济南人。其语音应属于新派。发音人口音纯正，无口鼻咽疾病，录音时发音人用自然语速朗读发音字表。录音在语音实验室进行。实验设备是美国Kay公司生产的Nasometer Ⅱ 6400鼻音计。鼻音计配有口鼻分音装置，有一块隔板挡在口与鼻之间，将口腔声音与鼻腔声音分开，语音被分为口、鼻两个通道同步录入鼻音计。同时另外利用CSL4500进行同步的普通声学录音，以满足做相关分析的需要。

（二）鼻化度

鼻化度就是语音发音时鼻音化的程度，是鼻音能量在整个口音、鼻音能量之和中所占的比例，计算公式略。计算出的鼻化度数值在0—100之间，数值越大，表明鼻音能量越强，鼻化度越高；反之则鼻音能量越弱，鼻化度越低。鼻化度曲线是在以鼻化度为纵轴（标度在0—100之间）、时间为横轴的二维平面图中显示的由鼻化度数据样点连成的曲线。图4—3是发音人"妈［ma］"的鼻化度曲线。

济南话/ma/（妈）的起点处曲线很高，随后逐渐降低。这反映出发音时从鼻音能量很高的声母/m/到鼻音能量较低的元音/a/的鼻化度变化情况。

---

① "基础元音"即出现在单韵母中的元音，见石锋《北京话的元音格局》，《南开语言学刊》2002年第1期。

② 钱曾怡：《济南话音档》，上海教育出版社1999年版。

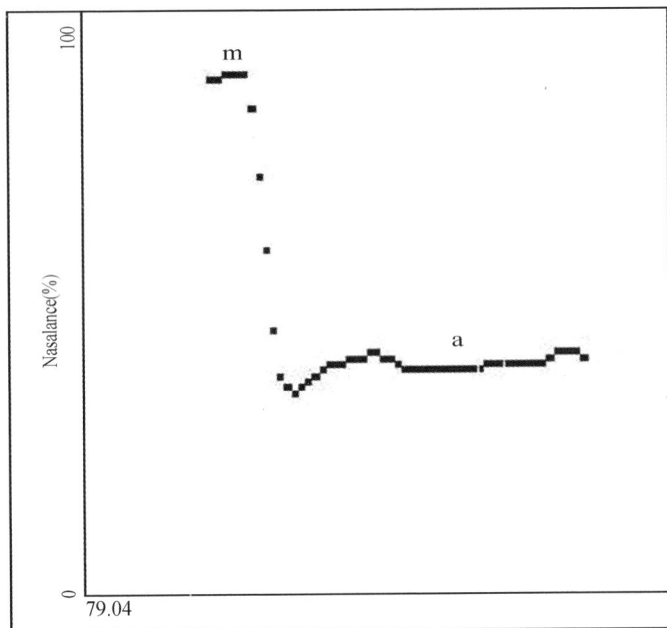

图 4—3 济南话［ma］（妈）的鼻化度曲线示例图

  鼻音计能够按设定时间步长逐点显示鼻化度数据，也能进行一定的统计分析，例如计算一段语音的鼻化度平均值及相关数据。鼻音计采集的是声带振动条件下的语音能量数据，济南话的塞音、擦音、塞擦音都是不带音（voiceless）的辅音，发音时鼻音计采集不到语音能量，所以没有数据显示，也就没有鼻化曲线。这种情况就跟声调曲线一样，带音的部分就显示出曲线，不带音的部分就是空白段。因此，鼻化度主要表示的是声带音（voiced）部分的语音鼻化程度的大小。本节具体提取济南话单音节各种拼合关系的字表中浊声母及单元音韵母、鼻韵母中的元音的鼻化度，统计分析利用鼻音计的相关功能以及社会科学统计分析软件包（SPSS10.0）完成。

二 济南话通音声母的鼻化对比度

（一）鼻音浊声母和非鼻音浊声母的鼻化度

鼻音计采集的是声带振动条件下的语音能量数据，济南话的塞音、擦音、塞擦音都是不带音（voiceless）的辅音，发音时鼻音计采集不到语音能量，所以没有数据显示，也就没有鼻化曲线。[①] 这种情况就跟声调曲线一样，带音的部分就显示出曲线，不带音的部分就是空白段。因此，鼻化度主要表示的是声带音（voiced）部分的语音鼻化程度的大小。

在济南话单音节字录音语料中选取/m/、/n/、/ɳ/、/ŋ/、/l/、/ʐ/、/v/各声母的稳定段进行测量，得到它们鼻化度 N 值的平均数据（见表4—6）。

表4—6 　　　　　　　　　济南话通音声母的鼻化度

声母	m	n	ɳ	ŋ	l	ʐ	v
N	88（1.2）	89（1.1）	91（1.2）	80（3.0）	32（13.3）	18（4.0）	18（1.3）

济南的/m/、/n/、/ɳ/、/ŋ/四个鼻音声母的鼻化度都很高，鼻化度均在 90 以上，大于北京话的鼻音鼻化度的临界值 80，由大到小的排序为：/ɳ/：91 ＞/n/：89 ＞/m/：88 ＞/ŋ/：80。非鼻音浊音声母/l/、/r/、/v/的鼻化度分别为 32、18、18，/l/与北京话/l/的 N 值 32.4 相等，/r/略低于北京话/r/的鼻化度 23.9。非鼻音声母的鼻化度均低于非鼻音鼻化度的临界值 40。

图4—4 是根据表4—6 的数据画出的条形图。从图4—4 看来，鼻音/m/、/n/、/ɳ/、/ŋ/的鼻化度较高，边音/l/和浊音/r/、/v/鼻化度较低。鼻音/m/、/n/、/ɳ/、/ŋ/与边音/l/和浊音/r/、/v/差别很明显。

（二）通音声母与不同韵母相拼时的鼻化度

由表4—6 及图4—4 看到，通音声母/m/、/n/、/ɳ/、/ŋ/、/l/、/ʐ/、/v/的鼻化度有差异，鼻音声/m/、/n/、/ɳ/、/ŋ/母与非鼻音浊声母/l/、/ʐ/、/v/的鼻化度差异明显。/l/声母鼻化度的标准差与其他声母相比较大。

我们对济南话通音声母与不同韵母相拼时的鼻化度进行了统计（数据见表4—7）发现，/m、n/ɳ、ŋ、l/与齐、撮两呼韵母相拼时的鼻化度

[①] 实验发现，送气音有浊化现象，如［t］有的音节有较短的鼻化度曲线；擦音［f、x］在有些音节中也有鼻化度。

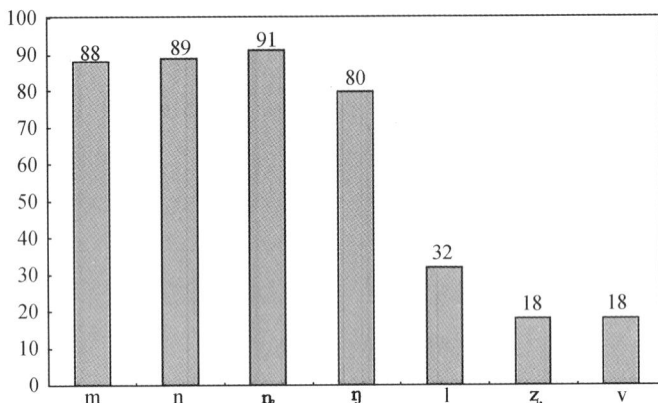

图4—4　济南话通音声母的鼻化度对比图

大于与开、合两呼韵母相拼时的鼻化度，且/l/声母的标准差较大；/z̩/、/v/不与齐、撮两呼韵母相拼，与开、合两呼韵母相拼时，与开口呼韵母相拼时的鼻化度大于与合口呼相拼时的鼻化度，且标准差较大。这与北京话的通音声母表现相同。济南话/l/声母与齐、撮两呼韵母相拼时鼻化度都超过了非鼻音的临界值40，成了鼻化边音/l̃/。

表4—7　济南话通音声母与不同等呼韵母相拼时的鼻化度对比

	m	n/n̩	l	z̩	v
开口呼	88（2.1）	89（1.2）	23（6.5）	21（8.3）	19（6.3）
合口呼	87（1.9）	90（0.5）	19（8.2）	15（9.2）	17（7.9）
齐齿呼	89（0.8）	92（1.2）	46（18.9）	\	\
撮口呼	\	91（1.4）	41（0）	\	\

在北京话辅音系统中，/l/、/r/这两个音没有系列的音位聚合，聚合程度最小，音位变体较多。由 EPG 实验看，/l/的成阻部位、成阻的程度是最灵活的，阻力最小，很容易被后面的音所影响。[①] /z̩/音浊的程度及

---

　　① 李俭、郑玉玲：《汉语普通话动态腭位的数据缩减方法》，载王嘉龄编《第六届现代语音学学术会议论文集》，天津师范大学出版社 2004 年版。

摩擦的程度很自由，变体更多，已为实验所证明（石锋[①]）。与此相应，它们的鼻化度数据较为分散，标准差较大。具体表现既有发音人的个体差异，也有后接元音的影响。济南话非鼻音浊声母/l/、/z̩/、/v/的特性与北京话相近。

（三）通音声母的鼻化对比度

我们计算济南话通音声母的鼻化对比度，使这些通音声母之间的鼻化度关系量化。在济南话中，鼻音声母的平均鼻化度 =（88 + 89 + 91 + 80）/4 = 87，非鼻音声母的平均鼻化度 =（32 + 18 + 18）/3 = 23，所以，济南话声母的总体鼻化对比度为 87 - 23 = 64，这个值稍大于北京话声母的鼻化对比度 61.8。也就是说，济南话鼻音声母和非鼻音声母是能区分开的。

再看济南具体语音的鼻化对比度。为便于比较，一般都在相同或相近的发音部位上计算鼻化对比度。济南话/n/、/l/、/z̩/的发音部位接近（都用到了舌尖部位），/m/与/v/的发音部位接近（都用到了唇部位），因此可以进行对比分析。/n/与/l/的鼻化度差值为 89 - 32 = 57，稍小于北京话/n/与/l/的鼻化对比度 58.9；/z̩/与/n/的鼻化对比度为 89 - 18 = 71，稍大于北京话/n/与/r/的鼻化对比度 67.4；/v/与/m/的鼻化对比度为 88 - 18 = 70，与北京话差别不是很大。表明济南话/n/与/l/及/n/与/r/的区分比较清楚。

三　济南话元音的鼻化度

（一）济南话基础元音的内在鼻化度

济南话基础元音有/ɤ/、/ʅ/、/i/、/u/、/y/、/a/、/ə/、/ɛ/、/ɔ/九个。我们测量了九个基础元音的内在鼻化度，测量时在鼻化曲线稳定的段落进行取值，分别计算出九个基础元音的鼻化度平均值[②]，请看表4—8。

---

① 石锋：《语音格局——语音学与音系学的交汇点》，商务印书馆 2008 年版。
② 此处各元音的 N 值均值为每个元音多个样本的鼻化度曲线平稳段取值的平均值，非最高点的取值。

表4—8 济南话基础元音的内在鼻化度

元音	a	i	u	y	ɿ	ʅ	ɔ	ə	ɛ
鼻化度	32 (4.0)	19 (4.9)	6 (1.3)	16 (3.7)	10 (1.2)	14 (6.4)	9 (4.2)	7 (2.9)	15 (7.0)

据表4—8，济南话/a/的内在鼻化度最高，为32，其次是/i/、/y/和/ɛ/，分别为19、16、15。较低的是/ɔ/、/u/和/ə/，三者都在10以下，两个舌尖元音/ɿ/、/ʅ/在10—14之间。九个元音的鼻化度由大到小排序为：/a/>/i/>/y/>/ɛ/>/ʅ/>/ɿ/>/ɔ/>/ə/>/u/。表现出这样一种趋势，即舌位越前、越低则鼻化度越高；舌位越后、越高则鼻化度越低。这与图4—5济南话一级元音声位图相吻合。①

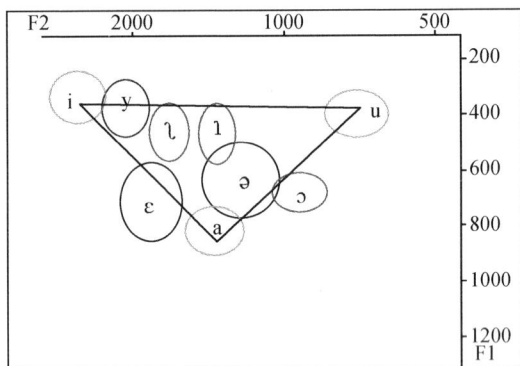

图4—5 济南话一级元音声位图

（二）声调及声母对元音内在鼻化度的影响

测量济南话四声俱全零声母音节中元音/a/、/i/、/u/、/y/的鼻化度（数据见表4—9）发现，声调对元音鼻化度有影响。总体上看，上声（55）和阳平字（42）的鼻化度较大，去声字（21）的较小，阴平字（213）的鼻化度最小。各元音在阳平、上声、去声字中的鼻化度大小各有不同，但在阴平字中的鼻化度表现非常一致，都是在四声中最小。北京

---

① 时秀娟：《汉语方言的元音格局》，中国社会科学出版社2010年版。

话中不同声调音节中各元音内在鼻化度由大到小排序为阴平（55）＞阳平（35）＞去声（51）＞上声（214）。[①] 二者相比较，不同声调音节中元音鼻化度都表现出相同的趋势，即曲折调中的元音鼻化度最小，平调中较大，升调和降调中较小。

表4—9 济南话不同声调音节中元音的鼻化度

	a	i	u	y
阴平 213	39（0.6）	14（4.9）	6（1.2）	13（1.5）
阳平 42	39（0.6）	29（2.5）	10（1.7）	27（3.8）
上声 55	41（1.5）	33（0.6）	9（1.2）	25（3.6）
去声 21	42（0.6）	26（3.8）	8（0.6）	27（1.7）
平均值	40（1.5）	26（8.4）	8（1.9）	23（6.6）

（三）声母对元音内在鼻化度的影响

1. 清声母对元音鼻化度的影响

我们将济南话单元音与不同塞音、塞擦音和擦音相拼时的鼻化度进行对比，数据见表4—10。（具体每一元音与不同辅音相拼时的鼻化度数据见附录表4—15）

表4—10 济南话单元音与塞音、塞擦音和擦音相拼时的鼻化度

	a	i	u	ɔ	ə	ɛ
塞音	32（4.3）	20（4.4）	5（1.0）	9（4.1）	6（1.0）	13（6.2）
擦音	30（1.5）	25（0）	6（1.3）	11（5.7）	10（3.9）	17（7.5）
塞擦音	35（3.3）	15（3.5）	6（1.0）	7（2.4）	7（2.2）	14（5.1）
平均值	32（2.1）	20（4.1）	6（0.5）	9（1.6）	8（1.7）	15（1.7）

由表4—10看到，清辅音发音方法会对不同元音的鼻化度产生不同的影响。同一元音在不同发音方法的清声母后鼻化度不同，低元音/a/在塞

---

① 时秀娟、郑亦男：《北京话单音节中元音的鼻化度再分析》，《南开语言学刊》2016年第2期。

擦音后的鼻化度大于塞音后的，擦音后的最小；高元音/i/、/u/、/ɔ/则与之相反，擦音后的鼻化度大于塞音后的，塞擦音后的最小；/ə/、/ɛ/为擦音后的最大，塞擦音后次之，塞音后最小。/a/、/i/、/u/与不同辅音相拼时的鼻化度变化与北京话的相同。显著的特征是，擦音会使低元音/a/的鼻化度降低，会使非低元音的鼻化度升高。北京话中，低元音/a/、中元音/ɤ/在塞擦音后的鼻化度大于塞音后的，擦音后的最小；高元音/i/、/u/则与之相反，擦音后的鼻化度大于塞音后的，塞擦音后的最小。[①]

由附录4—15看到，同一发音部位的塞音，送气不送气也会使元音的鼻化度发生变化。送气塞音会使高元音/i/、/u/的鼻化度降低，会使非高元音/a/、/ɔ/、/ɛ/的鼻化度升高；中元音/ə/既有升高也有降低。塞音随发音部位的后移（双唇、舌尖、舌根），会使/a/、/i/、/u/的鼻化度降低，/ə/、/ɛ/的鼻化度升高。擦音随发音部位的后移会使/a/、/ɔ/、/ɛ/的鼻化度升高，/u/的鼻化度降低。塞擦音后各元音规律不明显。

2. 通音声母对元音鼻化度的影响

由表4—11看到，通音声母对元音的鼻化度有影响。鼻音声母/m、n、ɳ、ŋ/对元音的鼻化度影响显著，使元音的鼻化度都有提高，/i/、/u/、/y/、/ə/提高的幅度较大，大都超过了非鼻音的临界值40，成为鼻化元音；/a/、/ɛ/、/ɔ/提高的幅度较小，没有超过非鼻音的临界值40。鼻音声母/m/、/ŋ/的鼻化元音/ã/、/ẽ/的鼻化度仍处于鼻化元音的范围之内；而/n/后的鼻化元音/ã/的鼻化度为36，接近其内在鼻化度32，表明鼻化元音/ã/已经口音化。非鼻音声母/l/、/z/、/v/也使元音鼻化度略有提高。

表4—11　　　济南话一级元音同通音声母相拼时的鼻化度对比

	a	ɛ	ɔ	i	u	y	ə	ɚ	ã	ẽ
m	38 (1.0)	39 (0.6)	\	70 (3.6)	43 (1.6)	\	37 (1.5)	\	40 (0)	43 (3.1)

① 时秀娟、冉启斌、石锋：《北京话响音鼻化度的初步分析》，《当代语言学》2010年第4期。

	a	ε	ɔ	i	u	y	ə	ɻ	ã	ẽ
n	38 (1.3)	35 (1.7)	28 (0.6)	66 (3.4)	40 (1.3)	60 (5.3)	\	\	36 (0.5)	\
ŋ	\	38 (1.2)	33 (1.5)	\	\	\	43 (2.6)	\	41 (1.0)	55 (0)
l	31 (1.2)	24 (3.5)	20 (2.6)	20 (5.0)	5 (0)	9 (1.0)	\	\	35 (1.5)	\
ʐ	\	12 (5.4)	12 (2.6)	\	\	\	\	29 (2.5)	33 (2.7)	\
v	37 (1.5)	22 (1.5)	\	\	6 (1.3)	\	17 (2.0)	\	35 (1.0)	42 (1.5)

（四）鼻化元音及带鼻尾元音的鼻化度

测量济南话的鼻化元音/ã/、/ẽ/的鼻化度如表4—12所示。

表 4—12　　　　　　　济南话鼻化元音的鼻化度

鼻化元音	平均 N 值
ã	33 (1.9)
ẽ	57 (20.9)

由表4—12看到，鼻化元音 [ã] 的鼻化度为33，低于非鼻音的临界值40，表明已完全口音化。[ẽ] 的鼻化度为57，高于非鼻音的临界值40，处于40—80之间，分布于鼻化元音的范围之内。

测量济南话带鼻尾元音的鼻化度即元音复合鼻化度①，数据见表4—13。

表 4—13　　　　　　　济南话带鼻音韵尾元音的鼻化度

元音复合鼻化度	a	ə	u	i	y
ŋ韵尾前	34 (1.3)	47 (2.6)	42 (2.0)	43 (2.5)	42 (1.7)

---

① 时秀娟：《汉语语音的鼻化度分析》，《当代外语研究》2011 年第 5 期。

由表4—13看到，/a/的复合鼻化度为34，处于口元音的范围。其他元音的复合鼻化度都高于非鼻音的临界值40，处于40—80之间，分布于鼻化元音的范围之内，由大到小的排序/ə/>/i/>/u/>/y/。与内在鼻化度相比，/ə/的位次也有所提高，这与北京话相同。[1]

四　济南话鼻音韵尾的鼻化度

济南话只有一个后鼻音韵尾/-ŋ/。测量零声母音节中的鼻尾韵及与清声母相拼的鼻尾韵音节中的鼻音韵尾的鼻化度，数据见表4—14。

表4—14　　　　　　　　济南话鼻音韵尾的鼻化度
（平均值不包括/a ŋ/韵母的音节）

	a	u	y	ə	i	平均值
-ŋ	34 (1.3)	66 (1.5)	68 (4.2)	84 (1.8)	73 (1.5)	73 (8.0)

表4—14显示，济南话鼻音韵尾/-ŋ/的鼻化度平均值为73，低于做声母时的/ŋ/的鼻化度80。不同元音后/-ŋ/的鼻化度也有差异，顺序为：(ə) ŋ > (i) ŋ > (y) ŋ > (u) ŋ，其中只有/ (ə) ŋ/韵中鼻尾的鼻化度达到80以上，处于鼻音的范围，/ (i) ŋ/、/ (y) ŋ/、/ (u) ŋ/韵中的鼻尾的鼻化度都小于鼻音的临界值80，介于40与80之间，已经严重弱化，不是纯粹的鼻音了。这与北京话中的/n/相似。[2]

/a ŋ/韵母中的/-ŋ/尾与其他元音中的又不同，鼻化度仅为34，表明/-ŋ/已经完全脱落，与前面的元音/a/融为一体，而且/a/的鼻化特征也不存在，完全是口元音的特征。

---

① 时秀娟、冉启斌、石锋：《北京话响音鼻化度的初步分析》，《当代语言学》2010年第4期。

② 许毅：《普通话音联的声学语音学特性》，《中国语文》1986年第5期；王志洁：《英汉音节鼻韵尾的不同性质》，《现代外语》1997年第4期；施向东：《汉语普通话的 - n 尾》，载石锋、沈钟伟编《乐在其中——王士元教授七十华诞庆祝文集》，南开大学出版社2004年版。

五 结论

通过对济南话响音的鼻化度考察，发现济南的/m/、/n/、/ɳ/、/ŋ/四个鼻音声母的鼻化度都很高，鼻化度均在 90 以上，大于鼻音鼻化度的临界值 80。非鼻音浊音声母/l/、/r/、/v/的鼻化度分别为 32、18、18，均低于非鼻音的临界值 40。通音声母/m、n（ɳ）、ŋ、l/与齐、撮两呼韵母相拼时的鼻化度大于与开、合两呼韵母相拼时的鼻化度；/ʐ/、/v/与开口呼韵母相拼时的鼻化度大于与合口呼相拼时的鼻化度。这与北京话的通音声母表现相同。济南话/l/声母与齐、撮两呼韵母相拼时鼻化度都超过了非鼻音的临界值 40，成了鼻化边音/l̃/。计算了济南话通音声母的鼻化对比度，发现济南话通音声母的鼻化对比度较大，鼻音与非鼻音区分清晰。

济南话九个基础元音的内在鼻化度均低于非鼻音的临界值 40，由大到小排序为：/a/＞/i/＞/y/＞/ɛ/＞/ɤ/＞/ɣ/＞/ɔ/＞/ə/＞/u/，符合舌位越前、越低则鼻化度越高；舌位越后、越高则鼻化度越低的规则。声调及声母的发音部位和发音方法都对元音内在鼻化度有影响，与北京话的表现有相同之处。

济南话的鼻化元音/ã/、/ẽ/的鼻化度较有不同，鼻化元音/ã/的鼻化度为 33，低于非鼻音的临界值 40，表明已完全口音化。/ẽ/的鼻化度为 57，高于非鼻音的临界值 40，处于 40—80 之间，分布于鼻化元音的范围之内。

济南话/a/的复合鼻化度为 34，处于口元音的范围。其他元音的复合鼻化度都高于非鼻音的临界值 40，处于 40—80 之间，分布于鼻化元音的范围之内，由大到小的排序为：/ə/＞/i/＞/u/＞/y/。与内在鼻化度相比，/ə/的位次也有所提高，这与北京话相同。

济南话鼻音韵尾/-ŋ/的鼻化度已经严重弱化，不是纯粹的鼻音了，与做声母的/ŋ/性质完全不同。这与北京话中的/n/相似。/aŋ/韵母中的/-ŋ/尾已经完全脱落，与前面的元音/a/融为一体，而且/a/的鼻化特征也不存在，完全是口元音的特征。

附录

表 4—15　　　　　　　　　　济南话单元音与不同塞音、
塞擦音和擦音相拼时的鼻化度对比

		a	i	u	ɔ	ə	ɛ
塞音	p	34 (3.0)	24 (2.1)	7 (1.0)	5 (1.5)	5 (1.5)	7 (1.4)
	p'	37 (1.5)	17 (2.5)	4 (0.6)	14 (1.0)	4 (0.6)	18 (2.1)
	t	31 (2.1)	23 (0.6)	5 (1.0)	6 (2.3)	6 (0)	8 (0.6)
	t'	31 (2.5)	15 (1.2)	6 (0)	9 (2.1)	6 (0)	11 (0.6)
	k	24 (3.6)	\	5 (0.6)	6 (1.5)	6 (0)	11 (0.6)
	k'	32 (1.5)	\	5 (2.1)	14 (0.6)	7 (1.5)	23 (5.3)
平均值		32 (4.3)	20 (4.4)	5 (1.0)	9 (4.1)	6 (1.0)	13 (6.2)
擦音	f	28 (1.5)	\	8 (2.0)	8 (2.3)	8 (3.1)	\
	x	31 (1.7)	\	6 (0)	5 (5.0)	6 (0.6)	9 (0)
	ç	\	25 (5.1)	\	\	\	\
	s	31 (0.6)	\	6 (0.6)	17 (1.4)	11 (0)	24 (3.5)
	ʂ	31 (2.5)	\	5 (1.2)	15 (3.1)	15 (3.1)	18 (5.1)
平均值		30 (1.5)	25	6 (1.3)	11 (5.7)	10 (3.9)	17 (7.5)
塞擦音	tç	\	17 (0.6)	\	\	\	\
	tç'	\	12 (1.7)	\	\	\	\
	ts	39 (0)	\	7 (0.6)	5 (0)	6 (0)	17 (8.6)
	ts'	33 (2.1)	\	5 (0.6)	5 (0)	7 (0.7)	9 (0)
	tʂ	32 (2.5)	\	6 (0.6)	6 (0)	5 (0)	20 (11.6)
	tʂ'	37 (0)	\	5 (0.6)	10 (2.8)	10 (0)	11 (3.5)
平均值		35 (3.3)	15 (3.5)	6 (1.0)	7 (2.4)	7 (2.2)	14 (5.1)

第三节　武汉话响音的鼻化度

引言

武汉话属于西南官话，声母方面有一个突出的特征，即边音/l/和鼻音/n/不分。刘兴策、向平认为"古泥（娘）、来母字中老年人普遍混读成/n/声母（也有些人读成/l/。/n/、/l/自由变读）。……青少年往往读成鼻化边音/l̃/"。北京大学中国语言文学系语言学教研室发现"武汉话的/n/声母有变体/l/或/l̃/",即认为武汉话有三个鼻音声母/m/、/n/、/ŋ/,没有/l/声母,/l/只是/n/的一个变体。

鼻、边音相混是武汉话的个性特征,实际上不能只是单纯地看这两个声母,而是应该从整个音系中口元音、鼻音声母、非鼻音声母的特性来考察;不能只是定性分析,还应该选择与这两种声母相关的声学参数进行量化考察。语言或方言中的口音和鼻音并不是截然二分的,从语音的鼻化度来看,口元音有内在鼻化度,口音和鼻音存在连续性。

本节对武汉话浊声母的鼻化对比度以及一级元音①的内在鼻化度进行考察,客观地描写武汉话中这些语音的鼻化度,分析其表现出的语言的共性和个性特征。

一　实验说明及数据分析处理

(一)　语料及实验设备

本节实验的元音语料依据刘兴策、向平归纳的音系进行设计。所用的发音表为武汉话单音节字表。声母包括清声母(塞音、擦音、塞擦音)以及浊声母/m/、/n/、/ŋ/、/l/、/z/等,韵母包括单元音韵母、复元音韵母、鼻音韵母。按武汉话的声韵拼合关系组成各种音节(发音表这里从略)。

发音人为一名女性青年,年龄19岁,生长于武汉,父母均为武汉人。其语音应属于新派。发音人口音纯正,无口鼻咽疾病,录音时发音人用自然语速朗读发音字表。

录音在语音实验室进行。仪器设备同前文。

(二)　分析处理

鼻化度就是语音发音时鼻音化的程度。计算公式略。鼻化度曲线是在以鼻化度为纵轴(标度在0—100之间)、时间为横轴的二维平面图中显示的由鼻化度数据样点连成的曲线。图4—6所示的是发音人"暗[ŋan]"的鼻化度曲线。

---

① "一级元音"即出现在单韵母中的元音,见石锋《北京话的元音格局》,《南开语言学刊》2002年第1期。

　　武汉话/ŋan/（暗）的起点处曲线很高，随后逐渐降低，到谷底后又逐渐升高。这反映出发音时从鼻音能量很高的声母/ŋ/到鼻音能量较低的元音/a/再到鼻音能量很高的韵尾/n/的鼻化度变化情况。图形中的谷值表示鼻音能量较低，峰值表示鼻音能量较高。

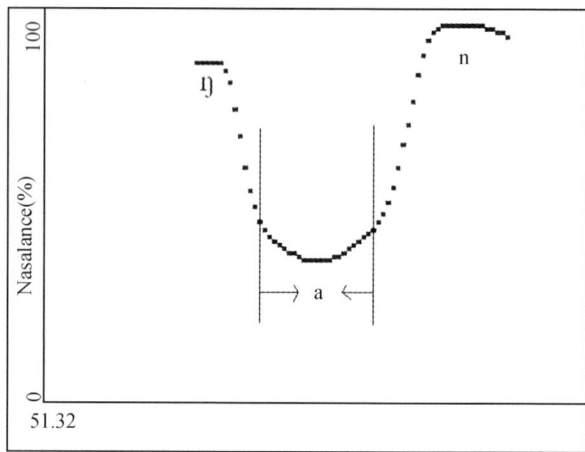

图4—6　武汉话［ŋan］（暗）的鼻化度曲线示例图

　　鼻音计能够按设定时间步长逐点显示鼻化度数据，也能进行一定的统计分析，例如计算一段语音的鼻化度平均值及相关数据。鼻音计采集的是声带振动条件下的语音能量数据，武汉话的塞音、擦音、塞擦音都是不带音（voiceless）的辅音，发音时鼻音计采集不到语音能量，所以没有数据显示，也就没有鼻化曲线。这种情况就跟声调曲线一样，带音的部分就显示出曲线，不带音的部分就是空白段。因此，鼻化度主要表示的是声带音（voiced）部分的语音鼻化程度的大小。本节具体提取武汉话单音节各种拼合关系的字表中浊声母及单元音韵母、鼻韵母中的元音的鼻化度，统计分析利用鼻音计的相关功能以及社会科学统计分析软件包（SPSS10.0）完成。

二　武汉话浊声母的鼻化对比度

（一）鼻音浊声母和非鼻音浊声母的鼻化度

　　鼻音计采集的是声带振动条件下的语音能量数据，武汉话的塞音、擦音、塞擦音都是不带音（voiceless）的辅音，发音时鼻音计采集不到语音能量，所以没有数据显示，也就没有鼻化曲线。这种情况就跟声调曲线一样，带音的部分就显示出曲线，不带音的部分就是空白段。因此，鼻化度主要表示的是声带音（voiced）部分的语音鼻化程度的大小。

发音人所发的音是武汉话新派语音。根据她的发音我们发现，普通话的鼻音声母/n/，她有的发成/n/，有的发成/l/或/ĩ/，韵母不分开合齐撮四呼；普通话的边音声母/l/，她有的发成/n/，有的发成/l/或/ĩ/，韵母不分开合齐撮四呼；/z/有的发成/r/。也就是说，虽然研究者没有给出边音音位，但武汉话实际有边音的音值。所以我们认为，从语音角度来看，武汉话中鼻音声母有/m/、/n/、/ŋ/，鼻音浊声母有/l/、/z/，其中，/l/有变体/ĩ/，/z/有变体/r/。① 我们按照发音人的实际发音，在武汉话单音节字录音语料中选取/m/、/n/、/ŋ/、/l/、/z/各声母的稳定段进行测量，得到它们鼻化度 N 值的平均数据（见表4—16）。②

表4—16　　　　　　　　　　　武汉浊音声母的鼻化度

声母	鼻化度平均值	样点数
m	91	90
n	93.4	136
ŋ	93	166
l	40.1	225
z	32.3	29

武汉话的/m/、/n/、/ŋ/三个鼻音声母的鼻化度都很高，/m/为91，/n/为93.4，ŋ为93，N 值均在90以上，大于北京话的鼻音鼻化度的临界值80。非鼻音浊音声母/l/、/r/的鼻化度 N 值分别为40.1、32.3，略高于北京话/l/、/r/的 N 值32.4、23.9，均低于北京话的非鼻音鼻化度的临界值40。

图4—7是根据表4—16的数据画出的条形图。从图4—7看来，鼻音

① 我们的发音人没有/n/发成 r [r] 的情况。
② 表中的/l/包括变体/ĩ/，/z/包括变体 [ʐ]。

/m/、/n/、/ŋ/的鼻化度较高，边音/l/和浊音/z/鼻化度较低。鼻音/m/、/n/、/ŋ/与边音/l/和浊音/z/的差别很明显。

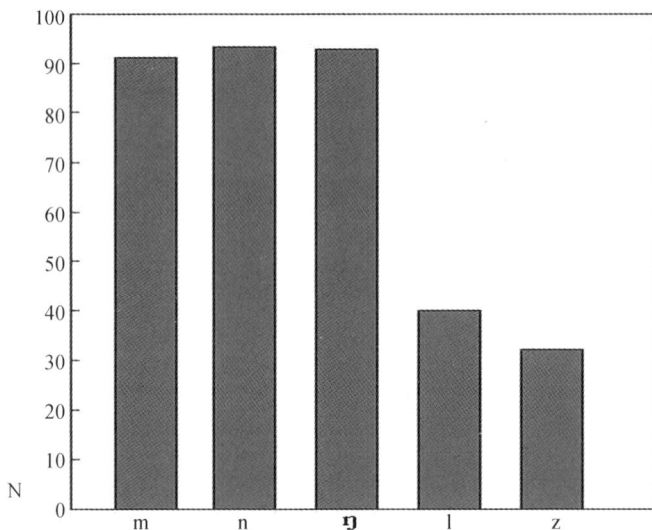

图4—7　武汉话浊音声母的鼻化度对比图

（二）浊声母的鼻化对比度

为了使这些浊声母之间的鼻化度关系量化，我们观察一下武汉话浊声母的鼻化对比度。在武汉话中，鼻音声母的平均鼻化度 = （91 + 93.4 + 93）/3 = 92.5，非鼻音声母的平均鼻化度 = （40.1 + 32.3）/2 = 36.2，所以，武汉话声母的总体鼻化对比度为 92.5 - 36.2 = 56.3，这个值稍小于北京话声母的鼻化对比度 61.8。也就是说，武汉话鼻音声母和非鼻音声母总体上是能区分开的。

再看武汉话具体语音的鼻化对比度。为便于比较，一般都在相同或相近的发音部位上计算鼻化对比度。武汉话/n/、/l/、/z/的发音部位接近（都用到了舌尖部位），因此可以进行对比分析。/n/与/l/的鼻化度差值为 93.4 - 40.1 = 53.3，稍小于北京话/n/与/l/的鼻化对比度 58.9；/n/与/z/的鼻化度差值为 93.4 - 32.3 = 61.1，稍小于北京话/n/与/r/的鼻化对比度 67.4。与北京话差别不是很大。表明武汉话/n/与/l/及/n/与/z/的区分较为清楚。

此外，武汉话中还有鼻音充当韵母的现象，即声化韵，它们分别是 /m̩/、/n̩/、/ŋ̍/，其鼻化度也非常高。请看表4—17。

表4—17　　　　　　　　武汉话鼻音声化韵的鼻化度

声化韵	鼻化度平均值	样点数
m̩	95.7	137
n̩	96	179
ŋ̍	95.7	130

武汉话鼻音声化韵/n̩/的鼻化度最高，为96，/m/和/ŋ/的鼻化度相等，均为95.7，鼻化程度都很高。结合上文，我们发现，武汉话的鼻音声母和鼻音声化韵的鼻化度都在90以上，且鼻音声化韵的鼻化度比鼻音声母的鼻化度高。

三　武汉话鼻、边音的实际发音的鼻化度分析

由上文分析，我们看到武汉话中既有鼻音/n/也有边音/l/。其边音/l/有变体/l/和/l̃/，表4—18中/l/的鼻化度N值是变体/l/和/l̃/鼻化度的平均值。此处我们将边音/l/的变体/l/和/l̃/鼻化度N值分别统计，如表4—18所示：

表4—18　　　　　　　　武汉话边音声母/l/及其变体的鼻化度

声母　/l/	鼻化度平均值	样点数
/l/	25	182
/l̃/	55.3	43

/l/的变体/l/和/l̃/的鼻化度分别为25、55.3，/n/声母与声母/l/和/l̃/的鼻化对比度分别为93.4 − 25 = 68.4、93.4 − 55.3 = 38.1。可知变体/l/与/n/的鼻化对比度较大，说明二者的区分较明显，变体/l/是纯粹的边音；变体/l̃/与/n/的鼻化对比度较小，说明二者的区分不明显，/l̃/的

音值带有鼻音倾向。正是由于这两个变体的存在，使得研究者们虽然不立边音音位/l/，把边音/l/作为鼻音/n/的变体，但是也指出其实际音值也都有边音的倾向。朱建颂认为：武汉话没有/n/、/l/的对立，中古泥来母统读/n/或/l/声母，两者自由变体。①

我们录音时发现，同一个字的声母，发音人一会儿读/n/，一会儿又读/l/，两种读音没有意义上的差别。因此，武汉话也可以只立边音音位，而不立鼻音音位。但从发音来看，鼻音/n/较稳定，鼻化度很高，而变体/l/的音值又带有鼻音倾向，所以立鼻音音位是合理的。可见，通常所说的武汉话的/n/、/l/不分，不是实际音值的不分，而是音位的不分。其实际发音中的/n/、/l/还是区分得较为清晰的。

根据朱建颂②，从老派到新派，鼻音声母/n/的范围有缩小的趋势，"纳辣、奈赖、年连、农隆"等字的声母，老派（老年人和一部分中年人）读/n/，新派读/l/。也就是说，新派武汉话读/l/的字在增多。随着语言的发展，武汉话声母中鼻、边音音位的设立或许会发生变化。

朱建颂谈到"武汉话'惹饶染人让'等字的声母，老派读/n/声母，新派读/z/"③。我们的发音人读/z/，但有两个变体/z/和/r/，它们的鼻化度如表4—19所示。

表4—19　　　　武汉话边音声母/z/及其变体的鼻化度

声母/z/	鼻化度平均值	样点数
/z/	48.8	17
/r/	15.8	12

/z/的变体/r/的鼻化度为15.8，它与/n/的鼻化对比度为93.4 - 15.8 = 77.6，说明/r/与/n/的区分非常明显；/z/的变体/r/的鼻化度为48.8，它与/n/的鼻化对比度为93.4 - 48.8 = 44.6，小于武汉话声母的总

---

① 朱建颂：《武汉方言研究》，武汉出版社1992年版，第18页。
② 朱建颂：《武汉方言词典》，江苏教育出版社1995年版，第3页。
③ 同上。

体鼻化对比度 57.2，说明/n/与/z/存在一定程度的模糊性。新派的/z/声母老派读/n/声母，表明变体/r/是新派在由/n/向/z/转化的过程中产生的。

四　武汉话元音的鼻化度分布

（一）武汉话基础元音的内在鼻化度

根据发音人的实际发音，武汉话有/i/、/ε/、/a/、/ɯ/、/y/、/ɣ/、/u/、/ɤ/、/o/九个基础元音。这里任意选取九个基础元音的鼻化曲线（其声母均为塞音、擦音或塞擦音，排除了鼻音声母鼻化度对元音的影响），并放在一起作为示例（见图4—8）。

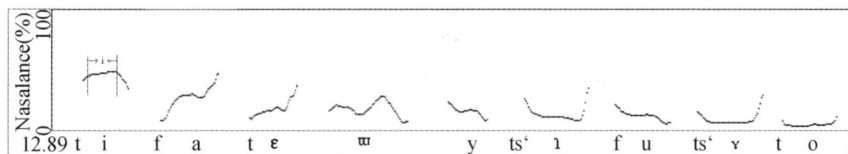

图4—8　武汉话基础元音的鼻化度曲线图

从图 4—8 可以看出，舌面元音/i/、/a/、/ε/的鼻化度较高，/ɯ/、/y/、/ɣ/、/u/的鼻化度次之，/ɤ/、/o/较低。

我们测量了九个基础元音的内在鼻化度，测量时在鼻化曲线稳定的段落进行取值，分别计算出九个基础元音的鼻化度平均值[①]，见表4—20。

表4—20　　　　　　　　　武汉话基础元音的内在鼻化度

元音	平均 N 值	样点数
/i/	43.7	197
/a/	21.4	431

---

① 此处各元音的 N 值均值为每个元音多个样本的鼻化度曲线平稳段取值的平均值，非最高点的取值。如图4—8中所示第一个元音/i/的取值即为［ti］音节中/i/的鼻化度的稳定段，两条竖线之间的鼻化度平均值。

续表

元音	平均 N 值	样点数
/ɛ/	21.28	114
/ɯ/	18	154
/y/	18	202
/ɤ/	15.5	194
/u/	15.2	248
/ʅ/	9.25	112
/o/	4.5	196

　　表中的各元音的鼻化度与图三相吻合，/i/的内在鼻化度最高，为43.7[①]，其次是/a/和/ɛ/，均为 21 左右，较低的是/ɤ/和/o/，两者都在 10 以下，其余的四个都在 10 以上 20 以下。这基本上表现出这样一种趋势，即舌位越前、越低则鼻化度越高；舌位越后、越高则鼻化度越低。舌尖前元音/ʅ/的鼻化度与后高元音/u/的鼻化度相近。

（二）武汉话鼻音韵母中的元音鼻化度分布

　　武汉话没鼻化元音，一般认为带鼻音韵尾的元音会受到韵尾的影响而发生鼻化现象。例如/an/中的元音会成为鼻化元音/ã/。在武汉话中，有/in/、/aŋ/、/yŋ/、/oŋ/、/en/、/un/等鼻音韵母，我们对其中的元音进行了测量[②]，计算出它们的鼻化度平均值，请看表4—21。

---

　　① 武汉话 [i] 的内在鼻化度最高，为43.7，已经超出非鼻音的临界值40，几乎就是鼻化元音了。下文鼻化元音 [u] 的N值与其相差不大。我们也测了武汉话另外一位发音人的数据，其 [i] 的内在鼻化度为47.1。时秀娟、贝先明（《长沙话响音的鼻化度考察》，《中国语音学报》2013 年第 4 辑）在长沙话中的鼻化度研究中发现，[i] 的内在鼻化度为37.4。由此可以看出，方言中前高元音的内在鼻化度表现不一，并非总是表现为王力所说的"高元音不容易鼻化"。这需要更多的语言材料证明其中的规律。

　　② 测量方法见图4—6"暗 [ŋan]"音节中/a/的鼻化度示例，即图中两条竖线之间的鼻化度。

表 4—21　　　　　　　　　　武汉话鼻化元音的鼻化度

韵母中的元音	平均 N 值	样点数
/ĩ/	78	174
/ã/	51.5	242
/ỹ/	48	96
/õ/	46	96
/ẽ/	45.3	63
/ũ/	43.3	128

　　跟表 4—21 相比，鼻音韵母中的元音受到后面鼻音韵尾的影响，鼻化度均大于这些元音各自的内在鼻化度，具体情况为前、高元音/ĩ/的鼻化度最高，达到 78；其次是前低元音/ã/，为 51.5，再次为/ỹ/、/õ/、/ẽ/、/ũ/，分别为 48、46、45.3、43.3。可以看到，受到韵尾的影响而发生鼻化现象的元音 N 值都在 40—80 之间的断裂带上。由上文我们看到，武汉话鼻音声母的鼻化度都在 80 以上，元音的内在鼻化度都在 40 以下，鼻化元音的鼻化度都在 40 至 40 之间，而与北京话一致。

五　结语

　　通过对武汉话语音的鼻化度的考察，我们得出以下结论：（1）鼻音声母与非鼻音声母的鼻化对比度为 57.2，鼻音声母和非鼻音声母在发音上基本能区分开。武汉话的/n/、/l/不分，不是实际音值的不分，而是音位的不分。（2）口元音有内在鼻化度，武汉话九个单元音的鼻化度的高低与舌位的高低、前后有关，舌位越前、越低则鼻化度越高；舌位越后、越高则鼻化度越低。（3）武汉话的口元音的内在鼻化度及非鼻音浊声母的鼻化度大都小于 40（元音/i/例外，鼻化度较高），鼻音声母的鼻化度大于 80，鼻音韵母中的元音的鼻化度处在 40—80 之间，反映了语音鼻化度的共性特征。

第四节　南京话响音的鼻化度

一　南京话语音研究概况

南京话无论新老派，都是有 21 个声母，包括零声母，但没有鼻音声母/n/，有边音声母/l/。[①] /n/、/l/不分是其突出特点。

汉语方言/n/、/l/分混现象很普遍，表现也很不一样，而且分混的条件很重要，其中后接韵母的类别，比如是洪音还是细音，韵母是开、合还是齐、撮等都会影响/n/、/l/的语音表现，从而进一步影响/n/、/l/音位的归纳，乃至整个音系的描述。因此某一种语言或方言的/n/、/l/分混实际上牵涉其整个音系中的口音、鼻音及非鼻音等各类语音的特性。考察鼻、边音分混现象理应在考察鼻、边音特性的同时，也要考察某一种语言或方言整个音系中口音、鼻音、非鼻音的特性及其与鼻通音/n/、边通音/l/的关系。前文已知口音和鼻音的分类只是定性的划分，由鼻化度参量可以看到二者之间存在连续性，并非是截然二分的。口音和鼻音的临界值 N 值分别为 40 和 80，鼻化元音处在 N 值为 40—80 的断裂带上。鼻通音/n/的鼻化度一般都在 80 以上，分布在鼻音的范围之内，边通音/l/的鼻化度一般都在 40 以下，分布在口音的范围之内。计算鼻通音声母和边通音声母之间鼻化度的差值可以量化鼻边音混淆的程度，可以观察鼻边音混淆的实质和类型。[②] 我们已经成功分析了武汉话、长沙话/n/、/l/不分的类型。

本节运用鼻音计（Nasometer）实验，采用鼻化度参量考察南京话/n/、/l/不分的类型和实质，同时考察南京话七个一级元音的内在鼻化度以及其他响辅音的鼻化度，分析其独有的个性特点，并探讨其/n/、/l/不分现象的实质。

[①] 鲍明炜：《江苏省志·方言志》，南京大学出版社 1998 年版；刘丹青：《南京方言词典》，江苏教育出版社 1995 年版。

[②] 时秀娟、冉启斌、石锋：《北京话响音鼻化度的初步分析》，《当代语言学》2010 年第 4 期。

二　实验说明及数据分析处理

（一）语料及实验设备

本节所用的发音表为南京话单音节字表。声母包括塞音、擦音、塞擦音以及浊声母/m/、/l/、/z̦/等，韵母包括单元音韵母、复元音韵母、鼻音韵母。按南京话的声韵拼合关系组成各种音节（发音表这里从略）。

发音人为一名男性青年，年龄 19 岁，生长于南京秦淮区，父母均为南京秦淮区人。发音人口音纯正，无口鼻咽疾病，录音时发音人用自然语速朗读发音字表。

（二）分析处理

鼻化度就是语音发音时鼻音化的程度。鼻化度的计算公式略。

鼻音计能够按设定时间步长逐点显示鼻化度数据，也能进行一定的统计分析，例如计算一段语音的鼻化度平均值及相关数据。下文的统计分析利用鼻音计的相关功能以及社会科学统计分析软件包（SPSS10.0）完成。

三　声母的鼻化对比度

（一）鼻音声母和非鼻音浊声母的鼻化度

鼻音计采集的是声带振动条件下的语音能量数据，南京话的塞音、擦音、塞擦音都是不带音（voiceless）的辅音，发音时鼻音计采集不到语音能量，所以没有数据显示，也就没有鼻化曲线。因此，鼻化度主要表示的是声带音（voiced）部分的语音鼻化程度的大小。

实验表明，鼻音与非鼻音的对立具有相对性。非鼻音浊声母具有相当程度的鼻化度，鼻化度并非为鼻辅音的发音所独有。[1] 南京话中鼻音声母有/m/，非鼻音浊声母有/l/、/z̦/，它们都可以归为通音声母。在南京话单音节录音语料中选取/m/、/l/、/z̦/各声母的稳定段进行测量，得到不同通音声母的鼻化度数据。原始数据较多，这里给出计算得到的 N 值平均数据见表 4—22。

---

[1]　时秀娟、冉启斌、石锋：《北京话响音鼻化度的初步分析》，《当代语言学》2010 年第 4 期。

表 4—22 南京话通音声母的鼻化度

通音声母	鼻化度平均值	样点数
m	87.1	70
l①	56.2	147
ʐ̩	9.3	59

从表 4—22 看来，鼻音声母/m/的鼻化度较高，N 值为 87.1；两个非鼻音浊声母也有不同程度的鼻化度，/l/的 N 值为 56.2，大大高于北京话/l/的 N 值（32.4），/ʐ̩/的 N 值为 9.3，低于北京话/ʐ̩/的/N 值（23.9）。

（二）声母的鼻化对比度

南京话辅音声母除去塞音、擦音、塞擦音这些不带音的声母之外，就是鼻音声母/m/和非鼻音浊声母/l/、/ʐ̩/。根据表 4—22 数据作出声母的鼻化度对比图（见图4—9）。从图上看来，南京话声母的鼻音和非鼻音对立较为清晰明显，/m/和/ʐ̩/处于两端，/l/处于/m/和/ʐ̩/之间，但明显靠近/m/。

我们观察南京话鼻化对比度来进行量化的分析。声母的鼻化对比度由时秀娟等②提出，又分总体鼻化对比度和具体语音的鼻化对比度。声母的总体鼻化对比度即一种语言（方言）中所有鼻音声母和非鼻音声母各自平均鼻化度的差值，它是鼻音声母和非鼻音声母总体对比特征的反映，是鼻音与非鼻音区分的重要标志。鼻化对比度越大，鼻音跟非鼻音的区分越清晰，越明显；鼻化对比度越小，则鼻音跟非鼻音的区分越模糊，越含混，甚至有可能发生一定程度的音位合流现象。

南京话中只有一个鼻音声母/m/，鼻化度为 87.1，无须计算鼻化度平均值。非鼻音浊声母为/l/和/ʐ̩/，计算这两个声母的鼻化度平均值为（56.2 + 9.3）/2 = 32.8。那么，南京话中鼻音声母与非鼻音浊声母的总体鼻化对比度为 87.1 − 32.8 = 54.3。这个数值与北京话的鼻音声母与非鼻音浊声母的总体鼻化对比度 61.8 较为接近，表明南京话中鼻音声母

---

① /l/包括变体/l̃/。

② 时秀娟、冉启斌、石锋：《北京话响音鼻化度的初步分析》，《当代语言学》2010 年第 4 期。

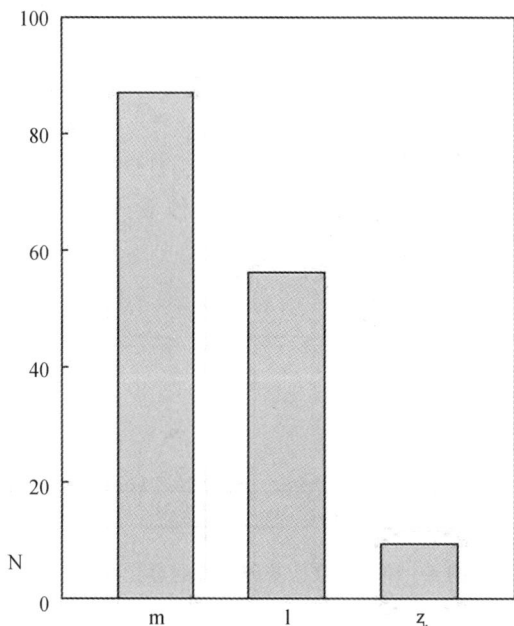

图 4—9　南京话通音声母的鼻化度对比图

/m/与非鼻音浊声母总体上是能区分开的。

　　南京话具体声母之间的鼻化对比度由于/m/与/l/、/ẓ/发音部位不同，不做比较。南京话中没有舌尖鼻音声母/n/，所以也无法比较/n/与同部位的/l/及相近部位的/ẓ/的鼻化对比度，也就无法说明/n/与/l/之间的区分程度。那么，传统方言调查所说的"南京话/n、l/不分"的实质是什么，下文再讨论。

四　南京话元音的内在鼻化度及鼻化元音的鼻化度分布

（一）南京话元音的内在鼻化度（intrinsic nasality）

　　口音和鼻音虽然是两种不同性质的语音单位，但实验表明口元音都具有不同程度的鼻化度，称为元音内在鼻化度。[①]　南京话有七个基础元音，

---

　　①　时秀娟、冉启斌、石锋：《北京话响音鼻化度的初步分析》，《当代语言学》2010 年第 4 期。

即 /a/、/i/、/u/、/y/、/e/、/ɣ/、/o/，这里任意选取七个基础元音的鼻化曲线（其声母均为塞音、擦音或塞擦音），并放在一起作为示例（见图 4—10）。

从图 4—10 可以看出，从舌面元音 /a/、/i/、/u/ 到舌尖元音 /ɣ/，七个基础元音都有相当程度的内在鼻化度。元音 /a/ 的鼻化度曲线位置是最高的；/y/、/u/ 的位置是最低的。这是两种最典型的模式。其他元音的曲线位置都分布于 /a/ 与 /y/、/u/ 之间。

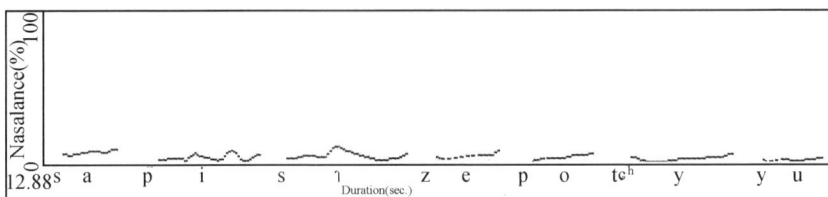

图 4—10 南京话基础元音的鼻化度曲线

我们对发音字表中塞音、擦音、塞擦音声母之后的所有单元音（也就是一级元音）的鼻化度进行测量。通音 /m/、/l/、/z/ 等可能会对后接元音的鼻化度产生较大影响，这里没有包括在内。测量时选取鼻化曲线稳定的段落进行取值，对所测得的数据分别计算各个基础元音的 N 值平均值，得到结果列为表 4—23。

表 4—23　　　　　　　　　南京话基础元音的内在鼻化度

元音	平均 N 值	样点数
a	14.5	191
i	9.4	218
ɿ	8.2	172
e	6.5	102
o	5.5	60
y	4.3	105
u	4.1	281

从表 4—23 看来，元音/a/的鼻化度是最高的，为 14.5，较高于其他元音。元音/u/最低，只有 4.1。这个结果与图 4—10 鼻化度曲线图形的直观表现是一致的。对于舌面元音，前低元音/a/的鼻化度最高，前高元音/i/的鼻化度也较高；后元音/u/、前高元音/y/的鼻化度最低。/ɤ/、/e/、/o/元音总体来看都介于/a/、/i/与/u/、/y/之间，且互相之间的差别不是很大。

与北京话相比，南京话基础元音的内在鼻化度整体上低于北京话元音的内在鼻化度，但鼻化度与各元音之间的相对关系还是有相同之处的。例如，前低元音/a/与后元音/u/的表现相同，都是/a/的鼻化度最高，/u/的鼻化度最低。前高元音/y/的鼻化度较低，与北京话也相同。但也有不同之处，如南京话前高元音/i/的鼻化度较高，仅次于/a/；舌尖元音/ɤ/的鼻化度也不是很低；其他半高/e/、/o/的鼻化度处在中间位置。

（二）南京话带鼻音韵尾元音的鼻化度分布

南京话中没有纯粹的鼻化元音，但是一般认为带鼻音韵尾的元音会受到韵尾的影响而发生鼻化现象。例如/an/中的元音/a/会成为鼻化元音/ã/。在南京话中，元音/ɤ/、/o/不能带鼻音韵尾。根据语料，我们选择带前鼻音的韵母，考察/an/、/ən/、/in/、/yn/和/un/五个韵母中元音的鼻化度。测量时选取元音鼻化的段落，计算得到鼻化度平均值如表 4—24所示。

表 4—24　　　　　　　　南京话带鼻音韵尾元音的鼻化度

韵母中的元音	平均 N 值	样点数
ã（n）	42	50
ɔ̃（n）	46	33
ĩ（n）	62	46
ỹ（n）	49	60
ũ（n）	43	19

由表 4—24 看到，鼻音韵尾之前的元音的鼻化度都升高了，其中/ĩ（n）/的鼻化度最高，达到了 62；其次为/ỹ（n）/和/ɔ̃（n）/，分别为 49 和 46；/ũ（n）/又次之，为 43；/ã（n）/最低，为 42。即南京

话中的鼻音韵尾之前的元音的鼻化度的 N 值都在 40 以上。

　　北京话响音的鼻化度实验表明,非鼻音的鼻化度临界值 N 值为 40,鼻音的临界值 N 值为 80。在听觉上很可能鼻化度在 40 以下一般都听为非鼻音;而鼻化度在 80 以上一般都听为鼻音。在 40 和 80 之间有一个断裂带,是鼻化元音以及其他特定的语音分布的范围。[①] 南京话中的鼻音韵尾之前的已经鼻化的元音的 N 值在 40 以上,即处在 40 和 80 之间的断裂带上。鼻音的 N 值在 80 以上,非鼻音都在 40 以下。人类的发音器官是一样的,N 值是鼻音能量在整个口音、鼻音能量之和中所占的比例,因此不同的语言及方言中的相同音类的鼻化度应该是可以比较的,并且具有共性。鼻音、非鼻音的临界值及断裂带正是在这样的基础上测定的。当然,这还有赖于更多的语言来证实。

五　鼻音、边音相混现象的鼻化度表现

　　南京话 "/n/、/l/ 不分,这是江淮方言的共同特征。/n/、/l/ 可自由变读,一般倾向是开口呼和合口呼前读 /l/,……齐齿呼和撮口呼前读带鼻化色彩的 /l̃/……"[②]。我们的发音人与此相同,普通话的 /n/、/l/ 声母,在开口呼、合口呼前他一律读 /l/,在齐齿呼和撮口呼前则读带鼻化色彩的 /l̃/。因此,我们将 /l/、/l̃/ 作为 /l/ 的变体,见上文。为了探讨南京话 /n/、/l/ 不分的实质,此处,我们又将测量得到的发音人所发的 /l/、/l̃/ 的鼻化度(即表 4—22 中 /l/ 的鼻化度数值)分别统计,得到表 4—25。

表 4—25　　　　　　　　南京话浊音声母 l 及其变体 l̃ 的鼻化度

	鼻化度平均值	样点数
l（开、合）	26.4	91
l̃（齐、撮）	86.1	56

　　由表 4—25 看到,南京话 /l̃/ 的鼻化度很高,为 86.1,非常接近双唇

①　时秀娟:《汉语方言的元音格局》,中国社会科学出版社 2010 年版。
②　刘丹青:《南京方言词典》,江苏教育出版社 1995 年版。

鼻音/m/的鼻化度 87.1。而/l/的鼻化度只有 26.4，低于北京话/l/的鼻化度 32.4。

综合表 4—22 及表 4—25 数据，做出南京话浊音声母及其变体的鼻化度对比图（见图 4—11）。从图上看出，/m/、/l̃/的鼻化度几乎一致，都很高；/l/、/z̩/的鼻化度较低。可以说，南京话中有纯粹的边音/l/，无纯粹的鼻音/n/。但有鼻化边音/l̃/，其鼻化度很高，几乎与双唇鼻音声母/m/的鼻化度一样高，已经到了鼻音的范围。但它又不是纯粹的鼻音/n/。可见鼻化边音 l̃ 实际上很接近鼻音/n/。而南京话中纯粹的边音/l/还是能与鼻化的边音 [l̃] 分得很清楚的，/l̃/、/l/的鼻化对比度为 86.1 − 26.4 ＝ 59.7，大于北京话/n/与/l/的鼻化对比度 91.3 − 32.4 ＝ 58.9。

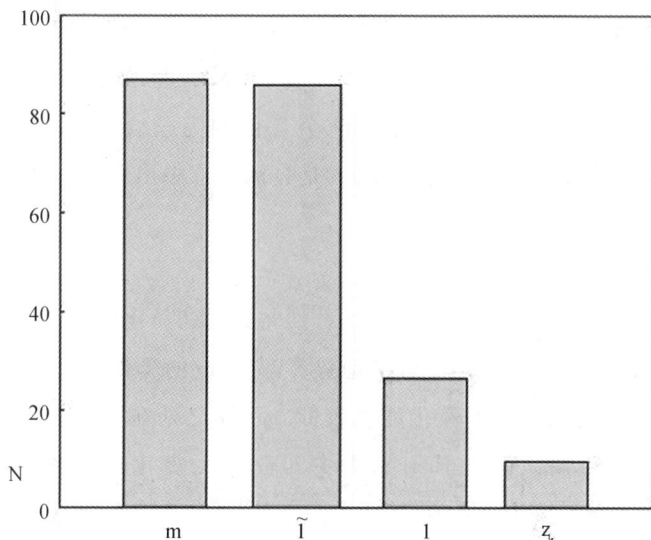

图 4—11　南京话浊音声母及其变体的鼻化度对比图

南京话的/n/、/l/不分，可能是由于鼻化边音/l̃/的存在造成的。普通话/n/声母的字，在开口呼、合口呼之前，南京话读作/l/，在齐齿呼和撮口呼前读带鼻化色彩的/l̃/；同样，普通话/l/声母的字，在开口呼、合口呼之前，南京话读作/l/，在齐齿呼和撮口呼前读带鼻化色彩的/l̃/。南

京话"也有的人开口呼和合口呼前接近/n/"[1]。"/l/母略带鼻音，碰到
/i/、/y/时几乎变成/n/音"（赵元任[2]）。就造成南京话该读/l/的读/l/
（普通话开口呼、合口呼之前的/l/声母），不该读/l/的也读/l/（普通话
开口呼、合口呼之前的/n/声母）；该读/n/的读/n/或/l̃/（普通话齐齿呼
和撮口呼前之前的/n/声母），不该读/n/的也读/n/或/l̃/（普通话齐齿呼
和撮口呼之前的/l/声母）现象。这就是所谓的"/n/、/l/不分"。

所谓的"/n/、/l/不分"，是从母语方言不是南京话，且能区分
/n/、/l/的语言的角度来说的。就南京话而言，无所谓"/n/、/l/不分"，
因为从语音上来讲，南京话有纯粹的边音/l/，无纯粹的鼻音/n/，有接近
鼻音的鼻化边音/l̃/。这个鼻化边音的/l̃/鼻化度高达86.1，可不可以认
为它就是鼻音了呢？我们调查了发音人，他说他发的就是边音，不是鼻
音。这个鼻化边音的/l̃/实际上是介于边音和鼻音之间的一个音，发音
时，口鼻腔同时有气流出，而且鼻腔的气流较强，已经很接近鼻音，因此
鼻化度较高。[3] 所以南京话不立鼻音音位/n/，是有道理的。南京话
"/n/、/l/不分"的实质是/n/与/l/两个音位的完全合流，/n/与/l/是一
个音位的两个条件变体，鼻化边音/l̃/是合流过程中出现的中介音。

六　结语

通过南京话响音的鼻化度分析，看到元音内在鼻化度与口腔前后之间
的关系表现出与北京话大体一致的趋势，都是/a/的鼻化度最高，/u/的鼻
化度最低，前高元音/y/的鼻化度也较低。不同之处在于：南京话前高元
音/i/的鼻化度较高，仅次于/a/；舌尖元音/ɣ/的鼻化度也不是很低；其
他半高/e/、/o/的鼻化度处在中间。元音的内在鼻化度及非鼻音浊声母
/l/、/z̩/的鼻化度在40以下。鼻音声母/m/的鼻化度在80以上。鼻化元
音基本都处在N值40和80之间的断裂带上。这充分表明，北京话语音的
鼻化度所表现出的鼻音与非鼻音的格局体现出语言的某些共性特征。

---

①　刘丹青：《南京方言词典》，江苏教育出版社 1995 年版。
②　赵元任：《南京音系》，《科学》1929 年第 13 卷第 8 期。
③　此处若能利用动态腭位观察发/l/时的情况，可能会更好。限于条件，未做。但不影响
我们结论的成立。

南京话鼻音声母/m/与非鼻音声母/l/、/z/的总体鼻化对比度较大，说明其鼻音跟非鼻音的区分较清晰。从语音上来讲，南京话有纯粹的边音/l/，无纯粹的鼻音/n/，有接近鼻音的鼻化边音/l̃/。南京话鼻音/n/与边音/l/相混的现象实质是/n/与/l/两个音位的完全合流，合流过程中产生了中介音鼻化边音/l̃/，体现出南京话语音鼻化度的个性特征。

第五节　成都话响音的鼻化度

引言

鼻、边音相混是汉语许多方言中都有的特征，但类型和表现都有差异。成都话属西南官话，声母方面突出的特征是/n/、/l/不分。四川话中鼻音、边音不分很普遍，常被描写为/n/、/l/可以在任何条件下混用，是自由变体，如王力①，但成都话中的/n/、/l/不分有其特点。学者们有详细的调查，但观点不一。如甄尚灵②、梁德曼③、崔荣昌④等学者的基本观点为成都话声母中无边音音位/l/，有鼻音音位/n̺/、/n/，其中/n/有变体/l/；夏中易⑤、彭金祥⑥则认为成都话中有舌尖中边音/l/。成都话没有/r/通音，但有浊音/z/。成都话元音/a/带鼻韵尾/－n/时，鼻韵尾/－n/时有弱化现象。

鼻音又称为鼻通音，边音又称为边通音。鼻通音在字首与边通音和半元音（又可称为全通音）成一类；它在字末跟半元音和 r 通音成为一类。r 通音则是边通音的半程发音。鼻音、鼻化音、口元音相互区别，各类通音又相互纠葛。汉语中的鼻音尾的实际表现常常为鼻化特征。实际上考察鼻、边音分混的实质不能只是单纯地看这两个声母，而是应该从整个音系

---

① 王力：《汉语史稿》，中华书局 2004 年版。

② 甄尚灵：《成都语音的初步研究》，《四川大学学报》1958 年第 1 期；甄尚灵：《〈西蜀方言〉与成都语音》，《方言》1988 年第 3 期。

③ 梁德曼：《〈成都方言词典〉引论》，《方言》1993 年第 1 期。

④ 崔荣昌：《成都话音档》，上海教育出版社 1997 年版。

⑤ 夏中易：《近四十年成都话语音变动现象考论》，《成都大学学报》（社科版）2002 年第 4 期。

⑥ 彭金祥：《略论近代四川方言的语音系统》，《四川文理学院学报》2008 年第 18 卷第 6 号，第 70—73 页。

中口元音、鼻音声母、非鼻音声母以及鼻音韵尾的特性来考察；不能只是定性地分析，还应该选择与这两种声母相关的声学参数进行量化的考察。鼻化度是很重要的参量，用鼻化度的指标可以量化分析解决这种复杂的语音和音系的交错关系。口音、鼻音和鼻化音在鼻化度数值上有各自的临界值，口音和鼻音存在连续性。[1] 声母鼻化对比度分析作为有效的方法，对于认识鼻音、边音等通音之间的关系，对于汉语方言鼻音、边音的分混的类型及其语音实质的探讨都具有较大的实际意义，是探索鼻、边音特性的一个重要参量。[2] 我们曾运用鼻化对比度考察了武汉话[3]、长沙话[4]、南京话[5]等鼻、边音相混的方言的实质和类型。

　　本节利用鼻音计（Nasometer）对成都话五个通音声母的鼻化对比度[6]和七个一级元音的内在鼻化度情况进行了考察，客观量化考察成都话/n/、/l/不分的实质及类型。

一　语料及发音人

　　本节所用的发音表为成都话单音节字表，表中的声母包括塞音、擦音、塞擦音以及通音/m/、/n̠/、/ŋ/、/n(n/l)/、/z/等；韵母包括单元音韵母、复元音韵母以及带鼻尾/-n/、/-ŋ/韵母，按成都话的声韵拼合关系组成各种音节（发音表这里从略）。

---

　　① 据北京话响音的鼻化度实验，非鼻音的鼻化度临界值 N 值为 40，鼻音的临界值为 80。在听觉上很可能鼻化度在 40 以下一般都被听为非鼻音；而鼻化度在 80 以上一般都被听为鼻音。在 40 和 80 之间有一个断裂带，是鼻化元音以及其他特定的语音分布的范围（时秀娟、冉启斌、石锋：《北京话响音的鼻化度初步分析》，《当代语言学》2010 年第 4 期）。

　　② 时秀娟、冉启斌、石锋：《北京话响音鼻化度的初步分析》，《当代语言学》2010 年第 4 期。

　　③ 时秀娟、向柠：《武汉话语音的鼻化度考察》，《语言研究》2010 年第 4 期。

　　④ 时秀娟、贝先明：《长沙话响音的鼻化度考察》，《中国语音学报》2013 年第 4 期。

　　⑤ 时秀娟、梁磊：《南京话响音的鼻化度考察》，《南京师大学报》（社科版）2017 年第 2 期。

　　⑥ 鼻化对比分总体鼻化对比度和具体语音的鼻化对比度。声母的总体鼻化对比度即一种语言（方言）中所有鼻音声母和非鼻音声母各自平均鼻化度的差值，它是鼻音声母和非鼻音声母总体对比特征的反映，是鼻音与非鼻音区分的重要标志。鼻化对比度越大，鼻音跟非鼻音的区分越清晰，越明显；鼻化对比度越小，则鼻音跟非鼻音的区分越模糊，越含混，甚至有可能发生一定程度的音位合流现象。（时秀娟、冉启斌、石锋：《北京话响音的鼻化度初步分析》，《当代语言学》2010 年第 4 期）

发音人为一女青年，21 岁，生长于成都，父母均为成都人。发音人口音纯正，无口鼻咽疾病。发音人用自然语速朗读发音字表进行录音。

二　成都话通音声母的鼻化度

（一）成都话通音声母的鼻化度

成都话中鼻音声母有/m/、/n̠/、/n/（包括 n、l 两种变体）、/ŋ/，非鼻音浊声母有/z/。在成都话单音节录音语料中选取/m/、/n̠/、/n/、/ŋ/、/z/各声母的稳定段进行测量，得到不同通音声母的鼻化度数据，计算得到的 N 值平均数据如表4—26 及均值图（见图4—12）所示。

表4—26　　　　　　　　成都话通音声母的鼻化度

通音声母	鼻化度平均值	标准差
m	93	1.6
ŋ	94	2.4
n̠	94	2.7
n(n/l)	61	14.8
z	36	10.9

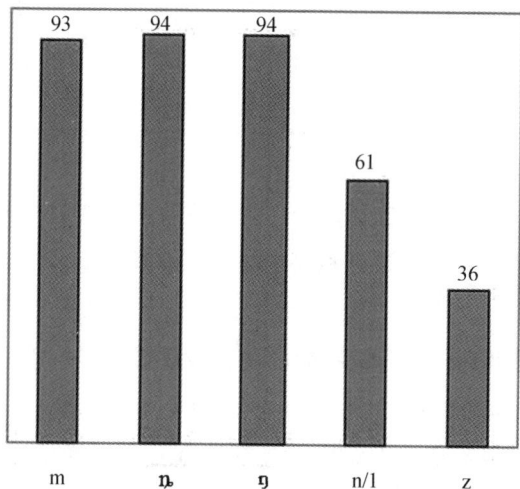

图4—12　成都话通音声母的鼻化度均值图

由表4—26看来，该发音人所发的三个鼻音声母/m/、/n̠/、/ŋ/的鼻化度均非常高，其中/n̠/、/ŋ/的鼻化度最大，都为94，/m/也为93，都大大高于鼻音的临界值80。/n/的鼻化度为61，小于鼻音的临界值80。原因可能是/n/包括/n/、/l/两种变体，所以鼻化度较低。/z/的鼻化度平均值为36，处于口音（小于40）的临界值范围。

由表4—26我们还可以看到，/m/、/n̠/、/ŋ/鼻化度值标准差较小，分别为1.6、2.7和2.4，说明/m/、/n̠/、/ŋ/的发音较集中。而/n/、/z/的鼻化度值标准差较大，分别为14.8和10.9，说明/n/、/z/的发音较分散。

（二）成都话通音声母与不同等呼韵母相拼时的鼻化度

我们将/m/、/n̠/、/n(n/l)/、/z/四个通音声母分别同开口呼、合口呼、齐齿呼和撮口呼不同韵母相拼的鼻化度进行比较，[①] 得到表4—27。

表4—27　　　　成都话通音声母与不同等呼韵母相拼时的鼻化度

	m	n̠	n(n/l)
开口呼	93（1.6）	90（6.3）n	49（12.9）
合口呼	85（7.1）	94（5.2）n	56（12.3）
平均值	89	92	53
齐齿呼	94（1.3）	93（3.1）	71（11.2）
撮口呼	\	96（0）	66（9.6）
平均值	94	95	69

由表4—27可知，成都话通音声母与齐齿呼、撮口呼相拼的鼻化度平均值要高于与开口呼、合口呼相拼的鼻化度平均值。

三　成都话声母/n/、/l/不分的鼻化度表现

（一）成都话泥来母与洪音、细音相拼时的鼻化度

据梁德曼，成都话中古泥母（包括娘母）来母逢洪音不分，都读/n/

---

① 由于/ŋ/、/z/声母只有与开口呼相拼这一种情况，因此没有加入比较。

声母。① 如"南泥蓝来"［nan21］，"脑泥老来"［nua53］，"怒泥路来"
［nu］，三对字今分别同音。来母逢细音今也读/n/，与泥母逢细音今读
/ȵ/不同。所以"泥"［ȵi21］≠"犁"［ni21］，"年"［ȵiɛn21］≠
"连"［niɛn21］，"女"［ȵy53］≠"吕"［ny53］。古疑母今细音读零声
母或/ȵ/，如"牙"［ia21］，"严"［ȵiɛn21］。所以 泥疑两母今细音可能
同音，"泥泥宜疑"［ȵi21］，"捏泥业疑"［ȵie21］，"年泥严疑"［ȵiɛn
21］三对字今分别 同 音。简言之，成都话泥来母逢洪音相混，都读成
/n/声母；逢细音有别，泥母逢细音读/ȵ/，来母逢细音读/n/。我们把表
4—27 中/ȵ/、/n(n/l)/的鼻化度按泥来母及洪细音的不同重新列表（见
表4—28）：

表4—28　　　　　　　　成都话/ȵ/、/n(n/l)/的鼻化度

声母 韵母	泥母 n	来母 n(n/l) – l̃	声母 韵母	泥母 ȵ	来母 n – l̃2
开口呼	90（6.3）	49（12.9）	齐齿呼	93（3.1）	71（11.2）
合口呼	94（5.2）	56（12.3）	撮口呼	96（0）	66（9.6）
平均值	92	53	平均值	95	69

由表4—28 可知，我们的实验与梁德曼的描写相符。成都/n/、/l/不
分主要还是由于来母字的发音。由鼻化度数据来看，来母字与洪音相拼
时，音系记为/n/（有人认为有/l/变体），鼻化度只有53，大大小于鼻音
临界值80，又大于北京话边音的鼻化度27②，是一个鼻化的边音/l̃/，记
为/l̃/；来母字与细音相拼时，音系记为/n/，鼻化度为69（齐齿呼为
71，撮口呼为66），没有达到鼻音临界值80，但很接近鼻音临界值，所以
是一个鼻边音，记为/l̃2/。泥母字无论与洪音相拼（记为/n/），还是与
细音相拼（记为/ȵ/），鼻化度都在90以上，超过了鼻音临界值80，都是
一个纯粹的鼻音。

---

① 梁德曼：《〈成都方言词典〉引论》，《方言》1993 年第 1 期。

② 时秀娟等：《为什么有的方言 n、l 不分——通音声母的鼻化对比度》，《实验语言学》
2012 年创刊号。

（二）成都话通音声母的鼻化对比度

由实验数据结合听辨，发音人所发的成都话通音声母实际音值有 /m/、/n̠/、/n/、/l̃1/、/l̃2/、/ŋ/、/z/，据表 4—26、表 4—28，我们计算成都话鼻音声母和非鼻音浊声母的总体鼻化对比度。[①] 成都话中的鼻音声母为 /m/、/n̠/、/n/、/ŋ/，计算这四个声母的鼻化度平均值为（93 + 95 + 92 + 94）/4 = 94。非鼻音浊声母为 /l̃1/、/l̃2/ 和 /z/，计算这三个声母的鼻化度平均值为（53 + 69 + 36）/3 = 53。可以看到，成都话中鼻音声母与非鼻音浊声母的鼻化对比度为 94 – 53 = 45。这个数值表示的是成都话鼻音声母和非鼻音声母各自平均鼻化度的差值，数值小于北京话的 66[②]，说明成都话鼻音声母和非鼻音浊声母的区分度不是很高。

其次可以观察具体语音的鼻化对比度。在成都话中，/n/ 与 /l̃1/、/l̃2/、/z/ 发音部位接近（均用到舌尖部位），因此可以进行对比分析。计算 /n/ 与 /l̃1/ 的鼻化度差值为 92 – 53 = 39，这是 /n/ 与 /l̃1/ 的鼻化对比度，/n/ 与 /l̃1/ 的鼻化对比度数值较小，说明成都话在发音上不能区分开 /n/ 与 /l̃1/。我们再来计算 /n/ 与 /l̃2/ 鼻化度差值为 92 – 69 = 23，这是 /n/ 与 /l̃2/ 的鼻化对比度，/n/ 与 /l̃2/ 的鼻化对比度数值更小，说明成都话在发音上不能区分开 /n/ 与 /l̃2/。我们再来计算 /n/ 与 /z/ 的鼻化度差值为 92 – 36 = 56，这是 /n/ 与 /z/ 的鼻化对比度。可以看到 /l̃1/、/l̃2/ 与 /z/ 的鼻化对比度很不同，/l̃1/、/l̃2/ 的鼻化对比度大大小于 /z/ 的鼻化对比度，说明 /l̃1/、/l̃2/ 与鼻音 /n/ 不能很好地区分，/z/ 与 /n/ 可以很好地区

---

① 鼻化度对比度计算方法如下：总体鼻化对比度是一种语言所有浊音声母当中鼻音声母的鼻化度平均值减去非鼻音声母的鼻化度平均值所得的差值。如北京话通音声母的总体鼻化对比度为：

{N} = [N（m）+ N（n）] /2 – [N（l）+ N（z̠）] /2 即：（91 + 93）/2 –（27 + 25）/2 = 66。

个体鼻化对比度就是同一语言中发音部位相同或相近的某个鼻音声母的鼻化度减去某个非鼻音声母的鼻化度所得的差值。如把北京话 l、r 与 n 的鼻化对比度分别代入下式：{N} x = N（n）– N（x）。

得到：l 与 n 的鼻化对比度为 93 – 27 = 66；r 与 n 的鼻化对比度为 93 – 25 = 68。（时秀娟、冉启斌、石锋：《为什么有的方言 n、l 不分——通音声母的鼻化对比度》，《实验语言学》2012 年创刊号）

② 数据见时秀娟、冉启斌、石锋《北京话响音鼻化度的初步分析》，《当代语言学》2010 年第 4 期。

分。成都话的/n/、/l/不分，是实际音值不分，音位也不分。

（三）成都话有无边音音位/l/

四川话中鼻音、边音不分很普遍，常被描写为/n/、/l/可以在任何条件下混用，是自由变体，如王力。但由我们上文实验分析可以看到，成都话中的/n/、/l/不分是有严格的条件的。

关于成都话有无边音音位/l/，有不同的观点。一种观点认为成都话无边音音位/l/，如梁德曼①，上文已述。甄尚灵②：成都话声母/ȵ/，相当于北京的/n/与零声母。在成都韵母音/i、iao、ian/中兼有/l/和零声母，在成都其他韵母时，北京音中只有/n/。甄尚灵认为，/n/只拼齐齿呼、撮口呼韵母，与/tɕtɕʻɕ/一致，故推定为/ȵ/。/l/可拼开、齐、合、撮四呼的韵母，齐齿呼、撮口呼只有古来母字，开口呼、合口呼有古来母字和泥母字。如/n/的音值为/ȵ/，/l/可写作/n/，一方面因/l/与/n/不对立，一方面/m/、/n/、/ȵ/、/ŋ/一套完整的鼻音声母是四川多数地区的语音现象。③《四川方言音系》提到："/l/存在/n/、/l/、/l̃/三个音位变体。/n/是舌尖鼻音，/l/是舌尖边音，/l̃/是带鼻化的舌尖边音。这些读法可以出现在同一点不同的发音人口里，也可以出现在同一个点的同一个发音人口里。但一般情况是：在齐撮两呼的韵母前，/n/占绝对的优势，开合两呼的韵母前，三个音位自由变易。"④崔荣昌认为，"成都话的/n/，实际是一个鼻化边音，发音时，口鼻腔同时有气流出，发纯粹边音或鼻音的极少。""舌面鼻音/ȵ/，后面以/i/或/y/作韵母时，常带上同部位的浊擦音成为/ȵʑ/……记音时一律作/ȵ/"。⑤

另一种观点认为成都话中有边音音位/l/，如夏中易⑥、彭金祥⑦。夏中易还列举了晚明张位《问奇集》中"怒为路，弩为鲁"和晚清傅崇矩《成都通览》中"赖个（那个）、赖回子（那一次）、声得不好（弄不

---

① 梁德曼：《〈成都方言词典〉引论》，《方言》1993 年第 1 期。

② 甄尚灵：《成都语音的初步研究》，《四川大学学报》1958 年第 1 期。

③ 甄尚灵：《〈西蜀方言〉与成都语音》，《方言》1988 年第 3 期。

④ 四川方言调查工作指导组：《四川方言音系》，《四川大学学报》1960 年第 3 期。

⑤ 崔荣昌：《成都话音档》，上海教育出版社 1997 年版。

⑥ 夏中易：《近四十年成都话语音变动现象考论》，《成都大学学报》（社科版）2002 年第 4 期。

⑦ 彭金祥：《略论近代四川方言的语音系统》，《四川文理学院学报》2008 年第 6 期。

好)"的实例作为佐证。

由我们的实验来看,成都话中有实际的鼻音/n̪/、/n/,有鼻化边音/l̃1/,有边化鼻音/l̃2/,没有纯粹的边音/l/。各个音都有自己出现的条件,泥母字与齐齿呼、撮口呼韵母相拼时声母为/n̪/,与开口呼、合口呼韵母相拼时声母为/n/;来母字与齐齿呼、撮口呼韵母相拼时声母为边化鼻音,本部分记作/l̃2/,与开口呼、合口呼韵母相拼时声母为鼻化边音,本部分记作/l̃1/。据鼻化对比度数值来看,总体鼻化对比度数据较小(45),个体鼻化对比度更小(/n/与/l̃1/的为 39,/n/与/l̃2/的为 23),说明鼻音与非鼻音声母不能很好地区分。显然,泥母字很稳定,发为纯粹的鼻音,主要是来母字不稳定,没有纯粹的边音,发成鼻化边音或边化鼻音,向鼻音倾斜。这与甄尚灵①记录的一致。② 所以,成都话中不立边音音位/l/是合理的。关于鼻音音位,据梁德曼③研究,老年人带/n̪/、/ŋ/声母的某些字,40 岁以下的一部分青年人口语中声母已逐渐消失。但是像"研 [n̪ien55];安 [ŋan55];我 [ŋo53]"等常用字,老派、新派都带鼻音声母。可知,立鼻音音位/n/,有变体/n̪/、/l/较合乎实际。

综上,成都话所谓的/n/、/l/不分,是语音上不分,大多倾向于鼻音,音位上也不分,但有严格的条件。音位/n/、/l/已经合流,/l/向/n/合流,合流过程中产生鼻化边音或边化鼻音变体。

四 成都话元音的鼻化度

(一) 成都话元音内在鼻化度

成都话有七个基础元音:/a/、/i/、/u/、/y/、/ɣ/、/e/、/o/。我们对发音字表中塞音、擦音、塞擦音声母之后的所有基础元音的鼻化度进行了测量。测量时在鼻化曲线稳定的段落进行取值,分别计算出七个基础元音的 N 值平均值,请看表4—29。

---

① 甄尚灵:《成都语音的初步研究》,《四川大学学报》1958 年第 1 期。

② 关于来母字的今音是舌尖中边音/l/还是舌尖中鼻音/n/的问题,甄尚灵曾记音为舌尖中鼻音/n/,也指出舌尖齿龈鼻音/n/实际上是一个"鼻化边音",发音时口鼻腔同时都有气流出。在不同的人和不同的情况中,只有鼻化强弱的分别,发纯粹边音或鼻音的很少。以后的学者基本上都是沿袭了甄尚灵的观点,记音为舌尖中鼻音/n/。

③ 梁德曼:《〈成都方言词典〉引论》,《方言》1993 年第 1 期。

表 4—29　　　　　　　　　汉语成都话基础元音的鼻化度

元音	a	i	y	ɿ	u	e	o
鼻化度	37（8.5）	21（7.1）	13（0.6）	12（3.7）	9（2.0）	7（2.0）	5（0.8）

从表 4—29 我们可以看出，成都话七个基础元音的鼻化度平均值按由大到小的顺序为：/a/ > /i/ > /y/ > /ɿ/ > /u/ > /e/ > /o/。除/e/元音较特殊之外，基本上是低元音的鼻化度大于高元音的鼻化度，前高元音的鼻化度大于后高元音的鼻化度。

（二）成都话元音复合鼻化度[①]

《普通话基础方言基本词汇·语音卷》的成都音系中所调查出的结果是成都话中没有纯粹的鼻化元音[②]，但我们所找到的发音人所发的/an/、/ian/、/uan/、/yan/在听感上已经成为鼻化元音/æ̃/、/iæ̃/、/uæ̃/、/yæ̃/，而且录音所得的鼻化曲线中也没有看到鼻化度较高的鼻化曲线稳定段，/æ̃/和/iæ̃/、/uæ̃/、/yæ̃/中的 æ 的鼻化度均值为 45，标准差为 4.7，比较稳定。

我们对成都话单元音与/ – n/韵尾和/ – ŋ/韵尾相拼时的元音复合鼻化度进行测量，数据见表 4—30。（/ən/与/əŋ/不分，/in/与/iŋ/不分）[③]

表 4—30　　　　　　　　　成都话与不同韵尾相拼的鼻化度

	a	i	y	e	u
– n	35（7.3）	75（4.1）	68（8.7）	35（9.1）	\
– ŋ	60（6.6）	\	54（9.9）	\	40（4.0）
平均值	48	75	61	35	40

由表 4—30 可知，两个鼻音韵尾前的元音复合鼻化度的平均值总体表

---

①　元音与其他音素相连（主要指鼻音韵尾）而产生变化，变化后的鼻化度称为"元音复合鼻化度"。（时秀娟：《汉语语音的鼻化度分析》，《当代外语研究》2011 年第 5 期）

②　陈章太主编：《普通话基础方言基本词汇·语音卷》，语文出版社 1996 年版。

③　梁德曼：《〈成都方言词典〉引论》，《方言》1993 年第 1 期。

现为，低元音复合鼻化度高于高元音的复合鼻化度，前元音的复合鼻化度高于后元音的复合鼻化度，即：/ĩ/ > /ỹ/ > /ã/ > /ũ/ > /ẽ/。与元音内在鼻化度由大到小的排序/a/ > /i/ > /y/ > /ɣ/ > /u/ > /e/ > /o/相比，元音/ĩ/、/ỹ/的位次提高，/ã/的位次降低。分别来看，鼻尾/ - n/前元音的复合鼻化度排序为/ĩ/ > /ỹ/ > /a/ > /e/，其中/a/、/e/的复合鼻化度都为35，没有达到鼻化元音的临界值40以上，即没有鼻化，这可能与其后的鼻尾/ - n/弱化或脱落有关。鼻尾/ - ŋ/前元音的复合鼻化度排序为ã > ỹ > ũ。成都话中/ən/与/əŋ/不分，/in/与/iŋ/不分，① 所以元音/i/、/e/在后鼻尾/ - ŋ/前无复合鼻化度数据。

（三）成都话基础元音同通音声母相拼时的鼻化度

我们将成都话基础元音同流音相拼时的鼻化度进行对比，得到表4—31。

表4—31　　　　　成都话基础元音与通音相拼时的鼻化度

	a	e	o	i	u	y	ɿ
m –	49 (3.5)	26 (0)	13 (0.6)	53 (5.0)	35 (7.8)	\	\
n̦ –	43 (3)	\	14 (2.1)	50 (8.7)	61 (2.8)	73 (3.5)	\
ŋ –	\	\	12 (0.7)	\	\	\	\
平均值	46	26	13	52	48	73	
n/l –	42 (1)	24 (3.5)	8 (2.1)	40 (10.8)	18 (4.5)	20 (8.0)	\
ʐ –	\	6 (2.8)	5 (0.7)	\	7 (3)	\	9 (2.1)
平均值	42	15	7	40	13	20	9

由表4—31可以看出，鼻音声母后的元音鼻化度都高于非鼻音声母后的元音鼻化度，且前高元音/i/、/y/与央低/a/及后高元音/u/受鼻音声母影响较大，鼻化度都提高到了40以上，处于鼻化元音的范围，其他元音的鼻化度即使在鼻音声母后也没有受到鼻化，鼻化度都在40以下。

---

① 梁德曼：《〈成都方言词典〉引论》，《方言》1993年第1期。

综合看来，成都话七个基础元音的内在鼻化度平均值按从大到小的顺序为：/a/>/i/>/y/>/ɣ/>/e/>/u/>/o/，元音复合鼻化度的除/e/元音较特殊之外，基本上是低元音鼻化度大于高元音鼻化度，展唇元音鼻化度大于圆唇元音鼻化度；鼻音声母后的元音鼻化度都高于非鼻音声母后的元音鼻化度；鼻化元音低元音鼻化度高于高元音鼻化度，前元音鼻化度高于后元音鼻化度。

五　成都话鼻音韵尾的鼻化度

（一）成都话鼻音韵尾的鼻化度

成都话共有两个鼻音韵尾/－n/和/－ŋ/，其鼻化度数据见表4—32。成都话中/ən/与/əŋ/不分，/in/与/iŋ/不分[①]，所以表中/ə/、/i/与/－ŋ/尾相拼没有/－ŋ/尾数据，只列出/－n/尾的鼻化度数据。

表4—32　　　　　　　　成都话鼻音韵尾鼻化度

	（a）	（ə）	（i）	（u）	（y）	平均值
－n	54（3.1）	91（0）	96（0.5）	\	95（0.5）	84（20.1）
－ŋ	92（4.1）	\	\	92（1.5）	91（1.0）	92（0.6）

由表4—32可知，成都话鼻音韵尾的鼻化度都较高，/－n/尾为84，/－ŋ/尾为92，都高出鼻音的临界值80，/－n/尾的鼻化度要小于/－ŋ/尾的。

（二）成都话鼻尾/－n/的弱化

从表4—32可知，/i/后的/－n/韵尾鼻化度最大，/y/、/ə/后的次之，/a/后的/－n/韵尾鼻化度最小，只有54，低于鼻音的临界值80，说明/a/元音后的鼻尾/－n/已经严重弱化，或者说已经脱落。成都话元音/a/带鼻韵尾/－n/时，/an/、/ian/、/uan/、/yan/中的主元音/a/与汉语普通话鼻化韵韵母发音不同，此四韵发音为舌尖只作势，不抵齿龈。《四

[①]　梁德曼：《〈成都方言词典〉引论》，《方言》1993年第1期。

川方言音系》①、甄尚灵②提到 1957 年记录成都语音时，此四韵母发音是 [aⁿ、iaⁿ、uaⁿ、yaⁿ]，舌尖只作势不抵齿龈，而"今天成都青少年的口中则是 [ã、iẽ、uã、yɛ̃]"，属鼻化韵母。这与我们的实验结果一致。

其他元音后的鼻尾／－n／鼻化度都在临界值以上，属于纯鼻音，没有弱化。高元音后的／－n／韵尾鼻化度高于低元音后的／－n／韵尾鼻化度，前元音后的／－n／韵尾高于后元音后的／－n／韵尾鼻化度。

再看／－ŋ／韵尾，／a／、／u／元音后的／－ŋ／鼻化度最高，／y／元音后的／－ŋ／韵尾鼻化度最低。成都话中／－ŋ／韵尾较稳定。

六　结论

通过对成都话响音的鼻化度分析，我们看到了成都话中口音、鼻化音、鼻音之间复杂的关系，看到了其／n／、／l／不分的实质及类型。具体表现简要总结如下：（1）成都话元音的内在鼻化度都在 40 以下，且与舌位高低、前后之间的关系表现出与北京话一致的趋势，即前高元音和低元音的鼻化度较高；元音复合鼻化度的平均值总体排序为：／ĩ／＞／ỹ／＞／ã／＞／ũ／＞／ẽ／。鼻尾／－n／前元音的复合鼻化度排序为／ĩ／＞／ỹ／＞／a／＞／e／，其中／a／、／e／的复合鼻化度都为 35，没有达到鼻化元音的临界值 40 以上，即没有鼻化，与口元音产生了纠葛，这与其后的鼻尾／－n／弱化或脱落有关。鼻尾／－ŋ／前元音的复合鼻化度都处于 40—60 之间，排序为／ã／＞／ỹ／＞／ũ／。（2）成都话鼻音韵尾的鼻化度平均值都高出鼻音的临界值 80，且／－n／尾的鼻化度小于／－ŋ／尾的。但不同元音后的鼻尾鼻化度有较大差异，／i／、／y／、／ə／后的／－n／尾以及／u／、／y／后的／－ŋ／尾的鼻化度都超出了鼻音的临界值 80，均在 90 以上，唯有／a／后的／－n／韵尾鼻化度只有 54，低于鼻音的临界值 80，说明／a／元音后的鼻尾／－n／已经脱落。（3）鼻通音／m／、／n̠／、／ŋ／的鼻化度均非常高，大大高于鼻音的临界值 80；鼻通音／n／的鼻化度为 61，大幅小于鼻音的临界值 80，属于鼻化音的范畴，与鼻化音产生了交叉，是因为／n／包括／n／、／l／两种变体。／z／的 N 值平均值分别为 36，处于口音（小于 40）的临界值范围。（4）通过

---

① 四川方言调查工作指导组：《四川方言音系》，《四川大学学报》1960 年第 3 期。

② 甄尚灵：《四川方言的鼻韵尾》，《方言》1983 年第 4 期。

通音声母的鼻化对比度分析，成都话所谓的/n/、/l/不分实质既是实际音值的不分，也是音位的不分，不立/l/音位是合理的。但有严格的条件，即泥母字声母不管逢细音还是洪音，都读纯粹的鼻音；来母字声母今读既不是纯粹的鼻音，也不是纯粹的边音，逢洪音时为鼻化边音，逢细音时为边化鼻音，多倾向于鼻音。成都话音位/n/、/l/已经合流，/l/向/n/合流，合流过程中产生鼻化边音或变化鼻音变体。所以与长沙话"有纯粹的鼻音，无纯粹的边音"又有不同。

第五章

非官话方言响音的鼻化度

第一节　长沙话响音的鼻化度

引言

长沙话是湘语的一个重要代表方言，其语音系统分新派和老派。老派、新派的语音系统可分别参看鲍厚星的《长沙方言研究》①、北京大学中文系语言学教研室的《汉语方音字汇》②。本节的发音人为新派，如没有特别说明，所讨论的都是新派的语音。与北京话相比，长沙话在语音上有一些特点：声母方面，有/m/、/ȵ/、/ŋ/三个鼻音声母，中古的泥母和来母大部分都读为/l/，即鼻音、边音只在一部分细音前能区分，日母主要读/r/；韵母方面，有/iẽ/、/yẽ/、/ɤ̃/、/õ/四个鼻化韵母，鼻音韵母的韵尾均为/n/韵尾，没有/ŋ/韵尾。长沙话的鼻、边音相混应该是其突出的个性特征。汉语方言中许多方言存在这种语言现象，但具体表现并不一样。③ 以往学者们对此现象的描写虽然较为细致，但都是基于传统的定性的分析，没有基于实验数据的定量的考察。

考察鼻、边音相混现象实际上不能只是单纯地着眼于鼻、边音的特性，而是应该从整个音系中口元音、鼻音声母、非鼻音声母的特性来考察。实验表明，语言或方言中的口音和鼻音并不是截然二分的，从语音的鼻化度来看，口元音有内在鼻化度，口音和鼻音存在连续性，鼻化度临界

　　① 鲍厚星：《长沙方言研究》，湖南教育出版社 1999 年版。

　　② 北京大学中国语言文学系语言学教研室：《汉语方音字汇（第二版重排本）》，语文出版社 2003 年版。

　　③ 袁家骅等：《汉语方言概要》，语言出版社 2001 年版。

值分别为 40 和 80，鼻化元音鼻化度处在 40—80 的断裂带上。

本节对长沙话声母的鼻化对比度和七个基础元音的内在鼻化度进行考察，客观地描写长沙话语音的鼻化度，分析其表现出的语言的共性和个性特征。

一　长沙话元音及鼻化元音的鼻化度

（一）语料及实验设备

本节所用的发音表为长沙话单音节字表。声母包括塞音、擦音、塞擦音以及浊声母 /m/、/n/、/ŋ/、/l/、/z/ 等，韵母包括单元音韵母、复元音韵母、鼻音韵母及鼻化韵母。按长沙话的声韵拼合关系组成各种音节（发音表这里从略）。

发音人为一名女性青年，年龄 19 岁，生长于长沙，父母均为长沙人。发音人口音纯正，无口鼻咽疾病，录音时发音人用自然语速朗读发音字表。

录音在语音实验室进行。实验设备是美国 Kay 公司生产的 Nasometer Ⅱ 6400 鼻音计。同时另外利用 CSL4500 进行同步的普通声学录音，以满足做相关分析的需要。

（二）鼻化度

鼻化度就是语音发音时鼻音化的程度。鼻化度的计算公式略。

鼻化度曲线是在以鼻化度为纵轴（标度在 0—100 之间）、时间为横轴的二维平面图中显示的由鼻化度数据样点连成的曲线。图 5—1 所示的是发音人"硬 ŋə n"的鼻化度曲线。

在图 5—1 中，起点处曲线很高，随后逐渐降低，到谷底后又逐渐升高。这反映出发音时从鼻音能量很高的声母 /ŋ/ 到鼻音能量较低的元音 /ə/ 再到鼻音能量很高的韵尾 /n/ 的鼻化度变化情况。图形中的谷值表示鼻音能量较低，峰值表示鼻音能量较高。

下文的统计分析利用鼻音计的相关功能以及社会科学统计分析软件包（SPSS10.0）完成。

（三）长沙话元音的内在鼻化度

长沙话有 /ɤ/、/i/、/y/、/u/、/a/、/o/、/ə/ 七个单元音韵母，即七个基础元音。这里任意选取七个基础元音的鼻化曲线（其声母均为塞

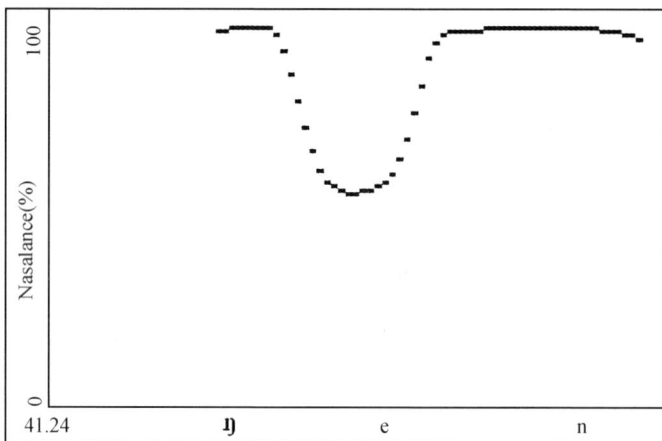

图5—1　鼻化度曲线示例（图例语音为长沙话的"硬ŋə n"）

音、擦音或塞擦音，排除了鼻音声母鼻化度对元音的影响），并放在一起作为示例（见图5—2）。

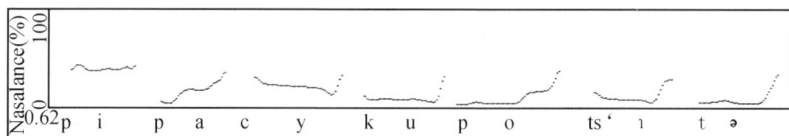

图5—2　长沙话基础元音的鼻化度曲线

　　从图5—2可以看出，舌面元音/i/、/a/、/y/、/u/的鼻化度较高，/o/、/ɤ/、/ə/的鼻化度较低。

　　我们测量了七个基础元音的内在鼻化度，[①] 测量时在鼻化曲线稳定的段落进行取值，分别计算出七个基础元音的N值平均值，请看表5—1。

---

　　① 这里测量的都是单元音韵母，声母没有鼻音存在，所以不同元音具有的鼻化度并不是由外界条件引起的，而是一种内在现象，是元音本身所固有的鼻化度，即元音的内在鼻化度。（时秀娟等，2010）

表 5—1   长沙话基础元音的内在鼻化度

元音	i	a	y	u	o	ɿ	ə
鼻化度	37	23	18	15	14	13	11

表 5—1 中的各元音的鼻化度基本与图 5—2 相吻合，/i/ 的内在鼻化度最高，为 37，其次是 /a/，为 23，再次是 /y/，为 18，再次是 /u/ 和 /o/，分别为 15 和 14，/ɿ/ 为 13，/ə/ 的内在鼻化度最低，为 11。元音内在鼻化度与口腔前后之间的关系表现出与北京话基本一致的趋势，即前高元音和低元音的鼻化度较高，后高元音的鼻化度次之，舌尖元音和央元音的鼻化度较低。北京话 /a/ 元音的内在鼻化度为 36.2，在七个基础元音中数值最大，而长沙话的 /a/ 元音的内在鼻化度不是最大值，这一点与北京话不同，这可能是长沙话 /a/ 元音舌位靠后所造成的。

总之，长沙话七个基础元音内在鼻化度都在 40 以内，最大值为 37，最小值为 11。北京话七个基础元音内在鼻化度总体平均值为 10，长沙话的为 19，比北京话的高出 9。

（四）长沙话鼻化元音的鼻化度分布

长沙话有 /iẽ/、/yẽ/、/ɤ̃/、/õ/ 四个鼻化韵母，对 /iẽ/ 中的 /ẽ/、/yẽ/ 中的 /ẽ/ 和 /ɤ̃/、/õ/ 分别进行鼻化度测量，计算出它们的平均值，请见表 5—2。

表 5—2   长沙话鼻化元音的鼻化度

鼻化元音	(i) ẽ	ɤ̃	(y) ẽ	õ
鼻化度	63	61	60	50

在四个鼻化元音中，/iẽ/ 的鼻化度最高，为 63，/ɤ̃/、/yẽ/ 次之，分别为 61、60，/õ/ 的最低，为 50。总之，每个鼻化元音的鼻化度均大于七个一级元音的鼻化度，鼻化度处于 40—80 之间。

二　长沙话声母的鼻化对比度

（一）鼻音声母和非鼻音浊声母的鼻化度

鼻音计采集的是声带振动条件下的语音能量数据，长沙话的塞音、擦音、塞擦音都是不带音（voiceless）的辅音，发音时鼻音计采集不到语音能量，所以没有数据显示，也就没有鼻化曲线。这种情况就跟声调曲线一样，带音的部分就显示出曲线，不带音的部分就是空白段。因此，鼻化度主要表示的是声带音（voiced）部分的语音鼻化程度的大小。

结合对发音人所发语料的听音、记音结果及实验结果，我们认为长沙话中鼻音声母有/m/、/ŋ/、/n/，非鼻音浊声母有/l/、/r/，其中，/n/有变体/ȵ/、/l̃/。我们在长沙话单音节字录音语料中选取/m/、/ŋ/、/n/、/l/、/r/各辅音的稳定段进行测量，得到它们的鼻化度数据，依据数据做出图（见图5—3）。原始数据较多，这里仅给出鼻化度的平均数据。[①]

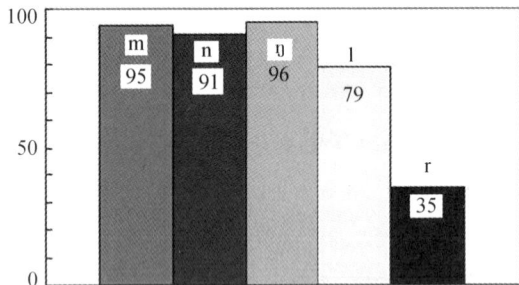

图5—3　长沙话浊音声母的鼻化度对比图

图5—3中长沙话的/m/、/ŋ/、/n/三个鼻音声母的鼻化度都很高，鼻化度均在90以上。其中/m/、/ŋ/最高，分别为95和96，/n/次之，为91。两个非鼻音浊辅音也有相当程度的鼻化度，它们的鼻化度均高于北京话的非鼻音浊声母/l/（鼻化度为32.4）和/r/（鼻化度为23.9）。[②] 其中

①　其中的/n/包括变体/ȵ/、/l̃/。

②　文中北京话鼻化度的数据均来自时秀娟等《北京话响音化度的初步分析》，《当代语言学》2010年第4期。

/l/的鼻化度为 79，非常接近北京话的鼻音的临界值 80。/r/的鼻化度 35
也与北京话的非鼻音的鼻化度临界值 40 相差不大。总的来说，与北京话
相比，长沙话的鼻音声母和非鼻音浊声母的鼻化度都相当高。

（二）声母的鼻化对比度

鼻化对比度指鼻音声母与非鼻音声母鼻化度的差值。可以分为总体对
比度和个体对比度。总体鼻化对比度就是一种语言或方言中鼻音声母鼻化
度与非鼻音声母鼻化度的差值。个体鼻化对比度就是同一语言或方言中发
音部位相同或相近的某个鼻音声母的鼻化度减去某个非鼻音声母的鼻化度
所得的差值。① 具体计算方法见附录。

声母的鼻化对比度是鼻音声母和非鼻音声母总体对比特征的反映，是
鼻音与非鼻音区分的重要标志。鼻化对比度越大，鼻音跟非鼻音的区分越
清晰，越明显；鼻化对比度越小，则鼻音跟非鼻音的区分越模糊，越含
混，甚至有可能发生一定程度的音位合流现象。在长沙话中，鼻音声母的
平均鼻化度 =（95 + 96 + 91）/3 = 94，非鼻音声母的平均鼻化度 =
（79 + 35）/2 = 57，所以，长沙话声母的总体鼻化对比度为 94 - 57 = 37，
这个值远远小于北京话声母的鼻化对比度 61.8，由此看来，长沙话鼻音
与非鼻音区分度远远小于北京话的，长沙话鼻音与非鼻音的区分相对模糊
和含混。这也是长沙话鼻音和边音相混的重要原因，对此下文还要详细
讨论。

再看长沙话具体语音的鼻化对比度。为便于比较，一般都在相同或相
近的发音部位上计算鼻化对比度。长沙话/n/、/l/、/r/的发音部位接近
（都用到了舌面或舌尖），因此可以进行对比分析。/n/与/l/的鼻化度差值
为 91 - 79 = 12，这是/n/与/l/的鼻化对比度；/n/与/r/的鼻化度差值为
91 - 35 = 56，这是/n/与/r/的鼻化对比度。可以看到/l/与/r/的鼻化对比
度是不同的，/n/与/l/鼻化对比度大大小于/n/与/r/的鼻化对比度，表明
/n/与/l/的区分很不清晰，而/n/与/r/的区分很清楚。

此外，长沙话中还有鼻音充当韵母的现象，即声化韵，它们是/m̩/和
/n̩/，其鼻化度也非常高。请看表 5—3。

───────────────

① 时秀娟、冉启斌、石锋：《北京话响音化度的初步分析》，《当代语言学》2010 年第
4 期。

表5—3 长沙话鼻音声化韵的鼻化度

韵母	m̩	ŋ̍
鼻化度平均值	96	95

三 鼻音、边音相混现象的鼻化度表现

在长沙话中，中古很多泥母字的声母都读成来母字的声母，即很多本来读/n/声母的字都读了/l/声母的字，长沙话的鼻音、边音只在一部分细音前能区分。关于长沙话的鼻音、边音音位，学者们有不同的处理方法，一种是立鼻音音位/ŋ/和/n/，把/l/及/l̃/处理为/n/音位的变体，如杨时逢①和袁家骅等②；另一种立边音音位/l/，不立鼻音音位/n/，而是把/n/及/l̃/处理为/l/音位的变体，如李永明③、鲍厚星④和《汉语方音字汇》⑤。

根据本节的实验，结合听辨，发音人所发的鼻、边音声母有/ŋ/、/n/、/l̃/、/l/，我们把/ŋ/、/l̃/处理为/n/的变体，/l/独立为/l/音位，见上文。此处把它们的鼻化度分别列出，见表5—4。由表5—4看到，/ŋ/、/n/、/l̃/的鼻化度都很高，/ŋ/为96，/n/为95，/l̃/为83，是纯粹的鼻音。/l/的鼻化度也较高，为79，大大超过北京话的边音/l/的鼻化度32，正好处在北京话鼻音声母临界值80的边缘。所以，边音/l/几乎完全鼻化了，很容易感知为鼻音/n/。实际上长沙话中具有纯粹的鼻音，没有纯粹的边音。从鼻化度的分析来看，长沙话不立边音音位更为合理。长沙话的/n/、/l/不分表现为/n/、/l/音位不分，发音也不分。

---

① 杨时逢：《湖南方言调查报告》，台北："中央研究院"历史语言研究所1974年版。

② 袁家骅等：《汉语方言概要（第二版）》，语文出版社2001年版。

③ 李永明：《长沙方言》，湖南出版社1991年版。

④ 鲍厚星：《长沙方言研究》，湖南教育出版社1999年版。

⑤ 北京大学中国语言文学系语言学教研室：《汉语方音字汇（第二版重排本）》，语文出版社2003年版。

表 5—4　　　　　长沙话鼻、边音声母/n/、/l/变体的鼻化度

声母	n			l
	n̩	n	l̄	l
鼻化度	96	95	83	79

四　结论

北京话响音的鼻化度分析表明，鼻音和口音的区分在一定程度上是相对的。在发音上鼻音和口音并不是简单的全有和全无的对立。鼻音的鼻化度并不是 100，而口音的鼻化度也不是 0。各种元音都具有各自的内在鼻化度。同时，在鼻音或口音内部，不同语音各自的鼻化度也都各有差异。鼻音、口音的区分是定性分析的结果；从定量分析的角度看，鼻音或非鼻音的鼻化度数据是各自在一定范围内分布的。从临界值的角度分析，非鼻音的 N 值在 40 以下，鼻音的 N 值在 80 以上。在 N 值 40 和 80 之间有一个断裂带。鼻音和非鼻音之间的断裂带达到 N 值 40，这个区间很可能是鼻化元音以及其他特定的语音分布的范围。声母的鼻化对比度是鼻音声母和非鼻音声母总体对比特征的反映，是鼻音与非鼻音区分的重要标志。[①]

通过长沙话响音的鼻化度分析，我们看到，长沙话的鼻音声母的 N 值都在 90 以上，没有达到 100，/m/、/n/、/ŋ/的鼻化度也不相等；元音内在鼻化度与口腔前后之间的关系表现出与北京话基本一致的趋势，元音的内在鼻化度及非鼻音浊声母/r/的鼻化度在 40 以下，最小值为 11，不是 0，各元音的内在鼻化度也有差异；鼻化元音正好处在 N 值 40 和 80 之间的断裂带上。充分表明，北京话语音的鼻化度所表现出的鼻音与非鼻音的格局体现出语言的某些共性特征。

长沙话声母的总体鼻化对比度为 37，远远小于北京话的 61.8。说明其鼻音与非鼻音的区分较为模糊。这正是长沙话鼻音和边音相混的重要原因。就单个语音来看，长沙话/l/与/n/的鼻化度对比度为 12，表明二者混淆程度相当高。

---

① 时秀娟、石锋、冉启斌：《北京话响音化度的初步分析》，《当代语言学》2010 年第 4 期。

　　长沙话的/n/、/l/不分表现为/n/、/l/音位不分，/n/、/l/语音也不分，有纯粹的鼻音，无纯粹的边音。这是长沙话语音鼻化度的个性特征。

附录　鼻化对比度计算方法

　　总体鼻化对比度是一种语言所有浊音声母当中鼻音声母的鼻化度平均值减去非鼻音声母的鼻化度平均值所得的差值。如长沙话通音声母的总体鼻化对比度为：

$$\{N\} = [N(m) + N(\eta) + N(n)]/3 - [N(l) + N(\text{z})]/2$$

即：$(95 + 96 + 91)/3 - (79 + 35)/2 = 37$。

　　个体鼻化对比度就是同一语言中发音部位相同或相近的某个鼻音声母的鼻化度减去某个非鼻音声母的鼻化度所得的差值。如把长沙话/l/、/r/与/n/的鼻化对比度分别代入下式：

$$\{N\}x = N(n) - N(x)。$$

　　得到：/l/与/n/的鼻化对比度为 $91-79 = 12$；/r/与/n/的鼻化对比度为 $91-35 = 56$。

第二节　绩溪话响音的鼻化度

一　绩溪方言概况

　　绩溪县位于安徽省东南部，绩溪话属于徽语区绩歙片，内部情况比较复杂，主要以县境内翚岭为界分为南、北两大片，主体是以县治华阳镇为中心的岭南话，说岭南话的居民占总人口的 78.4%。赵日新[1]、平田昌司[2]和孟庆惠[3]都对安徽绩溪方言的音系进行过描写。依据他们的研究，绩溪话音系的鼻声母、鼻化元音和声化韵有如下特点：

　　（1）边音/l/和鼻音/n/不分，但又有/ɳ/声母。在赵日新的描写中，都将/l/和/n/归纳为一个音位，但将/ɳ/独立出来，但/ɳ/只拼/y/和以/y/为介音的复韵母。即认为华阳话有鼻音声母/ɳ/和/n/，/l/只是/n/的

---

①　赵日新：《安徽绩溪方言音系特点》，《方言》1989 年第 2 期。
②　平田昌司：《徽州方言研究》，株式会社、好文出版社 1998 年版。
③　孟庆惠：《徽州方言》，安徽人民出版社 2005 年版。

一个变体。但是在孟庆惠的描写中，有/n/和/l/的区分，但是没有/ȵ/声母。（2）无鼻音韵尾/－m/、/－n/、/－ŋ/，只有鼻化元音。鼻化元音的韵腹有/ã/、/õ/、/ẽ/、/ĩ/。其中/ã/可带韵头/i/、/u/、/y/，/õ/可带韵头/i/，/ẽ/在新派发音中不可带韵头、韵尾，/ĩ/可带韵头/y/。（3）有/ŋ/声母和/m̩/、/n̩/、/z̩/三个声化韵。（4）鼻化在带塞尾/ʔ/时失落。即，鼻化元音不可带塞尾/ʔ/，或者说鼻化元音不可有入声。

以上现象都与鼻音有关，本节运用分析绩溪话中的这些现象，主要讨论以华阳镇语音为代表的岭南话。

二 实验说明

（一）实验目的

以基础元音为基础，考察基础元音本身及与清辅音声母相拼、与鼻声母和非鼻浊声母相拼时鼻化度的变化；考察鼻化元音和鼻化元音带韵头、韵尾时鼻化度的变化；考察声化韵的鼻化度。依据赵日新[①]的音系描写制作词表（词表略）。

（二）发音人及实验设备

两位发音人均为老绩溪人，[②] 男发音人 22 岁，女发音人 20 岁，均属于新派发音。发音人口音纯正，无口鼻咽部疾病。录音在实验室完成，采用设备为鼻音计（Nasometer II 6400）和 Multispeech 4500。录音时每个单字读三遍，取平均值。

（三）数据分析

采用鼻音计软件完成鼻化度数据提取。

三 浊声母的鼻化对比度

（一）鼻音声母和非鼻音浊声母的鼻化度

绩溪方言有四个鼻声母：/m/、/n/、/ȵ/、/ŋ/；两个非鼻音浊声

---

① 赵日新：《安徽绩溪方言音系特点》，《方言》1989 年第 2 期。

② 新老绩溪人的划分，参照胡明扬（1987）对新老北京人的划分方法。老北京人就是父母双方均为北京人，本人在北京长大；新北京人则是父母双方或一方不是北京人，本人在北京长大。

母：/v/、/z/。实验过程中出现的/n/声母的变体/l/单独列为/l/声母进行统计，共计七个浊声母。选取鼻化度曲线的数值稳定段取值，得到各浊声母的平均鼻化度数值，见表5—5。

表5—5　　　　　　　　　　　绩溪话响音声母的鼻化度

声母	平均值（标准差）		
	男	女	平均值
m	89（4.5）	83（3.1）	86（5.0）
n	93（2.6）	93（0.6）	93（1.2）
l	17（2.4）	11（6.9）	14（6.3）
ȵ	93（1.0）	92（0.6）	93（0.8）
ŋ	92（2.0）	91（2.6）	92（2.4）
z	32（6.0）	21（2.6）	26（7.2）
v	8（2.0）	20（3.0）	14（5.3）

从表5—5可以看出，绩溪方言鼻声母的鼻化度均非常高。几个主要的鼻声母的鼻化度均在90以上，而且男、女发音人的差异较小。

男发音人浊声母鼻化度从大到小的顺序为：/n/＝/ȵ/＞/ŋ/＞/m/＞/z/＞/l/＞/v/。

女发音人浊声母鼻化度从大到小的顺序为：/n/＝/ȵ/＞/ŋ/＞/m/＞/z/＞/v/＞/l/。

男女平均值浊声母鼻化度从大到小的顺序为：/n/＝/ȵ/＞/ŋ/＞/m/＞/z/＞/l/＞/v/。

在鼻声母中，男、女发音人表现出明显的一致性。/n/母的鼻化度最高，平均值达到93。/ȵ/声母和/n/是互补的关系，其鼻化度相同。/ŋ/声母的鼻化度也较高，平均值也在90以上，达到92。四个鼻声母中，/m/声母的鼻化度较低，未超过90，平均值为86。

与北京话的鼻音声母相比，/m/和/n/的鼻化度均很一致，差别很小。三个非鼻音浊声母/v/、/z/、/l/的鼻化度均较低。均处在10—30这一区间，属非鼻音。其中，/l/声母与北京话差别较大，远远小于北京话/l/的鼻化度。

（二）声母的鼻化对比度

图 5—4 是依据表 5—5 做出的绩溪话浊声母鼻化度对比图。

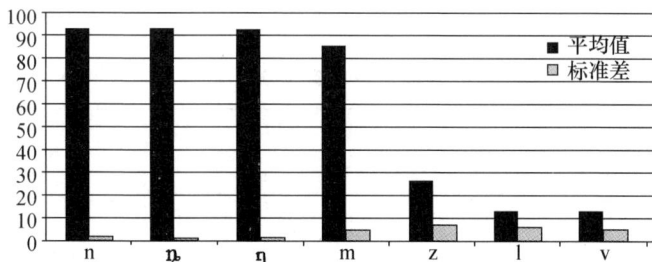

图 5—4　绩溪话浊声母的鼻化度对比图

由图 5—4 看到，鼻声母和非鼻音浊声母的鼻化度相差明显。四个鼻声母的鼻化度平均值为 91，三个非鼻浊声母的鼻化度平均值为 18。于是，我们可以得到安徽绩溪方言声母的鼻化对比度为 90.8 – 18.2 = 73。这个值大于北京话的鼻化对比度 61.8。可见该方言的鼻声母与非鼻声母区别非常明显。

再来看具体语音的鼻化对比度。/n/ 和它的变体 /l/ 的鼻化对比度为 93 – 14 = 79。大于总体鼻化对比度。在录音时，发音人把词表（词表从略）中的有些字读成 /n/ 声母，有些字读成 /l/ 声母。在合口呼和齐齿呼韵母前都读作 /l/，只有少量字读作 /n/；但在开口呼韵母前差异较大，女发音人倾向于读作 /l/ 声母，男发音人倾向于读作 /n/ 声母。可见，这两个音是同一音位的两个变体，它们不是音值的不分，而是音位的不分。/z/ 声母只拼 /ɿ/ 一个单元音，在发音时用到舌尖部位。所以可将 /z/ 和 /n/ 做比较。这两个辅音的鼻化对比度为 93 – 26 = 67。该鼻化对比度也超过了北京话的鼻化对比度。/m/ 声母和 /v/ 声母发音部位靠近，它们的鼻化对比度为 86 – 14 = 72，不仅超过了北京话的鼻化对比度，也超过了本方言的总体鼻化对比度。

从总体上看，绩溪方言的鼻化对比度很高，说明该方言的鼻音和非鼻音在语音上区别明显，/n/ 和 /l/ 的不分，只是音位的不分。所以，立 /n/

音位有/l/变体①，或立/l/音位②，都是可以的。

（三）声化韵的鼻化度

绩溪方言有三个声化韵/n̩/、/m̩/和/z̩/，其鼻化度数据见表5—6。

表5—6　　　　　　　　　　　绩溪话声化韵的鼻化度

声化韵	平均值（标准差）		
	男	女	平均值
n̩	95（0.0）	86（2.8）	91（5.1）
m̩	91（2.6）	91（0.0）	91（2.6）
z̩	7（1.7）	8（1.0）	8（1.3）

由表5—6看出，三个声化韵的鼻化度虽然有不同的表现，但是从整体上看，鼻音声化韵/n̩/、/m̩/的鼻化度仍然很高，均超过了鼻音的临界值80，达到90以上。非鼻音声化韵/z̩/的鼻化度很低。男女发音人表现一致。

四　元音的内在鼻化度和复合鼻化度

（一）元音的内在鼻化度

口元音都有不同程度的内在鼻化度。绩溪方言有以下九个基础元音：/ʅ/、/i/、/y/、/a/、/ə/、/o/、/ɔ/、/ʉ/、/u/。表5—7的平均鼻化度数值是从零声母音节或清辅音声母音节中提取的，排除了声母对元音鼻化度的影响，是内在鼻化度。图5—5是依据表5—7做出的元音内在鼻化度对比图。

表5—7　　　　　　　　　　　绩溪话元音的内在鼻化度

元音	平均值（标准差）		
	男	女	平均值
ʅ	17（1.7）	10（2.8）	13（4.3）

---

① 赵日新：《安徽绩溪方言音系特点》，《方言》1989年第2期。

② 孟庆惠：《徽州方言》，安徽人民出版社2005年版。

续表

元音	平均值（标准差）		
	男	女	平均值
i	27（6.6）	14（4.8）	21（8.8）
u	10（1.5）	6（1.2）	8（2.6）
y	26（3.3）	13（3.8）	20（7.3）
a	14（1.6）	7（0.7）	10（3.6）
ɔ	8（0.9）	6（0.5）	7（1.4）
o	9（1.1）	4（0.8）	6（2.1）
ʉ	12（1.3）	7（2.8）	9（3.3）
ə	10（2.2）	3（0.5）	8（3.7）

从表5—7可以看出，男、女发音人在鼻化度上有一定差异，但是总体趋势是相同的。而且与北京话一级元音的鼻化度趋势不尽相同。

男发音人基础元音的鼻化度从大到小的顺序为：/i/＞/y/＞/ɣ/＞/a/＞/ʉ/＞/u/＞/ə/＞/o/＞/ɔ/。

女发音人基础元音的鼻化度从大到小的顺序为：/i/＞/y/＞/ɣ/＞/a/＞/ʉ/＞/u/＞/ɔ/＞/o/＞/ə/。

男女平均值基础元音的鼻化度从大到小的顺序为：/i/＞/y/＞/ɣ/＞/a/＞/ʉ/＞/u/＞/o/＞/ə/＞/ɔ/。

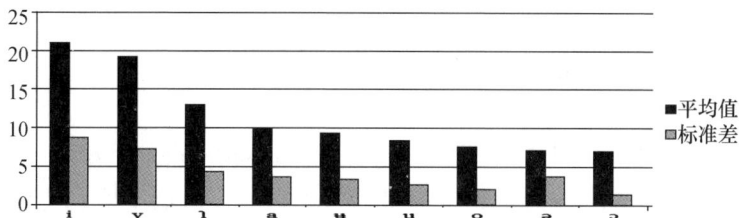

图5—5 绩溪话内在元音鼻化度对比图

首先，两个前高元音/i/、/y/的鼻化度都非常高，在每一个发音人的基础元音中都占据了前两位，而且标准差较大，说明高元音的鼻化度不稳定。并且，这两个元音的鼻化度都超过了北京话，尤其在男发音人的格局中体现得非常明显。

其次是/ʅ/和/a/，这两个元音处在鼻化度次高的位置。但是其鼻化度与在北京话中的鼻化度有较大不同。/ʅ/的鼻化度比北京话的高，但是/a/的鼻化度却比北京话的低，而且相差很大。这种差别可能有以下两个原因：（1）北京话的/ʅ/只拼/ts/、/tsʰ/、/s/三个塞擦音，这三个辅音的成阻位置，与绩溪话调查词表里的/p/、/pʰ/存在相当大的差别。（2）绩溪方言中的/a/与北京话相比，更靠前、更低。这种特点导致了鼻化度减低。

以上四个元音占据了鼻化度的前四位。且与其他五个元音的鼻化度差别较大。绩溪方言的一个特点是后、高元音多。鼻化度较小的五个元音中，除去/ə/是一个中元音以外，其他的都是后、高元音。他们的鼻化度数据表现出很大的趋同性。但是，从元音声位图上来看，这些元音的鼻化度呈现出非常明显的规律。

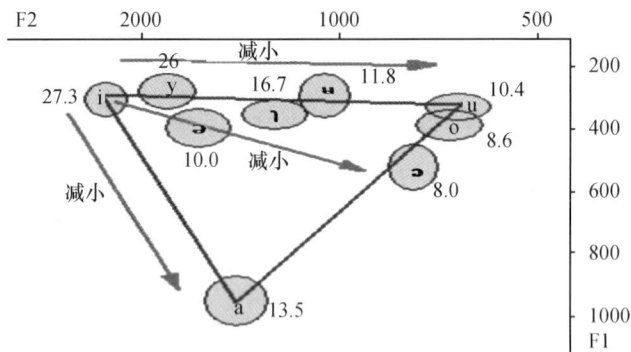

图5—6 绩溪话一级元音声位图（男）

由图5—6可以明显地看到，基础元音的鼻化度有如下趋势：以元音三角形的顶点元音/i/为鼻化度的最高点，向后、向低下降；舌位较高、较前则鼻化度较高；舌位居中、较后则鼻化度较低。这一点与北京话元音鼻化度的特点"舌位较低、较前则鼻化度较高；舌位较高、较后则鼻化度较低"的规则不尽相同，但基本符合汉语方言元音鼻化度的一般规律。

鼻化度较低的五个元音的鼻化度均较小，且相互之间差别不大，导致两个发音人在基础元音鼻化度排序时的差别明显，但在每个发音人各自的语音格局中，却是系统的，有规律可循的。这一点与元音格局的特点具有一致性。

（二）元音的复合鼻化度

绩溪方言的九个基础元音都可以拼合鼻声母，但其中/u/在拼合/n/声母时，两位发音人都将其自由变读作/lu/。这样，鼻声母后的一级元音有八个。根据上文，在四个鼻声母/m/、/n/、/ȵ/、/ŋ/中，/n/和/ȵ/是互补的关系，所以将/ȵ/并入/n/进行讨论，数据见表5—8。

表5—8　　　　　　　　　绩溪话基础元音的复合鼻化度

元音	复合鼻化度（标准差）		
	m	n（ȵ）	ŋ
ɿ	49（1.5）	62（0.6）	\
i	\	\	67（3.1）
y	\	63（3.8）	\
a	43（1.4）	42（2.6）	37（1.5）
ɔ	15（7.0）	\	15（6.0）
o	18（1.5）	\	22（4.0）
ʉ	11（4.0）	\	11（4.0）
ə	20（2.9）	\	27（6.7）

由表5—8可知，鼻声母对后接元音的鼻化度有明显的影响，元音的鼻化度有不同程度的升高。以下是不同鼻声母后接元音的鼻化度顺序：/m/声母后：/ɿ/＞/a/＞/ə/＞/o/＞/ɔ/＞/ʉ/；/n/声母后：/y/＞/ɿ/＞/a/；/ŋ/声母后：/i/＞/a/＞/ə/＞/o/＞/ɔ/＞/ʉ/。从以上顺序来看，元音的复合鼻化度可能与元音本身的性质有关。前元音容易受到鼻声母的影响，后元音不容易受到鼻声母的影响。其中/i/和/y/的鼻化程度很高，符合汉语语音鼻化度的一般特征。

考察一个元音在某鼻声母后相对于其内在鼻化度上升的程度。在/m/声母后的元音，/ɿ/上升了36，/a/上升了33，/ɔ/上升了8，/o/上升了12，/ʉ/上升了2，/ə/上升了13。从大到小排列为：/ɿ/＞/a/＞/ə/＞/o/＞/ɔ/＞/ʉ/。该顺序与/m/声母后接元音的鼻化度顺序完全一致。

在/n/声母后的元音，/ɣ/上升了49，/y/上升了43，/a/上升了32。从大到小排列为：/ɣ/ > /y/ > /a/。/ŋ/声母后的元音：/i/上升了46，/a/上升了27，/ə/上升了20，/o/上升了16，/ɔ/上升了8，/ʉ/上升了2。从大到小的顺序为：/i/ > /a/ > /ə/ > /o/ > /ɔ/ > /ʉ/。该顺序与/ŋ/声母后接元音的鼻化度顺序完全一致。

由以上分析可以看出，前元音容易受到鼻声母的影响，后元音不容易受到鼻声母的影响。所以，在鼻声母后，前元音的鼻化度升高得多，后元音升高得少。

五　鼻化元音及带塞音尾元音的鼻化度

（一）鼻化单元音的鼻化度

绩溪方言有四个鼻化单元音/ã/、/õ/、/ẽ/、/ĩ/。表5—9中数据均从零声母音节和双唇清辅音声母音节中提取。

由表5—9可知鼻化元音的鼻化度趋势与基础元音的表现不尽相同。总体上看，男女发音人鼻化元音的差异还是挺明显的，主要表现在女性发音人多数鼻化音已经发成了带鼻尾韵母。男性发音人鼻化元音的鼻化度由大到小的顺序为：/ĩ/ > /õ/ > /ã/ > /ẽ/；女性发音人由于其鼻化元音多数已衍生出了鼻音韵尾，鼻韵尾和前面的元音的鼻化度分别测量，所以未排序。男发音人四个鼻化元音基本都保持了鼻化的特征，其鼻化度均在40以上，超过了鼻音和口音的临界值。女发音人的/ã/、/õ/由于衍生了鼻音韵尾，元音部分的鼻化度都没有超过30。

表5—9　　　　　　　　　　绩溪话鼻化单元音的鼻化度

元音	平均值（标准差）		
	男	女	
ã	47（2.7）	28（1.8）	鼻尾92（2.3）
õ	51（5.3）	29（8.7）	鼻尾77（2.9）
ẽ	45（9.1）	20（4.1）	无鼻尾
ĩ	83（2.1）	52（5.3）	

由图5—7"朋"［pã］字的鼻化度曲线可以明显看出两位发音人的

不同。男发音人的/ã/的鼻化是贯穿发音始终的，鼻化度曲线平滑、完整，没有明显的鼻尾。女发音人则出现了明显的韵腹和韵尾的区别，韵腹和韵尾之间有狭长的鼻化过渡段，鼻尾部分鼻化度高而稳定。经测量，鼻尾部分的鼻化度达到92，超过90，是一个明显的鼻音韵尾。由图5—8女发音人"朋"〔pã〕字的谱图中可以看到，出现了鼻音共振峰。显然，在"朋"〔pã〕这个音中，男发音人基本保持了方言的鼻化元音，而女发音人的鼻化已经变成"元音＋鼻尾"的模式。（图5—8中虚线标示部分为鼻尾阶段）这是一个典型代表，并不是所有的音都存在如上现象，出现鼻尾与否并无规律。不仅在不同发音人之间存在区别，甚至在同一发音人的不同声调中也存在区别。

男发音人/õ/、/ĩ/个别有的样本也衍生出了鼻音韵尾，由于数量少没有分开计算鼻化度，所以其平均值较高，/õ/为51，/ĩ/为83，/ẽ/为45，处于鼻化元音的范围内。女发音人/ẽ/的鼻化度只有20.2，处于口元音的范围，鼻化现象已经消失，/ĩ/为52属于鼻化度的范围/ĩ/、/õ/、/ẽ/的表现在鼻化度曲线图上也可以看出，如图5—9所示。由以上分析可以看出，女发音人鼻化单元音的发音有三种状态，一种是"元音＋鼻尾"的模式，一种是鼻化，另一种是口元音。男发音人则是两种，一种是"元音＋鼻尾"的模式，一种是鼻化。

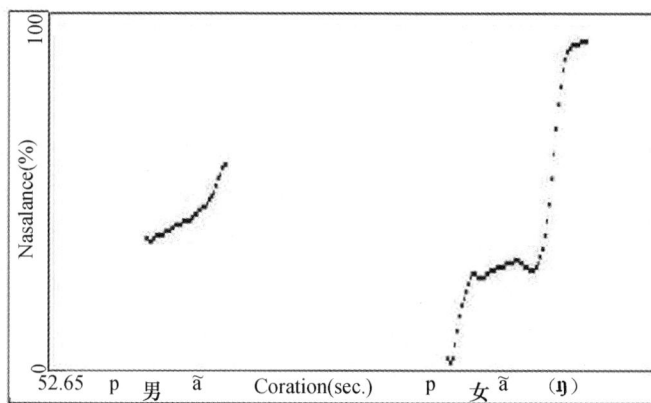

图5—7 绩溪话"朋"字的鼻化度曲线

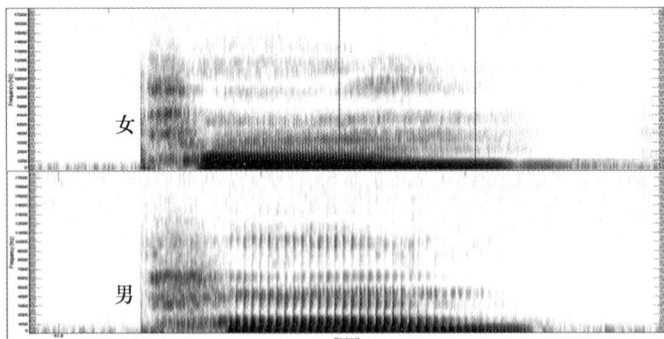

图5—8 绩溪话"朋"字语图

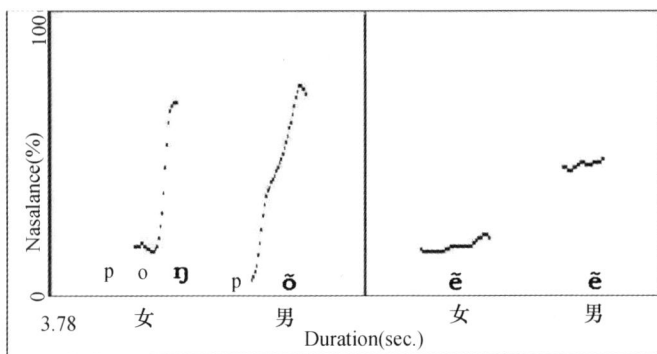

图5—9 绩溪话"帮""儿"的鼻化度曲线

（二）鼻化复元音的鼻化度

绩溪方言的鼻化复韵母有/i ã/、/u ã/、/y ã/、/yõ/、/yĩ/五个。由于韵头和韵腹结合紧密，无法找到合理的拆分依据，所以表5—10数据都是复合韵母总体的鼻化度，并非韵腹的鼻化度。

复韵母的鼻化特征有较大的差异性。不同发音人之间，同一发音人的不同声调之间都有较大不同。鼻化度数值的差异较明显。这与鼻化单韵母的表现有相同之处。下文分析具体表现。

表 5—10　　　　　　　　绩溪话鼻化复韵母的鼻化度

复韵母	N 值		
	男	女	平均值
i ã	41（1.2）	49（2.9）	41（1.9）
u ã	29（3.0）	21（4.8）	25（5.1）
y ã	28（3.7）	21（5.8）	24（5.8）
yõ	41（4.1）	42（4.9）	42（4.2）
y ĩ	70（4.2）	47（5.6）	59（11.5）

　　由表 5—10 可知，五个鼻化复元音中/i ã/、/yõ/、/y ĩ/的鼻化度超过了临界值 40 ，处于鼻化元音的范围，而/u ã/、/y ã/则都在 40 以下，均未超过 30，处于口元音的范围。两位发音人表现一致。最特殊的是/y ĩ/韵母，男女发音人在鼻化度上差别较大。

　　图 5—10 是男女发音人/y ĩ/韵母的鼻化度曲线图。图中可以看出，男发音人的鼻化度是匀速上升而贯穿始终的，且终点较高，疑似衍生出了鼻音韵尾；女发音人出现了"韵头＋韵腹"段且总体鼻化度较低，是整体的鼻化而无有鼻音韵尾。

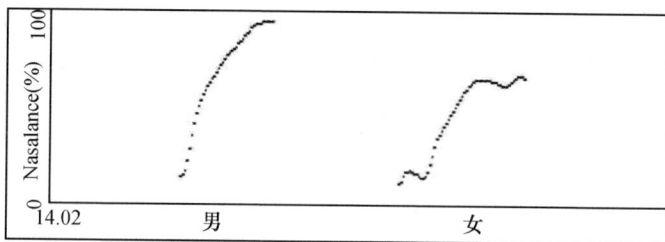

图 5—10　绩溪话/y ĩ/韵母的鼻化度曲线图

（三）带塞音韵尾元音的鼻化度

　　绩溪方言有塞尾，元音带塞尾时，音节的时长变短，鼻化度呈降低趋势（数据见表 5—11）。而且此时男、女发音人的差别很不明显。

表5—11　　　　　　　　　　绩溪话带塞尾韵母元音的鼻化度

元音	aʔ	oʔ	əʔ	iaʔ	ieʔ	uaʔ	uəʔ	yɑʔ	yoʔ	yeʔ
N 值	8 (2.4)	7 (2.1)	8 (3.8)	15 (3.0)	13 (3.5)	8 (1.2)	8 (2.1)	10 (1.9)	7 (1.2)	9 (1.7)

表5—11数据显示了十个带塞韵尾元音的鼻化度由大到小的排列顺序：/iaʔ/ > /ieʔ/ > /yɑʔ/ > /yeʔ/ > /aʔ/ = /uaʔ/ = /əʔ/ = /uəʔ/ > /oʔ/ = /yoʔ/。

把/aʔ/、/oʔ/、/əʔ/与基础元音比较，考察鼻化度的具体变化。其中，/aʔ/比基础元音/a/降低了2，/oʔ/比基础元音/o/降低了1，/əʔ/比基础元音/ə/升高了1。虽然/əʔ/的鼻化度高于基础元音中的鼻化度，但并不改变总体的降低趋势。其鼻化度升高可能是由元音自身位置的向前移动造成的。从总体上看，带有塞尾的音节，因其时长较短，鼻化度均较低。

六　结论

本节利用鼻音计对安徽绩溪方言响音的鼻化度进行了实验研究，得到了该方言七个浊声母，三个声化韵，九个一级元音，四个鼻化韵母，十个带塞尾韵母的鼻化度数据，经过分析，得到初步结论如下：

绩溪方言声母的鼻化对比度很高，鼻音声母和非鼻音浊声母的区分明显。传统意义上的/n/、/l/不分是音位的不分，而非音值的不分。

基础元音的内在鼻化度与北京话有明显不同，但是符合汉语方言元音内在鼻化度的一般趋势。/i/、/y/鼻化度较高，/ɔ/、/o/、/ə/鼻化度较低，/a/、/ɤ/、/u/、/ʉ/鼻化度居中。

基础元音的复合鼻化度比内在鼻化度高。前元音容易受到鼻声母的影响，后元音不容易受到鼻声母的影响。鼻声母后接元音的鼻化度的高低主要取决于该元音受鼻声母影响的大小。所以，在鼻声母后，前元音的鼻化度升高幅度大，后元音升高幅度小。

鼻化元音有不同的表现，有些表现为从发音起始到发音结束的一以贯之的鼻化，有些表现为明显的"元音+韵尾"的模式，不但发音人之间有不同，同一发音人的不同声调间也有不同。但这只是同一元音在鼻化时的两种变体，有可能是受到普通话的影响的结果。

塞尾会影响元音的鼻化度，使元音的鼻化度出现总体降低的趋势。其中以高元音/i/和/y/为韵头的韵母鼻化度偏高，与高元音鼻化度高的影响有关。

第三节　平遥话响音的鼻化度

引言

鼻音是语言中最常见的音类之一，它们在语言中担负着辨别意义和情感表达的重要功能。Forguson[1] 就曾假设，每种语言中都至少有一个基本鼻音。就汉语来说，几乎各方言中都含有数量不等的基本鼻音。从生理角度说，鼻音的发音特征为口腔某部位成阻，软腭下垂，气流由鼻腔流出。而实际上，不仅是鼻音，元音、边音、浊擦音在发音时也有气流从鼻腔流出。时秀娟等的文章都证明了这一点。然而不同鼻音间、不同元音间，它们的鼻音特征都各不相同，具体表现在"鼻化度"的不同上。

平遥音系与北京音系差别较大，如平遥方言无/f/音位，鼻音种类较多，一级元音数量多，有复合元音/ɯɛ/，无/-n/韵尾，有入声等。因此，本节考察平遥方言响音声母和基础元音的鼻化度表现，并尝试对这些现象做出合理的解释。

一　实验说明

（一）实验语料和发音人

本节的发音字表包括了平遥方言中所有的声母和韵母，并按平遥方言的声韵拼合关系组成各种音节，用来考察平遥方言中鼻音声母，/l/、/r/、/v/等非鼻音浊声母的鼻化度以及一级元音的内在鼻化度。

发音人为一名女性青年，父母均为平遥县人，从小在平遥长大，能说纯正的平遥方言。为了减少发音错误，发音前让发音人充分熟悉字表，然后以自然语速朗读。

（二）语料录制和数据采集

本实验语料的录制和鼻音数据的采集均在天津师范大学中文系语音实

---

[1]　Forguson, C. A., "Assumptions about nasals: a sample study in phonological universals", In J. Greenberg (ed.), *Universals of Language*, MIT Press, 1963.

验室中进行。语音文件由 Audacity 软件录制，音频采样率为 11025 Hz，16 位单声道。鼻音数据利用美国 Kay 公司生产的 Nasometer II 6400 鼻音计进行采集，后期数据采用该仪器自带软件进行分析。

同时，我们还利用 Audacity 软件进行声学录音，以备后期相关分析使用。

（三）分析过程

鼻化度是语音鼻音化的程度，公式略。

图 5—11 是平遥语音"恩"的鼻化度曲线。图中横轴表示时间，纵轴表示鼻化度，"恩"的鼻化度曲线经历了一个由高到低再由低到高的过程，表明声母/ŋ/和韵尾/ŋ/的鼻音能量都很高，而韵母/ə/的鼻音能量较小。

采集到鼻音数据后，我们用 SPSS13.0 统计软件对浊音声母、元音、鼻化元音等的鼻化度值进行统计分析，然后将统计结果导入 Excel 中计算并作图。

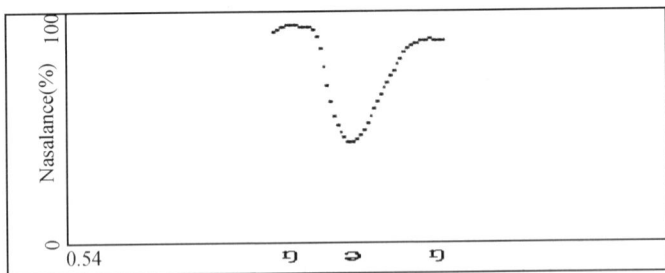

图 5—11　鼻化度曲线示例

二　平遥方言响音声母的鼻化对比度

（一）平遥方言响音声母的鼻化度

由于鼻音计采集的主要是声带振动条件下的语音能量数据，而平遥方言的塞音、擦音、塞擦音都是不带音的辅音，鼻音计不能采集到这些音的数据。因此本部分主要考察平遥方言中鼻音声母/m/、/n/、/ŋ/、/n̠/、/ȵ/、/nz/和非鼻音浊声母/z/、/l/、/z̠/的鼻化度。我们选取含有以上声母的音节的稳定段进行测量和计算，得到了浊声母各自的平均鼻化度（见表 5—12）。

表 5—12　　　　　　　　　　　**平遥话浊音声母鼻化度表**

声母	m	n	ŋ	ȵ	ɳ	nz	ẓ	l	z
鼻化度	91.2	92.3	93.3	94.2	94.9	78.8	33.3	26.5	34.4

　　由表 5—12 可见，平遥方言鼻音声母的个数较多，但它们的鼻化度却各不相同。其中舌尖后鼻音/ɳ/的鼻化度最高，N 值为 94.9；腭化鼻音/ȵ/次之，N 值为 94.2；随着发音部位的前移，鼻音/ŋ/、/n/、/m/的鼻化度也渐次减小；/nz/的 N 值只有 78.8，是鼻音中鼻化度最小的。平遥方言非鼻音浊声母的鼻化度相对较小，N 值多在 30 左右，依照鼻化度大小的排序为：/z/ > /ẓ/ > /l/。

　　（二）响音声母的鼻化对比度

　　时秀娟等提出了"鼻化对比度"[①] 的概念，它包括总体鼻化对比度和具体语音的鼻化对比度。总体鼻化对比度指一种语言或方言中所有鼻音声母和非鼻音声母各自平均鼻化度的差值，它是鼻音声母和非鼻音声母总体对比特征的反映，是二者区分的重要标志。鼻化对比度越大，鼻音与非鼻音的区别就越明显，鼻化对比度越小，二者的区别就越模糊。

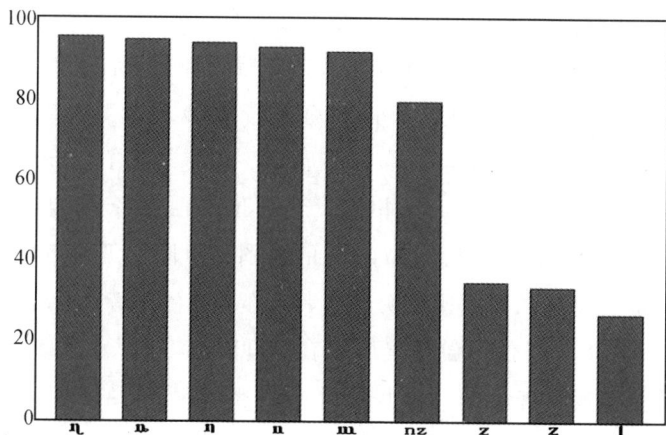

图 5—12　平遥声母鼻化度对比图

---

　　①　时秀娟：《汉语方言的元音格局》，中国社会科学出版社 2010 年版。

图 5—12 是根据表 5—12 绘制出的平遥声母鼻化度对比图，由图可见，平遥方言鼻音和非鼻音的对立非常明显：鼻音声母的平均鼻化度为 90.8，非鼻音浊声母的平均鼻化度为 31.4，二者的鼻化对比度为 90.8 - 31.4 = 59.4。此数值与时秀娟等对北京话、长沙话、南京话研究得出的鼻音与非鼻音的总体鼻化对比度数值比较接近，说明汉语方言鼻音声母与非鼻音声母总体上是可以区分开来的，平遥话也是如此。

就具体语音的鼻化对比度来看，鼻音声母中除/nz/外，其他鼻音间的鼻化对比度大多在 0.7—1.1 之间，这说明它们之间的区别比较模糊。造成这种情况的原因在于，除/nz/外的其他五个鼻音都是非常纯粹的鼻音，因此鼻化度全部维持在 90 以上，而它们之间的差别则主要是由发音部位和后接元音的类型引起的。舌尖后鼻音/ɳ/只与开口、合口韵母相拼，龈腭鼻音/ȵ/只与齐齿呼韵母相拼，而开口呼和齐齿呼韵母的鼻化度都比较大，受后接元音的影响，这两个鼻音较其他鼻音的鼻化度就高些。/ŋ/、/n/、/m/鼻化度的差异主要是由发音部位造成的，/ŋ/成阻于舌根，气流就基本全部进入到鼻腔里，口腔中的气流则很少，因此/ŋ/的鼻化度较大；而/n/、/m/成阻分别在舌尖前和双唇，那么由喉部输出的气流就会产生一个小的分流，将一小部分气流滞留在口腔里，因而从鼻腔内流出的气流就小一些，它们的鼻化度就自然较/ŋ/要小一些。

/nz/的情况比较特殊，它不是纯粹的鼻音，而是包含了擦音成分的鼻音。朱晓农[1]认为，同部位的鼻音加爆发音组合，如/mb/、/nd/、/ŋg/等，是复杂的单辅音，也即"部分鼻音"。平遥方言中的/nz/就是这种"部分鼻音"，它是由鼻音/n/和相同发音部位的浊擦音/z/组合而成的复杂辅音。图 5—13 是"软"［nzua ŋ］的语图，由图可见，声母的前半部分是鼻音/n/，低频共振峰比较明显；后半部分是浊擦音/z/，底部有浊音横杠，高频区能量很强，强频集中区在 3000Hz 以上。由表 5—12 可知，擦音/z/的鼻化度只有 34.4，因此受到/z/的影响，/nz/的鼻化度就大大降低，N 值为 78.8，是鼻音中鼻化度最小的。方差分析显示，/nz/的鼻化度与其他鼻音的鼻化度差异显著（$F_{(1, 108)} = 95.485$，$p < 0.05$），这更能说明/nz/作为非纯粹鼻音的特殊性。

---

① 朱晓农：《说鼻音》，《语言研究》2007 年第 3 期。

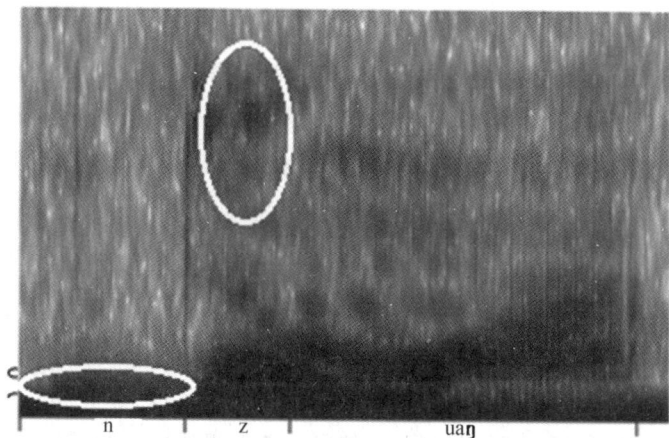

图 5—13　"软"［nzua ŋ⁵³］语图

平遥话非鼻音浊声母有/z/、/z̢/、/l/三个，其中/z/、/z̢/的鼻化对比度为/l/，它们与/l/的鼻化对比度则分别为 8 和 7。原因可能在于，/z/和/z̢/的发音方法一致，发音部位相近，因此鼻化度非常接近；而/l/在发音部位和方法上都与/z/、/z̢/有差异，所以鼻化度的差别也就更大些。

三　鼻音韵尾的鼻化度分析

平遥方言的鼻韵尾只有/- ŋ/，前面的韵腹可以是/a/、/i/、/u/、/ə/、/y/五个元音。表 5—13 是不同情况下/ŋ/的鼻化度平均值表。

表 5—13　　　　　不同情况下/ŋ/的鼻化度平均值表

	不同韵腹元音					声母与韵尾		
	/a/后	/i/后	/u/后	/ə/后	/y/后	声母	/a/后	非/a/后
/ŋ/的鼻化度	61	94.5	94.6	95.1	无数据	93.3	61	94.8

当/- ŋ/做韵尾时，它的鼻化度与做声母时是否存在差异？韵腹的不同是否会影响/- ŋ/韵尾的鼻化度？这里，我们对 19 个以/ŋ/为声母的字和 61 个以/- ŋ/为韵尾的字进行了方差分析，结果表明：（1）不同韵腹后/- ŋ/韵尾的鼻化度主效应显著，$F_{(3, 57)} = 63.788$，$p < 0.05$。经 LSD 法对不

同韵腹之间的差异检验显示，韵腹/a/后的/ - ŋ/韵尾鼻化度最小，且与其他韵腹后/ - ŋ/的鼻化度差异显著（p < 0.05，p < 0.05，p < 0.05）。除/a/外的其他几个韵腹后的/ - ŋ/韵尾鼻化度均非常相似（p = 0.979，p = 0.894，p = 0.916）。(2) 声母/ŋ/与韵尾/ - ŋ/的鼻化度主效应显著，F（2，77）= 158.110，p < 0.05。用 LSD 进行组间分析表明，声母/ŋ/与/a/后的/ - ŋ/韵尾鼻化度差异显著（p < 0.05），而与非/a/韵腹后的/ - ŋ/韵尾鼻化度差异不显著（p > 0.05）。以上数据表明，韵腹/a/对/ - ŋ/韵尾鼻化度的影响很大，它可以显著降低/ - ŋ/韵尾的鼻化度；而其他韵腹元音对/ - ŋ/韵尾的鼻化度影响不大，仍使其保留原有鼻化度。总体来看，/ - ŋ/做韵尾时的平均鼻化度为76.5，与做声母时的鼻化度有显著差异［F（1，78）= 14.190，p < 0.05］。但这主要是受到韵腹/a/的影响，如果排除/a/的影响，/ - ŋ/做韵尾时的鼻化度与做声母时的鼻化度是非常相近的。

汉语的鼻韵母的发展史被认为是一个类型不断简化、逐步产生元音鼻化、鼻辅音脱落等不同发展阶段的过程。相关研究表明，低元音最容易鼻化，低元音后的鼻音韵尾更容易消变。[1][2][3] 由于/a/发音时的生理特征容易造成软腭的降低[4]，从而使气流更多地流进鼻腔，因此本实验中，鼻韵尾前的/a/发生了鼻化，鼻化度大大提高，所以鼻化元音/a/的存在就使后面的鼻韵尾产生了羡余，故而鼻韵尾/ - ŋ/的鼻音特征减弱，表现为鼻化度的降低。

四 平遥方言元音的内在鼻化度及响音声母对元音的影响

（一）平遥方言元音的内在鼻化度（intrinsic nasality）

石锋认为口音和鼻音虽然是两种不同性质的语音单位，但口元音也同样具有不同程度的鼻化度，这就是元音的内在鼻化度。平遥方言的基础元

---

[1] Chen, M. Y., "An Areal Study of Nasalization in Chinese", *Journal of Chinese Linguistics*, No. 1, 1975.

[2] 王洪君：《扬声韵在山西方言中的演变（下）》，《语文研究》1992 年第 1 期。

[3] Fung, Wing-Nga, "A physiological analysis of vowel nasalization", In Beijing Mandarin and Hong Kong Contonese《新世纪的现代语音学——第五届全国现代语音学学术会议论文集》，清华大学出版社 2001 年版。

[4] Hess, Susan, "Universals of Nasalization: Development of Nasal Finals in Wenling", *Journal of Chinese Linguistics*, No. 1, 1990.

音有九个，即/a/、/i/、/u/、/y/、/æ/、/ɔ/、/ɥ/、/ʅ/、/ɤ/，由于浊音声母可能对后接元音的鼻化度产生影响，因此我们选择包含以上基础元音且具有不带音声母的音节作为测量对象，选取鼻化曲线稳定的段落进行测量，之后分别计算各基础元音的平均内在鼻化度，结果见表5—14、图5—14。

表5—14　　　　　　　　　　平遥话基础元音内在鼻化度表

一级元音	i	a	y	æ	ʅ	ʅ	ɥ	ɔ	u
内在鼻化度	42.7	39.8	28	24.7.	14.9	12.1	10.5	8.4	8.3

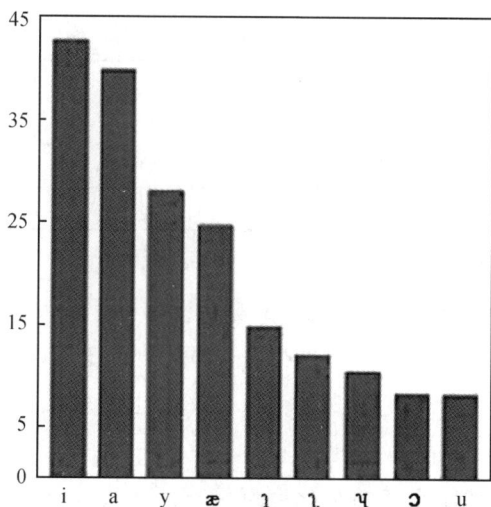

图5—14　平遥基础元音鼻化度对比图

由表5—14可知，元音/i/的鼻化度最高，/u/的鼻化度最低。对于舌面元音来说，前元音的鼻化度都相对较高，N值均在20以上，而后元音的鼻化度则都很低，N值都在10以下。介于前元音和后元音之间的是舌尖元音，它们的内在鼻化度在10—15之间，构成前元音和后元音间的过渡段。其原因可能在于发前元音时，舌位较前，口腔前部空间较小，气流在口腔内的分流就会减少；而发后元音时，舌位较后，口腔空间较大，气流就会有一部分留在口腔中，从而使鼻腔中的气流减小。从圆唇与否的角度看，/y/的鼻化度小于/i/，/ɥ/的鼻化度小于/ɣ/，可见圆唇元音的鼻化度都略小于相应的不圆唇元音。而元音在舌位高低维度上的鼻化度表现则没有明显的规律。

（二）响音声母对元音的影响

一般来说，声母对后接元音会产生一定的影响。由于鼻音的鼻化度很高，因此鼻音声母可能会提高后接元音的鼻化度。非鼻音浊声母也有鼻化度，但是它们的鼻化度不是很高，它们是否也会影响后接元音的鼻化度呢？为了验证上述假设，我们分别对鼻音后和非鼻音浊声母后的元音的鼻化度进行了测量，并计算了各元音的平均鼻化度，结果见表5—15。

表5—15　　　　　　　　　平遥话响音声母后元音鼻化度对比表

	i	a	y	æ	ɿ	ʅ	ɥ	ɔ	u
元音内在鼻化度	42.7	39.8	28	24.7	14.9	12.1	10.5	8.4	8.3
鼻音后	77	45	66	33	44	\	\	19.1	24.5
非鼻音浊声母后	35.6	35	\	21.5	25	\	25	5.7	\

由表5—15可见，鼻音后元音的鼻化度都有了较大幅度的提高：其中/y/、/ɣ/、/u/的鼻化度约为其本身内在鼻化度的3倍，鼻音后/i/、/ɔ/的鼻化度也是其原有鼻化度的2倍，/a/、/æ/也有较大幅度的提高。而非鼻音浊声母后的元音的鼻化度则表现不一，/ɣ/和/ɥ/的鼻化度有所升高，N值均达到25，其他元音的鼻化度反倒有所下降。这种现象的原因可能在于，非鼻音浊声母的鼻化度不高，因此对于内在鼻化度较大的前元音影响不大；但是非鼻音浊声母的鼻化度却高于后元音和舌尖元音，所以它们会在一定程度上提高后元音和舌尖元音的鼻化度。

为了检验响音声母后元音的鼻化度与其本身内在鼻化度的差异，我们进行了单因素方差分析（见表5—16）。结果显示，在0.05的显著性水平上，除/a/外，其他元音的显著系数均表现为 $p < 0.05$，这说明鼻音后其他元音的鼻化度与其本身的内在鼻化度差异显著。可见，鼻音的确对其后接元音的鼻化度产生了影响，且能大大提高后接元音的鼻化度。对于非鼻音浊声母来说，除/a/以外，其他元音的显著系数均表现为 $p > 0.05$，这说明非鼻音浊声母后其他元音的鼻化度与其本身的内在鼻化度差异并不显著，表明非鼻音浊声母对于提高后接元音鼻化度的作用不明显。

表5—16　　　　　　　　　　　　方差分析表

	i	a	y	æ	ʅ
鼻音后	F（1，41）= 23.909 Sig. = .000	F（1，32）= 1.587 Sig. = .217	F（1，37）= 7.773 Sig. = .008	F（1，29）= 6.196 Sig. = .019	F（1，26）= 58.612 Sig. = .000
非鼻音浊声母后	F（1，40）= 1.279 Sig. = .265	F（1，29）= 0.387 Sig. = .539		F（1，24）= 0.375 Sig. = .546	F（1，24）= 0.361 Sig. = .554
	ɿ	ɥ	ɔ	u	
鼻音后			F（1，39）= 45.558 Sig. = .000	F（1，43）= 30.506 Sig. = .000	
非鼻音浊声母后		F（1，26）= 11.068 Sig. = .003	F（1，38）= 3.555 Sig. = .067		

五　结语

本节使用鼻音计对平遥方言浊声母和基础元音的鼻化度做了分析，得到了如下结论：（1）除/nz/外，平遥鼻音声母的鼻化度很高，鼻音特征明显，不同鼻音鼻化度的差别主要是由发音部位和后接元音的类型引起的；/nz/是"部分鼻音"，因此鼻化度较其他鼻音低；非鼻音浊声母与鼻音声母的鼻化对比度很大，二者差异显著。（2）韵腹/a/能显著降低/-ŋ/韵尾的鼻化度，其他韵腹元音对/-ŋ/韵尾的鼻化度影响不大。受韵腹/a/的影响，/-ŋ/做韵尾与做声母时的鼻化度差异显著。（3）平遥方言鼻音声母能大幅提高其后韵母部分的鼻化度，而非鼻音浊声母对于提高后接元音鼻化度的作用不明显。（4）平遥方言基础元音的内在鼻化度有一定的规律，鼻化度由高到低排序为：前元音＞舌尖元音＞后元音，不圆唇元音＞圆唇元音。因此，元音舌位越前，唇型越展，鼻化度越高；反之鼻化度越低。

由于条件所限，本实验仅分析了一名发音人的数据，虽然能反映出平遥方言鼻音和基础元音的基本格局，但仍然有待更多材料的验证，这样才能得出更可靠的结论。

第四节　上海话响音的鼻化度

引言

上海话指上海市区内通行的方言，属于汉语方言的吴方言，上海市内语音系统基本一致，内部差异主要存在于文读和白读、新派和老派的不同。① 据《上海话音档》，上海话声母有 28 个，有/m/、/n/、/ȵ/、/ŋ/、/l/五个通音声母，其中四个鼻通音声母/m/、/n/、/ȵ/、/ŋ/，一个边通音声母/l/，有/z/、/b/、/d/、/g/、/dz/、/v/六个浊音声母。其中/n/只拼开口、合口韵母，/ȵ/只拼齐齿、撮口呼韵母。韵母有 43 个②:/ɣ/、/i/、/u/、/y/、/a/、/ia/、/ua/、/o/、/ɔ/、/iɔ/、/ɤ/、/iɤ/、/e/、/ie/、/ue/、/ø/、/uø/、/yø/、/ã/、/iã/、/uã/、/ɑ̃/、/iɑ̃/、/uɑ/、/əŋ/、/iŋ/、/uəŋ/、/yŋ/、/o ŋ/、/iŋ/、/aʔ/、/iaʔ/、/uaʔ/、/oʔ/、/ioʔ/、/əʔ/、/uəʔ/、/iʔ/、/yʔ/、/ə/、/m̩/、/n̩/、/ŋ̍/;③ 有单元音单韵母/ɣ/、/i/、/u/、/y/、/a/、/o/、/ɔ/、/ɤ/、/e/、/ø/、/ã/、/ɑ̃/共 12 个，其中鼻化元音韵母/ã/、/ɑ̃/不列入基础元音，上海话基础元音有/ɣ/、/i/、/u/、/y/、/a/、/o/、/ɔ/、/ɤ/、/e/、/ø/十个。鼻音韵尾少，只有后鼻音韵尾/ -ŋ/，没有前鼻音韵尾/ -n/，北京话中八

---

① 许宝华：《上海话音档》之 附论二《上海话概述》，上海教育出版社 1998 年版，第 72 页。

② 《汉语方言概要》（第 2 版）列出的是 38 个韵母，多出一个/uəŋ/，把/ə/、/iə/、/uə/、/yə/记作/ɤ/、/ie/、/uɤ/、/yɤ/，把/ã/、/iã/、/uã/、/yã/记作/æ/、/iæ/、/uæ/、/yæ/。《汉语方音字汇》（第 2 版）列出的也是 38 个韵母，把/ə/、/iə/、/uə/、/yə/记作/ɤ/、/ie/、/uɤ/、/ye/，也把/ã/、/iã/、/uã/、/yã/记作/æ/、/iæ/、/uæ/、/yæ/，多出的也是/uəŋ/。以上三种列出的上海话能单独做韵母的元音都有/ɣ/、/i/、/u/、/y/、/a/、/ə/、/e/、/ã/、/ɑ/、/ɒ̃/11个。我们以《上海话音档》记录的音标为准。

③ 《上海方言词典》记录的上海话韵母为 54 个，单韵母有/ɣ/、/ʮ/、/i/、/u/、/y/、/a/、/ɛ/、/o/、/ɔ/、/ɤ/、/e/、/ø/。这是以老派的发音为主，因此与《上海话音档》有出入。如上海老派/ʮ/韵，中派和新派都读作/i/。

个前鼻音韵尾韵母在上海话中都成为鼻化元音韵母。语言或方言中的口音和鼻音并不是截然二分的，从语音的鼻化度来看，口元音有内在鼻化度，口音和鼻音存在连续性。上海话整个音系中口元音、鼻化元音、带鼻尾元音、鼻音声母、非鼻音浊声母、鼻音韵尾各具有怎样的特性？

本节利用鼻音计（Nasometer）对上海话通音声母的鼻化对比度以及基础元音的内在鼻化度进行考察，客观地描写上海话中这些语音的鼻化度，分析其表现出的语言的共性和个性特征。

一　实验说明及数据分析处理

（一）语料及实验设备

所用的发音表为上海话单音节字表。声母包括零声母、清声母（塞音、擦音、塞擦音）。

实验的元音语料依据《上海话音档》归纳的音系进行设计，通音声母有/m/、/n/、/ȵ/、/ŋ/、/l/、/z/、/v/，韵母包括单元音韵母、鼻化元音、复元音韵母、鼻音韵母。按上海话的声韵拼合关系组成各种音节（发音表这里从略）。

发音人为一名男性青年，年龄 30 岁，生长于上海，父母均为上海人。其语音应属于新派。发音人口音纯正，无口鼻咽疾病，录音时发音人用自然语速朗读发音字表。录音在语音实验室进行。

（二）鼻化度

鼻化度就是语音发音时鼻音化的程度，表示的是鼻音能量在整个口音、鼻音能量之和中所占的比例。鼻化度的计算公式略。鼻化度数值在 0—100 之间，数值越大，表明鼻音能量越强，鼻化度越高；反之则鼻音能量越弱，鼻化度越低。鼻音计能够自动测算口音能量、鼻音能量及鼻化度，实时计算并显示鼻化度（Nasalance）曲线的图形。鼻化度曲线是在以鼻化度为纵轴（标度在 0—100 之间）、时间为横轴的二维平面图中显示的由鼻化度数据样点连成的曲线。图 5—15 所示的是发音人"妈［ma］"的鼻化度曲线。

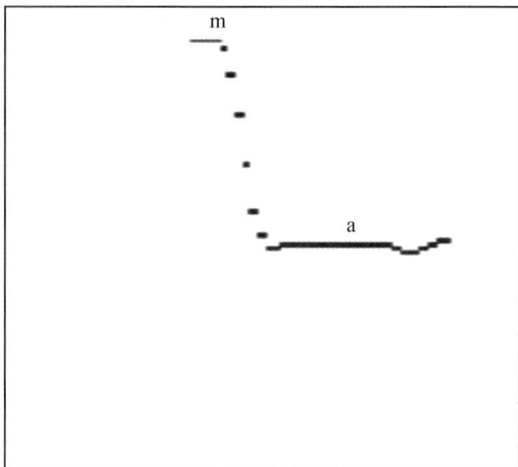

图 5—15 上海话 [ma] (妈) 的鼻化度曲线示例图

上海话 [ma] (妈) 的起点处曲线很高,随后逐渐降低。这反映出发音时从鼻音能量很高的声母/m/到鼻音能量较低的元音/a/的鼻化度变化情况。

鼻音计能够按设定时间步长逐点显示鼻化度数据,也能进行一定的统计分析,例如计算一段语音的鼻化度平均值及相关数据。鼻音计采集的是声带振动条件下的语音能量数据,武汉话的塞音、擦音、塞擦音都是不带音(voiceless)的辅音,发音时鼻音计采集不到语音能量,所以没有数据显示,也就没有鼻化曲线。这种情况就跟声调曲线一样,带音的部分就显示出曲线,不带音的部分就是空白段。因此,鼻化度主要表示的是声带音(voiced)部分的语音鼻化程度的大小。具体提取上海话单音节各种拼合关系的字表中浊声母及单元音韵母、鼻韵母中的元音的鼻化度,统计分析利用鼻音计的相关功能以及社会科学统计分析软件包(SPSS10.0)完成。

二 上海话通音声母的鼻化对比度

(一) 鼻音浊声母和非鼻音浊声母的鼻化度

鼻音计采集的是声带振动条件下的语音能量数据,上海话的塞音、擦音、塞擦音都是不带音(voiceless)的辅音,发音时鼻音计采集不到语音能量，所以没有数据显示，也就没有鼻化曲线。① 这种情况就跟声调曲线一样，带音的部分就显示出曲线，不带音的部分就是空白段。因此，鼻化度主要表示的是声带音（voiced）部分的语音鼻化程度的大小。

在上海话单音节字录音语料中选取/m/、/n/、/ȵ/、/ŋ/、/l/、/z/、/v/各声母的稳定段进行测量，得到它们鼻化度的平均数据（见表5—17）。

表5—17　　　　　　　　上海话通音声母的鼻化度

声母	m	n	ȵ	ŋ	l	z	v
鼻化度	90 (1.6)	94 (1.2)	94 (1.1)	81 (7.8.)	15 (2.8)	18 (4.8)	21 (2.6)

上海话的/m/、/n/、/ȵ/、/ŋ/四个鼻音声母的鼻化度都很高，鼻化度均在90以上，大于北京话的鼻音鼻化度的临界值80，由大到小的排序为：/ȵ/：94 ＝/n/：94 ＞/m/：90 ＞/ŋ/：81。非鼻音浊音声母/l/、/z/、/v/的鼻化度分别为15、18、21，/l/低于北京话/l/的 N 值32.4，/z/低于北京话/r/的鼻化度23.9。非鼻音声母的鼻化度均低于非鼻音鼻化度的临界值40。

图5—16是根据表5—17的数据画出的条形图。从图5—16看来，鼻音/m/、/n/、/ȵ/、/ŋ/的鼻化度较高，边音/l/和浊音/z/、/v/鼻化度较低。鼻音/m/、/n/、/ȵ/、/ŋ/与边音/l/和浊音/z/、/v/差别很明显。

（二）通音声母与不同韵母相拼时的鼻化度

由表5—17及图5—16看到，通音声母/m/、/n/、/ȵ/、/ŋ/、/l/、/z/、/v/的鼻化度有差异，鼻音声母/m/、/n/、/ȵ/、/ŋ/与非鼻音浊音声母/l/、/z/、/v/的鼻化度差异明显。/z/声母鼻化度的标准差与其他声母相比较大。

我们对上海话通音声母与不同韵母相拼时的鼻化度进行了统计（数据见表5—18）发现，/m/、/n/、/ȵ/与开、合、齐、撮四呼韵母相拼时的鼻化度都非常高，超过了90，/l/声母和四呼相拼时的鼻化度都低于非

————————

① 实验发现，送气音有浊化现象，如/t/有的音节有较短的鼻化度曲线；擦音/f/、/x/在有些音节中也有鼻化度。

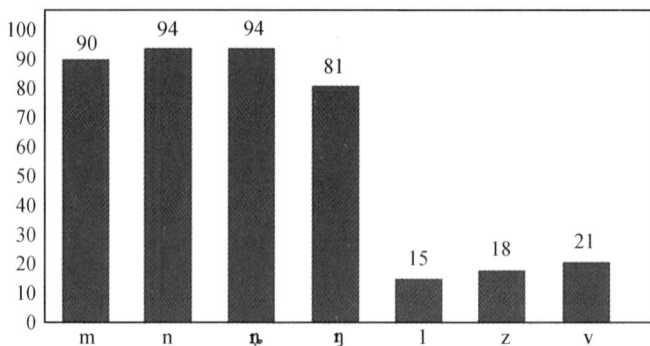

图 5—16　上海话通音声母的鼻化度对比图

鼻音的临界值 40，没有鼻化；/z/不与开、合两呼韵母相拼，与齐、撮两呼韵母相拼时，鼻化值也比较低，且标准差较大。/v/不与撮口呼韵母相拼，与齐齿呼韵母相拼的鼻化度超过了非鼻音的临界值 40，有了一定的鼻音化，而与开、合相拼时鼻化度比较低；/ŋ/在与开、合两呼相拼时，鼻化度分别为 84、76，说明在上海话中，鼻音声母/ŋ/与合呼韵母相拼时已经弱化了。

表 5—18　　上海话通音声母与不同等呼韵母相拼时的鼻化度

	m	n	n̠	ŋ	l	z	v
开口呼	91 (1.6)	94 (1.2)	\	84 (8.4)	16 (3.6)	\	15 (1.9)
合口呼	87 (3.0)	94 (0.6)	\	76 (4.6)	10 (2.1)	\	13 (1.5)
齐齿呼	91 (1.6)	94 (1.2)	95 (1.1)	\	14 (0.5)	23 (6.7)	41 (5.0)
撮口呼	\	\	94 (1.0)	\	13 (2.5)	14 (3.0)	\

在北京话辅音系统中，/l/、/z̩/这两个音没有系列的音位聚合，聚合程度最小，音位变体较多。由 EPG 实验看，/l/的成阻部位、成阻的程度是最灵活的，阻力最小，很容易被后面的音所影响。[①] /z̩/音浊的程度及

---

① 李俭、郑玉玲：《汉语普通话动态腭位的数据缩减方法》，载王嘉龄编《第六届现代语音学学术会议论文集》，天津师范大学出版社 2004 年版。

摩擦的程度很自由，变体更多，已为实验所证明①，与此相应，它们的鼻化度数据较为分散，标准差较大。具体表现既有发音人的个体差异，也有后接元音的影响。上海话非鼻音浊声母/l/、/z/、/v/的特性与北京话相近。

（三）通音声母的鼻化对比度

我们计算上海话通音声母的鼻化对比度，使这些通音声母之间的鼻化度关系量化。在上海话中，鼻音声母的平均鼻化度 =（90 + 94 + 94 + 81）/4 = 89.8，非鼻音声母的平均鼻化度 =（15 + 19 + 21）/3 = 18.3，所以，上海话声母的总体鼻化对比度为 89.8 - 18.3 = 71.5，这个值稍大于北京话声母的鼻化对比度 61.8。也就是说，上海话鼻音声母和非鼻音声母是能区分开的。

再看上海具体语音的鼻化对比度。为便于比较，一般都在相同或相近的发音部位上计算鼻化对比度。上海话/n/、/l/、/z/的发音部位接近（都用到了舌尖部位），/m/与/v/的发音部位接近（都用到了唇部位），因此可以进行对比分析。/n/与/l/的鼻化度差值为/l/与/n/的鼻化对比度，为 94 - 15 = 79，大于北京话/n/与/l/的鼻化对比度 58.9；/z/与/n/的鼻化对比度为 94 - 18 = 76，稍大于北京话/n/与/z̧/的鼻化对比度 67.4；/v/与/m/的鼻化对比度为 90 - 21 = 69，与北京话差别不是很大。表明上海话/n/与/l/及/n/与/z/的区分很清楚。

三　上海话元音的鼻化度

（一）上海话一级元音的内在鼻化度

上海话基础元音有：/i/、/u/、/ɣ/、/y/、/a/、/o/、/ɔ/、/ɤ/、/e/、/ø/十个。我们测量了十个基础元音的内在鼻化度，测量时在鼻化曲线稳定的段落进行取值，分别计算出十个基础元音的鼻化度平均值②，请看表 5—19。

---

① 石锋：《语音格局——语音学与音系学的交汇点》，商务印书馆 2008 年版。
② 此处各元音的鼻化度均值为每个元音多个样本的鼻化度曲线平稳段取值的平均值，非最高点的取值。

表5—19   上海话一级元音的内在鼻化度

元音	a	i	ɿ	u	y	o	ø	ɔ	ɤ	e
鼻化度	38 (1.5)	40 (1.0)	9 (1.6)	11 (2.0)	34 (3.2)	8 (0.0)	5 (0.0)	10 (0.0)	7 (0.0)	17 (9.3)

据表5—19，上海话/i/的内在鼻化度最高，为40，其次是/a/、/y/和/e/，分别为38、34、17。较低的是/ø/、/ɤ/和/o/，三者都在10以下，舌尖元音/ɿ/为9。十个元音的鼻化度由大到小排序为：/i/＞/a/＞/y/＞/e/＞/u/＞/ɔ/＞/ɤ/＞/o/＞/ɤ/＞/ø/。表现出这样一种趋势，即舌位越前越高或者舌位越低则鼻化度越高；舌位越后越高则鼻化度越低。舌位相同的元音，展唇元音的鼻化度大于圆唇元音的，如/i/＞/y/，/e/＞/ø/，这与图5—19上海话基础元音声位图相吻合①。元音鼻化度大小与生理机制相吻合。据平悦铃，上海话前高元音的舌—腭接触面积远远大于后高元音的，/i/、/y/的舌—腭接触比超过50%，/e/的也超过35%。②前高元音的舌—腭接触面积大，阻碍了气流从口腔出去的通道，使气流从鼻腔流出，加大了鼻腔的能量，所以鼻化度较高。后高元音的舌—腭接触面积较小，所以鼻化度也小。低元音的舌—腭接触面积虽然较小，但是由于舌位较低，软腭下降的幅度大，气流从鼻腔通道出去的量较大，所以鼻化度的较大。

（二）声调对元音内在鼻化度的影响

测量上海话四声俱全零声母音节中元音/a/、/i/、/u/的鼻化度（数据见表5—20）发现，声调对元音鼻化度有影响。总体上看，阴平（53）和阴去字（35）的鼻化度较大，阳入声字（1）的较小，阴入字（5）的鼻化度最小。各元音在平声、去声、入声字中的鼻化度大小各有不同，但在阴平字中的鼻化度表现非常一致，都是在四声中最大。

----

① 时秀娟：《汉语方言的元音格局》，中国社会科学出版社2010年版。

② 平悦铃：《上海方言韵尾鼻音的腭裂特征》，《语言研究集刊》2005年第00期。

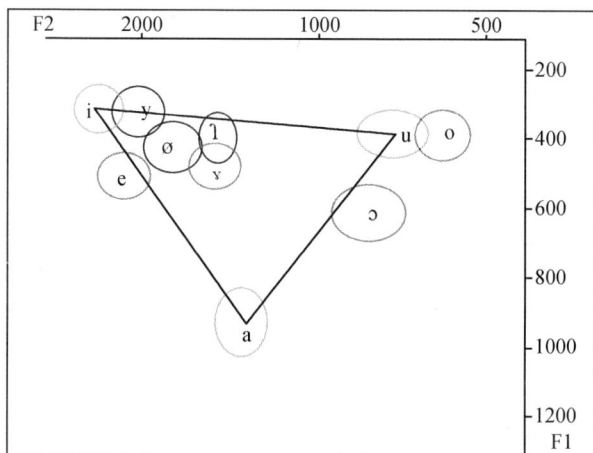

图5—17　上海话一级元音声位图①

表5—20　　　　　　　　上海话不同声调音节中元音的鼻化度

	a	i	u
阴平53	37（3.06）	24（1.5）	9（1.5）
阴去35	26（2.65）	30（0.0）	17（5.0）
阳去13	23（3.0）	23（3.0）	9（4.1）
阴入5	10（2.08）	10（2.08）	31（1.0）
阳入1	17（2.21）	17（3.2）	11（0.6）
平均值	22.6（2.49）	20.8（8.4）	15.4（2.4）

　　北京话中不同声调音节中各元音内在鼻化度由大到小排序为：阴平（55）＞阳平（35）＞去声（51）＞上声（214）②。二者相比较，不同声调音节中元音鼻化度都表现出相同的趋势，即曲折调中的元音鼻化度最小，平调中较大，升调和降调中较小。

①　时秀娟：《汉语方言的元音格局》，中国社会科学出版社2010年版。
②　时秀娟、郑亦男：《北京话单音节中元音的鼻化度再分析》，《南开语言学刊》2016年第2期。

（三）声母对元音内在鼻化度的影响

1. 清声母对元音鼻化度的影响

我们将上海话单元音与不同塞音、塞擦音和擦音相拼时的鼻化度进行对比，数据见表5—21。

表5—21　　上海话单元音与塞音、塞擦音和擦音相拼时的鼻化度

	a	i	u	ɔ	o	ø	ɣ	e
塞音	26 (4.8)	16 (1.6)	7 (1.0)	9 (0.5)	10 (2.2)	5 (0.6)	6 (0.2)	12 (2.6)
擦音	26 (1.7)	16 (1.1)	9 (1.2)	8 (0.3)	7 (2.1)	4 (0.8)	6 (0.4)	10 (0.6)
塞擦音	21 (6.0)	15 (3.6)	6 (1.1)	8 (0.6)	34 (2.2)	7 (0.6)	6 (0.3)	9 (0.8)
平均值	24 (4.1)	16 (2.1)	7 (1.1)	8 (0.5)	17 (2.2)	5 (0.7)	6 (0.3)	10 (3.1)

由表5—21看到，清辅音发音方法会对不同元音的鼻化度产生不同的影响。同一元音在不同发音方法的清声母后鼻化度不同，低元音/a/在塞音后的鼻化度大于塞擦音后的，与擦音后的相同；高元音/i/与之相同，而/u/则与之相反，擦音后的鼻化度大于塞音后的，塞擦音后的最小。/a/、/i/、/u/与不同辅音相拼时的鼻化度变化与北京话的相同。显著的特征是，擦音会使低元音/a/的鼻化度降低，会使非低元音的鼻化度升高。北京话中，低元音/a/、中元音/ɣ/在塞擦音后的鼻化度大于塞音后的，擦音后的最小；高元音/i/、/u/则与之相反，擦音后的鼻化度大于塞音后的，塞擦音后的最小。

由统计数据还看到（详细数据略），同一发音部位的塞音，送气不送气也会使元音的鼻化度发生变化。送气塞音会使高元音/i/、/u/的鼻化度降低，会使非高元音/a/、/ɔ/、/e/的鼻化度升高；中元音/ɣ/既有升高也有降低。塞音随发音部位的后移（双唇、舌尖、舌根），会使/a/、/i/、/u/的鼻化度降低，/e/、/ɣ/的鼻化度升高。擦音随发音部位的后移会使/a/、/ɔ/、/e/的鼻化度升高，/u/的鼻化度降低。塞擦音后各元音规律不明显。

2. 通音声母对元音鼻化度的影响

由表5—22看到，通音声母对元音的鼻化度有影响。鼻音声母/m/、/n/、/ɲ/对元音的鼻化度影响显著，使元音的鼻化度都有提高，

/a/、/i/、/u/、/y/、/e/提高的幅度较大，大都超过了非鼻音的临界值40（/mu/、/ne/除外），成为鼻化元音；/ɤ/、/o/、/ɔ/、/ø/提高的幅度较小，没有超过非鼻音的临界值40。非鼻音声母/l/、/z/、/v/也使元音鼻化度略有提高，但除/la/外，其他元音的鼻化度均未超过非鼻音的临界值40。而鼻音声母/ŋ/后元音只有/a/和/e/的鼻化度分别为43和52，成为鼻化元音，其他元音的鼻化度都没有超过非鼻音的临界值40，可以认为是口元音。

表5—22　　　　　　　上海话一级元音同通音声母相拼时的鼻化度

	a	o	ɔ	i	u	y	e	ɿ	ɤ	ø
m	51 (1.7)	38 (7.0)	25 (1.6)	58 (5.9)	33 (7.8)	\	45 (5.0)	\	35 (3.2)	28 (6.4)
n	53 (1.5)	29 (3.5)	33 (6.2)	77 (1.0)	47 (4.0)	\	34 (4.4)	\		34 (4.6)
ŋ	43 (1.2)	6 (0.6)	13 (3.1)		8 (0.6)	\	52 (5.0)	\	6 (0.6)	3 (0.6)
ȵ	\	\	\	76 (2.3)	\	48 (17.2)	\	\	\	\
l	40 (3.8)	\	13 (4.4)	17 (1.6)	12 (1.6)	13 (2.5)	12 (0.6)	\	8 (1.2)	3 (0.6)
z	\	\	\	23 (6.7)	\	12 (2.3)	\	\	33 (2.7)	\
v	24 (9.1)	\	\	35 (8.0)	13 (2.6)	\	12 (0.6)	\	\	\

（四）鼻化元音及带鼻尾元音的鼻化度

测量上海话的鼻化元音/ã/、/ɑ̃/的鼻化度如表5—23所示。

表5—23　　　　　　　上海话鼻化元音的鼻化度

鼻化元音	平均N值	标准差
ã	54（0.6）	3.0
ɑ̃	47（2.1）	4.7

由表5—23看到，鼻化元音/ã/的鼻化度为54，/ɑ̃/的鼻化度为47，均高于非鼻音的临界值40，处于40—80之间，分布于鼻化元音的范围之内。

测量上海话带鼻尾元音的鼻化度即元音复合鼻化度[1]，数据见表5—24。

表5—24   上海话带鼻音韵尾元音的鼻化度

v（ŋ）	ə	o	i	y
鼻化度	47（2.6）	42（2.0）	43（2.5）	42（1.7）

由表5—24看到，各元音的复合鼻化度都高于非鼻音的临界值40，处于40—80之间，分布于鼻化元音的范围之内，由大到小的排序为：/ə/＞/i/＞/o/＝/y/。与内在鼻化度相比，/ə/的位次也有所提高，这与北京话相同。[2]

四　上海话鼻音韵尾/－ŋ/的鼻化度

（一）零声母音节中鼻尾/－ŋ/的鼻化度

上海话只有一个后鼻音韵尾/－ŋ/。测量零声母音节（i）ŋ、（ə）ŋ、（o）ŋ、（y）ŋ中的鼻尾韵及与清声母相拼的鼻尾韵音节中的鼻音韵尾的鼻化度，数据见表5—25。

表5—25   上海话鼻音韵尾/－ŋ/的鼻化度

（v）ŋ	o	y	ə	i	平均值
鼻化度	81（4.5）	68（4.2）	90（2.2）	92（0.8）	83（2.9）

---

[1]　时秀娟：《汉语语音的鼻化度分析》，《当代外语研究》2011年第5期。

[2]　时秀娟：《汉语方言的元音格局》，中国社会科学出版社2010年版。

表 5—25 显示，上海话鼻音韵尾/－ŋ/的鼻化度平均值为 83，高于做声母时的/ŋ/的鼻化度 81。不同元音后/－ŋ/的鼻化度也有差异，顺序为（i）ŋ＞（ə）ŋ＞（o）ŋ＞（y）ŋ，鼻化度大多达到 80 以上，还是一个纯鼻音。这与北京话中的/n/是不同的。

（二）与声母相拼的音节中鼻尾/－ŋ/的鼻化度

在与声母相拼的音节中，鼻尾/－ŋ/的鼻化度有波动。以/o ŋ/韵母为例，与声母/t/、/m/、/n/、/l/相拼时鼻尾/－ŋ/的鼻化度数据见表5—26。

表 5—26　　　　　　　　　鼻音韵尾/－ŋ/的鼻化度①

数据 声母	－ŋ	弱化率	脱落率	总体 －ŋ
t	70（4.4）	100%	0%	75（6.2）
m	82（1.7）	0%	0%	弱化率
n	75（5.6）	83%	0%	67%
l	71（2.1）	100%	0%	鼻化率 0%

由表 5—26 可知，/m/声母后鼻音韵尾/－ŋ/的鼻化度最高，达到了82；/n/声母后的是 75；/l/声母后的韵尾较低，为 71；清声母/t/后的韵尾最低，为 70。边音声母和清声母音节中的后鼻音韵尾的弱化率达到了100%，/n/声母后也达到了 83%。鼻音韵尾/－ŋ/在上海话中并无出现脱落现象。

上海话鼻尾/－ŋ/以音节/moŋ/和/noŋ/为例，其正常、弱化鼻尾的鼻化度曲线、鼻音通道语图和口音通道语图见图 5—18。

（三）声调对鼻音韵尾/－ŋ/鼻化度的影响

考察阴平（53）、阴去（34）、阳去（23）这些声调对鼻尾/－ŋ/鼻化

————————
① /t/声母音节共有样本数 6 个，弱化样本数 6 个，鼻化样本数 0 个；/m/声母后音节共有样本数 6 个，弱化和鼻化样本数均为 0 个；/n/声母音节共有样本数 6 个，弱化样本数 5 个，鼻化样本数 0 个；/l/声母音节共有样本数 3 个，弱化样本数 3 个，鼻化样本数 0 个。

度的影响。数据见表5—27。

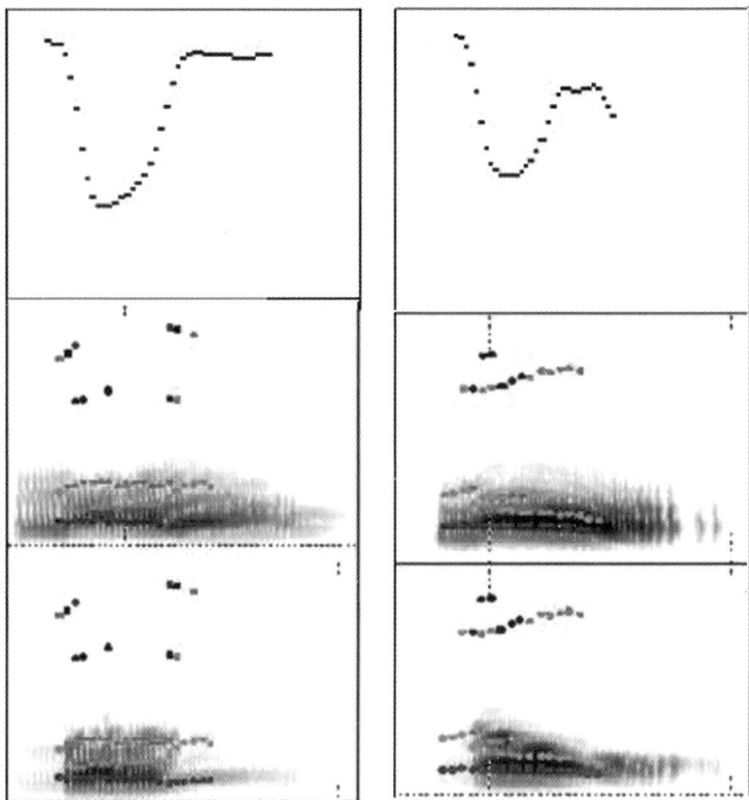

图5—18　正常（左）、弱化（右）鼻尾/－ŋ/的鼻化度曲线（上）、
鼻音通道语图（中）、口音通道语图（下）

表5—27　　　　　　　　　　鼻音韵尾不同声调的鼻化度①

鼻尾 声调	－ŋ韵尾		
	鼻化度	弱化率（%）	鼻化率（%）
阴平	73（7.7）	67	0
阴去	73（3.6）	100	0
阳去	77（5.1）	56	0

① 上海话/－ŋ/尾共有样本数21个，弱化样本数14个，鼻化样本数0个。

由表 5—27 看到，上海话的鼻音韵尾／－ŋ/没有产生鼻化现象，鼻化率都是 0%；弱化现象在阴平、阴去、阳去调中都超过了半数，在阴去调中达到了 100%。

五　结论

通过对上海话响音的鼻化度考察，发现上海的/m/、/n/、/ȵ/、/ŋ/四个鼻音声母的鼻化度都很高，鼻化度均在 80 以上，超过了鼻音鼻化度的临界值 80。非鼻音浊音声母/l/、/z/、/v/的鼻化度分别为 16、18、21，均低于非鼻音的临界值 40。通音声母/m、n（ȵ）、ŋ、l/与齐、撮两呼韵母相拼时的鼻化度大于与开、合两呼韵母相拼时的鼻化度；/z/、/v/与开口呼韵母相拼时的鼻化度大于与合口呼相拼时的鼻化度。这与北京话的通音声母表现相同。计算了上海话通音声母的鼻化对比度，发现上海话通音声母的鼻化对比度较大，鼻音与非鼻音区分清晰。

上海话十个基础元音的内在鼻化度均低于非鼻音的临界值 40，由大到小排序为：/i/＞/a/＞/y/＞/e/＞/u/＞/ɔ/＞/ɣ/＞/o/＞/ɤ/＞/ø/，符合舌位越高越前或者越低则鼻化度越高；舌位越后越高则鼻化度越低的规则，另外，展唇元音的鼻化度大于圆唇元音的。声调及声母的发音部位和发音方法都对元音内在鼻化度有影响，与北京话的表现有相同之处。

上海话的鼻化元音/ã/、/ɑ̃/的鼻化度较有不同，/ã/的鼻化度（54）大于/ɑ̃/（47）的，处于 40—80 之间，分布于鼻化元音的范围之内。其他元音的复合鼻化度都高于非鼻音的临界值 40，处于 40—80 之间，分布于鼻化元音的范围之内，由大到小的排序为：/ə/＞/i/＞/o/＞/y/。

上海话鼻音韵尾/－ŋ/的鼻化度较稳定，受声母影响和声调影响是会有一定程度的弱化现象，但无鼻化现象发生。

第五节　广州话响音的鼻化度

一　广州话响音研究概况

广州话是粤语的代表方言之一。元音方面，各家有不同的元音音位的设定方案，按照元音从少到多，列举几家如下。袁家骅等[①]、詹伯慧[②]是8元音系统；黄锡凌[③]是10元音系统；Kao，Diana L.[④]、李新魁等[⑤]是11元音系统；Chao，Yuen. Ren[⑥]（赵元任）、Hashimoto 和 Oi-Kan Yue（余霭芹）、[⑦] 张洪年[⑧]、北京大学中国语言文学系语言学教研室[⑨]均是13元音系统。以上是传统音位学理论框架下的分析结果。石锋、刘艺[⑩]根据元音格局的理念和元音的声学表现，认为广州话有七个一级元音[⑪]（基础元音，能单独做韵母）和七个二级元音（能够带韵头），均为/i/、/u/、/y/、/a/、/ɛ/、/œ/、/ɔ/，有 11 个三级元音（能够带韵尾）和 11 个四级元音（既能带韵头也能带韵尾），均为：/i/、/u/、/y/、/ɛ/、/e/、/œ/、/ɵ/、/ɔ/、/o/、/a/、/ɐ/。韵母方面，各家的方案也有差异。李新魁等人的《广州方言研究》[⑫] 记录的是老派的语音，共有 59 个韵母（带 ＊ 号的只出现在少数口语词中）：/a/、/ai/、/au/、/am/、/an/、/aŋ/、 /ap/、/at/、/ak/、/ɐi/、/ɐu/、 /ɐm/、 /ɐn/、/ɐŋ/、/ɐp/、/ɐt/、/ɐk/、/ɔ/、/ɔi/、/ɔn/、/ɔŋ/、/ɔt/、/ɔk/、/ou/、/oŋ/、/ok/、/ɛ/、＊/ɛu/、＊/ɛm/、 ＊/ɛn/、/ɛŋ/、 ＊/ɛp/、 ＊/ɛt/、/ɛk/、/ei/、

① 袁家骅等：《汉语方言概要》，文学改革出版社 1960 年版。

② 詹伯慧主编：《广东粤方言概要》，暨南大学出版社 2002 年版。

③ 黄锡凌：《粤语韵汇》，中华书局 1941 年版。

④ Kao，Diana L.，*Structure of the Syllable in Cantonese*，The Hague Mouton，1971.

⑤ 李新魁、黄家教、施其生、麦耘、陈定方：《广州方言研究》，广东人民出版社 1995 年版。

⑥ Chao，Y. R.，*Cantonese Primer*，Cambridge：Harvard University Press，1947.

⑦ Hashimoto，Oi-Kan Yue（余霭芹），*Phonology of Cantonese*，Cambridge：Cambridge University Press，1972.

⑧ 张洪年：《香港粤语的语法研究》，香港：中文大学出版社 1972 年版。

⑨ 北京大学中国语言文学系语言学教研室：《汉语方音字汇》（第二版重排本），语文出版社 2003 年版。

⑩ 石锋、刘艺：《广州话元音的再分析》，《方言》2005 年第 1 期。

⑪ 此处不包括长元音。一般来说，大部分粤语方言都分长/aː/及短/a/，不过其他元音就没有长短之分。（见余霭芹 1988，《语文研究》第 2 期 42—50）也有观点认为广州话元音长短对立，不是一个局部现象，而是涉及［ɪːɛ］［ʊːɔ］［ɐɑ］三对元音的。见李行德《广州话元音的音值及长短对立》，《方言》1985 年第 1 期；Chao，Y. R.，*Cantonese Primer*，Cambridge：Harvard University Press，1947；Kao，Diana，*Structure of the Syllable in Cantonese*，The Hague：Mouton 1971.

⑫ 李新魁、黄家教、施其生、麦耘、陈定方：《广州方言研究》，广东人民出版社 1995 年版，第 168—203 页。

/eŋ/、/ek/、/œ/、/œŋ/、　　＊/œt/、/œk/、/θy/、　　/θn/、/θt/、/i/、/iu/、/im/、/in/、/ip/、/it/、/u/、/ui/、/un/、　　/ut/、/y/、/yn/、/yt/、/m̩/、/ŋ̍/。声母方面，广州话有三个鼻音声母：/m/、/n/、/ŋ/、一个边通音声母/l/，新派则/n/、/l/不分，都读/l/。本节语料根据李新魁、陈慧英、麦耘[①]的音位整理和同音字汇设计词表，考察广州话语音的鼻化度。

二　实验说明

（一）实验语料和发音人

本节所用的发音字表为广州话单音节字表。音节中的声母包括清声母（擦音、塞音、塞擦音）以及通音声母/m/、/n/、/ŋ/、/l/，包括零声母等，韵母包括单元音韵母、鼻音韵母以及声化韵。按广州话声韵拼合关系组成各音节来考察广州话中/m/、/n/、/ŋ/、/l/等声母的鼻化度和一级元音、鼻音韵母等的内在鼻化度。

发音人为广州市越秀区人 A，女性，22 岁，无耳鼻喉及口腔疾病，父母并非广州人，但该发音人在广州出生长大。另一发音人为广州市白云区人 B，女性，22 岁，无耳鼻喉及口腔疾病，父母均为广州人。两位发音人语音应都属于新派，发音纯正。录音前，先让发音人熟悉字表。录音时，发音人用自然语速朗读发音字表，每个字读三遍。

（二）语料录制和数据采集

实验语料的录制和鼻音数据的采集均在天津师范大学中文系语音实验室中进行。采集设备是 NasometerⅡ6400 鼻音计和 CSL4500。该设备可以将语音的口、鼻能量分两通道同步录入鼻音计。

（三）分析处理

鼻化度是鼻音能量在整个口音、鼻音能量之中所占的比例。计算公式略。鼻化度数值越大，说明鼻音能量越强，鼻化度越高；反之，N 值越小则鼻音能量越弱，鼻化度越低。

鼻化曲线是在以鼻化度为纵轴（标度在 0—100 之间）、时间为横轴

---

①　李新魁、陈慧英、麦耘：《广州话音档》，载侯精一《现代汉语方言音库》，上海教育出版社 1995 年版，第 6 页。

的二维平面图中显示的由鼻化度数据样点连成的曲线。图5—19所示的是发音人广州话"岸［ŋɔn］"的鼻化度曲线。

图5—19显示，广州话［ŋɔn］（岸）语音的鼻化度曲线起点处曲线很高，而后逐渐降低，到谷底后再逐渐升高。图形的峰值表示鼻音能量较高，谷底表示鼻音能量较低。这反映出声母/ŋ/和韵尾/n/的鼻音能量都很高，元音/ɔ/的鼻音能量较低。

鼻音计还能够按设定时间步长逐渐显示鼻化度数据，也能进行一定的统计分析。例如，计算一段语音的鼻化度平均值及相关数据。下文统计分析则是利用鼻音计的相关功能以及统计软件针对广州话元音、鼻音韵母、通音声母等的鼻化度完成分析。

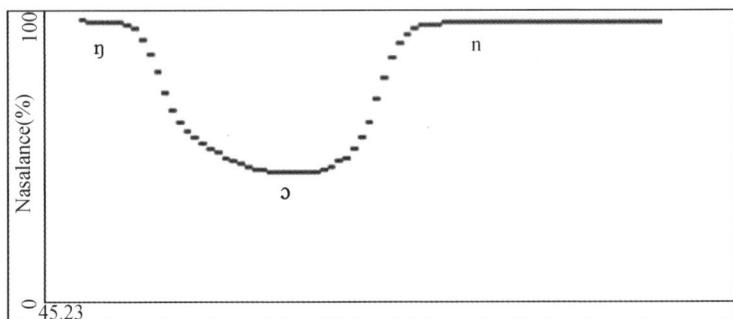

图5—19　鼻化度曲线示例（图例语音为广州话"岸"［ŋɔn］）

三　实验结果

（一）通音声母的鼻化度

鼻音计采集的是声带振动条件下的语音能量数据，广州话的擦音、塞音、塞擦音都是不带音（voiceless）的辅音，发音时鼻音计不能采集到语音能量，所以没有鼻化曲线，也就采集不到数据。

广州话中鼻通音声母有三个，分别是/m/、/n/、/ŋ/，边通音有/l/。在广州话单音节录音语料中选取/m/、/n/、/ŋ/、/l/各声母稳定段进行测量，得到以上通音声母的鼻化度数据平均值（见表5—28）。

表 5—28 广州话通音声母鼻化度

通音声母	m	n	ŋ	l
鼻化度	93（1.0）	95（1.6）	96（1.0）	37（4.7）

广州话的/m/、/n/、/ŋ/三个鼻音声母的鼻化度都很高，在 90 以上，/m/为 93，/n/为 95，/ŋ/为 96，都大于鼻音鼻化度临界值 80。其中/ŋ/比/n/略高，相差 1，/n/比/m/的鼻化度略高，相差 2。说明不同鼻音鼻化度不同，且鼻音鼻化度值随着发音部位依次向前而逐渐减小，这大概是由于/ŋ/在舌根部位成阻，气流可以绝大部分进入到鼻腔中，鼻化度就较大，而/n/、/m/分别在齿龈和双唇部位成阻，那么由喉部输出的气流将产生一小部分气流滞留在口腔中，进入鼻腔气流减少，因而鼻化度比/ŋ/小。声母/l/的鼻化度值为 37，处于非鼻音鼻化度的临界值 0—40 之内。

（二）通音声母的鼻化对比度

根据表 5—28 作出通音声母的鼻化度对比条形图（见图 5—20）。

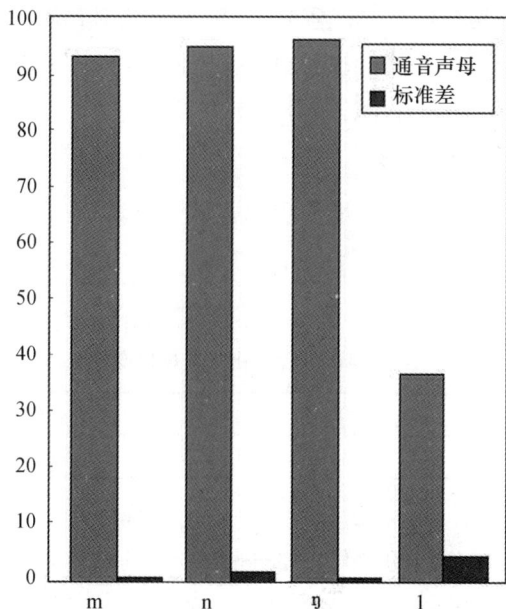

图 5—20 广州话通音声母的鼻化度对比图

由图 5—20 看出，广州话的鼻音非和鼻音对立非常明显清晰。对广州话通音声母的鼻化对比度进行量化分析。具体又有声母总体鼻化对比度和具体语音的鼻化对比度。

广州话鼻通音声母和边通音声母的总体鼻化对比度计算公式为：N = [N（m）+N（n）+N（ŋ）] /3 - N（l）

代入数据后得出广州话声母总体鼻化对比度为 57.7，这个值比北京话声母的鼻化对比度 61.8 小，但是也不算太小，说明说广州话鼻音声母和非鼻音声母总体上区分还是较为明显的。

其次，计算具体语音的鼻化对比度。具体语音的鼻化对比度是指这一语言中与非鼻音浊声母（x）相同或相近发音部位的鼻音声母的鼻化度 N 减去这个非鼻音声母鼻化度 N（x）的差值，即：Nx = N - N（x）。单个语音的鼻化对比度显示的是具体声母的特征，反映不同声母个体差异性，是不同声母量化对比的标志。

在广州话中只有一个非鼻音浊声母/l/，根据以上定义选取与/l/发音部位相近的鼻音声母/n/作为比较对象，将数据代入公式中，/n/与/l/鼻化度差值为 58，这个值与北京话中/n/与/l/鼻化对比度值相近。

综上，广州话中总体鼻化对比度和个体鼻化对比度都比较大，说明广州话中鼻音声母与非鼻音声母区分明显，不易混淆。

（三）声化韵的鼻化度

广州话中有鼻音充当韵母的现象，即声化韵：/m̩/、/ŋ̍/，鼻化度也非常高，数据见表 5—29。

表 5—29   广州话鼻音声化韵的鼻化度

声化韵	m̩	ŋ̍
鼻化度	93.6（0.6）	94.3（0.6）

广州话鼻音声化韵的鼻化度都很高，/ŋ̍/的鼻化度比/m̩/略高，鼻化度差值为 0.7，结合通音声母的鼻化度数值，我们可以发现广州话鼻音声母和鼻音声化韵的鼻化度均在 90 以上。

四　鼻音韵尾的鼻化度

广州话中有三个鼻音韵尾/－n/、/－ŋ/、/－m/，其鼻化度数据见表5—30。

表5—30　　不同元音后鼻音韵尾/－n/、/－ŋ/、/－m/的鼻化度值

/－n/	(a) n	(ɔ) n	(u) n	(y) n	(i) n	平均值
鼻化度	95.0 (0.3)	95.7 (0.6)	95.7 (0.3)	96.0 (0.6)	97.0 (0.6)	96 (0.6)
/－ŋ/	(œ) ŋ	(a) ŋ	(ɔ) ŋ	(ɛ) ŋ	\	平均值
鼻化度	91.7 (4.0)	94.0 (1.0)	94.7 (2.3)	95.0 (1.0)	\	94 (1.3)
/－m/	(a) m	(i) m	\	\	\	平均值
鼻化度	93 (1.2)	95 (0.4)	\	\	\	94 (1.0)

由表5—30看到，前鼻音韵尾/－n/的鼻化度平均值为96，标准差很小，仅为0.6，后鼻尾/－ŋ/的鼻化度平均值为94，标准差为1.3，/－m/尾的鼻化度为94，标准差为1.0。其中/－n/尾的鼻化度最大，/－ŋ/尾和/－m/尾的鼻化度相同，都稍小于/－n/尾。不同元音后鼻尾的鼻化度有差异。不同元音后/－n/、/－ŋ/、/－m/鼻化度顺序分别为：(a) n <（ɔ) n/（u) n <（y) n <（i) n；（œ) ŋ <（a) ŋ <（ɔ) ŋ <（ɛ) ŋ；a (m) <（i) m。可见舌位越低的元音后面的韵尾的鼻化度越低，舌位高的元音后韵尾的鼻化度越高。

/n/、/ŋ/、/m/做声母时的鼻化度分别是95、96、93，可以看到鼻音韵尾的鼻化度与其做声母时的鼻化度相比较并未变小。也就是说广州话鼻音韵尾无明显弱化现象。这与普通话及其他方言中的表现不同。观察广州话单音节中带鼻尾音节的语谱图，鼻音韵尾的共振峰模式都很清晰，与前面元音共振峰之间的断层很明显。这与刘新中[①]的研究相同。据刘新中统计，广州话音节总数2127个，而其中鼻音韵尾的音节871个，占音节总数约41%，普通话音节中鼻音韵母所占的比例为32%。广州话的鼻音韵尾鼻化度较高，且没有弱化现象，可能与其鼻音韵尾出现率高有关联，但

---

① 刘新中：《广州话单音节语图册》，世界图书出版公司广东有限公司2014年版。

还需进一步考证。

五 元音的鼻化度

(一) 广州话基础元音的内在鼻化度

口音和鼻音虽然是不同性质的两个语音单位,但实验证明口元音都具有不同程度的鼻化度。不同口元音所具有不同程度的鼻化度称为元音内在鼻化度。[①] 广州话有七个基础元音,即/i/、/u/、/y/、/ɛ/、/œ/、/ɔ/、/a/,这里任意选取七个基础元音的鼻化曲线(其声母均为擦音、塞音或塞擦音,排除了鼻音声母对元音鼻化度的影响),并放在一起作为示例图(见图5—21)。

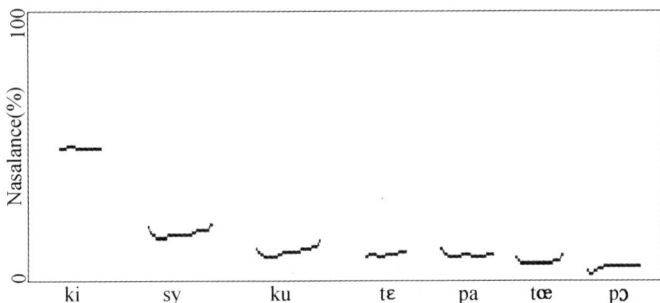

图5—21 广州话基础元音的鼻化度曲线图

由图5—21看出,前高元音/i/鼻化度较高,/y/、/u/次之,低元音/a/、/ɛ/、/œ/、/ɔ/鼻化度较低。我们测量七个基础元音内在鼻化度,测量时在鼻化曲线稳定的段落进行取值,分别计算出七个基础元音的N值平均值,结果请见表5—31。

表5—31　　　　　　　广州话基础元音内在鼻化度

元音	i	y	u	ɛ	a	œ	ɔ
鼻化度	30 (1.5)	19 (1.4)	10 (0.9)	9 (0.7)	8 (0.9)	6 (0.8)	5 (0.7)

① 时秀娟、石锋、冉启斌:《北京话响音化度的初步分析》,《当代语言学》2010年第4期。

根据表5—31可知，广州话基础元音内在鼻化度排序为（由大到小）/i/＞/y/＞/u/＞/ε/＞/a/＞/œ/＞/ɔ/。前高元音/i/的内在鼻化度最高，为30；/y/、/u/次之，内在鼻化度分别为19和10；其余四个都在10以下。就分布范围来看，高元音标准差相对较大，低元音标准差相对较小。与图5—22广州话基础元音声位图对照看，广州话前元音系列元音数量较多，舌位由高到低排列是/i/、/ε/、/œ/，鼻化度的大小也是按由高到低排列的：/i/＞/ε/＞/œ/；后元音系列有/u/、/ɔ/，鼻化度的大小也是按由高到低排列的：/u/＞/ɔ/。前后元音系列都是高元音的鼻化度大于非高元音的鼻化度。圆唇和不圆唇比较，是/i/＞/y/；/ε/＞/œ/，不圆唇元音的鼻化度大于同部位的圆唇元音的鼻化度。舌位高度相同时（主要是高元音和中元音），前元音的鼻化度大于后元音的鼻化度：/i/＞/y/＞/u/；/ε/、/œ/＞/ɔ/。就广州话基础元音的内在鼻化度来说，舌位的前后和高低以及唇形都是影响鼻化度的重要因素。总体上与北京话及其他方言一致。

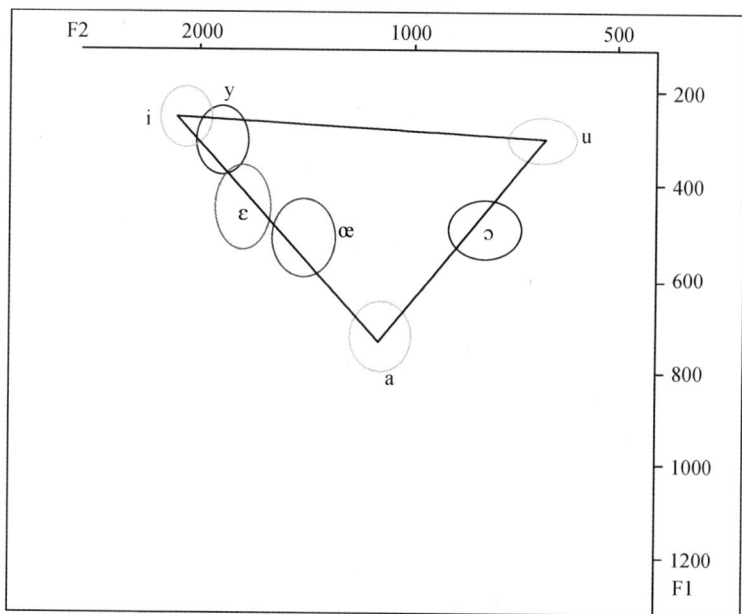

图5—22　广州话基础元音声位图

（二）元音的复合鼻化度

元音鼻音相连而产生变化，变化后的鼻化度称为"元音复合鼻化度"。包括元音后接鼻尾时的复合鼻化度；元音前接鼻音声母时的复合鼻化度。[①]

广州话没有鼻化元音，但一般认为带鼻韵尾的元音都会受到韵尾的影响而发生鼻化现象。例如/aŋ/中的元音会成为鼻化元音/ã/。在广州话中有/an/、/ɔn/、/ɐŋ/、/ɛŋ/、/eŋ/、/un/、/yn/等鼻音韵母，由于在广州话中不论是前鼻音韵尾或后鼻音韵尾都没有完全带齐七个一级元音，因此我们分类讨论，对其中带前鼻韵尾和后鼻韵尾的一级元音分别进行了测量，计算出它们的鼻化度平均值，请见表5—32。

表5—32　　广州话鼻音韵尾/－n/、/－ŋ/、/－m/前元音的鼻化度

v（n）	î（n）	ỹ（n）	ã（n）	ũ（n）	ɔ̃（n）
鼻化度平均值	54（5.3）	43（4.4）	40（3.1）	23（2.2）	21（3.1）
v（ŋ）	ẽ（ŋ）	a（ŋ）	ɔ̃（ŋ）	œ̃（ŋ）	\
鼻化度平均值	44（6.2）	41（5.9）	29（3.9）	24（5.4）	\
v（m）	î（m）	a（m）	\	\	\
鼻化度平均值	44（3.4）	39（3.9）	\	\	\

跟表5—31相比，广州话带鼻尾的元音受到鼻音韵尾的影响之后鼻化度即复合鼻化度都有所提高，元音的复合鼻化度均大于这些元音各自的内在鼻化度。不同元音带相同鼻尾时的复合鼻化度和相同元音带不同鼻尾时的复合鼻化度都有不同。具体表现如下：

不同元音带相同鼻尾时的复合鼻化度由大到小的排列顺序为：

v（n）：i（n）＞y（n）＞a（n）＞u（n）＞ɔ（n）；

v（ŋ）：ɛ（ŋ）＞a（ŋ）＞ɔ（ŋ）＞œ（ŋ）；

v（m）：i（m）＞a（m）。

北京话带鼻尾的不同元音的复合鼻化度具体排序为：

ṽ（n）：ã：43＜ũ：44＜ẽ：48＜ỹ：54＜î：62　　（"＜"表示

---

①　时秀娟：《汉语语音的鼻化度分析》，《当代外语研究》2011年第5期。

小于）

ṽ（ŋ）：ã：47/ũ：47 ＜ ẽ：49 ＜ ỹ：51 ＜ ĩ：55　　（"＜"表示小于）

北京话中带前鼻音尾/－n/的元音/ã/、/ỹ/、/ũ/的鼻化度小于其带后鼻音尾/－N/时的鼻化度，高元音/ĩ/、/ỹ/相反。五个元音被前、后鼻韵尾影响后的鼻化度由大到小的排列顺序是一致的，都为：ĩ ＞ ỹ ＞ ỹ ＞ ũ ＞ ã。与元音内在鼻化度相比，元音ĩ、/ỹ/、/ṽ/的复合鼻化度位次提高，元音/ũ/的位次没变，/ã/的位次降低。/ṽ/的鼻化度位次提高，是跟它在鼻音韵母中的发音比在单韵母中的发音舌位降低趋央的变化有关。①前、高元音/ĩ/、/ỹ/的鼻化度最高的原因可能是，带上鼻尾/－n/、/－ŋ/后，前部的开口度小，后部通向鼻腔的通道开度大了，由鼻腔出来的气流增大，鼻化度升高的幅度也就大了。②

广州话中，带前鼻尾/－n/时，前高元音/ĩ（n）/的鼻化度最高，达到54；其次是/ỹ（n）/，鼻化度为43；再次是/ã（n）/，鼻化度平均为40，u（n）、ɔ（n）中的元音/u/、/ɔ/接鼻音韵尾后鼻化度都有显著提高，鼻化度分别为23、21，未达到非鼻音与鼻化音的临界值40。带前鼻尾时变化最显著的是低元音/a/，内在鼻化度为8，受到/n/尾的影响后鼻化度高达40，/i/本身内在鼻化度为30，受到/n/尾影响后鼻化度可达到54。带后鼻尾/－ŋ/时，ε（ŋ）、a（ŋ）中的元音/ε/、/a/的鼻化度排在前面，且都超过了非鼻音与鼻化音的临界值40，鼻化度分别为44、41，ɔ（ŋ）、œ（ŋ）中的元音/ɔ/、/œ/的鼻化度较小，分别为29、24，未达到非鼻音与鼻化音的临界值40。带双唇鼻音韵尾/－m/时，i（m）中/i/的鼻化度（44）大于 a（m）中/a/的鼻化度（39）。总体上，广州话基础元音中除/i/、/y/、/a/的复合鼻化度高于鼻化音与非鼻音的临界值40外，其余/u/、/ɔ/、/œ/元音在受到鼻音韵尾的影响后鼻化度均未超过非鼻音临界值40，此点不同于北京话元音受鼻韵尾影响后鼻化度变化规律。但由于条件所限，若总结出规律仍需更多发音样本，具体是否为广州话的特殊性，有待考察。

---

①　石锋：《北京话的元音格局》，《南开语言学刊》2002 年第 1 期。

②　时秀娟：《汉语语音的鼻化度分析》，《当代外语研究》2011 年第 5 期。

（三）塞尾入声韵中元音的鼻化度

广州话的塞尾入声韵有/－p/、/－t/、/－k/，如/ap/、/ip/、/yt/、/ak/。考察带有塞尾的基础元音的鼻化度（音节的声母均为零声母，个别声母为塞音、擦音、塞擦音），七个一级元音分别带上三个塞音韵尾之后的鼻化度平均值数据见表5—33。

表5—33　　　　　　　　广州话塞音韵尾中元音的鼻化度

元音	i	y	u	ɛ	a	œ	ɔ
鼻化度	19（4.8）	16（4.8）	8（3.2）	9（2.8）	8（3.5）	6（2.9）	6（3.5）

将表5—33与表5—31（广州话一级元音内在鼻化度）制成图5—23。由表5—33和图5—23可以看到，元音/i/、/y/、/u/带上塞音韵尾后鼻化度是下降的，其中/i/下降的幅度最大，/y/次之，/u/最小。元音/ɛ/、/a/、/œ/与内在鼻化度持平，元音/ɔ/略有上升。这与香港话中的表现相同。与绩溪话喉塞尾/－ʔ/元音鼻化度变化也相同。

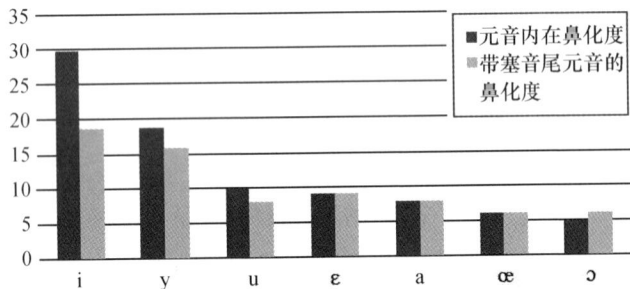

图5—23　广州话带与不带塞音韵尾元音鼻化度对比柱状图

绩溪话只有一个喉塞尾/－ʔ/，表现为所有元音带上喉塞尾/－ʔ/鼻化度都下降。具体表现见图5—24。

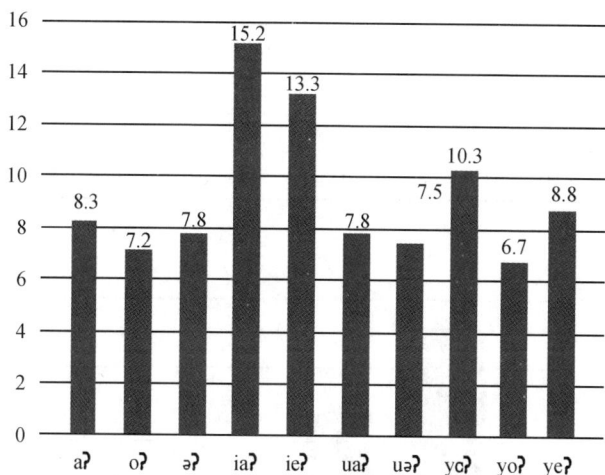

图5—24　绩溪话带塞尾元音的鼻化度①

　　香港话与广州话的塞尾完全一致。在香港话中看到三个不同的塞尾/‑p/、/‑t/、/‑k/对同一元音鼻化度的影响不一致。香港话数据见表5—34；/a/元音不带塞尾及带塞尾/‑p/、/‑t/、/‑k/时的鼻化度对比图见图5—25。

表5—34　　　　　　　　　香港话带塞尾元音的鼻化度②

带p尾	a（p）	ɐ（p）	i（p）	/	/	/	/
鼻化度	22（2.6）	14（0.0）	8（2.1）	/	/	/	/
带t尾	a（t）	ɐ（t）	i（t）	u（t）	y（t）	O（t）	ɔ（t）
鼻化度	12（0.6）	10.3（1.5）	6（1.2）	7（0.6）	4（0.6）	10.0（1.0）	/
带k尾	a（k）	ɐ（k）	i（k）	u（k）	ɛ（k）	œ（k）	ɔ（k）

---

① 邵博砲：《绩溪话语音的鼻化度考察》，本科毕业论文，天津师范大学，2015。

② 时秀娟：《香港话鼻音与非鼻音的对比格局》，《实验语言学》2017年第6卷第2号。

带 p 尾	a（p）	ɐ（p）	i（p）	/	/	/	/
鼻化度	16 (1.2)	21 (7.8)	13.7 (1.2)	14.3 (2.1)	14 (2.3)	11 (2.6)	12 (1.2)
平均值	16.7 (5.0)	15.1 (5.4)	9.2 (4.0)	10.7 (5.2)	/	/	/

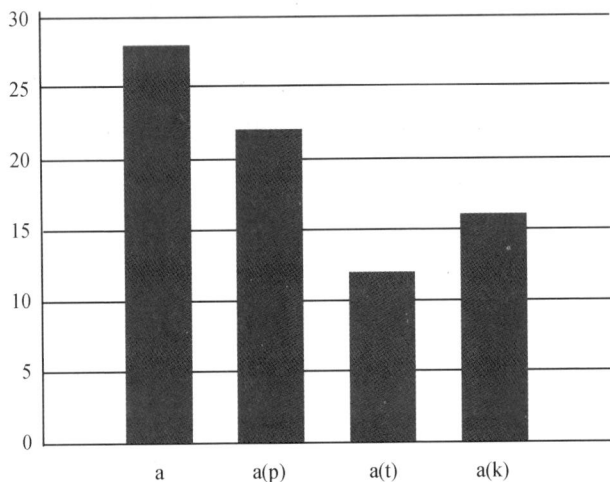

图 5—25　香港话元音/a/不带塞尾及带塞尾/ – p/、/ – t/、/ – k/时的鼻化度①

在广州话中虽无有无元音带/ – p – t – k/塞尾的分组数据，但应该可以看到与香港话有共同的趋势，即塞尾使元音的内在鼻化度降低。

六　结语

通过对广州话语音鼻化度的考察，我们可以得出以下结论：（1）广州话鼻音声母的鼻化度非常高，均超过 90，鼻音浊声母与非鼻音浊声母的鼻化对比度为 57.7，说明在广州话中鼻音声母和非鼻音声母基本上能

① 时秀娟：《香港话鼻音与非鼻音的对比格局》，《实验语言学》2017 年第 6 卷第 2 号。

区分开。（2）广州话元音内在鼻化度大小与元音舌位的高低、前后以及圆唇不圆唇都有关。总体说来，舌位越高越前，鼻化度越大；舌位越低越后，鼻化度越小。舌位前后位置相同时，舌位越高鼻化度越大，舌位越低鼻化度越小；舌位高低位置相同或相近时，舌位越靠前鼻化度越大，反之越小。舌位高低前后位置相同时，不圆唇元音的鼻化度大于圆唇元音的鼻化度。（3）元音鼻化度受鼻音声母和鼻音韵尾影响较大，具体增幅依元音舌位不同而不同。/i/、/y/、/a/受到韵尾影响后鼻化度均超过非鼻音的临界值40，其他元音即使受到鼻音韵尾的影响，鼻化度仍未超过临界值。有可能因为发音人为新派发音，具体是否为广州话的特殊性，有待考察。鼻音韵尾/-m/对元音鼻化度的影响小于/-n/韵尾和/-ŋ/韵尾。（4）塞音韵尾也会降低前面元音的鼻化度，除/i/外，带塞尾元音鼻化度普遍比元音内在鼻化度小。（5）广州话鼻音韵尾无弱化现象，即鼻音韵尾的鼻化度与其做声母时的鼻化度相比较并未变小。这与普通话及其他方言中的表现不同。

第六节　福州话响音的鼻化度

引言

福州是福建的省会，是整个闽东方言区南、北两片的代表方言，是"闽东语"的代表方言。福州方言也流行于闽东方言区外，不仅流行于国内，日本、东南亚各国以及美洲、澳洲、西欧各国的华裔、华侨中也有不少人说福州方言。根据《福州方言词典》记载，福州方言的内部语音系统基本一致，内部差异主要存在于地域差别和年龄差别。福州方言包括零声母在内，声母有 15 个，包括/p/、/pʻ/、/m/、/t/、/tʻ/、/n/、/l/、/ts/、/tsʻ/、/s/、/k/、/kʻ/、/h/、/ŋ/、/l/。[①] 其中四个通音声母：/m/、/n/、/l/、/ŋ/；三个鼻音声母：/m/、/n/、/ŋ/，其中/m/不与撮口呼相拼；一个非鼻音浊音声母：/l/。福州方言的韵母有 48 个，有紧元音与松元音之分，这是福州话的主要特点，而紧松随调类而定。每一对相

---

① 引自冯爱珍：《福州方言词典引论》，《方言》1996 年第 2 期。

配的紧松韵母中，紧音韵母主要元音的舌位较高或较前，松音较低或较后。[①] 福州话基础元音有：i/ɛi, u/o u, y/øy, a/ɑ, ɛ/ɑ, o/ɔ,œ/ɔ 七对，前为紧元音后为松元音。福州话的鼻音韵尾只有后鼻音韵尾/ŋ/，没有前鼻音韵尾/n/。本节考察福州话语音的鼻化度。

一　实验说明及数据分析处理

（一）语料

本节所用的发音词表为福州方言单音节字表。从单字音来说，紧音韵母只拼阴平、阳平、上声、阳入四个调，松音韵母只拼阴去、阳去、阴入三个调。[②] 音节中的声母包括声母 15 个：/p/、/pʻ/、/m/、/t/、/tʻ/、/n/、/l/、/ts/、/tsʻ/、/s/、/k/、/kʻ/、/h/、/ŋ/、/l/，音节中的韵母包括单元音韵母、复元音韵母以及带鼻音韵母。按福州话的声韵拼合关系组成各种音节（发音表从略）。

发音人为一名女性青年，23 岁，生长于福州，父母均为福州人。发音人口音纯正，无口鼻咽疾病。发音人用自然语速朗读发音字表进行录音。

录音在语音实验室进行，直接录入鼻音计，普通声学录音同时进行，以满足做相关分析的需要。

（二）分析处理

鼻化度就是语音发音时鼻音化的程度，是鼻音能量在整个口音以及鼻音能量值之和中所占的比例，计算公式略。鼻化度曲线是在以鼻化度为纵轴（标度在 0—100 之间）、时间为横轴的二维平面图中显示的由鼻化度数据样点连成的曲线。图 5—26 所示的是发音人福州话"蒙［muŋ］"的鼻化度曲线。

从图 5—26 可以看出，福州话［muŋ］（蒙）的起点处曲线很高，逐渐降低到谷底，随后又升高到与开始相同的高度。反映出发音时鼻化度变化情况是从鼻音能量很高的声母/m/到鼻音能量较低的元音/u/，再到鼻音能量很高的韵尾/ŋ/。图形中的谷值表示鼻音能量较低，峰值表示鼻音

① 冯爱珍：《福州方言词典引论》，《方言》1996 年第 2 期。
② 同上。

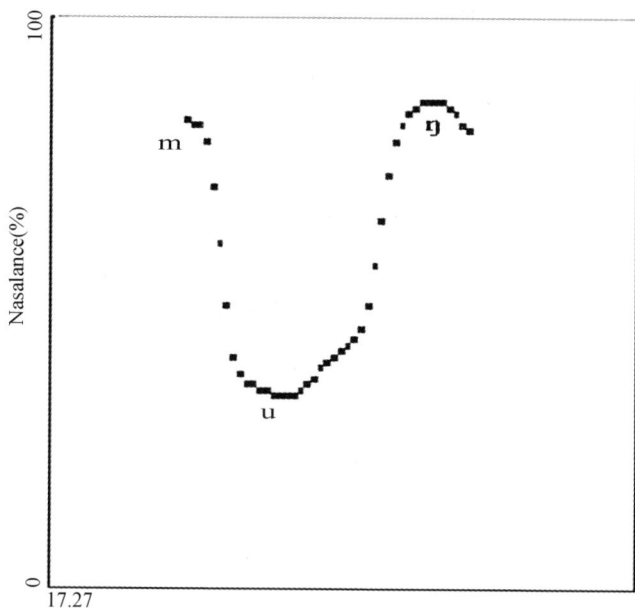

图 5—26　福州话［muŋ］（蒙）的鼻化度曲线例图

能量较高。

鼻音计还能够按设定的时间步长逐点显示鼻化度数据，也能进行一定的统计分析，例如计算一段语音的鼻化度平均值及相关的数据。下文的统计分析利用鼻音计的相关功能以及社会科学统计分析软件包（SPSS10.0）完成。

二　福州话通音声母的鼻化对比度

（一）通音声母的鼻化度

鼻音计采集的是声带振动条件下的语音能量数据，福州话的塞音、擦音、塞擦音都是不带音（voiceless）的辅音，发音时鼻音计采集不到语音能量，所以没有数据显示，也就没有鼻化曲线。这种情况就跟声调曲线一样，带音的部分就显示出曲线，不带音的部分俱是空白段。因此，鼻化度主要表示的是声带音（voiced）部分的语音鼻化程度的大小。

表5—35　　　　　　　　　　福州话通音声母的鼻化度

通音声母	m	n	ŋ	l
鼻化度	83（1.2）	94（2.2）	91（2.3）	31（0.8）

　　发音人是福州话新派语音，从她的发音发现，普通话非鼻音浊声母/l/，她大多数发成/l/，少部分发成/n/。从语音角度来看，福州话中鼻音声母有/m/、/n/、/ŋ/，非鼻音浊声母有/l/。按照发音人的实际发音，在福州话单音节字录音语料中选取/m/、/n/、/ŋ/、/l/各声母的稳定段进行测量，得到它们鼻化度的平均数据（见表5—35）。图5—27是依据表5—35数据做出的通音声母对比图。

　　根据表5—35及图5—27，福州话的/m/、/n/、/ŋ/三个鼻音声母的鼻化度都高于鼻音鼻化度的临界值80，/m/、/n/、/ŋ/的鼻化度值分别为83、94、91。非鼻音浊音声母/l/的鼻化度低于非鼻音临界值40，其鼻化度值为31。

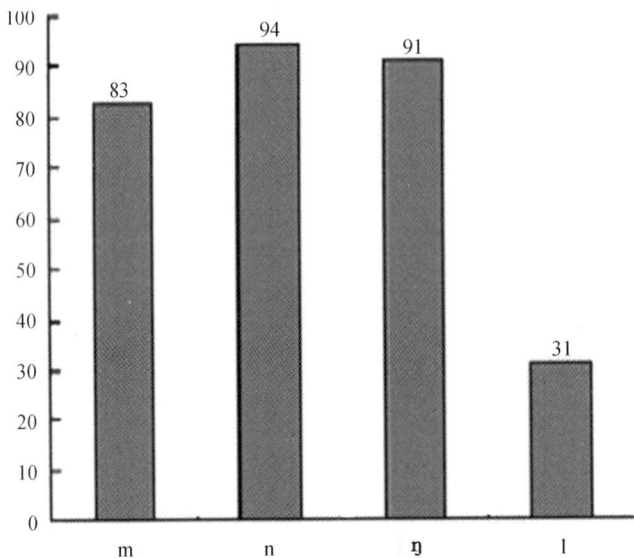

图5—27　福州话通音声母的鼻化度对比图

（二）通音声母的鼻化对比度

计算福州话通音声母的鼻化对比度，使这些通音声母之间的鼻化度关系进行量化。在福州话中，鼻音声母的平均鼻化度 =（83 + 94 + 91）/ 3 = 89，非鼻音声母的平均鼻化度为 31，所以，福州话声母的总体鼻化对比度为 89 - 31 = 58，这个值稍小于北京话声母的鼻化对比度 61.8。

再看福州具体语音的鼻化对比度。为便于比较，一般都在相同或相近的发音部位上计算鼻化对比度。福州话 /n/、/l/ 的发音部位接近（都用到了舌尖部位），/n/ 与 /l/ 的鼻化度差值为 94 - 31 = 63，稍大于北京话 /n/ 与 /l/ 的鼻化对比度 58.9。

（三）通音声母与不同韵母相拼时的鼻化度

由表 5—35 可看到，通音声母 /m/、/n/、/ŋ/、/l/ 的鼻化度有差异，并且鼻音声母 /m/、/n/、/ŋ/ 与非鼻音浊声母 /l/ 的鼻化度差异明显。

通过对福州话通音声母与不同韵母相拼时的鼻化度进行统计（数据见表 5—36），发现 /m/ 不能与撮口呼相拼，与齐齿呼相拼的鼻化度大于与开口呼和合口呼相拼的鼻化度；/n/、/ŋ/ 和 /l/ 与齐齿呼和撮口呼韵母相拼时的鼻化度值均大于与开口呼和合口呼韵母相拼时的鼻化度。这与北京话通音声母与开、合、齐、撮韵母相拼时的规律相符。

表 5—36　　福州话通音声母与不同等呼韵母相拼时的鼻化对比度

	m	n	ŋ	l
开口呼	80（3.7）	91（7.2）	93（1.7）	32（4.8）
合口呼	79（6.5）	92（0.5）	93（3.4）	20（0.8）
齐齿呼	89（4.1）	93（1.9）	94（2.5）	36（0.8）
撮口呼	\	97（0.8）	97（2.6）	32（0.9）

（四）语流通音声母的鼻化度

对福州鼻音通音声母在语流中的鼻化度进行统计，所用语料是有通音声母的生活中常用的多音节，数据见表 5—37。

表5—37 福州话通音声母在语流中的鼻化度

通音声母	m	n	ŋ	l
鼻化度	81（1.5）	92（0.7）	71（1.2）	59（0.7）

由表5—37发现，鼻音声母/m/、/n/和/ŋ/的鼻化度都明显变小，分别由83降低为81，94变为92、91变为71；/l/声母的鼻化度由31增大为59，说明/l/在语流中的鼻化度值超过了北京非鼻音声母非鼻音临界值40，成了鼻化边音/l/。

三 福州话元音的内在鼻化度

（一）福州话元音的内在鼻化度

福州话基础元音有：i/ɛi，u/ou，y/øy，a/ɑ，ɛ/ɑ，o/ɔ，œ/ɔ，共七对，前为紧元音后为松元音。我们测量了福州话紧元音和松元音的内在鼻化度，测量时在鼻化曲线稳定的段落进行取值，分别计算出平均值和标准差，见表5—38。

表5—38 福州话基础元音的内在鼻化度

紧元音	i	u	y	a	ɛ	o	œ
平均值	38（0.9）	21（1.8）	25（5.4）	52（3.3）	24（9.1）	16（1.8）	15（0.5）
松元音	ɛi	ou	øy	ɑ	ɑ	ɔ	ɔ
平均值	23（1.7）	17（2.2）	18（0.8）	54（1.8）	54（1.8）	19（4.8）	19（4.8）

根据表5—38，福州话紧元音中/a/的内在鼻化度最高，数值为52，鼻化度大于非鼻音临界值40，其次是/i/、/y/、/ɛ/、/o/、/œ/，鼻化度分别为38、25、24、16、15，均低于非鼻音临界值。紧元音鼻化度由大到小的排序为：/a/＞/i/＞/y/＞/ɛ/＞/o/＞/œ/。松元音中两个/ɑ/的内在鼻化度最高54，鼻化度大于非鼻音临界值40，其次为ɛi/、/ɔ/、/øy/、/ou/，数值为23、19、18、17，鼻化度均小于非鼻音临界值。松元音鼻化度由大到小的排序为：/ɑ/＝/ɑ/＞/ɛi/＞/ɔ/＝/ɔ/＞/øy/＞/ou/。由图5—28福州话基础元音紧元音、松元音鼻化度曲线也可以直观地看到这种顺序。

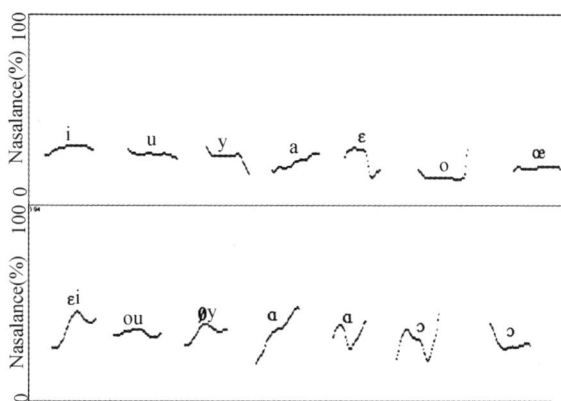

图 5—28　福州话基础元音鼻化度曲线

（上为紧元音，下为松元音）

（二）松紧元音的鼻化度与舌位的关系

已知元音的内在鼻化度与舌位的高低、前后以及圆唇与否都有关系。福州话有松紧元音，其松、紧音的舌位不同，具体见图 5—29。

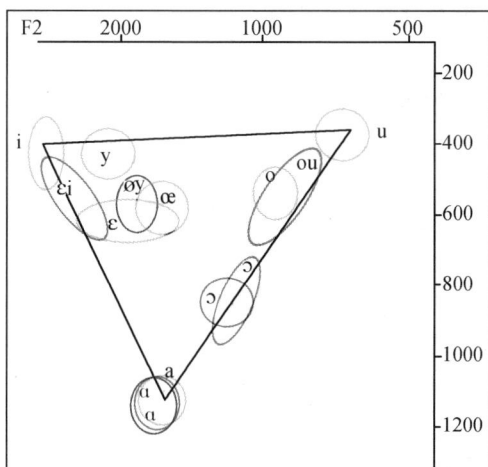

图 5—29　福州话基础元音声位图（由于/a/、/ɛ/相对的松元音都是

/ɑ/；/o/、/œ/相对的松元音都是/ɔ/，图中：a(圆形）/ɑ(方形)；

ɛ/ɑ(菱形)；o/ɔ(方形)；œ/ɔ(倒三角形)）①

① 时秀娟：《汉语方言的元音格局》，中国社会科学出版社 2010 年版。

由图5—29可以看出，福州话元音格局分布区域很大。单独来看松、紧元音与舌位的关系，都符合以下规律：（1）舌位越高越前，鼻化度越大，舌位越低越后鼻化度越小。（2）舌位前后位置相同时，舌位越高鼻化度越大，舌位越低鼻化度越小。（3）舌位高低相同或相近时，舌位越靠前鼻化度越大，反之越小。（4）舌位高低前后相同时，不圆唇元音的鼻化度大于圆唇元音的鼻化度。

松、紧元音相比较，松元音都在紧元音的下方，有的有动程，成为复合元音，如松元音/εi/、/ou/的动程较明显；松元音开口度都比相对的紧元音大，舌位比紧元音低，靠后。① 高元音中紧元音/i/、/u/、/y/的舌位都低于其相对的松元音/εi/、/ou/、/øy/，与此相对应，紧元音/i/、/u/、/y/的鼻化度都小于其相对应的松元音/εi/、/ou/、/øy/的鼻化度。非高元音正相反，是松元音的鼻化度大于紧元音的鼻化度。因为非高元音中，紧元音/a/、/ε/所对应的松元音都为/ɑ/，舌位低于紧元音/a/、/ε/，紧元音/o/、/œ/所对应的松元音都为/ɔ/，舌位低于紧元音/o/、/œ/。符合舌位越低鼻化度越大的原则。

四 元音内在鼻化度的动态变化

（一）声调对元音内在鼻化度的影响②

测量福州话五声俱全零声母音节或清辅音做声母的音节中元音/i/、/u/、/y/、/a/、/ε/、/o/、/œ/、/εi/、/ou/、/øy/、/ɑ/、/ɔ/的鼻化度（数据见表5—39），发现声调对元音鼻化度有影响。总体上看，紧音中，阴平（55）和上声（33）的鼻化度较大，阳平（53）较小；松元音中，阴去（212）的鼻化度较大，而阳去（242）的鼻化度则较小。各紧元音

---

① 这与传统的描写单元音变成复元音，较高较关的元音变成较低较开的元音，较低较前的元音变成较后的元音相一致。（冯爱珍：《福州话音档》附论二《福州话概述》，上海教育出版社1996年版，第67页）

② 福州话韵母与声调的配合关系十分密切，有紧音与松音之别。从单字音来说，紧音韵母只出现在阴平、阳平、上声、阳入里，松元音韵母只出现在阴去、阳去、阴入里。连读时，松元音作为前字变为紧音，作为后字不变。紧元音韵母不论在什么环境里都不会变成松元音。（冯爱珍：《福州话音档》附论二《福州话概述》，上海教育出版社1996年版，第66、67、98页）所以，紧元音只考察阴平、阳平、上声音节，松元音只考察阴去、阳去音节。

在阴平、阳平和上声中的鼻化度各有不同，但在松元音中每个元音的鼻化度都是阴去大于阳去。

表 5—39　　　　　　　福州话不同声调音节中元音的鼻化度

紧元音	i	u	y	a	ɛ	o	œ
阴平 55 音节	38 (0.8)	22 (0.0)	22 (0.9)	56 (3.2)	23 (0.6)	18 (0.8)	17 (0)
阳平 53 音节	37 (0.9)	18 (0.5)	24 (1.7)	57 (1.5)	21 (1.2)	17 (0)	16 (0.5)
上声 33 音节	38 (0.5)	23 (0.5)	31 (1.0)	56 (5.5)	28 (2.7)	18 (0.9)	26 (0.5)
松元音	ɛi	ou	øy	ɑ	ɑ	ɔ	ɔ
阴去 212 音节	27 (0.9)	24 (0.5)	19 (0.8)	56 (2.1)	62 (3.5)	14.7 (0.9)	15 (0)
阳去 242 音节	26 (1.9)	20 (0.9)	25 (3.9)	42 (8.1)	45 (7)	14 (0.5)	14 (0.5)

（二）清声母对元音内在鼻化度的影响

将福州话单元音与不同塞音、塞擦音和擦音相拼时的鼻化度进行对比，数据见表 5—40。

表 5—40　　福州话单元音与塞音、擦音和塞擦音相拼时的鼻化度对比

紧元音	i	u	y	a	ɛ	o	œ
塞音音节	36 (1.9)	26 (1.2)	21 (0.8)	56 (2.2)	22 (1.4)	13 (0.5)	16 (0.1)
擦音音节	27 (4.1)	22 (1.9)	21 (0)	55 (4.5)	20 (0.8)	16 (1.7)	14 (0.4)
塞擦音音节	26 (0.1)	19 (0.2)	15 (0.1)	59 (0.7)	18 (2.0)	16 (0.0)	17 (0.2)
平均值	30 (1.5)	22 (1.7)	19 (1.7)	57 (2.7)	20 (3.2)	15 (1.5)	16 (0.2)
松元音	ɛi	ou	øy	ɑ	ɑ	ɔ	ɔ
塞音音节	25 (0.5)	19 (0.1)	16 (1.3)	52 (2.2)	53 (2.2)	11 (0.1)	11 (0.1)
擦音音节	20 (0.1)	15 (0.5)	20 (0.1)	40 (7.1)	46 (0.7)	12 (0.2)	12 (0.2)
塞擦音音节	24 (0.4)	15 (0)	14 (0.1)	52 (2.5)	51 (5.2)	14 (0.6)	14 (0.6)
平均值	23 (0.1)	16 (1.1)	17 (1.5)	48 (2.1)	50 (3.1)	12 (0.6)	12 (0.6)

由表 5—40 看到，清辅音发音方法会对不同元音的鼻化度产生不同的影响，同一元音在不同发音方法的清声母后鼻化度不同。在福州话元音的紧元音中，低元音/a/在塞擦音后的鼻化度大于塞音后的，擦音后的最小，

高元音/i/、/u/、/y/则有所不同，塞音后的鼻化度最大，塞擦音后的鼻化度次之，而擦音后的鼻化度值最小，半低元音/ɛ/、/œ/在清辅音后的鼻化度值的规律与高元音/i/、/u/、/y/相同，半高元音/o/则是塞音后的鼻化度最小，塞擦音后的鼻化度最大。/a/、/i/、/u/与不同辅音相拼时的鼻化度变化与北京的相同，显著的特征是，擦音会使低元音/a/的鼻化度降低，会使非低元音的鼻化度升高。在松元音中，/ɛi/、/ou/在塞音后的鼻化度为最大值，塞擦音次之，在擦音后的鼻化度值最小，/øy/在擦音后的鼻化度值最大，塞音次之，在塞擦音后的鼻化度值最小，而低元音/ɑ/与同是低元音的/a/在清辅音后鼻化度值规律相同，半低元音/ɔ/与同是半低元音的/ɛ/相同。

（三）通音声母对元音鼻化度的影响

通音声母音节中元音的鼻化度数据见表5—41。

表5—41　　　　　　　　福州话通音声母后元音的鼻化度

紧元音	i	u	y	a	ɛ	o	œ
m	64（1.3）	54（0.8）	\	68（0.0）	64（2.9）	55（2.9）	\
n	82（0.9）	56（4.2）	74（1.3）	69（1.3）	72（0.9）	50（2.2）	73（2.6）
ŋ	77（2.2）	48（3.7）	41（4.1）	66（0.5）	77（1.7）	68（1.0）	\
l	37（0.5）	18（2.2）	25（1.7）	52（6.2）	19（0.9）	17（0.0）	20（0.5）
松元音	ɛi	ou	øy	ɑ	ɑ	ɔ	ɔ
m	56（1.3）	44（5.3）	65（2.5）	63（0.8）	63（0.8）	40（0.0）	40（0.0）
n	78（2.9）	67（4.5）	66（2.5）	58（1.3）	58（1.3）	47（3.4）	47（3.4）
ŋ	\	\	\	66（1.3）	66（1.3）	\	\
l	30（2.1）	\	33（4.8）	48（4.0）	48（4.0）	23（5.3）	23（5.3）

由表5—41看到，通音声母对元音的鼻化度有影响。鼻音声母/m/、/n/、/ŋ/对元音的鼻化度影响显著，使元音的鼻化度都有提高，无论是紧元音还是松元音提高的幅度都很大，最终鼻化度值都超过了非鼻音的临界值40。其中受/m/影响后的紧元音鼻化度由大到小的顺序排列为：/a/、/ɛ/、/i/、/o/、/u/，/y/与/œ/不能与声母/m/相拼；受/m/影响后的松元音鼻化度由大到小的顺序排列为：/øy/、/ɑ/、/ɛi/、/ou/、

/ɔ/。其中受/n/影响后的紧元音鼻化度值由大到小的顺序排列为：/i/、/y/、/œ/、/ɛ/、/ɑ/、/u/、/o/；受/n/影响后的松音鼻化度值由大到小的顺序排列为：/ɛi/、/ou/、/øy/、/ɑ/、/ɔ/。受声母/ŋ/影响后紧元音鼻化度值由大到小的顺序排列为：/i/=/ɛ/、/o/、/ɑ/、/y/、/u/，/œ/与声母/ŋ/不能相拼；松元音中只有/ɑ/能与声母/ŋ/相拼，受影响后鼻化度值为66。而受声母/l/影响后的紧元音鼻化度值由大到小的顺序排列为：/ɑ/、/i/、/y/、/œ/、/ɛ/、/u/、/o/；而受声母/l/影响后的松元音鼻化度值由大到小的顺序排列为：/ɑ/、/øy/、/ɛi/、/ɔ/。

（四）带喉塞韵尾元音的鼻化度

关于福州话的入声韵尾，研究者历来有不同的意见。部分人认为只有一个塞音韵尾，另一部分则认为有/k/和/ʔ/两个对立的塞音韵尾。本节遵从《福州方言词典》[①]中的观点，认为福州话的喉塞音入声韵尾只有/ʔ/一个。带喉塞音韵尾元音的鼻化度数据见表5—42。

表5—42　　　　　　　　　福州话带喉塞韵尾元音的鼻化度

紧元音	i(ʔ)	u(ʔ)	y(ʔ)	a(ʔ)	ɛ(ʔ)	o(ʔ)	œ(ʔ)
鼻化度	22（1.6）	15（1.3）	16（0.8）	66（0.8）	51（2.1）	63（1.3）	16（0.9）
松元音	ɛi(ʔ)	u(ʔ)	øy(ʔ)	ɑ(ʔ)	a(ʔ)	ɔ(ʔ)	ɔ(ʔ)
鼻化度	29（1.7）	16（0.5）	27（2.6）	25（2.2）	52（1.7）	25（2.2）	52（1.7）

表5—42与表5—38进行对比，可知，带喉塞音韵尾/ʔ/的元音的鼻化度值与福州话基础元音鼻化度值相比，紧元音/i/、/u/和/y/加上喉塞音韵尾/ʔ/后鼻化度值变小，而其他紧元音加上喉塞音韵尾/ʔ/后鼻化度都增大；松元音中/ɑ/和/ou/加上喉塞音韵尾/ʔ/鼻化度值变小，其他松元音则变大。说明福州话喉塞音韵尾对不同元音的鼻化度有不同的影响。

（五）语流中元音的内在鼻化度

福州话语流中元音的内在鼻化度数据见表5—43。

①　冯爱珍：《福州方言词典引论》，《方言》1996年第2期。

表 5—43　　　　　　　福州话元音在语流中的鼻化对比度

紧元音	i	u	y	a	ɛ	o	œ
鼻化度	69 (7.1)	70 (7.7)	22 (0)	46 (3.3)	19 (1.3)	16 (0.5)	63 (1.7)
松元音	ɛi	ou	øy	ɑ	ɑ	ɔ	ɔ
鼻化度	23 (0.5)	19 (0.5)	13 (0.8)	51 (3.3)	51 (3.3)	53 (3.6)	53 (3.6)

由表 5—43 我们可以看到，在语流中紧元音/i/、/u/、/œ/的鼻化度变化很大，提高的幅度超过了非鼻音的临界值 40，而/y/、/ɛ/、/o/的鼻化度无明显差别。松元音中只有/ɔ/鼻化度值变化较大，提高的幅度也超过了非鼻音的临界值 40，其他元音无明显差异。

五　元音复合鼻化度

测量零声母音节中带鼻尾松、紧元音的鼻化度，即元音复合鼻化度，数据见表 5—44。

表 5—44　　　　　　　福州话带鼻音韵尾元音的鼻化度

紧元音	i (ŋ)	u (ŋ)	y (ŋ)	a (ŋ)	ɛ (ŋ)	o (ŋ)	œ (ŋ)
鼻化度	49 (8.4)	28 (2.8)	39 (7.4)	63 (1.7)	\	\	\
松元音	ɛi(ŋ)	u(ŋ)	øy(ŋ)	ɑ(ŋ)	ɑ(ŋ)	ɔ(ŋ)	ɔ(ŋ)
鼻化度	17 (2.5)	37 (9.7)	55 (2.2)	\	\	\	\

由表 5—44 得出，紧元音中，/u/、/y/的复合鼻化度分别为 28、39，处于口元音的范围，/i/、/a/元音的复合鼻化度都高于非鼻音的临界值 40，处于 40—80 之间，分布于鼻化元音的范围之内，鼻化度值由大到小的排列顺序为/a/ >/i/，其他紧元音不带鼻音韵尾。在松元音中，只有/øy/的鼻化度高于非鼻音的临界值 40，/ɛi/、/ou/松元音的鼻化度都处于口元音的范围。其他紧元音都不带鼻音韵尾。

六 福州话鼻音韵尾的鼻化度

（一）单字音的鼻音韵尾的鼻化度

福州话只有一个后鼻音韵尾/－ŋ/。测量零声母音节中的鼻尾韵及与清声母相拼的鼻尾韵音节中得鼻音韵尾的鼻化度，数据见表5—45。

表5—45 　　　　　　　　福州话鼻音韵尾的鼻化度

V（紧）+/－ŋ/	(i) ŋ	(u) ŋ	(y) ŋ	(a) ŋ	平均值
鼻化度	92 (2.2)	69 (2.6)	86 (2.2)	81 (2.5)	82 (3.8)
V（松）+/－ŋ/	(ɛi) ŋ	(ou) ŋ	(øy) ŋ	(ɑ) ŋ	平均值
鼻化度	81 (4.8)	74 (4.5)	78 (6.0)	69 (3.7)	76 (4.2)

从表5—45可以看出，福州话鼻音韵尾/－ŋ/在紧元音中的鼻化度值为82，在松元音中是76，都低于做声母时的/ŋ/的鼻化度91。而在不同元音后/－ŋ/的鼻化度也有差异，鼻化度值由大到小的排列顺序为（i）ŋ、（y）ŋ、（a）ŋ、（u）ŋ，其中（i）ŋ、（y）ŋ、（a）ŋ韵中鼻尾的鼻化度都达到80以上，处于鼻音的范围，（u）ŋ韵中鼻尾的鼻化度小于鼻音的临界值80，介于40—80之间，已经严重弱化，不是纯粹的鼻音了。这与北京话中的/n/相似。[1][2][3] 总体来看，鼻音韵尾大都有一个很高的、持续的鼻化曲线，鼻音特征段明显稳定（见图5—30），但也有一些弱化的鼻尾存在。如音节/iŋ/中的鼻尾/ŋ/，在鼻化度曲线中的表现为一个稳定段，是一个正常鼻尾。音节/uŋ/中的鼻尾/ŋ/，在鼻化度曲线中已经看不到明显的稳定段了，这个鼻尾/ŋ/表现出了弱化的趋势；/ouŋ/中鼻尾弱化得更明显。

---

[1] 许毅：《普通话音联的声学语音学特性》，《中国语文》1986年第5期。
[2] 王志洁：《英汉音节鼻韵尾的不同性质》，《现代外语》1997年第4期。
[3] 施向东：《汉语普通话的－n尾》，载石锋、沈钟伟编：《乐在其中——王士元教授七十华诞庆祝文集》，南开大学出版社2004年版，第213—221页。

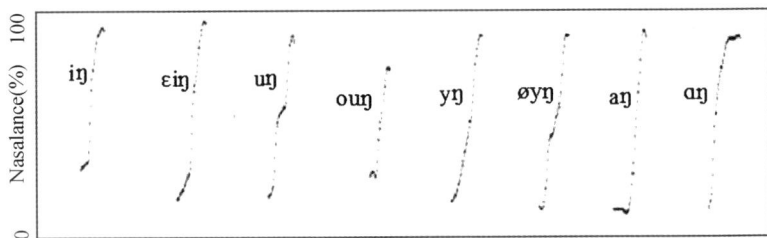

图 5—30　福州话鼻音韵尾的鼻化度曲线

　　图 5—31 是/iŋ/和/uŋ/两个音节所对应的语图模式，左边是包含正常鼻尾的音节/iŋ/，其音节后部的低频区依然有较强的能量，说明这个鼻尾是完整的。右侧的是包含弱化鼻尾的音节/uŋ/，它的音节后部的低频区虽然也有一定能量，但较之左侧的表现要弱一些，鼻尾这部分的时长所占整个音节中的时长也较短，说明这个音节中的鼻尾已经弱化了。

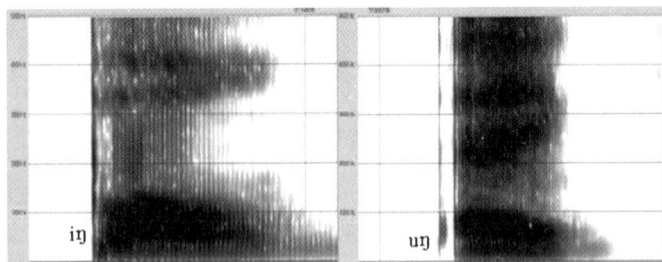

图 5—31　/iŋ/和/uŋ/的语图

（二）语流中鼻音韵尾鼻化度

　　福州话鼻音韵尾/－ŋ/在语流中的鼻化度仅为 72，低于鼻音临界值 80，介于 40—80 之间，已经严重弱化了。数据见表 5—46。

表 5—46　　　　　　　　　　鼻尾/－ŋ/在语流中的鼻化度

/－ŋ/	（sa）ŋ 44	（luo）ŋ 32	（nou）ŋ^{53}	（mɛ ĩ）242	（l ã）ŋ242	平均值
鼻化度	65（1.6）	74（0.9）	86（0.9）	68（4.6）	67（3.4）	72（1.2）

七　结论

通过对福州话响音的鼻化度的初步分析可得出结论：

（1）福州的/m/、/n/、/ŋ/三个鼻音声母的鼻化度都在鼻音临界值80以上。非鼻音浊声母/l/的鼻化度低于非鼻音的临界值40。通音声母/m/与齐齿呼相拼的鼻化度大于与开口呼相拼的鼻化度；/n/与开口呼相拼鼻化度值最小，且标准差较大，与撮口呼相拼鼻化度最大；/ŋ/与撮口呼相拼时鼻化度最小，而与开口呼、合口呼和齐齿呼相拼时鼻化度相等；/l/声母与开口呼相拼时鼻化度最大，标准差也最大。本文发音人是福州话新派语音，她基本可准确读出/n/、/l/。

（2）福州话元音的内在鼻化度，松、紧元音与舌位的关系，都符合以下规律：第一，舌位越高越前，鼻化度越大，舌位越低越后鼻化度越小。第二，舌位前后位置相同时，舌位越高鼻化度越大，舌位越低鼻化度越小。第三，舌位高低相同或相近时，舌位越靠前鼻化度越大，反之越低。第四，舌位高低前后相同时，非圆唇元音的鼻化度大于圆唇元音的鼻化度。

（3）松、紧元音相比较，高元音中紧元音/i/、/u/、/y/的鼻化度都小于其相对应的松元音/ɛi/、/ou/、/øy/的鼻化度；非高元音正相反，是松元音的鼻化度大于紧元音的鼻化度。

（4）声调、声母的发音部位和发音方法、是否带鼻韵尾、是否加喉塞音入声母及语流中的使用环境都对元音内在鼻化度有影响，与北京话的表现有相同之处。

（5）福州话单字音中鼻音韵尾/－ŋ/的鼻化度有弱化倾向，语流中弱化严重，已不是纯粹的鼻音了，与做声母的/ŋ/性质完全不同。这与北京话中的/n/相似。

第七节　厦门话响音的鼻化度

引言

厦门话是闽南语系的一支，是闽方言里使用人口最多、流行地域最广的一个大方言，通行于福建省厦门市市区且老中青三代所讲的厦门话大体相同。

《福建省志·方言志》第二节"厦门音系"中记载，厦门话声母有/p/、/pʻ/、/b(m)/、/t/、/tʻ/、/l(n)/、/k/、/kʻ/、/g(ŋ)/、/ts/、/tsʻ(dz)/、/s/、/h/、/ø/共 14 个，认为"/m/、/n/、/ŋ/是/b/、/l/、/g/的音位变体。厦门话/b/、/l/、/g/是浊音，发音时，塞音的成分比较弱，相当于发/m-/、/n-/、/ŋ-/时去掉鼻音而成的音。在鼻化韵前/b-/、/l-/、/g-/受鼻化元音的影响，会读成/m-/、/n-/、/ŋ-/"。"/l/的发音是舌尖与硬腭接触面较多，舌头比较紧张，气流不是从舌的两旁流出，而是舌尖离开硬腭后，气流从舌面上端流出，基本上还是浊塞音/d-/。"① 韵母分开尾韵 24 个，元音尾韵 8 个，鼻尾韵 30 个，鼻化韵 24 个总共 86 个。

罗常培的《厦门音系》记录厦门话声母有/p/、/pʻ/、/b/、/m/、/t/、/tʻ/、/l/、/n/、/k/、/kʻ/、/g/、/ŋ/、/h/、/ʔ/、/ts/、/tsʻ/、/s/、/tɕ/、/tɕʻ/、/dz/共 20 个，其中/m/、/n/、/ŋ/三个鼻音声母，/b/、/g/、/l/三个非鼻音带音声母。罗常培在描述/b/、/g/、/l/三个声母时，说到这样的话："/b/两唇接触很轻，破裂的力量很弱，比英文的/b/音软得多，听得忽略往往有跟/m/音混淆的危险。"② "/g/舌根跟软腭接触很轻，破裂的力量很弱，比英文的/g/音软得多，听得忽略往往有跟/ŋ/音混淆的危险。""/l/舌头极软用力极松，两边所留的通气空隙很小，听起来并不像北平的/l/音那样清晰，几乎有接近/d/音的倾向。"③ 韵母分阴韵 16 个、半鼻韵 12 个、阳韵 27 个以及声化韵 2 个共 57 个。

《中国音韵学研究》④ 中，厦门话声母有/p/、/pʻ/、/b/、/k/、/kʻ/、/g/、/m/、/n/、/ŋ/、/t/、/tʻ/、/l/、/ts/、/tsʻ/、/s/、/h/、/ø/共 17 个，其中/m/、/n/、/ŋ/三个鼻音声母，/b/、/g/、/l/三个非鼻音浊声母。通常认为/m-/、/n-/、/ŋ-/是/b-/、/l-/、/g-/的变

---

① 黄典诚、李如龙：《福建省志·方言志》，方志出版社 1998 年版，第 100—101 页。

② 罗常培：《厦门音系》，科学出版社 1956 年版，第 5 页。

③ 同上书，第 6 页。

④ 高本汉（瑞典）：《中国音韵学研究》，商务印书馆 1994 年版，第 9 页。

体，/m-/、/n-/、/ŋ-/只拼鼻化韵，/b-/、/l-/、/g-/只拼元音韵和鼻音尾韵。① 韵母有 76 个，包括带喉塞韵尾的入声韵母。能单独做韵母的元音有/a/、/e/、/i/、/o/、/ɔ/、/u/、/ã/、/ẽ/、/ĩ/、/õ/共 10 个：其中 4 个鼻化元音/ã/、/ẽ/、/ĩ/、õ/，一级元音/i/、/u/、/a/、/ɔ/、/o/、/e/6 个。

周长楫在《厦门话的音节》② 中根据 1998 年福建人民出版社出版的《厦门方言研究》指出，厦门话声母有 17 个，韵母有 82 个。胡方在《论厦门话/ᵐb ᵑgⁿd/声母的声学特征及其他》③ 中，通过声学仪器测量/b/、/g/的谱图，他认为厦门话的/b/、/g/实际上是鼻冠音/ᵐb/、/ᵑg/。

根据以上研究，可以看出厦门话中/m-/、/n-/、/ŋ-/与/b-/、/l-/、/g-/之间的纠葛关系实际上涉及鼻音与非鼻音的关系。非鼻音又包括口音和鼻化音，鼻化音又包括元音和辅音的鼻化。/m-/、/n-/、/ŋ-/与/b-/、/l-/、/g-/之间的纠葛关系实际上涉及整个音系中各类音之间的关系。本书利用鼻音计（Nasometer）对厦门话整个音系中口元音、鼻化元音、带鼻尾元音、鼻音声母、非鼻音浊声母、鼻音韵尾的鼻化度进行探究，分析厦门话语音的共性和个性特征，有助于认识厦门话中/m-/、/n-/、/ŋ-/与/b-/、/l-/、/g-/之间的关系。

一

实验语料、发音人及设备

本节实验语料全部为单字音，包括零声母单元音（包括口元音和鼻化元音），带鼻音声母/非鼻音声母的单元音，带鼻音韵尾/入声韵尾的单元音，探究鼻化度表现，离析语音事实。发音人为一名女性青年，年龄 20 岁，父母均为厦门人，从小在厦门长大，能说纯正的厦门方言，无口鼻咽疾病。录音在安静的语音实验室进行，请发音人使用自然语速朗读发音字表，每个发音字读 3 遍直接录入美国 Kay 公司生产的 Nasometer Ⅱ 6400 鼻音计，然后进行鼻音数据采集，该仪器自带软件可以提取鼻化度

---

① 周长楫：《厦门方言同音字汇》，《方言》1991 年第 2 期。

② 周长楫：《厦门话的音节》，《南大语言学》，商务印书馆 2012 年版，第 93 页。

③ 胡方：《论厦门话/ᵐb ᵑg ⁿd/声母的声学特征及其他》，《方言》2005 年第 1 期，第 10 页。

数据。鼻音计配有口鼻分音装置，有一块隔板挡在口与鼻之间，将口腔声音与鼻腔声音分开，语音被分为口、鼻两个通道同步录入鼻音计。同时另外利用 CSL4500 进行同步的普通声学录音，以满足做相关分析的需要。

二　元音的内在鼻化度

（一）元音内在鼻化度

元音不受鼻音声母及鼻音韵尾影响时的鼻化度，即为"元音内在鼻化度"。厦门话基础元音有/i/、/u/、/a/、/e/、/ɔ/、/o/6 个，我们测量了 6 个一级元音的内在鼻化度。测量时在鼻化曲线稳定的段落进行取值，分别计算出 6 个基础元音的鼻化度平均值[1]，参见表 5—47。

据表 5—47，厦门话/i/的内在鼻化度最高，为 71，到了鼻化元音的范围。其次是/a/、/e/、/u/和/ɔ/，分别为 22、12、11、10，较低的是/o/，在 10 以下。6 个元音的鼻化度由大到小排序为/i/ > /a/ > /e/ > /u/ > /ɔ/ > /o/。对照厦门话基础元音声学图（图 5—32）可以得出：前高元音及央低元音的鼻化度较高，后元音的鼻化度较低。即舌位越高越前，鼻化度越大；舌位越高越后，鼻化度越小；央元音中舌位越低鼻化度越大。这与北京话的表现一致。

表 5—47　　　　　　　　厦门话基础元音的内在鼻化度

	a	i	u	e	ɔ	o
阴平 55	21（2.0）	49（3.5）	18（2.3）	11（0.6）	12（1.0）	7（0）
阳平 35	\	42（2.5）	4（0.6）	13（3.1）	9（0.6）	9（0）
上声 53	22（5.1）	39（3.0）	15（1.5）	13（0.6）	10（0）	9（0.6）
阴去 21	21（4.7）	42（1.5）	5（0）	11（0.6）	10（0.6）	10（0.6）
阳去 22	22（4.4）	\	15（1.7）	10（0.6）	9（0.6）	7（0）
平均值	22（3.7）	43（4.5）	11（6.0）	12（1.7）	10（1.4）	8（1.2）

---

[1]　此处各元音的鼻化度平均值为每个元音多个样本的鼻化度曲线平稳段取值的平均值，非最高点的取值。

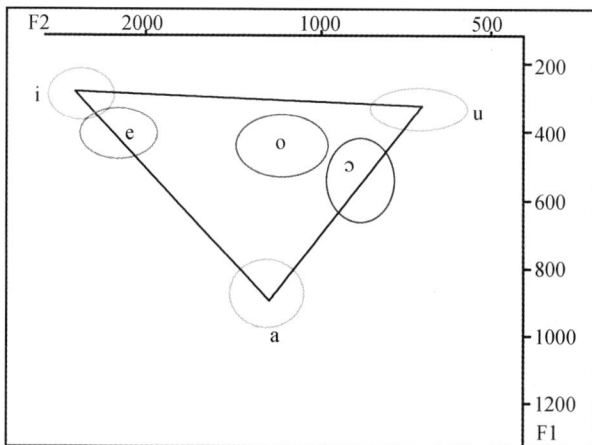

图 5—32　厦门话基础元音声学图①

（二）声调对元音内在鼻化度的影响

北京话研究表明声调对元音鼻化度有一定影响。表 5—47 中也统计了厦门话不同声调音节中各元音的内在鼻化度。② 由表 5—47 可知，各元音在各类声调中的鼻化度大小各有不同，总体上看，/a/、/i/、/u/在高调、平调时鼻化度较高；升调、降调时较低。/e/、/o/在升调、降调时较高；在高平调时较低。/ɔ/在降调、高平调时鼻化度较高；在升调、低平调时较低。北京话中不同声调音节中各元音内在鼻化度由大到小排序为阴平（55）＞阳平（35）＞去声（51）＞上声（214）。二者相比较，相似的是，基本都是高平调的鼻化度较大，降调的鼻化度较小。

（三）带塞音韵尾元音的鼻化度

厦门话有四个塞音韵尾/－p/、/－t/、/－k/、/－ʔ/。测量零声母或清塞音声母音节中的带塞音韵尾元音的鼻化度，数据见表 5—48。

---

① 时秀娟：《汉语方言的元音格局》，中国社会科学出版社 2010 年 8 月。

② /a/的阳平没有对应的零声母的实验字，因此无数据；/i/的阳去相同。没有数据则用"＼"表示。下文同。

表 5—48 厦门话塞音韵尾元音的鼻化度

	- p	- t	- k	- ʔ
a	12 (1.2)	13 (1.2)	11 (0.6)	12 (0.6)
e	\	\	\	18 (3.0)
i	20 (2.62)	32 (2.1)	20 (2.6)	31 (7.8)
u	\	11 (1.0)	\	\
o	\	\	\	11 (1.6)
ɔ	\	\	11 (0.6)	10 (0.6)

与表 5—47 中的数据相比较，表 5—48 中带上塞音韵尾后的元音鼻化度大多都是下降的，只有/e/、/o/是略微上升的。其中/a/、/i/元音的鼻化度下降幅度最大。可见，塞音韵尾有使元音鼻化度下降的趋势。

三 鼻化元音的鼻化度和元音的复合鼻化度

（一）鼻化元音的鼻化度

厦门话鼻化元音/ã/、/ẽ/、/ĩ/、/õ/鼻化度的数据见表 5—49。

表 5—49 厦门话鼻化元音的鼻化度

鼻化元音	平均值
ã	60 (4.0)
ẽ	49 (2.1)
ĩ	90 (3.5)
õ	9 (1.0)

由表 5—49 看到，鼻化元音/ã/的鼻化度为 60，/ẽ/的鼻化度为 49，高于口音与非鼻音的临界值 40，处于 40—80 之间，分布于鼻化元音的范围之内，/ĩ/的鼻化度高于鼻音临界值 80，说明已经完全鼻音化，/õ/的鼻化度为 9，低于口音与非鼻音临界值 40，处于口音的范围之内，说明已

经完全口音化。

（二）带鼻尾元音的鼻化度

厦门话带鼻尾元音的鼻化度即元音复合鼻化度①，数据见表5—50。

表5—50　　　　　厦门话带鼻音韵尾元音的鼻化度

元音	a（m）	i（m）	a（n）	i（n）	u（n）	a（ŋ）	i（ŋ）	ɔ（ŋ）
鼻化度	45（4.5）	66（9.4）	52（5.5）	59（9.6）	33（8.0）	55（7.3）	69（8.1）	37（3.6）

由表5—50看到，/u/的复合鼻化度为33，/ɔ/的复合鼻化度为37，均处于口元音的范围。元音/a/、/i/的复合鼻化度都高于口音与非鼻音的临界值40，处于40—80之间，分布于鼻化元音的范围之内。三个鼻尾后元音/a/、/i/的鼻化度由大到小的排序都为/i/＞/a/。

（三）浊音声母对元音的影响

厦门话中的浊音声母包括鼻音声母/m/、/n/、/ŋ/和非鼻音浊声母/l/、/b/、/g/，因二者之间有纠葛，所以放在一起讨论它们对元音鼻化度的影响。不同元音与浊音声母相拼时的鼻化度见表5—51。

表5—51　　　　　厦门话基础元音同浊音声母相拼时的鼻化度对比

	a	e	i	ɔ	o	u
m	66（2.5）	76（2.6）	92（0.5）	62（32）	\	\
n	66（0.6）	80（0.6）	92（1.0）	60（1.7）	\	\
ŋ	77（2.1）	78（1.7）	94（1.0）	62（4.6）	\	\
l	24（1.0）	37（2.9）	44（2.6）	14（6.2）	16（4.0）	26（3.2）
b	64（3.5）	27（11.2）	32（2.5）	38（21.5）②	13（3.8）	18（4.5）
g	35（2.3）	60（15.5）③	\	23（3.4）		31（3.6）

①　时秀娟：《汉语语音的鼻化度分析》，《当代外语研究》2011年第5期。

②　/ba/、/bɔ/音节中发音人都有读成/ma/、/mɔ/的，这也使得/b/声母后元音/a/、/ɔ/的鼻化度升高。如/bɔ/读成/mɔ/后元音/ɔ/的鼻化度为52（9.6）；读成/bɔ/时，其后的/ɔ/鼻化度仅为9（2.5）。

③　/ge35/（牙）音节中发音人读成/ŋe35/，元音/e/的鼻化度高达75（2.0），所以影响了/g/后元音/e/的鼻化度，致使其鼻化度升高为60（15.5）。如排除此音后的鼻化度数据，/g/后元音/e/的鼻化度均值为35（6.6）。

由表5—51看到，鼻音声母/m/、/n/、/ŋ/对元音的鼻化度影响较大，使元音的鼻化度都有提高，/i/提高幅度最大，超过鼻音临界值80，成为了鼻音；/a/、/e/、/ɔ/有较大幅度的提高，大都超过了口音与非鼻音的临界值40，成为鼻化元音。非鼻音对元音鼻化度的影响也很显著，浊声母/l/对各元音鼻化度提高的幅度都较大，其中/i/提高的幅度最大，为44，到了鼻化元音的范围。/b/、/g/对各元音的影响也不一样，其中/b/后的/a/、/g/后的/e/鼻化度分别为64、60，大大超出了口音与非鼻音的临界值40，到了鼻化元音的范围内，且标准差较大。/b/后的/e/、/ɔ/鼻化度平均值虽然还在口元音的范围内，但标准差也都很大。这可能与/l/、/b/、/g/声母的特性有关，我们下文再详细讨论。

四　鼻音韵尾的鼻化度

（一）鼻音韵尾的鼻化度

厦门话有三个鼻音韵尾/-m/、/-n/、/-ŋ/。测量零声母音节中的鼻尾韵的鼻化度，数据见表5—52。

表5—52　　　　　　　　　　　厦门话鼻音韵尾的鼻化度

	a	u	i	ɔ	平均值
-m	97（0.8）	\	96（0.9）	84（1.8）	92（1.2）
-n	97（0.5）	96（1.0）	97（0.7）	\	97（0.7）
-ŋ	97（0.4）	\	97（0.7）	97（0）	97（0.4）

表5—52显示，厦门话鼻音韵尾/-m/的鼻化度平均值为92，/-n/的鼻化度平均值为97，/-ŋ/的鼻化度平均值为97。与鼻音声母相比较，/-m/低于做声母的/m/的鼻化度95，/-n/、/-ŋ/略高于做声母时/n/、/ŋ/的鼻化度。不同元音后鼻尾的鼻化度也有差异，但均高于非鼻音与鼻音的临界值80。

厦门话有两个声化韵/ŋ̍/、/m̩/放在此处一起讨论，/ŋ̍/的鼻化度为97

（0.51）；/m/的鼻化度为 96.00（0.00），都非常高。

（二）鼻音韵尾的增生

由前文浊声母分析看到，一级元音与鼻音声母相拼时的鼻化度都很高，特别是元音/i/，高达 90 以上，几乎就是鼻音了。把/mi/、/ni/、/ŋi/音节与/miŋ/音节的鼻化度曲线做了对比（见图 5—33），发现/mi/、/ni/、/ŋi/音节其实已经增生了鼻音韵尾，鼻化度曲线与/miŋ/音节的完全一致。

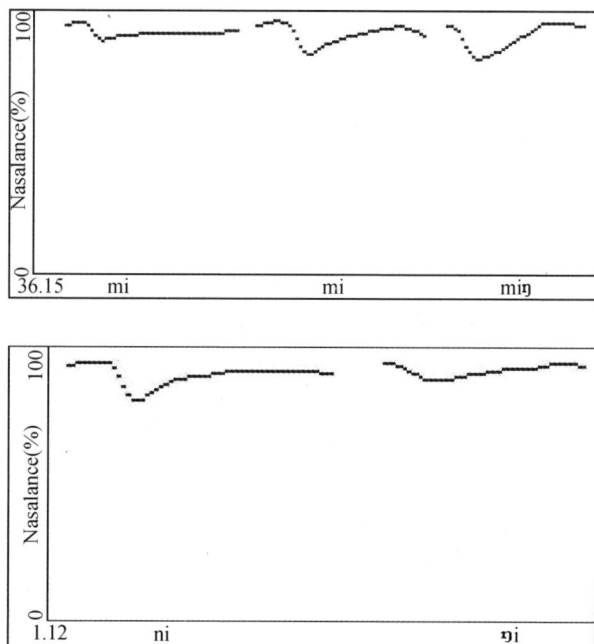

图 5—33　/mi/、/ni/、/ŋi/音节以及/miŋ/音节的鼻化度曲线对比图

口元音通过同化作用而发生鼻化现象主要依靠它们声学上的和发音上的必要条件（requirement）。比如元音与鼻音相邻很容易鼻化，与非鼻音相连一般很少鼻化。

Ni（"N"表示鼻音）音节中/i/鼻化度最高，增生鼻尾的几率最高。普通话和其他方言中也是如此。前文部分表 5—47 中厦门话/i/的元音内在鼻化度也很高，到了鼻化音的范围。Ohala 的实验表明，高元音容易引发"颤燥效应"（microphonic effect）。发高元音时软腭虽关闭，但是仪器还是能够检测到鼻腔中的振动，而且 F1 低的音最明显，这包括高元音/i/和浊辅音 d、b；F1 高的音（低元音）基本上没有颤燥。从声学角度来看，高元音/i/、/u/的 F1 以及浊塞音浊音杠频率都很低，在 300Hz 左右，而鼻音 F1 频率也很低，Keith Johnson 通过计算得出鼻音的 F1 的频率为 407Hz，实际测量的结果大致在 400Hz 左右。这使得高元音和浊塞音在听感上接近于鼻音。汉语方言中鼻尾增生语例基本都是高元音/i/、/u/、/ɯ/、/y/增生鼻尾，/I/、/e/、/ø/、/o/、/ə/这样的中高元音和央元音也会增生鼻尾，是因为高元音在增生鼻尾或鼻化后 F1 升高的缘故。因此，鼻尾增生根本上还是与生理发音有关，相应地在声学上有所表现，然后在听感上反映出来。厦门话音节中/mi/、/ni/、/ŋi/高元音/i/鼻尾则增生符合上述机制。

五　浊音声母的鼻化度

（一）浊音声母的鼻化度

鼻音计采集的是声带振动条件下的语音能量数据，厦门话的塞音、擦音、塞擦音都是不带音（voiceless）的辅音，发音时鼻音计采集不到语音能量，所以没有数据显示，也就没有鼻化曲线。这种情况就跟声调曲线一样，带音的部分就显示出曲线，不带音的部分就是空白段。因此，鼻化度主要表示的是带音（voiced）部分的语音鼻化程度的大小。浊音声母都是，带音的辅音，在厦门话中有/m/、/n/、/ŋ/、/l/、/b/、/g/。在厦门话单音节字录音语料中选取/m/、/n/、/ŋ/、/l/、/b/、/g/各声母的稳定段进行测量，得到它们鼻化度的平均数据。见表5—53。

表5—53　　　　　　　　　　厦门话浊音声母的鼻化度

浊音声母	m	n	ŋ	l	b	g
鼻化度	95（3.8）	96（1.5）	95（2.3）	48（17.1）	45（32.7）	54（23.1）

厦门话的/m/、/n/、/ŋ/三个鼻音声母的鼻化度都很高，均在 90 以上，大于鼻音的临界值 80，由大到小的排序为/n/：96 >/m/：95 =/ŋ/：

95。非鼻音浊音声母/l/、/b/、/g/的鼻化度分别为48、45、54，都大于口音与非鼻音的临界值40，到了鼻化音的范围里。厦门话/l/的鼻化度远大于北京话/l/的鼻化度32.4。

图5—34是根据表5—53的数据画出的条形图。从图5—34看来，鼻音/m/、/n/、/ŋ/的鼻化度较高，边音/l/和浊音/b/、/g/的鼻化度较低。鼻音/m/、/n/、/ŋ/与边音/l/和浊音/b/、/g/的差别虽然明显，但也看出这三个非鼻音浊声母的鼻化度也是挺高的，都超过了口音的临界值40。为了量化它们之间的差别，进一步计算声母的鼻化对比度。

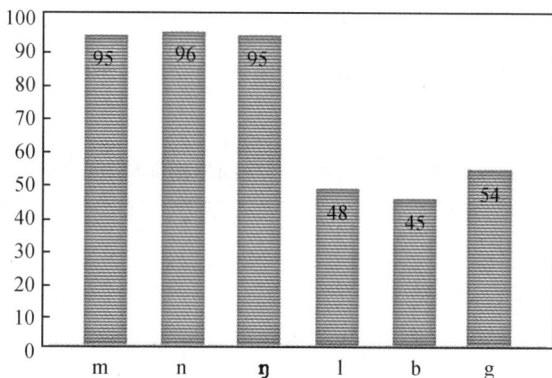

图5—34 厦门话浊音声母的鼻化度对比图

（二）浊音声母的鼻化对比度

计算厦门话浊音声母的鼻化对比度，使这些浊音声母之间的鼻化度关系量化。在厦门话中，鼻音声母/m/、/n/、/ŋ/的平均鼻化度 = （95 + 96 + 95）/3 = 95，非鼻音声母/l/、/b/、/g/的平均鼻化度 = （48 + 45 + 54）/3 = 49，所以，厦门话声母的总体鼻化对比为95 - 49 = 46，这个值小于北京话声母的鼻化对比度61.8。也就是说，厦门话鼻音声母和非鼻音声母的区分程度较低。

再看厦门话具体语音的鼻化对比度。为便于比较，在相同或相近的发音部位上计算鼻化对比度。厦门话/n/、/l/的发音部位接近（都用到了舌尖部位），/m/、/b/的发音部位接近（都用到了唇部位），/g/、/ŋ/的发音部位相近（都用到了舌根），因此可以进行对比分析。/n/与/l/的鼻化

对比度为 96 – 48 = 48，小于北京话/n/与/l/的鼻化对比度 58.9；/m/与
/b/的鼻化对比度为 95 – 45 = 50；/ŋ/与/g/的鼻化对比度为 95 – 54 = 41，
表明厦门话/n/与/l/及/m/与/b/及/ŋ/与/g/的发音有一定的区分度，但
都不是很高，这还涉及/m –/、/n –/、/ŋ –/与/b –/、/l –/、/g –/之
间的纠葛关系，下文详述。

（三）浊音声母与不同等呼韵母相拼时的鼻化度

由表 5—53 中数据看到鼻音/m/、/n/、/ŋ/的鼻化度数据标准差较
小，说明发音比较稳定。而非鼻音/l/、/b/、/g/的鼻化度数据标准差都
很大，说明发音极不稳定，前文浊声母分析也已经看到/b/、/g/有时会发
成鼻音。需进一步分析。我们先看是否与韵母有关，把浊音声母与不同韵
母相拼时的鼻化度分开统计，数据见表 5—54。

表 5—54　　　　　厦门话浊音声母与不同等呼韵母相拼时的鼻化度

	m	n	ŋ	l	b	g
开	96 (1.1)	96 (1.2)	95 (2.4)	42 (14.2)	50 (37.8)	54 (23.5)
合	88 (5.0)	94 (1.7)	\	56 (12.1)	16 (4.6)	54 (25.5)
齐	97 (0.8)	96 (0.6)	96 (1.0)	60 (29.6)	50 (24.3)	\

表 5—54 显示，浊音声母与开、合、齐三类韵母相拼时基本都表现为
与齐齿呼相拼时鼻化度最大，开口呼及合口呼次之。三个鼻音声母
/m/、/n/、/ŋ/表现较稳定，基本与北京话一致。三个非鼻音浊声母
/l/、/b/、/g/则不同。/b/声母与齐齿呼/i/相拼时发成/l/，如/bi/、
/biŋ/读成/li/、/liŋ/；与开口呼/a/、/ɔ/相拼时，发音人有的发成/m/，
即读成/m a/、/m ɔ/，鼻化度最大值为 95；与/e/相拼时，发音人有时发
成浊音/b/，而有时又发成/l/；与/o/相拼时，发音人发为浊音/b/。与带
鼻音韵尾的开口呼韵母相拼时，发音人多发成浊音/b/，如/baŋ/、/bɔŋ/。
与合口呼/u/相拼时发音人多发为浊音/b/。鼻化度曲线示例见图 5—35。

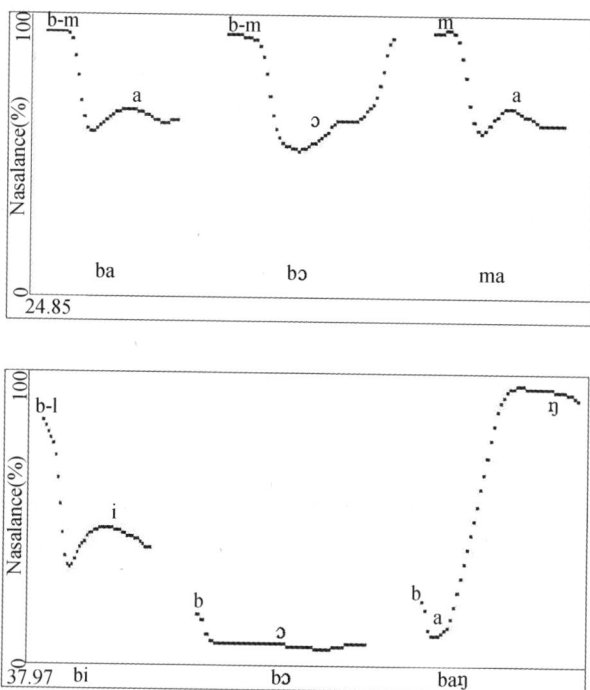

图 5—35 /b/声母与开、合、齐韵母相拼时鼻化度曲线图

图 5—35 显示，/ba/、/bɔ/读成了/m a/、/m ɔ/，其中/m/的鼻化度曲线与/ma/音节的鼻化度曲线完全相同。/bi/读成/li/，鼻化度曲线较高，实际上是鼻化的/ĩ/，所以鼻化度也较高。/bɔ/、/baŋ/中的声母是浊音/b/，鼻化度曲线较低。

/l/与齐齿呼相拼时鼻化度最大，与合口、开口呼相拼时次之。但都大于口音与非口音的临界值 40。且标准差都较大。其中最大值是/li/音节中的/l/，鼻化度为 88，高于鼻音的临界值 80。最小值是/lɔ/音节中的/l/，鼻化度为 19。/la/、/le/、/lo/、/lu/音节中/l/的鼻化度有的在 40—70 之间，有的小于口音的临界值 40。鼻化度曲线示例见图 5—36。

图 5—36 显示，/l/声母的鼻化度变化最大，/li/音节中的/l/，其实已经到了鼻音的范围，鼻化度曲线也与鼻音很相似，实际是鼻边音。/la/、/lu/、/lo/中/l/的鼻化度曲线较高，另一个样本/lo/中的/l/的鼻化度曲线则较低。

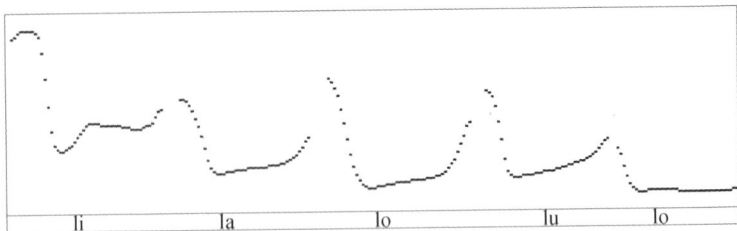

图5—36 /l/声母与开、合、齐韵母相拼时鼻化度曲线图

　　/g/与开口呼、合口呼相拼，鼻化度都为54，大于口音的临界值40。与开口呼、合口呼相拼的鼻化度数据相等，且标准差都很大，都在20以上。可见其发音是很不稳定的。/g/的鼻化度最小值出现在/gɔ/音节中，为28，最大值出现在/ge/音节中，为98，实际上发成了鼻音/ŋ/。/ga/、/gu/音节中的/g/发的像/l/或者鼻化的边音/l̃/。鼻化度曲线示例见图5—37。

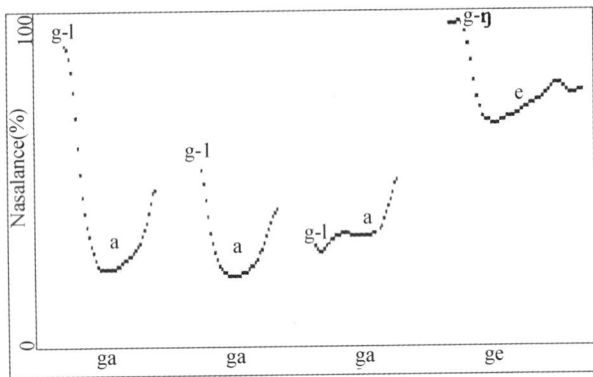

图5—37 /g/声母与开、合、齐韵母相拼时鼻化度曲线图

　　图5—37显示，/ga/音节的三个样本都读成了/l/，但表现却不一样，一个读成了鼻边音/l̃/，另外两个是边音/l/，但鼻化度也有高低的不同。/ge/音节中/g/发成了鼻音/ŋ/，鼻化度曲线很高。

　　（四）浊声母/b/、/l/、/g/的性质

　　引言部分简述了厦门话中/m－/、/n－/、/ŋ－/与/b－/、/l－/、

/g-/之间的纠葛关系。由前文的分析看到，厦门话中/m-/、/n-/、/ŋ-/与/b-/、/l-/、/g-/之间的纠葛关系的确就是鼻音与非鼻音以及鼻化音的关系。

胡方通过 CSL4300B 仪器测得厦门话"米"［ᵐbi］、"五"［ᵑgɔ］、"木"［ᵐbak］与"玉"［ᵑgiɔk］的声波图和宽带语图显示，塞音除阻之前都有一段鼻音存在，他认为厦门话的［b、g］实际上是鼻冠音［ᵐb、ᵑg］，其成阻和持阻阶段是鼻音，但其除阻阶段是口腔爆破，产生一同一部位的浊塞音。[①] 本节实验结果与胡文吻合。但有些音节中的声母/b-/、/l-/、/g-/实际已经是鼻音声母/m-/、/n-/、/ŋ-/。这也解释了前文浊声母对元音的影响的分析中所看到的为何与/b-/、/l-/、/g-/相拼时有些元音的鼻化度超出了 40，已经到了鼻化元音的范围。

六　结论

通过对厦门话响音的鼻化度考察，发现厦门的/m/、/n/、/ŋ/三个鼻音声母的鼻化度都很高，鼻化度均在 90 以上，大于鼻音鼻化度的临界值 80。非鼻音浊音声母/l/、/b/、/g/的鼻化度分别为 48、45、54，均高于口音与非鼻音的临界值 40。/m/、/n/、/ŋ/、/b/与齐齿呼韵母相拼时的鼻化度大于与开、合两呼韵母相拼时的鼻化度，且/b/声母的标准差较大；/g/不与齐齿呼韵母相拼，只与开、合两呼韵母相拼，且与开口呼韵母相拼时的鼻化度大于与合口呼相拼时的鼻化度，这与北京话的浊音声母表现相同。厦门话/b/声母与齐齿呼相拼时，鼻化度远远超过了非鼻音的临界值 40，接近鼻音临界值 80。在某些音节中/l/、/b/、/g/已经是鼻音声母/m/、/n/、/ŋ/。厦门话浊音声母的鼻化对比不是很大，鼻音与非鼻音区分不太清晰。

厦门话六个基础元音的内在鼻化度均低于非鼻音的临界值 40（/i/除外），由大到小排序为/i/ > /a/ > /e/ > /u/ > /ɔ/ > /o/。基本表现出舌位越靠前，鼻化度越高的趋势。声调及声母的发音部位和发音方法都对元音

---

① 胡方：《论厦门话/ᵐbᵑgⁿd/声母的声学特征及其他》，《方言》2005 年第 1 期，第 10 页。

内在鼻化度有影响，与北京话的表现既有相似之处也有不同之处，相似的是，基本都是高平调的鼻化度较大，降调的鼻化度较小。

厦门话的鼻化元音/ã/的鼻化度为 60，/ẽ/的鼻化度为 49，分布于鼻化元音的范围之内，/ĩ/的鼻化度高于鼻音临界值 90，说明已经完全鼻音化，/õ/的鼻化度为 9，已经完全口音化。

厦门话/u/的复合鼻化度为 33，/ɔ/的复合鼻化度为 37，均处于口元音的范围。其他元音的复合鼻化度都高于非鼻音的临界值 40，处于 40—80 之间，分布于鼻化元音的范围之内，由大到小的排序为/i/ > /a/

厦门话三个鼻音韵尾均表现出很高的鼻化度，大于鼻音临界值 80，基本为纯粹的鼻音，说明并没有弱化、鼻化及脱落现象。高元音与鼻音声母相拼时，有鼻音韵尾增生现象，典型的如/mi/、/ni/、/ŋi/音节。

第 六 章

相关领域研究

第一节　汉语语音的鼻化度

引言

从类型学来看，世界语言中鼻音的类型很丰富，表现也多种多样。[1][2]因此，鼻音（nasal）和鼻化（nasalization）在语言研究中备受关注。20世纪 70 年代，研究者对鼻音、鼻化的共性现象、鼻音本身的声学特性等方面都曾进行过很多研究。[3] Patrice Speeter Beddor 等从知觉限制和音系变化角度考察了鼻化对元音舌位升降的影响。[4] Abigail C. Cohn 运用鼻音计从语音和音系的角度探讨了英语中与鼻音有关的一系列规则。[5] Linda P. Flower 运用鼻音计对专业歌手和非歌手所发元音的鼻化度进行了对比研究。[6]

---

[1]　Ohala, J. J., "Phonetics explanations for nasal sound patterns", In C. Ferguson et al. (eds.), *Násalfest*: *Papers from a Symposium on Nasal and Nasalization*, Stanford: Language Universals Project, 1975.

[2]　朱晓农：《说鼻音》，《语言研究》2007 年第 3 期。

[3]　Ferguson et al. (eds.), *Násalfest*: *Papers from a Symposium on Nasals and Nasalization*, Stanford: Language Universals Project.

[4]　Patrice Speeter Beddor, Rena Arens Krakow, & Louis M. Goldstein, "Perceptual Constraints and Phonological Change: A Study of Nasal Vowel Height", Yale University and Haskins Laboratories (eds.), *Phonology Yearbook*, No. 3, 1986.

[5]　Abigail C. Cohn, "Nasalization in English: Phonology or Phonetics", *Phonology*, 4No. 10, 1993.

[6]　Linda P. Flower, "Comparison of Nasalance Between Trainen Singers and Non-singers", PH. D. Dissertation, The Florida State University, 2004.

　　国内对汉语普通话鼻音的研究成绩卓著，涉及诸多方面，既有历时的研究，也有共时的实验研究。历时研究包括汉语方言中鼻尾的消变、鼻尾消变的原因等；共时实验研究包括普通话鼻音的生理、声学特征[①]，汉语鼻音韵尾性质、韵母的鼻化、汉语普通话音节首与音节尾的鼻音/n/的不同特性等[②][③][④][⑤]。冉启斌对此做过详细的阐述。[⑥]

　　鼻音及鼻化现象较为复杂，还需要多角度、多层面运用多种手段深刻地揭示鼻音的一些语音特性。运用鼻音计（Nasalmeter）研究汉语语音（包括鼻音、鼻化音、流音声母），对于揭示鼻音及鼻化现象的实质会有极大的推动作用。运用鼻音计进行的语音实验研究只针对鼻音，提取鼻音的鼻化度，对元音等鼻音之外的音段音位的鼻化度研究较少。针对鼻音的研究也都是粗略的，缺乏系统性，且静态的研究较多，缺少诸如对音节内部、音节之间鼻化度的相互影响，语流中鼻化率的变化特性等动态的考察。此外，运用于病理语言学的较多。国内运用鼻音计对汉语鼻音的研究仅有王志洁[⑦]。

　　汉语方言中分布较为普遍的鼻音声母是/m/、/n/、/ŋ/，有的方言还有/ɳ/、/ȵ/；边音的数量少，以舌尖中音/l/最为常见，极少数方言中有/ɬ/。鼻音和边音声母在汉语方言中的分布以及格局类型很不相同，有些方言中/n/与边音/l/常常发生混淆，而混淆的情况又各有不同。[⑧] 从实际的语音来看，情况更为复杂，分混地区的方言往往有许多变体，涉及鼻音和边音以及鼻化的边音等。前人对有关方言中鼻音、边音的音位设立、分混的处理办法等都做过很多研究，对鼻音、边音分混的不同表现有了较为

① 吴宗济、林茂灿：《实验语音学概要》，高等教育出版社 1989 年版。

② 郑林丽：《汉语鼻音韵尾的演变》，兰州大学，硕士学位论文，2001 年。

③ 王志洁：《英汉音节鼻韵尾的不同性质》，《现代外语》1997 年第 4 期。

④ 冯颖雅 A Physiological Analysis of Vowel Nasalization in BEIJING Mandarin and HONG KONG Cantonese，《新世纪的现代语音学——第五届全国现代语音学学术会议论文集》，2001 年。

⑤ 施向东：《汉语普通话的 –n 尾》，载石锋、沈钟伟编《乐在其中——王士元教授七十华诞庆祝文集》，南开大学出版社 2004 年版。

⑥ 冉启斌：《汉语鼻音韵尾的实验研究》，《南开语言学刊》2005 年第 1 期；冉启斌：《汉语鼻音韵尾的特性及多角度研究》，《南开语言学刊》2006 年第 1 期。

⑦ 王志洁：《英汉音节鼻韵尾的不同性质》，《现代外语》1997 年第 4 期。

⑧ 袁家骅等：《汉语方言概要》（第二版），语文出版社 2001 年版。

清楚的说明，但都是基于传统方法的描写、定性研究，缺乏基于科学实验的解释、定量研究。

下文对我们基于语音格局理论①，运用鼻音计研究北京话及方言各类语音的鼻化度所做的相关分析做一简要陈述。

一 北京话响辅音的鼻化度

（一）通音声母的鼻化对比度

鼻化度不仅限于鼻音的分析。鼻音又称鼻通音，边音又称边通音。在元音和通音中普遍存在不同程度的鼻化现象。

考察北京话通音声母的鼻化度发现：两个鼻音声母的鼻化度数值均非常高，在 90 左右，其中/n/比/m/的鼻化度略高；两个非鼻音浊声母也有相当程度的鼻化度，在 20—30 左右，其中/l/的鼻化度高于/r/（见图6—2）。

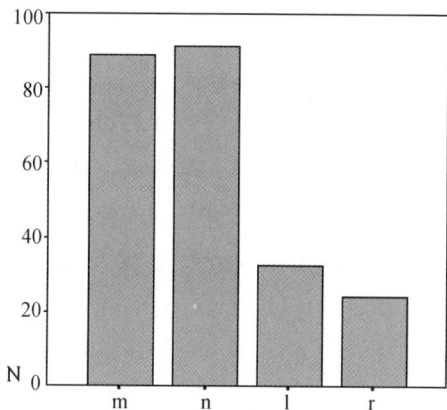

图6—1 北京话通音声母的鼻化度对比图

/l/的鼻化度在开、合口韵母前鼻化度较小，在齐齿呼、撮口呼韵母前鼻化度较大，齐齿呼韵母前的鼻化度最大。/r/的鼻化度在开口呼韵母前均大于合口呼韵母前。北京话/l/、/r/这两个音没有系列的音位聚合，

---

① 石锋、冉启斌、王萍：《论语音格局》，《南开语言学刊》2010 年第 1 期。

聚合程度最小，音位变体较多。由 EPG 实验看，/l/ 的成阻部位、成阻的程度是最灵活的，阻力最小，很容易被后面的音所影响。[1] /r/ 音浊的程度及摩擦的程度很自由，变体更多，已为实验所证明[2]。与此相应，它们的鼻化度数据较为分散，标准差较大。具体表现既有发音人的个体差异，也有后接元音的影响。

由图 6—2 看出，北京话声母的鼻音和非鼻音对立非常清晰明显。我们引入鼻化对比度的概念来进行量化的分析，具体又分声母总体鼻化对比度和具体语音的鼻化对比度。

声母总体鼻化对比度：一种语言中所有鼻音声母的鼻化度平均值减去其非鼻音声母的鼻化度平均值所得的差值。北京话鼻音声母和非鼻音浊声母的总体鼻化对比度：N = [N (m) + N (n)] /2 – [N (l) + N (r)] /2；具体语音的鼻化对比度：一个非鼻音声母 (x) 的鼻化对比度就是这一语言中相同或相近的发音部位的鼻音声母的鼻化度 (N) 减去这个非鼻音声母自身的鼻化度 [N (x)] 所得的差值。即：Nx = N – N (x)。单个语音的鼻化对比度显示的是具体声母的特征，反映了不同声母的个体差异，是不同声母的重要量化标志。

鼻化对比度越大，鼻音跟非鼻音的区分越清晰、越明显；鼻化对比度越小，则鼻音跟非鼻音的区分越模糊、越含混，甚至有可能发生一定程度的音位合流现象。对北京话通音声母进行的实验结果表明，北京话声母的鼻化对比度较高。北京话中鼻音声母与非鼻音浊声母的总体对比度为66。/l/ 与 /n/ 的个体鼻化对比度为：93 – 27 = 66；/r/ 与 /n/ 的个体鼻化对比度为：93 – 25 = 68。个体鼻化对比度与总体鼻化对比度相联系，反映了不同声母的个体差异，是声母的重要量化标志。北京话中总体和个体鼻化对比度都较大，说明北京话中鼻音声母与非鼻音声母区分显著，不易混淆，如图 6—2 所示。[3]

---

[1] 李俭、郑玉玲：《汉语普通话动态腭位的数据缩减方法》，载王嘉龄编《第六届现代语音学学术会议论文集》，天津师范大学出版社 2004 年版。

[2] 冉启斌、石锋：《北京话 r 声母的变体及音位的聚合程度》，载《中国音韵学——中国音韵学研究会南京研讨会论文集》，南京大学出版社 2006 年版。

[3] 时秀娟、石锋、冉启斌：《北京话响音化度的初步分析》，《当代语言学》2010 年第 4 期。

（二）鼻音韵尾的鼻化度

通过考察北京话鼻音韵尾的鼻化度发现：前鼻尾／－n／的鼻化度平均值为 87，标准差较大；后鼻尾／－ŋ／的鼻化度平均值为 93，标准差较小。／－n／尾的鼻化度小于／－ŋ／尾的鼻化度，鼻韵尾／－n／有脱落现象，鼻韵尾／－ŋ／没有。鼻韵尾／－n／不太稳定，鼻韵尾／－ŋ／较稳定。

不同元音后鼻尾的鼻化度有差异，具体顺序为：

（a）n ＜（u）n／（e）n ＜（y）n／（i）n；

（a）ŋ（u）ŋ／（e）ŋ（y）ŋ／＜（i）ŋ[①]。

根据对汉语方言中鼻音韵尾的消变情况进行的考察研究，一般认为鼻尾的消变与元音的高低相关，低元音后的鼻音韵尾更容易消变，鼻韵尾／－n／先于／－ŋ／脱落[②][③][④]。从实验得到鼻韵尾的鼻化度来看，鼻韵尾／－n／的鼻化度小于／－ŋ／的，不同元音后鼻韵尾的鼻化度为低元音／a／后鼻尾的鼻化度最小，可见历时的演变情况与共时的表现是相互对应的。

二　北京话元音的鼻化度

（一）元音内在鼻化度（intrinsic nasality）

元音有元音内在鼻化度（也叫同质鼻化度）和复合鼻化度。元音内在鼻化度指不同元音本身所具有的鼻化度。

通过考察北京话基础元音的内在鼻化度发现：七个元音的内在鼻化度由大到小的排列顺序为：a：36 ＞ i：10 ＞ y：10 ＞ ɤ：5／ʅ：5 ＞ u：4 ＞ ɿ：3。元音的内在鼻化度高低与发音舌位关系密切：舌位较低、较前则鼻化度较高；舌位较高、较后则鼻化度较低。[⑤]

①　冉启斌、时秀娟、石锋：《北京话响音鼻化度的初步分析》，《当代语言学》2010 年第 4 期。

②　Chen, M. Y., "An areal study of nasalization in Chinese", *Journal of Chinese Linguistics*, No. 1, 1975.

③　王洪君：《阳声韵在山西方言中的演变》（下），《语文研究》1992 年第 1 期。

④　冉启斌：《汉语鼻音韵尾的消变及相关问题》，载四川大学汉语史研究所编《汉语史研究集刊》第八辑，巴蜀书社 2005 年版。

⑤　时秀娟、石锋、冉启斌，《北京话响音化度的初步分析》，《当代语言学》2010 年第 4 期。

　　（二）元音复合鼻化度

　　元音与其他音素相连而产生变化，变化后的鼻化度称为"元音复合鼻化度"。重点考察元音与鼻音相连时的鼻化度，包括元音后接鼻尾时的复合鼻化度；元音前接鼻音声母时的复合鼻化度。

　　带鼻尾的不同元音的鼻化度有差异，具体顺序为：

　　ṽ（n）：ã：43 ＜ ũ：44 ＜ ẽ：48 ＜ ỹ：54 ＜ ĩ：62；

　　ṽ（ŋ）：ã：47/ũ：47 ＜ ẽ：49 ＜ ỹ：51 ＜ ĩ：55。

　　带前鼻音尾的元音/ã/、/ɤ̃/、/ũ/的鼻化度小于其带后鼻音尾时的鼻化度，高元音/ĩ/、/ỹ/相反。五个元音被前、后鼻韵尾影响后的鼻化度由大到小的排列顺序是一致的，都为：/ĩ/＞/ỹ/＞/ɤ̃/＞/ũ＞ã/。

　　与元音内在鼻化度相比，元音/ĩ/、/ỹ/、/ɤ̃/的复合鼻化度位次提高，元音/ũ/的位次没变，/ã/的位次降低。/ɤ̃/的鼻化度位次提高，是跟它在鼻音韵母中的发音比在单韵母中的发音舌位降低趋央的变化有关。[①]前、高元音/ĩ/、/ỹ/的鼻化度最高的原因可能是，带上鼻尾/－n/、/－ŋ/后，前部的开口度小，后部通向鼻腔的通道开度大了，由鼻腔出来的气流增大，鼻化度升高的幅度也就大了。

　　鼻音声母后不同元音的鼻化度也有差异，具体顺序为：

　　（n）v：ĩ：79＞ỹ：66＞ũ：48＞ɤ̃：44＞ã：40；

　　（m）v：ĩ：77＞ũ：44＞ã：39＞ɤ̃：37。

　　鼻音声母/m/、/n/后元音的鼻化度与元音内在鼻化度相比也都已经提高。/n/声母后元音的鼻化度大于/m/声母后元音的鼻化度。

　　鼻音韵尾对元音/a/、/ɤ/、/u/鼻化度的逆同化影响大于鼻音声母的顺同化影响；但前高元音/i/、/y/则正相反。汉语的音节结构中，声韵组合（nv、mv）与韵母中的主元音和韵尾的组合处于不同的层次，主元音和韵尾的组合处于声韵组合之下，而且研究表明韵尾对主元音的影响更大[②]，声韵组合较之主元音和韵尾的组合更松一些。

　　所以鼻音声母/m/、/n/后元音/ã/、/ɤ̃/、/ũ/的鼻化度小于其带鼻音韵尾时的鼻化度。但是前高元音/i/、/y/正相反。这是因为发鼻音声母

---

①　石锋：《北京话的元音格局》，《南开语言学刊》2002 年第 1 期。

②　同上。

时后部鼻腔通道已打开，并很快过渡到元音时，前高元音/i/、/y/的前部开口度仍较小，因此从鼻腔流出的气流量必然较大，所以鼻化度就高得多。[1]

（三）元音复合鼻化度与其相邻鼻音的鼻化度的关系

元音复合鼻化度与元音内在鼻化度不成正比，即不是内在鼻化度越高，其复合鼻化度越高。

北京话鼻音声母/m/、/n/的鼻化度分别为91（4.2）、93（3.4）。元音前接/n/声母时的复合鼻化度大于前接/m/声母时的复合鼻化度。

就做声母的鼻音/n/和做韵尾的/−n/而言，虽然鼻音/n/声母的鼻化度高于/−n/韵尾的鼻化度，但与之相连的低元音的复合鼻化度小于与/−n/韵尾相连的复合鼻化度。这仍是汉语音节结构的声韵组合关系造成的。

总之，元音复合鼻化度与其连接的鼻音的鼻化度大体成正比。元音内在鼻化度与元音复合鼻化度大体成反比，即内在鼻化度越大，复合鼻化度可能越小。

元音鼻化及鼻音韵尾的脱落问题与元音复合鼻化度有关，与元音内在鼻化度也有关。元音鼻化问题必须区分元音内在鼻化度和元音复合鼻化度。

研究中学者们提到低元音最容易鼻化[2]，而"高元音不容易鼻化"[3]，这是不区分元音内在鼻化度和元音复合鼻化度的笼统说法。就元音的内在鼻化度而言，低元音和前高元音都容易鼻化。就元音复合鼻化度而言，低元音/a/鼻化的程度较低；前高元音/i/、/y/鼻化的程度则很高，后高元音/u/和中元音/ɤ/鼻化的程度也较高。

根据对汉语方言中鼻音韵尾的消变情况进行的考察研究，一般认为鼻尾的消变与元音的高低相关，低元音后的鼻音韵尾更容易消变，高元音后

---

① 时秀娟、石锋、冉启斌：《北京话响音化度的初步分析》，《当代语言学》2010 年第 4 期。

② Hess, Susan, "Universals of nasalization: Development of nasal finals in Wenling", *Journal of Chinese Linguistics*, No. 1, 1990.

③ 《王力语言学论文集》，商务印书馆 2000 年版。

的鼻音韵尾更稳定，鼻韵尾/−n/先于/−ŋ/脱落。[1][2][3] 从本节研究的鼻韵尾的鼻化度来看，鼻韵尾/−n/的鼻化度小于/−ŋ/的鼻化度；元音复合鼻化度与鼻音韵尾的鼻化度有正比关系，小则都小，大则都大，低元音/a/后鼻尾的鼻化度最小，/a/的复合鼻化度也较小；高元音/i/后鼻尾的鼻化度最大，/i/的复合鼻化度也最大。可见历时的演变情况与共时的表现是相互对应的。[4]

总之，元音内在鼻化度和元音复合鼻化度对于深入研究元音的鼻化及鼻音韵尾脱落、弱化与元音类型之间的关系具有积极意义，并可以进一步进行科学的量化分析。

三 鼻音与口音的临界值

（一）鼻音与口音的临界值

从语音的鼻化度数值可以看到，鼻音和口音的区分是相对的。在发音上鼻音和口音并不是简单的全有和全无的对立。各种元音都具有各自的内在鼻化度。同时，在鼻音或口音内部，不同语音各自的鼻化度也都各有差异。

鼻音、口音的区分是定性分析的结果；从定量分析的角度看，鼻音或非鼻音的鼻化度数据各自在一定范围内分布。

通过对北京话响音鼻化度的考察看到，鼻音声母和鼻音韵尾的鼻化度都在80以上。非鼻音方面，非鼻音浊声母/l/、/r/的鼻化度都低于40。元音/a/鼻化度最高，为29。鼻化度40可以作为非鼻音的临界值，鼻化度80可以作为鼻音的临界值。鼻化度在40以下的音在听觉上很可能一般都听为非鼻音；而鼻化度在80以上的音一般都听为鼻音。[5]

（二）鼻音和非鼻音之间的连续性

鼻音的鼻化度具有相对性。鼻音的临界值为80左右，非鼻音的临界值在40左右。在这两个临界值之间存在断裂带，鼻化元音的鼻化度分布在两个临界值之间。口音和鼻音在发音生理上并不是截然二分的，它们之间存在连续性。鼻音与非鼻音的鼻化度之间形成一个断裂带。鼻化元音则

---

[1] Chen, M. Y., "An Areal Study of Nasalization in Chinese", *Journal of Chinese Linguistics*, No. 1, 1975.

[2] 王洪君：《阳声韵在山西方言中的演变》（下），《语文研究》1992年第1期。

[3] 冉启斌：《汉语鼻音韵尾的实验研究》，《南开语言学刊》2005年第1期。

[4] 时秀娟、冉启斌、石锋：《北京话响音鼻化度的初步分析》，《当代语言学》2010年第4期。

[5] 同上。

是分布在这个断裂带上，如图6—3所示。

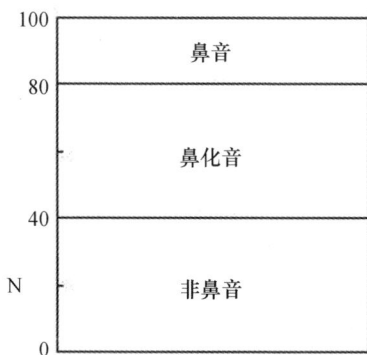

图6—2　鼻音与非鼻音临界值示意图

元音的内在鼻化度和复合鼻化度都在一定的范围之内，元音内在鼻化度分布在非鼻音的临界值40以下，元音复合鼻化度分布在鼻音临界值80和非鼻音临界值40之间的断裂带上。

北京话语流中各类语音的鼻化度有变化，受不同条件的影响，表现出一定的变化规律，具有显著的相对性。

四　方言语音的鼻化度

鼻化度数据是语言分析的一个重要指标，会因语言或方言、个体、语体的差异而不同，但共性特征一定存在。已总结出官话区以及武汉话、长沙话、南京话、平遥话、张家口话等方言点各类语音的鼻化度表现出的特点和规律。[1][2][3][4][5][6]

---

[1]　肖媛：《官话方言语音的鼻化度研究》，硕士学位论文，天津师范大学，2010年。

[2]　时秀娟、向柠：《武汉话语音的鼻化度考察》，《语言研究》2010年第2期。

[3]　时秀娟、贝先明：《长沙话响音的鼻化度考察》，《中国语音学报》2013年第4期。

[4]　时秀娟、梁磊：《南京话响音的鼻化度考察》，《南京师大学报》（社科版）2017年第2期。

[5]　张锦玉、时秀娟：《张家口方言响音的鼻化度研究》，《河北北方学院学报》2009年第3期，第7—10页。

[6]　同上。

（一）方言通音声母的鼻化对比度

方言鼻音声母/n/、/m/、/ŋ/的鼻化度都在 90 以上，非鼻音声母
/l/、/z̧/、/z/的鼻化度都在 30—50 之间。各方言点的通音声母的鼻化对
比度也有不同。

鼻化对比度的高低是鼻音声母与非鼻音浊声母之间的区分程度的重要
表现。同一种语言或方言中的不同声母各有不同的鼻化对比度。在不同的
语言和方言中，这种声母的鼻化对比度会表现出个性差异。

对于北京话通音声母计算了其鼻化对比度。北京话声母的总体鼻化对
比度及个体鼻化对比度都较大，说明北京话鼻音声母与非鼻音声母的区分
很清晰。对天津话、郑州话、西宁话通音声母的鼻化对比度做了考察，它
们的通音声母的鼻化对比度都比较大，说明它们与北京话一样，鼻音声母
与非鼻音声母的区分很清晰。①

对长沙话、武汉话、南京话声母/n/、/l/不分的情况进行鼻化度的分
析，可以划分出三种不同的类型。长沙话是/n/、/l/音位不分，/n/、/l/
语音也不分，有纯粹的鼻音，无纯粹的边音②；武汉话是/n/、/l/音位合
为/n/，/n/、/l/语音区分，有纯粹的鼻音，也有纯粹的边音，也有一个
半鼻化的/l/③；南京话是/n/、/l/音位合为/l/，无纯粹的鼻音，有纯粹
的边音，有完全鼻化的边鼻音。④ 这三种类型在/n/、/l/不分的方言中很
可能具有代表意义。

在以上考察中，声母鼻化对比度分析作为有效的方法，对于认识鼻音
边音等通音之间的关系，对于汉语方言鼻音、边音的分混及其语音实质的
探讨都具有较大的实际意义，是探索鼻音特性的一个重要参量。同时，如
果能够从听觉感知等方面对与鼻音有关的通音进行研究，将会更深入地揭
示有关语音现象。鼻化对比度的概念在某种程度上可以解释汉语方言中众
多的/n/、/l/分混现象。实验已经证明，一些方言中鼻音边音混淆的现象
是源于边音的鼻化度增大，其实仍是不自由的条件变体，并不是音位的自

---

① 肖媛:《官话方言语音的鼻化度研究》，硕士学位论文，天津师范大学，2010 年。
② 时秀娟、贝先明:《长沙话响音的鼻化度考察》，《中国语音学报》2013 年第 4 期。
③ 时秀娟、向柠:《武汉话语音的鼻化度考察》，《语言研究》2010 年第 4 期。
④ 时秀娟、梁磊:《南京话响音的鼻化度考察》，《南京师大学报》（社科版）2017 年第
2 期。

由变体。我们将在进一步的研究中进行更多语言材料和实验言鼻音韵尾的鼻化度的验证和完善。[①]

（二）方言元音的鼻化度

通过考察方言元音的内在鼻化度，发现元音内在鼻化度大都在40以下，鼻化度较高的基本都是/a/、/i/、/y/、/ɛ/四个元音，/u/、/o/这两个元音的内在鼻化度较小，大多都在10以下，/ɣ/、/ʏ/、/ɤ/、/ɔ/这四个元音的内在鼻化度数值居中。

考察方言鼻化元音的鼻化度：长沙话/iẽ/、/yẽ/、/ʏ̃/、/õ/四个鼻化韵母的鼻化度分别为63、60、51、50[②]；济南话的/ã/、/ẽ/分别为63、74。昆明话/ã/、/ĩ/、/ɛ̃/的鼻化度分别为50、74、44[③]。

考察方言带鼻尾元音的复合鼻化度：武汉话/ã/、/ĩ/、/ʏ̃/、/ũ/、/ỹ/、/õ/的鼻化度分别为52、78、45、43、48、46[④]；南京话/ã/、/ĩ/、/ʏ̃/、/ũ/、/ỹ/的鼻化度分别为42、62、46、43、49[⑤]。

鼻化元音的鼻化度高于带鼻尾元音的复合鼻化度。

（三）方言鼻音韵尾的鼻化度

官话区各方言点除青岛和西安地区外，鼻音韵尾的鼻化度均值都在80以上，且标准差都很小，发音很稳定。青岛58（18.4）和西安64（10.1）的发音人在发/ŋ/尾音节时，从听感上带有一些鼻化元音色彩，/ŋ/尾鼻化度值较小，有鼻音韵尾脱落的可能性，有待进一步的研究证明。[⑥]

总体而言，方言鼻音声母的鼻化度都在90以上，元音的内在鼻化度及非鼻音浊声母的鼻化度在40以下；鼻化元音正好处在40和80之间的断裂带上。元音内在鼻化度与元音舌位之间的关系表现出与北京话基本一致的趋势。充分表明，北京话语音的鼻化度所表现出的鼻音与非鼻音的格

---

① 时秀娟、冉启斌、石锋：《北京话响音鼻化度的初步分析》，《当代语言学》2010年第4期。

② 时秀娟、贝先明：《长沙话响音的鼻化度考察》，《中国语音学报》2013年第4期。

③ 肖媛：《官话方言语音的鼻化度研究》，硕士学位论文，天津师范大学，2010年。

④ 时秀娟、向柠：《武汉话语音的鼻化度考察》，《语言研究》2010年第2期。

⑤ 时秀娟、梁磊：《南京话响音的鼻化度考察》，《南京师大学报》（社科版）2017年第2期。

⑥ 肖媛：《官话方言语音的鼻化度研究》，硕士学位论文，天津师范大学，2010年。

局体现出语言的某些共性特征。有些方言点鼻音独特，如平遥话有鼻擦音，其鼻化度与其他鼻音有差异，表现出一些个性特征。

声母鼻化对比度和元音内在鼻化度等概念的使用可以很好地研究汉语方言中声母/n/、/l/不分的问题，归纳各种方言中/n/、/l/不分的类型表现；客观量化地考察不同元音后鼻音韵尾的合并、脱落问题，以及不同元音的鼻化问题。

五 结语

考察语音的鼻化度，分析鼻音成分和口音成分各自的作用，对于深入了解语音的产生过程具有重要意义。本节分析结果对于深入认识语音现象的内在规律有较大的参考价值，同时在语音病理矫治、语音工程研究方面也会有一定作用，还可以运用于少数民族语言研究、第二语言习得研究之中。通过鼻化度的表现考察语音的共时和历时变化、进行方言对比以及类型学分析等，考察语流中的鼻化度变化规律等，是我们继续进行深入研究的内容。

第二节　汉语普通话儿童响音的鼻化度

引言

鼻化度数值是直观反映鼻腔能量的一个参数鼻化度分析对于揭示鼻音及鼻化现象的实质起到了极大的推动作用。时秀娟等对北京话的单元音、鼻音声母和非鼻音浊声母的鼻化度进行考察分析，提出了元音的内在鼻化度、声母的鼻化对比度等概念以及鼻音与非鼻音的临界值。基于这些鼻化度的概念，针对北京话鼻化度的深入分析也都相继完成。研究结果表明，口音和鼻音之间具有一定的连续性，并且鼻音或非鼻音的鼻化度数值都是在一定范围内分布的；音节内部中元音或辅音的不同、声调的变化、不同条件的语流环境等都会对鼻化度产生有规律性的影响。前人的这些研究成果都为我们研究儿童普通话的鼻化度特点奠定基础。本节分析儿童普通话响音的鼻化度，并与成人进行比较，找出儿童响音鼻化度的共性与个性特征，以期为病理儿童的语音治疗特别是腭裂儿童的语音矫治提供可靠的依据。

一 实验说明

（一）语料及发音人

本节所用的发音表为自制的汉语普通话单音节字，音节中的声母包括塞音、擦音、塞擦音以及通音声母/m/、/n/、/l/、/r/等，韵母包括单元音韵母和带鼻韵尾的韵母，按普通话的拼合规律组成各种音节。

发音人为 10 名普通话儿童，男女各 5 名，平均年龄为 7.2 岁，最小的 6 岁，最大的 8 岁。10 名儿童均口齿清楚，能正确地朗读普通话，录音近期无感冒或扁桃体肿大的症状，合作良好，可顺利采集语音样本。录音采用自主朗读和跟读相结合的方式收集。石锋等[1]、李嵬等[2]、司玉英[3]的研究结果表明，汉语普通话儿童在 6 岁时均已习得了普通话中的 7 个一级元音和 21 个辅音。因此这 10 名儿童均已掌握了词表中的所有音节发音，所录的语音样本均具有实验有效性。

（二）实验仪器及方法

录音及分析仪器为 Kay Nasometer Ⅱ 6400 鼻音计。

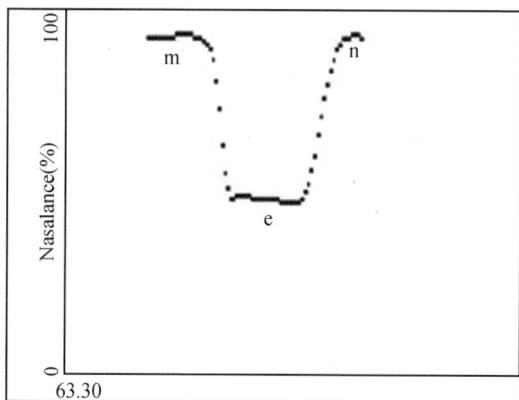

图6—3 儿童闷［mēn］音节的鼻化度曲线

---

① 石锋、温宝莹：《汉语普通话儿童的元音发展》，《中国语文》2007 年第 5 期。

② 李嵬、姜涛、祝华、彭聆龄、Barbara Dodd、舒华：《说普通话儿童的语音习得》，《心理学报》2000 年第 2 期。

③ 司玉英：《普通话儿童语音习得的个案研究》，《当代语言学》2006 年第 1 期。

图 6—4 所示的是一名儿童发音节"闷 [mēn]"的鼻化度曲线。儿童 [mēn] 的曲线起点很高，然后逐渐降低，保持一段稳定后又逐渐升高，这一过程直观反映出了发音时从鼻音能量很高的声母/m/过渡到鼻音能量较低的元音/ə/，又过渡到鼻音能量同样很高的韵尾/n/的鼻化度变化情况。

二 元音的鼻化度

元音有元音内在鼻化度和复合鼻化度。元音内在鼻化度指不同元音本身所具有的鼻化度；元音与其他音素相连而产生变化，变化后的鼻化度称为元音复合鼻化度①。清辅音声母没有鼻音能量，对后面元音的鼻化度影响也是较小的，这种细微的影响，与通音声母（或鼻音韵尾）对元音的鼻化度影响相比较而言，可以说是微乎其微的。因此，零声母音节 [用 V (N) 表示] 和清声母音节 [用 CqV（N）表示] 这两种音节环境中的元音鼻化度都属于元音内在鼻化度。通音声母和鼻音韵尾都有鼻音能量，且会对元音的鼻化度产生较大影响。在 CtV、VN、CtVN 音节中的元音鼻化度都属于元音复合鼻化度。

（一）一级元音的内在鼻化度

考察普通话七个基础元音/a/、/i/、/ə/、/u/、/y/、/ʅ/、/ɭ/在零声母音节中的元音内在鼻化度（见表6—1）。

表 6—1　　　　　　　　　　儿童一级元音的内在鼻化度

a	i	ə	u	y	ʅ	ɭ
14 (9.1)	28 (11.2)	9 (2.1)	11 (3.2)	21 (7.0)	15 (6.0)	13 (5.0)

由表6—1可知，普通话儿童七个元音的鼻化度排序为：i（28） > y（21） > ʅ（15） > a（14） > ɭ（13） > u（11） > ə（9）。前高元音/i/、/y/和舌尖前元音/ʅ/的鼻化度较高；低元音/a/、舌尖后元音/ɭ/、后高元音/u/和中元音/ə/的鼻化度较低。大致呈现出这样一个趋势：舌

①　时秀娟：《汉语语音的鼻化度分析》，《当代外语研究》2011 年第 5 期。

位较前、较高则鼻化度较大；舌位较后、较低则鼻化度较小。

与时秀娟等[①]所考察的成人数据［a（36）＞i（10）＞y（10）＞ʅ（5）/ə（5）＞u（4）＞ɿ（3）］相比较而言有一定差异：（1）从鼻化度排序来看，成人的规律总结为舌位较前、较低则鼻化度较大；舌位较后、较高则鼻化度较小。儿童和成人的表现在前后维度上是一致的，都是舌位较前的元音鼻化度较大；但在高低维度上的表现则相反，这其中最主要的差别就是低元音/a/的鼻化度表现，成人/a/的鼻化度最大，而儿童/a/的鼻化度只是居中。（2）从鼻化度的数值来看，除/a/以外，儿童的元音内在鼻化度数值均大于成人的数值。

图6—5是随机选取了一名普通话儿童7个一级元音的鼻化度曲线图作为示例。可以看出，元音的鼻化度曲线分布于整体维度中的下三分之一区域内。魏霜[②]曾测试了64名18—40岁正常成人单元音/a/、/i/、/u/的鼻流量（nasalance）平均值，其结果为：i（43.9）＞a（32.5）＞u（26.3），元音/a/的数值介于/i/、/u/之间。本书正常儿童的实验结果与魏霜的成人表现在鼻化度排序上相一致，但在具体数值上仍有不同。

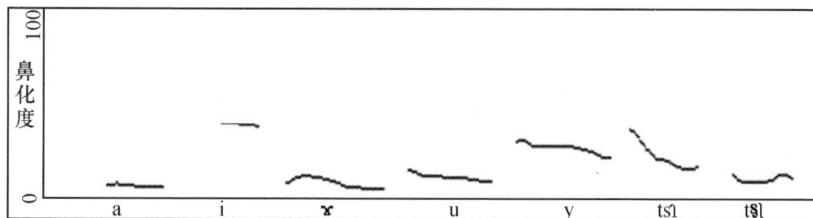

图6—4　一名普通话儿童7个一级元音的鼻化度曲线图

不同个体间的鼻化度表现具有差异性。附录1和附录2分别为10名儿童和10名成人一级元音内在鼻化度的具体数值和降序排列。不论是成年人还是儿童，个体间的表现都不完全一样。儿童的表现具体分析为：七个元音中，前高元音/i/、/y/的鼻化度是最大的，有一个特例（n1）；其

---

① 时秀娟、石锋、冉启斌：《北京话响音度的初步分析》，《当代语言学》2010年第4期。

② 魏霜：《鼻流量参考标准的制定及应用研究》，硕士学位论文，华东师范大学，2007年。

中有两名儿童（n3 和 nv5）的/i/的鼻化度超过了 40。鼻化度最小的元音主要集中在/a/（n2、n3、nv3 和 nv5）和/ə/（n1、n5、nv2 和 nv4）；元音/ʅ/、/u/鼻化度为最小的情况各出现一次。两个舌尖元音/ɿ/、/ʅ/的鼻化度大小居中，且有七名儿童是舌尖前元音/ɿ/的鼻化度大于舌尖后元音/ʅ/的鼻化度。另外，零声母音节中的这七个元音中，/i/和/a/的鼻化度表现差异最明显。元音/i/的鼻化度最大的能达到 44，最小的只有 10，相差超过 30；而其他六个元音鼻化度最大值和最小值之间的差距都没有这么大。元音/a/在七个元音鼻化度降序排列中的位置变化较大，有的排列靠前，如在 n1 中排第一位；有的排列居中，如在 nv1、nv2 和 nv4 中排第三；而更多的情况是排列靠后。这与其他六个元音在鼻化度降序排列中的位置相对稳定的情况有很大不同。因此，在儿童零声母音节中，/i/、/a/这两个元音鼻化度的个体差异性较大，相应的鼻化度数值取值范围也较大。

（二）声调对元音内在鼻化度的影响

考察普通话四个声调对七个基础元音/a/、/i/、/ə/、/u/、/y/、/ɿ/、/ʅ/的内在鼻化度的影响（见表 6—2）。

表 6—2　　　　　儿童零声母音节中不同声调的元音内在鼻化度

	阴平	阳平	上声	去声
a	15 (10.7)	13 (9.4)	12 (5.9)	13 (7.4)
ə	32 (11.9)	28 (9.7)	24 (10.4)	29 (11.3)
i	11 (2.6)	9 (2.6)	8 (2.2)	9 (2.7)
u	12 (4.0)	11 (4.1)	10 (2.9)	11 (3.3)
y	24 (8.6)	21 (8.4)	17 (6.5)	20 (7.2)
ɿ	17 (8.2)	14 (6.9)	12 (5.4)	15 (5.8)
ʅ	15 (6.7)	14 (5.5)	12 (4.1)	14 (5.1)

由表 6—2 可知，正常儿童零声母音节中，声调对于元音内在鼻化度的影响具有一定的规律性。相同元音，阴平字的鼻化度都是最高的，上声字的鼻化度是最低的，阳平字和去声字居中。具体到每个元音的表现有一些差异：元音/a/、/u/、/ə/鼻化度表现出相同的趋势，即阴平＞阳平＝

去声＞上声；元音/i/为阴平＞去声＞阳平＞上声；元音/y/为阴平＞阳平＞去声＞上声。较之成人的整体变化规律：阴平、阳平的鼻化度大于上声和去声的鼻化度①，略有不同。成人中相同元音，去声字有鼻化度最小的情况，而儿童中相同元音，都是上声字的鼻化度最小。

（三）清声母对元音内在鼻化度的影响

由表6—3和表6—1比较可知，清辅音声母对后接元音的鼻化度产生了细微影响：除两个舌尖元音/ʅ/、/ʮ/在两种音节环境中的鼻化度数值一样以外，五个舌面元音/a/、/ə/、/u/、/i/、/y/在清声母音节中的鼻化度均小于其在零声母音节中的鼻化度；其中受清辅音声母影响相对较大的是低元音/a/，由零声母音节中的14减小到9，其次是高元音/i/、/y/分别减小了2和3，后元音/u/和中元音/ə/均只减小了1。清辅音声母的发音方法的不同也会对元音的鼻化度产生细微的影响。低元音/a/在塞音和塞擦音后的鼻化度相等，在擦音后最小；高元音/i/、/u/都是在塞音后的鼻化度最大；中元音/ə/在塞擦音后最大，在塞音和擦音后的鼻化度相等。

表6—3　　　　儿童单元音与塞音、塞擦音、擦音相拼时的鼻化度

	a	ə	u	i	y	ʅ	ʮ
塞音	9 (2.8)	8 (3.0)	11 (4.5)	28 (10.5)	\	\	\
擦音	8 (2.8)	8 (2.5)	10 (3.8)	23 (9.2)	18 (8.8)	14 (4.0)	12 (5.2)
塞擦音	9 (2.9)	9 (3.0)	10 (3.4)	26 (9.0)	18 (8.3)	13 (4.4)	13 (5.3)
平均值	9 (0.6)	8 (0.6)	10 (0.6)	26 (2.5)	18 (0.0)	14 (0.7)	13 (0.7)

（四）元音复合鼻化度

首先考察的是与通音声母/m/、/n/、/l/、/r/相拼时，元音的复合鼻化度（见表6—4）。

① 时秀娟、郑亦男等：《北京话单音节中元音的鼻化度再分析》，《南开语言学刊》2016年第2期。

表 6—4   儿童 CtV 结构中元音复合鼻化度

	m	n	l	r
a	44（8.1）	47（9.4）	11（1.0）	\
ə	46（9.9）	56（9.5）	8（0.6）	9（0.7）
i	77（7.0）	77（9.0）	20（1.4）	\
u	44（13.6）	54（10.6）	9（0.5）	10（1.0）
y	\	68（10.0）	13（1.0）	\

由表 6—4 可知，声母为鼻音时，元音的复合鼻化度较之元音的内在鼻化度明显升高，元音/a/、/ə/、/i/、/u/、/y/的复合鼻化度均在 40 以上。声母为鼻音/m/或/n/时，元音复合鼻化度的排序均为/i/＞/y/＞/ə/＞/u/＞/a/。这与成人的表现一致。[①] 与声母为鼻音时的情况不同，声母为非鼻音通音声母时，元音的复合鼻化度并没有明显升高。元音/a/、/ə/、/u/的复合鼻化度和与之对应的元音内在鼻化度大小接近；而高元音/i/、/y/的复合鼻化度比与之对应的元音内在鼻化度要小。

其次我们还考察了元音与鼻音韵尾/－n/、/－ŋ/结合时，元音的复合鼻化度。元音后接前鼻尾/－n/时的元音复合鼻化度由大到小排序为：（i）n：48 ＞（y）n：45 ＞（ə）n：39 ＞（a）n：36。元音后接后鼻尾/－ŋ/时的元音复合鼻化度由大到小排序为：（i）ŋ：45 ＞（y）ŋ：43 ＞（ə）ŋ：42 ＞（a）ŋ：39。元音被前、后鼻韵尾影响后的鼻化度大小排序一致，同为 i＞y＞γ＞a。并且，带前鼻尾的元音/a/和/ə/的鼻化度小于其带后鼻尾的鼻化度，高元音/i/、/y/则相反。这一规律与成人的结果一致。

三　通音声母的鼻化度

表 6—5 是普通话儿童四个通音声母的鼻化度平均值。

---

① 时秀娟：《汉语语音的鼻化度分析》，《当代外语研究》2011 年第 5 期。

表 6—5　　　　　　　　　　普通话儿童四个通音声母的鼻化度

	m	n	l	r
N 值	88	92	26	18
标准差	4.6	2.8	10.5	7.1

由表 6—5 可知，普通话儿童的两个鼻音声母鼻化度都很高，其中/n/比/m/的鼻化度数值大 4。两个非鼻音浊声母的鼻化度分别为/l/：26 和/r/：18，相差 8。其中鼻音声母的鼻化度数值和时秀娟等[1]所考察的成人鼻化度一致；非鼻音声母/l/、/r/的鼻化度比其考察的成人的鼻化度小，成人/l/、/r/的鼻化度分别为 32 和 24。另外，可以看到边通音/l/的标准差较大。不同环境中的/l/，共振峰频率大有差异，可以说明这个音是多变而不稳定的。在本节的实验中也反映了这一点，/l/后接不同元音时，其鼻化度数值大小变化很大，具体分析如下：

后接元音的开口度大小会对通音声母的鼻化度产生一定影响，尤其是对/l/的影响很明显，具体数据见表 6—6。

表 6—6　　　　　　　　儿童通音声母与不同韵母相拼时的鼻化度

	m	n	l	r
开口呼	87 (2.3)	91 (1.5)	24 (2.7)	18 (1.0)
齐齿呼	91 (1.9)	93 (1.3)	30 (3.2)	\
合口呼	86 (3.3)	91 (2.5)	23 (1.9)	18 (2.1)
撮口呼	\	92 (1.2)	26 (3.4)	\

由表 6—6 可知，按后接元音开口度不同，四个通音声母的鼻化度由大到小排序均为：齐齿呼 > 撮口呼 > 开口呼 ≥ 合口呼。另外，我们在实验中发现，10 名正常儿童中有 2 名男孩出现了将/l/误读成/n/的情况，这两

---

[1]　时秀娟、石锋、冉启斌：《北京话响音化度的初步分析》，《当代语言学》2010 年第 4 期。

名男孩分别是 n1 和 n4。而这两名男孩的误读情况又都有各自的规律性，并不是随意的误读。n1 的情况为：/l/与开口呼、合口呼元音相拼时出现误读，在与齐齿呼和撮口呼元音相拼时无一例误读，读错的音节有 la、le、lang、leng、long。n4 的情况为：只在有鼻音韵尾的音节中出现误读，在 CV 结构中无一例误读，读错的音节有 lan、lang、leng、lin、ling 和 long。

这种误读情况的出现，与/l/和/n/本身的生理声学属性相关，也与儿童的音位习得顺序有关。/l/与/n/的发音部位相近，都在舌尖硬腭。而且/l/的共振峰一般和鼻音/n/的共振峰相似。① 这种本身属性的相似性造成了儿童出现误读情况的可能。在此次实验中只发现了/l/误读成了/n/，而没有/n/误读为/l/的情况，这应该是受儿童的语音习得顺序的影响。Jakobson 认为辅音的习得顺序是前辅音先于后辅音，塞音先于擦音，鼻音先于非鼻音。李嵬、姜涛等②对 129 名普通话儿童进行音位的习得研究，其研究结果表明：作为音节首辅音，/n/在 2.1 至 2.6 岁时习得，而/l/的习得在 4.1 至 4.6 岁时习得。③ 司玉英的研究结果也表明鼻辅音/n/的习得要早于边通音/l/的习得。正是由于/n/比/l/习得的要早，儿童在出现误读情况时，倾向将/l/读成/n/。④

四 鼻音韵尾的鼻化度

实验发现，普通话儿童两个鼻音韵尾的发音情况很好，韵尾部分的鼻化度曲线基本都有稳定持高段；只有少数脱落或弱化的现象，主要是/‐n/有脱落，并且脱落的音节基本集中在元音为/a/和/ə/的情况下。

图 6—5、图 6—6、图 6—7，分别是音节/an/韵尾完整、韵尾弱化和韵尾脱落时的鼻化度曲线及其所对应的语谱图。比较三幅图可知，当音节中鼻音韵尾完整时，鼻化度曲线表现为一段持高的稳定段，其对应的语谱图也可清晰地看出元音和鼻音韵尾之间的断层，而且韵尾的时长也较长；

---

① 吴宗济、林茂灿：《实验语音学概要》，高等教育出版社 1989 年版。

② 李嵬、姜涛、祝华、彭聆龄、Barbara Dodd、舒华：《说普通话儿童的语音习得》，《心理学报》2000 年第 2 期。

③ 司玉英：《普通话儿童语音习得的个案研究》，《当代语言学》2006 年第 1 期。

④ 同上。

当音节中的鼻音韵尾有弱化时，鼻化度曲线无持高的稳定段，但逐渐升高
的趋势明显，且最高点也位于鼻化度维度较高的地方，其对应的语谱图已
断层但并不明显，单元音第一共振峰下降的音征很明显；当音节中的鼻音
韵尾脱落时，鼻化度曲线只有元音部分的能量，其对应的语谱图也没有明
显音征，但 F1 和 F2 之间有多余能量，为鼻音共振，说明鼻尾脱落后，剩
下的元音/a/有鼻化现象。

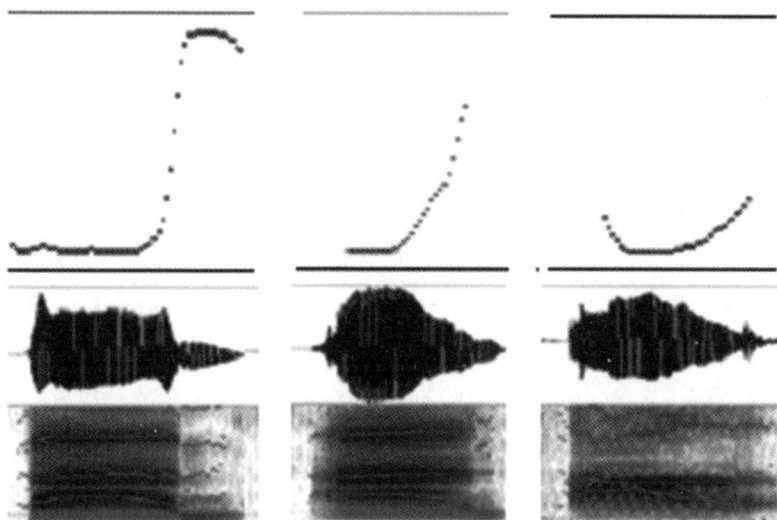

图 6—5　/an/正常　　图 6—6　/an/鼻尾弱化　　图 6—7　/an/鼻尾脱落

表 6—7 中统计的是在零声母和清声母音节中两个鼻音韵尾的鼻化度。

表 6—7　　　　　　　　　　　　儿童鼻音韵尾的鼻化度

	a	ə	i	y	o	平均值
− n	89 (3.6)	90 (2.6)	92 (3.9)	92 (3.5)	\	91 (4.4)
− ŋ	90 (4.0)	91 (2.7)	92 (4.2)	91 (2.9)	87 (3.9)	90 (2.1)

由表 6—7 可知，前鼻音韵尾/ − n/的平均鼻化度数值为 91，后鼻尾
/ − ŋ/为 90。并且鼻音韵尾前接元音的不同会对鼻音韵尾的鼻化度产生一

定影响，高元音/i/、/y/后的鼻尾鼻化度较高，中元音/ə/和低元音/a/后的鼻尾鼻化度较低。具体顺序为：i（n）：92 = y（n）：92 > ə（n）：90 > a（n）：89；i（ŋ）：92 > y（ŋ）：91 > ə（ŋ）：91 > a（ŋ）：90 > o（ŋ）：87。

五　结论

通过对普通话儿童响音鼻化度的考察，发现：（1）儿童单字音中的七个一级元音内在鼻化度排序为：i（28）> y（21）> ʅ（15）> a（14）> ɿ（13）> u（11）> ə（9）。呈现出舌位较前、较高则鼻化度较大；舌位较后、较低则鼻化度较小的趋势。较之成人的表现有所不同：儿童和成人的表现在前后维度上是一致的，都是舌位较前的元音鼻化度较大；但在高低维度上的表现则相反。另外从鼻化度的数值来看，除/a/以外，儿童的元音内在鼻化度数值均大于成人的数值。（2）声调及清声母的发音部位和发音方法都对元音内在鼻化度产生规律性的影响，并且与成人的表现基本一致。（3）儿童单字音中的元音复合鼻化度表现为：m（i）：77 > m（ə）：46 > m（u）：44 = m（a）：44；n（i）：77 > n（y）：68 > n（ə）：56 > n（u）：54 > n（a）：47；（i）n：48 >（y）n：45 >（ə）n：39 >（a）n：36；（i）ŋ：45 >（y）ŋ：43 >（ə）ŋ：42 >（a）ŋ：39。（4）儿童单字音中四个通音声母鼻化度为：/m/：88；/n/：92；/l/：26；/r/：18。按后接元音开口度不同时，通音声母鼻化度由大到小排序均为：齐齿呼 > 撮口呼 > 开口呼 ≥ 合口呼。与成人表现一致。（5）儿童单字音中两个鼻音韵尾的表现为：i（n）：92 = y（n）：92 > ə（n）：90 > a（n）：89；i（ŋ）：92 > y（ŋ）：91 = ə（ŋ）：91 > a（ŋ）：90 > o（ŋ）：87。

综上所述，普通话儿童元音的鼻化度分为元音内在鼻化度和元音复合鼻化度两个层次，且均会受到声调及声母的影响；而响辅音（包括通音声母和鼻音韵尾）的鼻化度也会因主要条件下的影响因素，不能一概而论，这样才能够为今后病理儿童的数据提供具有可比性的参照。

附录 1

	10 名儿童元音内在鼻化度由大到小降序排列
1	a（34）＞i（33）＞y（25）＞ʅ（10）＞ɿ（9）＞u（8）＞ə（6）
2	i（19）＞y（15）＞ɿ（13）＞ʅ（12）＞ə（10）＞u（9）＞a（8）
3	i（41）＞y（28）＞ɿ（23）＝ʅ（23）＞ə（12）＝u（12）＞a（10）
4	i（26）＞y（16）＞ʅ（12）＞ɿ（10）＝ə（10）＞a（9）＞u（8）
5	i（17）＞y（16）＞ɿ（14）＞u（13）＞ʅ（12）＞a（11）＝ə（11）
6	i（10）＞y（9）＞a（7）＞ə（6）＞ɿ（5）＝u（5）＞ʅ（4）
7	i（37）＞y（33）＞a（22）＞ʅ（16）＞ɿ（13）＝u（13）＞ə（10）
8	i（22）＞y（19）＞ɿ（18）＞u（14）＞ʅ（11）＞ə（10）＞a（9）
9	i（33）＞y（23）＞a（18）＝ɿ（18）＞u（15）＞ʅ（13）＞ə（9）
10	i（44）＞y（22）＝ɿ（22）＞ʅ（13）＞u（9）＞ə（7）＞a（6）

附录 2

	10 名成人元音内在鼻化度由大到小降序排列
1	i（37）＞a（26）＞y（19）＝ɿ（19）＞ə（16）＞ʅ（12）＞u（11）
2	a（29）＞i（10）＞y（8）＞ɿ（5）＝ʅ（5）＝ə（5）＞u（4）
3	a（32）＞i（16）＞y（12）＞ɿ（9）＞ʅ（6）＝u（6）＞ə（5）
4	i（39）＞a（37）＞y（20）＞ə（11）＞ɿ（10）＞u（9）＞ʅ（8）
5	a（45）＞i（29）＞y（15）＞ɿ（10）＞ʅ（9）＞ə（8）＞u（7）
6	i（33）＞a（22）＞y（21）＞ə（8）＞ɿ（7）＝u（7）＞ʅ（6）
7	i（27）＞y（16）＞a（10）＝ɿ（10）＞ʅ（9）＞ə（7）＞u（6）
8	i（50）＞a（43）＞y（38）＞u（19）＞ə（14）＞ɿ（13）＞ʅ（12）
9	i（33）＞a（30）＞y（24）＞ɿ（14）＝ə（14）＞u（11）＞ʅ（10）
10	a（33）＞i（25）＞y（24）＞ʅ（17）＝ə（17）＞ɿ（16）＞u（14）

第三节　为什么有的方言/n/、/l/不分

引言

　　鼻音和鼻化在语言研究中受到广泛的关注。20世纪70年代在美国曾举行过鼻音、鼻化的专题讨论会，并出版了论文集。学者们对鼻音、鼻化的共性表现，鼻音的生理、物理特性，鼻音模式类型等进行了探讨，推进了对鼻音的认识。[①]

　　鼻音声母/n/在汉语方言中是普遍存在的。有些方言中/n/与边音/l/常常发生混淆，而混淆的情况又各有不同。[②] 前人对有关方言中鼻音、边音的音位设立、分混的处理办法等都做过很多研究，对鼻音、边音分混的不同表现有了较为清楚的说明。

　　为什么有的方言/n/与/l/能够分得很清楚，有的方言却/n/、/l/不分？是怎样的语音特性使得它们具有相似或相异的表现？我们使用鼻音计（Nasometer）对鼻音、边音及类似语音的特性进行考察分析，希望对这一问题有更清楚的认识。

　　在以往的文献中，鼻音可称为鼻通音，边音又叫作边通音。北京话的/r/声母在语音性质上也存在通音的变体。[③] 由于鼻音与这些语音同属通音，关系密切，放在一起对照考察才能够详细了解鼻音与边音之间分立混合、复杂多样的关系。因此本节鼻化度的考察包括其他通音声母在内。

一　声母的鼻化对比度

（一）北京话通音声母的鼻化度

　　使用Kay NasometerⅡ6400鼻音计测量10位北京话发音人的通音声母数据。发音人5男5女，年龄在20—22岁，生长于北京，父母均为北京

---

　　① Ohala, J. J., "Experimental Historical Phonology", In J. M. Anderson and C. Jones, eds., *Historical Linguistics II. Theory and Description in Phonology*, *Proceedings of the 1st International Conference on Historical Linguistics*, Amsterdam: North Holland, 1974.

　　② 袁家骅等：《汉语方言概要》（第二版），语文出版社2001年版。

　　③ 冉启斌、石锋：《北京话r声母的变体及音位的聚合程度》，载《中国音韵学——中国音韵学研究会南京研讨会论文集》，南京大学出版社2006年版。

人。发音表为汉语普通话单音节字表。

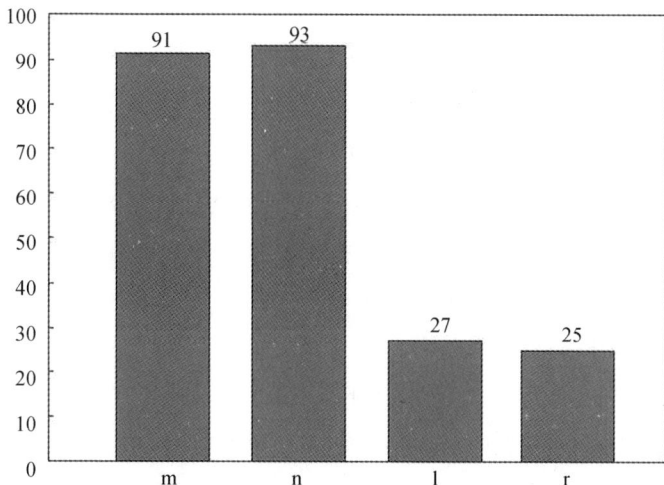

图 6—8　北京话通音声母的鼻化度

北京话通音声母有鼻音/m/、/n/和非鼻音/l/、/r/。按 10 位发音人的鼻化度平均值数据做出图（见图 6—8）。图中鼻音声母/m/、/n/的鼻化度分别为 91、93，非常高；非鼻音声母/l/、/r/的鼻化度分别为 27、25，有一定程度的鼻化。图中可以直观地看到/m/、/n/与/l/、/r/的鼻化度有明显的差异。

一般情况下，鼻音的鼻化度在 80 以上，也就是完全鼻化；鼻化度在 40 以下的可以算作口音；在二者之间的就是鼻化语音，也就是半鼻化音。①

对于后接不同韵母的/l/、/r/的鼻化度平均值分别进行统计（见表 6—8）。结果是/l/在齐齿呼、撮口呼前的鼻化度大于开口呼、合口呼前的鼻化度。齐齿呼前鼻化度最大，合口呼前鼻化度最小。/r/在开口呼前鼻化度大于合口呼前。二者都是合口呼前鼻化度最小。

---

① 时秀娟、石锋、冉启斌：《北京话响音化度的初步分析》，《当代语言学》2010 年第 4 期。

表6—8 /l/、/r/在不同韵母前的鼻化度

声母	开口呼	齐齿呼	合口呼	撮口呼
l	26	33	22	31
r	26		21	

在北京话辅音系统中，/l/、/r/这两个音没有系列的音位聚合，聚合度最小，音位变体较多。由 EPG 实验看，声母/l/的成阻部位和成阻程度是最灵活的，很容易受后接语音影响。[1] 声母/r/的摩擦程度很自由，变体多，已为实验所证明。[2]

（二）北京话通音声母的鼻化对比度

鼻化对比度指鼻音声母与非鼻音声母鼻化度的差值，可以分为总体对比度和个体对比度。总体鼻化对比度就是一种语言或方言中鼻音声母鼻化度与非鼻音声母鼻化度的差值。个体鼻化对比度就是同一语言或方言中发音部位相同或相近的某个鼻音声母的鼻化度减去某个非鼻音声母的鼻化度所得的差值。具体计算方法见附录2。

表6—9 北京话通音声母的总体鼻化对比度

鼻音声母	非鼻音声母	总体对比度
92	26	66

北京话中鼻音声母与非鼻音浊声母的总体对比度为 66（见表6—9）。/l/与/n/的个体鼻化对比度为：93 − 27 = 66；/r/与/n/的个体鼻化对比度为：93 − 25 = 68。个体鼻化对比度与总体鼻化对比度相联系，反映了不同声母的个体差异，是声母的重要量化标志。北京话中总体和个体鼻化对比度都较大，说明北京话中鼻音声母与非鼻音声母区分显著，不易混淆。

---

[1] 李俭、郑玉玲：《汉语普通话动态腭位的数据缩减方法》，载王嘉龄编《第六届现代语音学学术会议论文集》，天津师范大学出版社 2004 年版。

[2] 冉启斌、石锋：《北京话 r 声母的变体及音位的聚合程度》，载《中国音韵学——中国音韵学研究会南京研讨会论文集》，南京大学出版社 2006 年版。

从上面的分析不难看出，鼻化对比度越大，鼻音跟非鼻音的区分越清晰明显；鼻化对比度越小，则鼻音跟非鼻音的区分越模糊含混，并有可能发生一定程度的音位合流。

二 几种方言声母中的鼻化对比度分析

（一）/n/、/l/分立的方言声母的鼻化对比度表现

天津话、郑州话、西宁话都具有鼻音声母/m/、/n/和非鼻音声母/l/、/r/，都能区分鼻音与边音。图6—9分别显示了这三种方言通音声母的鼻化度情况。表6—10是它们的鼻化对比度数据[①]。

从图表中可见，天津话、郑州话、西宁话中，声母总体鼻化对比度都较高，略小于北京的66。/l/与/n/、/r/与/n/的个体鼻化对比度也都比较大，其中天津、西宁的/l/、/r/对比度略小。数据表明这几种方言中鼻音跟非鼻音的区分跟北京话的情况一样，都是很清晰的。

表6—10　　　天津话、郑州话、西宁话通音声母的鼻化对比度

方言点	总体对比度	n – l	n – r
天津	61	58	64
郑州	64	69	70
西宁	59	58	61

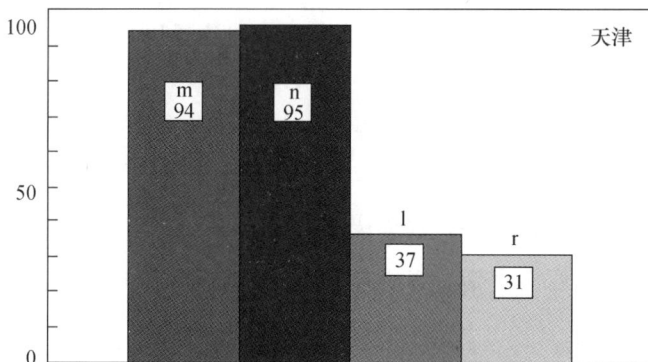

---

① 肖媛：《官话方言响音的鼻化度》，硕士学位论文，天津师范大学，2010年。

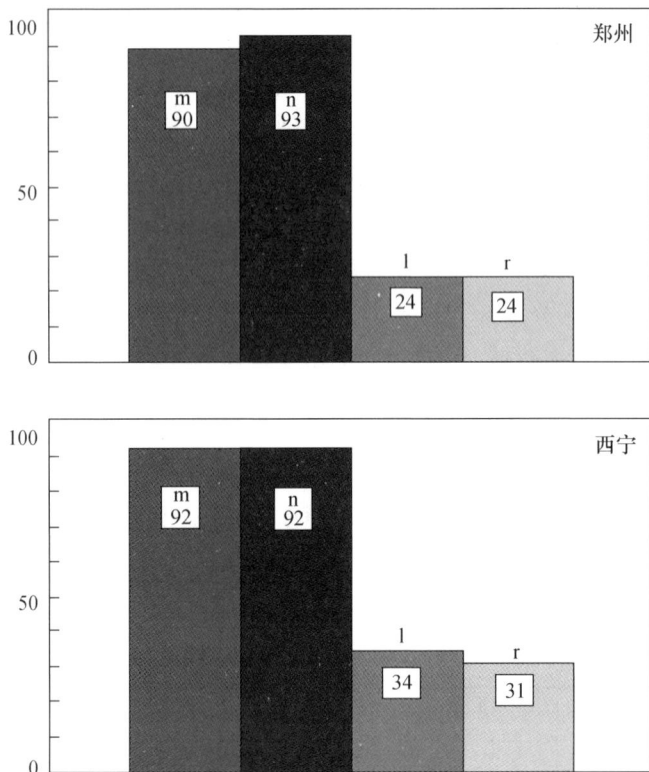

图6—9 天津、郑州、西宁方言通音声母的鼻化度

（二）/n/、/l/相混的方言的声母鼻化对比度表现

汉语方言中/n/、/l/相混的方言点很多，这里以长沙话、武汉话、南京话为例。

长沙话属新湘语，结合对发音人所发语料的听音、记音及实验结果，长沙话的通音声母可分为五种，分别是：鼻音声母/m/、/ŋ/、/n/，非鼻音声母/l/、/z/，其中/n/包括变体/ṇ/、/l̃/。

武汉话属于西南官话。青少年往往把/n/声母读成鼻化边音。[①] 武汉

① 刘兴策、向平：《武汉话音档》，上海教育出版社1997年版。

话的/n/声母有变体/l/或/l̃/①，也就是/l/、/n/合流为/n/。因此，武汉话实际上是有边音音值的，通音声母有鼻音/m/、/n/、/ŋ/，非鼻音/l/、/z/。其中/l/有变体/l̃/，/z/有变体/r/。

南京话属江淮官话，通音声母中有鼻音/m/，非鼻音/l/、/r/，没有鼻音/n/。②③ 也就是/l/、/n/合流为/l/，本节得到的实际发音为/l̃/。

图6—10分别显示了以上三种方言中的通音声母的鼻化度情况。表6—11是它们的鼻化对比度数据④。图表显示这三个方言的鼻化对比度数据跟北京话的情况大不相同。

表6—11　　　　　长沙话、武汉话、南京话通音声母的鼻化对比度

方言点	总体对比度	n/m－l	n/m－r（z）
长沙	37	12	56
武汉	56	53	61
南京	55	31	78

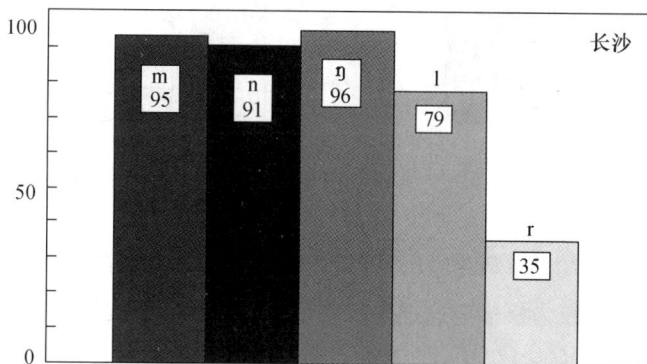

---

① 北京大学中国语言文学系语言学教研室：《汉语方音字汇》（第二版重排本），语文出版社2003年版。

② 鲍明炜：《江苏省志·方言志》，南京大学出版社1998年版。

③ 刘丹青：《南京方言词典》，江苏教育出版社1995年版。

④ 时秀娟、贝先明：《长沙话响音的鼻化度考察》，《中国语音学报》2013第4期；时秀娟、向柠：《武汉话语音的鼻化度考察》，《语言研究》2010年第4期；时秀娟、梁磊：《南京话响音的鼻化度考察》，《南京师大学报》（社会科学版）2017年第2期。

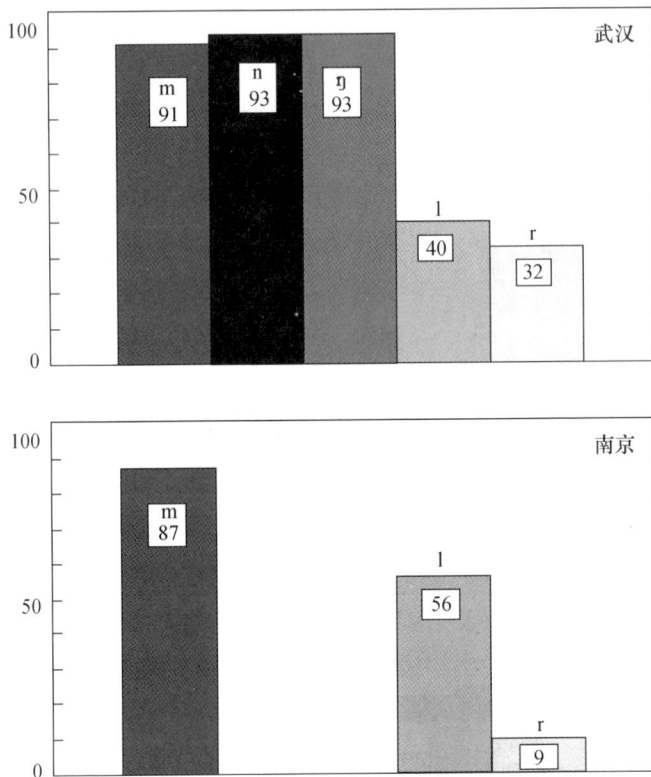

图6—10 长沙、武汉、南京方言通音声母的鼻化度

长沙话声母的总体鼻化对比度为37，远远小于北京话的66，说明其鼻音与非鼻音的区分较为模糊。这正是长沙话鼻音和边音相混的重要原因。就单个语音来看，长沙话/l/与/n/的鼻化对比度为12，表明二者混淆程度相当高。

武汉话声母的总体鼻化对比度为56，鼻音与非鼻音区分度是较高的。就单个语音来看，武汉话/l/与/n/的鼻化对比度为53，表明武汉话/n/与/l/在语音上还是可以区分的。

南京话声母的总体鼻化对比度为55，这是/r/声母的低鼻化度影响的结果。南京话没有鼻音声母/n/，可以用/m/代替来计算个体鼻化对比度。/m/与/l/的对比度为31，混淆程度较高。

长沙话、武汉话、南京话虽然都是/n/、/l/相混的方言，然而具体的语音表现并不相同。通常所说的"/n/、/l/不分"只是一种定性的说法，方言中的实际情况可能存在不同的类型。

三 方言声母/n/、/l/不分的类型

（一）从鼻化对比度来看可以把长沙话、武汉话、南京话划分出不同的/n/、/l/不分的类型。长沙话总体鼻化对比度（37）和个体语音的鼻化对比度（12）都较小，可以认为/n/、/l/是不分的。武汉话/n/、/l/的个体鼻化对比度（53）较大，尽管把/l/并入/n/，鼻音和边音还是能区分的。南京话/n/、/l/的个体鼻化对比度（31）较小，人们把/n/并入/l/，鼻音多发成边鼻音，也就是全鼻化的边音，因此鼻音和边音难以区分。

长沙话、武汉话、南京话的鼻音或边音都存在变体。把鼻化度数据按照变体分别列出，将更容易看清鼻音和边音之间的关系（见表6—12）。三种方言中，鼻音/n/和边音声母/l/的各个变体的鼻化度数据表明，虽然同为/n/、/l/不分，但它们的实际类型颇为不同。

表6—12 长沙话、武汉话、南京话/n/、/l/、/r/声母变体的鼻化度

方言点	n̩	n	l	l̃	z	r
长沙	96	95	79	83	\	35
武汉	\	93	25	55	49	16
南京	\	\	26	86	\	9

（二）长沙话：/n/、/l/音位不分，发音也不分

过去对于长沙话鼻音/n/、边音/l/的分析处理，或者是把/l/和/l̃/处理为/n/音位的变体，不立边音音位[1][2]；或者是把/n/和/l̃/处理为/l/音位的变体[3][4]。从表6—12来看，长沙的/n̩/、/n/、/l̃/的鼻化度都很高，/l/的鼻化度最小也达到79，几乎完全鼻化了。即/n/、/l/音位不分，发音也不分。实际上长沙话中具有纯粹的鼻音，没有纯粹的边音。从鼻化

---

① 杨时逢：《湖南方言调查报告》，台北："中央"研究院历史语言研究所，1974年。

② 袁家骅等：《汉语方言概要》（第二版），语文出版社2001年版。

③ 李永明：《长沙方言》，湖南出版社1991年版。

④ 鲍厚星：《长沙方言研究》，湖南教育出版社1999年版。

度的分析来看，长沙话不立边音音位更为合理。

（三）武汉话：/n/、/l/音位合并为/n/，发音可区分

对于武汉话鼻音/n/、边音/l/的分析处理不同于长沙话。声母不立边音音位/l/，却把边音/l/作为鼻音/n/的变体，指出其实际音值也都有边音的倾向。① 表6—12中武汉的/n/鼻化度为93，是标准的鼻音；/l/鼻化度为25，是非鼻音；/ĩ/鼻化度为55，是半鼻化音。鼻音/n/较稳定，鼻化度很高，而变体/ĩ/的音值又带有鼻音倾向，所以立鼻音音位是合理的。可见，通常所说的武汉话的/n/、/l/不分，实际上不是音值的不分，而是音位的不分。

武汉话"惹、饶、染、人、让"等字的声母，老派读/n/，新派读/z/。② 本节的发音人读/z/，有两个变体/z/和/r/。/r/鼻化度为16，是非鼻音；/z/的鼻化度为49，是半鼻化音。说明/n/与/z/之间共有一定程度的鼻音特征。老派的/n/声母新派读/z/声母，表明有一个由/n/向/z/转化的过程。

（四）南京话：/n/、/l/音位合并为/l/，发音有倾向

南京话不立鼻音音位/n/，只有边音音位/l/。/n/、/l/可自由变读，一般倾向是开口呼和合口呼前读/l/，齐齿呼和撮口呼前读带鼻化色彩的/ĩ/。③ 也就是：/l/声母略带鼻音，碰到/i/、/y/时几乎变成/n/音。④

由表6—12可见：南京话/ĩ/的鼻化度为86，非常接近图6—12中双唇鼻音/m/的鼻化度87，是否可以认为这个音就是鼻音？本地发音人却认为该音是边音，并不是鼻音。因此这种全鼻化的边音可以称之为边鼻音。

南京话"/n/、/l/不分"的实质是/n/与/l/两个音位的完全合流，合流过程中/n/的发音倾向于边音/l/，成为边鼻音。从语音上来讲，南京话有纯粹的边音/l/，无纯粹的鼻音/n/，却有倾向于边音的边鼻音。所以南京话不立鼻音音位/n/，是有道理的。

① 朱建颂：《武汉方言研究》，武汉出版社1992年版。

② 朱建颂：《武汉方言词典》，江苏教育出版社1995年版，第3页。

③ 刘丹青：《南京话音档》，上海教育出版社1997年版，第55页。

④ 赵元任：《南京音系》，《科学》1929年第13卷第8期。

四 结论

对于北京话通音声母计算鼻化度，考察声母的鼻化对比度，北京话声母的总体鼻化对比度及个体鼻化对比度都较大，说明北京话鼻音声母与非鼻音声母的区分很清晰。天津话、郑州话、西宁话通音声母的鼻化对比度都比较大，说明它们与北京话一样，鼻音声母与非鼻音声母的区分很清晰。

对长沙话、武汉话、南京话声母/n/、/l/不分的情况进行鼻化度的分析，可以划分出三种不同的类型。长沙话是/n/、/l/音位不分，/n/、/l/语音也不分，有纯粹的鼻音，无纯粹的边音；武汉话是/n/、/l/音位合为/n/，/n/、/l/语音区分，有纯粹的鼻音，也有纯粹的边音，也有一个半鼻化的/l̃/；南京话是/n/、/l/音位合为/l/，无纯粹的鼻音，有纯粹的边音，有完全鼻化的边鼻音。这三种类型在/n/、/l/不分的方言中很可能具有代表意义。

在以上考察中，声母鼻化对比度分析作为有效的方法，对于认识鼻音、边音等通音之间的关系，对于汉语方言鼻音、边音的分混及其语音实质的探讨都具有较大的实际意义，是探索鼻音特性的一个重要参量。同时，如果能够从听觉感知等方面对与鼻音有关的通音进行研究，将会使有关语音现象得到更深入的揭示。鼻化对比度的概念在某种程度上可以解释汉语方言中众多的/n/、/l/分混现象。我们将在进一步的研究中进行更多语言材料和实验的验证、完善。

第四节 普通话声母/n/、/l/分混的感知研究初探

引言

/n/和/l/在现代汉语普通话中是两个不同的音位，它们分别主要来自古泥、来母。按发音方法的不同将/n/、/l/定为鼻音和边音。在普通话中，/n/和/l/的区别非常明显，但在有些方言中常常发生混淆，而混淆的情况又各有不同。[①] 前人大多从音韵学的角度对方言中鼻、边音的音位设

---

① 袁家骅等：《汉语方言概要》（第二版），语文出版社 2001 年版。

立、分混的处理等做过研究。目前，有一些学者用实验的方法对/n/、/l/的鼻化度进行了研究。时秀娟、冉启斌、石锋利用鼻音计对长沙话、武汉话和南京话中的/n/、/l/进行考察，找到了声母/n/、/l/分混的三种典型情况。本节将利用听辨实验的方法，从听感的角度对方言中/n/、/l/的分混情况进行进一步的研究。

一 实验概述

（一）实验词

本次实验从现代汉语普通话中挑选实验词组成实验词对，词对除声母（/n/或/l/）外，韵母、声调均相同。

（二）实验设备

本次实验发音人为男性，北京人，在安静的录音室进行录音，录音软件为 Cool Edit Pro 2.0，采样率为 22050Hz，16 位，单声道。用 Adobe Audition CS6 对录音文件进行处理，最后用 E-Prime 1.0 进行实验，使用 Excel 对数据进行统计。

（三）实验过程

被试听到的均为自然语音。实验共分四部分，分别为单字组、双字组、基本词汇/一般词汇、语流。其中单、双字组分辨认实验和区分实验。

在辨认实验中，单字组共 212 个刺激音，双字组共 94 个刺激音。实验每次播放 1 个刺激音，顺序随机。要求被试在测试界面上选出所听到的音。

在区分实验中，单字组共 130 对刺激音，双字组共 122 对刺激音。实验每次播放 1 个刺激对，顺序随机。要求被试判断听到的两个音是否相同。

在基本词汇/一般词汇的实验中，共 178 个刺激音，实验每次播放 1 个刺激音，顺序随机，要求被试选出包含所听到刺激音的词。

语流实验挑选在区分实验中出现的成对实验词进行造句，所造的句子必须包含该对实验词对。语流实验，共 37 个刺激音，每次播放 1 个句子，顺序随机。被试需要选出他所听到的在句子中首先出现的词语。

（四）被试

此次实验的被试分为北方方言区和西南官话区。

北方方言区的被试共 22 人，主要集中于北京、天津两地，均是右利手，无听觉、视觉障碍，年龄为 22—25 岁，可以分清/n/、/l/声母。

西南官话区的被试共 10 人，主要集中于四川、重庆两地，均是右利手，无听觉、视觉障碍，年龄为 19—23 岁，不能分清/n/、/l/声母。

（五）实验流程

实验均采用 E-Prime 1.0 来完成。每一实验正式开始前均有练习部分（不计入数据统计）。

实验的具体流程为：注视点→被试按空格键→播放提示音→显示选择画面并播放刺激音→被试按键选择，同时选择界面消失→注视点再次出现。

（六）实验参数

本次实验统计在不同条件下被试的选择正确率：即被试选择的结果和其听到的刺激音一致。计算公式为：

正确率＝选择正确数/总数

在辨认实验中，"正确率"即为"辨认率"；在区分实验中，"正确率"即为"区分率"。

二　北方方言区实验结果分析

（一）辨认实验分析

1. 辨认单字组实验分析

在 212 个刺激音中，得到声母/n/的数据 106 个，声母/l/的数据 106 个。

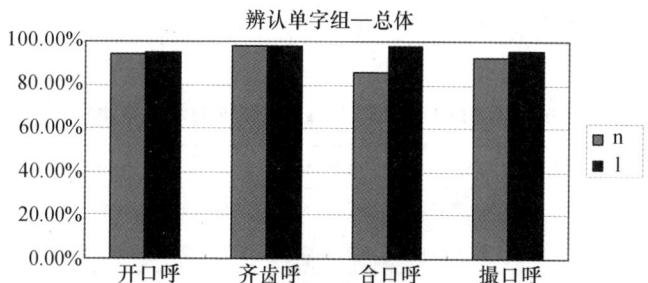

图 6—11—1　北方方言区单字组不同韵母的总体辨认率

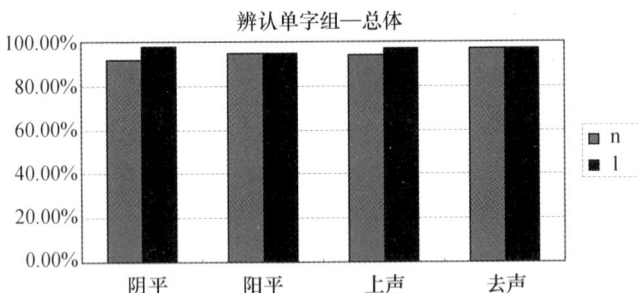

辨认单字组—总体

图 6—11—2 北方方言区单字组不同声调的总体辨认率

图 6—11 北方方言区辨认单字组总体辨认率

按照公式计算得出辨认单字组在不同条件下的总体辨认率（见图 6—13）。从图 6—13—1 可以看出，/n/、/l/ 的辨认率均未达到 100%。/n/ 的辨认率在齐齿呼最高，为 97.92%，在合口呼最低，为 85.71%，开口呼的辨认率高于撮口呼；/l/ 的辨认率在齐齿呼最高，为 97.54%，在开口呼最低，为 94.56%，齐齿呼的辨认率高于撮口呼。声母 /n/、/l/ 的辨认率均在齐齿呼达到最高。

从图 6—13—2 中可以得知，/n/ 的辨认率在去声最高，为 97.20%，在阴平最低，为 92.15%，上声的辨认率高于阳平；/l/ 的辨认率在阴平达到最高，为 97.77%，在阳平最低，为 95.09%，上声的辨认率高于去声。

通过表 6—13 可以发现，/l/ 只有在低频词合口呼以及高频词阴平的情况下辨认率达到 100%，其余均未达到，但均大于 95%；/n/ 的最高辨认率均没有达到 100%，但均大于 95%。北方方言区的被试可以很好地区分开 /n/、/l/，且对声母 /l/ 更加敏感。

表 6—13　　　北方方言区在不同条件下高、低频词的辨认率比较

		开口呼	齐齿呼	合口呼	撮口呼	平均值
高频词	n	98.13%	97.85%	**83.85%**	96.88%	94.18%
	l	95.63%	98.83%	98.44%	96.88%	97.45%
低频词	n	89.58%	97.50%	96.88%	**81.25%**	91.30%
	l	94.01%	97.50%	100.00%	**93.75%**	96.32%

续表

		阴平	阳平	上声	去声	平均值
高频词	n	98.44%	93.27%	**92.97%**	98.58%	95.82%
	l	100.00%	**96.15%**	99.22%	98.01%	98.35%
低频词	n	89.38%	96.88%	91.25%	92.97%	92.62%
	l	96.88%	**84.38%**	95.00%	95.70%	92.99%

注：阴影部分代表声母/n/或/l/在某一条件下辨认/区分率最大值，粗体字代表声母/n/或/l/在某一条件下辨认率/区分率的最小值。下文同。

2. 辨认双字组实验分析

在 94 个刺激音中，声母/n/的数据 47 个，声母/l/的数据 47 个。

从图 6—12 可以看出，在前字组中，/n/的辨认率为 97.74%，/l/的辨认率为 97.76%；在后字组中，/n/的辨认率为 98.61%，/l/的辨认率为 96.59%。/n/声母前字组的辨认率低于后字组；/l/声母前字组的辨认率高于后字组。

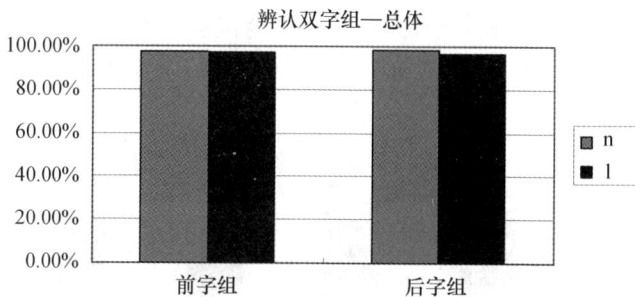

图6—12　北方方言区双字组前后字组总体辨认率

从表 6—14 可以看出，双字组辨认实验声母/n/、/l/的辨认情况良好，有多种情况辨认率达到 100%。在高频词前字组中，/l/在合口呼下辨认率为 87.50%；在高频词后字组中，/l/在合口呼下辨认率为 71.88%。只有这两种情况，/n/、/l/的辨认率较低，需进一步找出原因。

表 6—14　北方方言区双字组前、后字组在不同韵母条件下的辨认率

			开口呼	齐齿呼	合口呼	撮口呼	平均值
前字组	高频词	n	95.63%	96.35%	100.00%	100.00%	98.00%
		l	96.88%	98.96%	87.50%	96.88%	95.06%
	低频词	n	96.25%	99.38%	\	100.00%	98.54%
		l	100.00%	97.81%	\	96.88%	98.23%
后字组	高频词	n	100.00%	98.75%	100.00%	\	99.58%
		l	96.88%	96.25%	71.88%	\	88.34%
	低频词	n	98.13%	97.92%	100.00%	100.00%	99.01%
		l	96.25%	100.00%	100.00%	96.88%	98.28%

（二）区分实验分析

1. 区分单字组实验分析（见图 6—13）

由图 6—13—1 可知，在不同韵母的条件下，/n/、/l/ 的区分率在齐齿呼时最高，为 97.32%，在合口呼时区分率最低，为 90.18%，撮口呼的区分率大于开口呼。由图 6—13—2 可知，在不同声调的条件下，/n/、/l/ 在阴平的区分率为 100%，阳平的区分率最低，为 93.47%，去声的区分率高于上声。

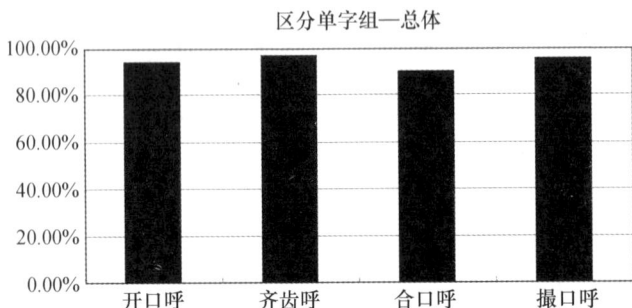

图 6—13—1　单字组在不同韵母下的区分率

区分单字组—总体

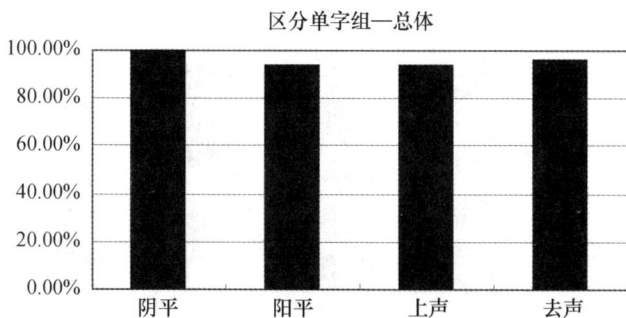

图 **6—13—2**　单字组在不同声调下的区分率

区分单字组—高频词

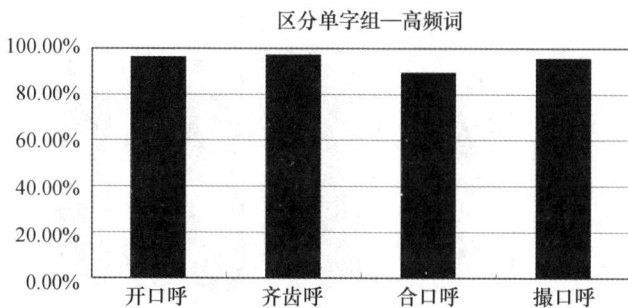

图 **6—13—3**　单字组高频词在不同韵母下的区分率

区分单字组—高频词

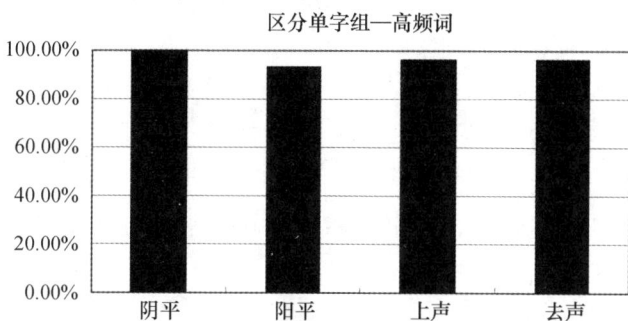

图 **6—13—4**　单字组高频词在不同声调下的区分率

区分单字组—低频词

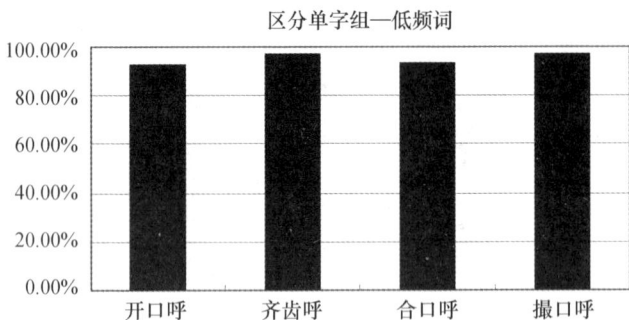

图 6—13—5　单字组低频词在不同韵母下的区分率

区分单字组—低频词

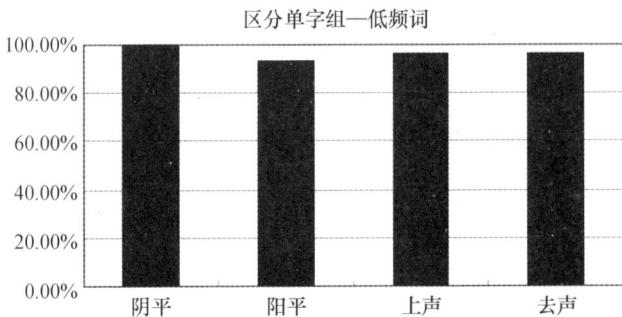

图 6—13—6　单字组低频词在不同声调下的区分率

图 6—13　北方方言区单字组在不同条件下的区分率

（1）高频词区分率

由图 6—13—3 可知，单字组高频词在齐齿呼区分率最高，为
97.27%，在合口呼区分率最低，为 89.58%，开口呼的区分率高于撮口
呼。由图 6—13—4 可知，单字组高频词在阴平区分率最高，为 100%，
在阳平区分率最低，为 93.51%。

（2）低频词区分率

由图 6—13—5 中可知，单字组低频词在齐齿呼、撮口呼区分率最高，
为 96.88%，在开口呼区分率最低，为 92.71%。由图 6—13—6 中可知，
单字组低频词在阴平区分率最高，为 100%，在阳平区分率最低，为
93.51%，上声的区分率高于阳平。

2. 区分双字组实验分析

由图 6—14 可知，前、后字组的总体区分率相差不大。前字组区分率为 97.09%，后字组区分率为 97.57%，后字组的区分率高于前字组。

区分双字组—总体

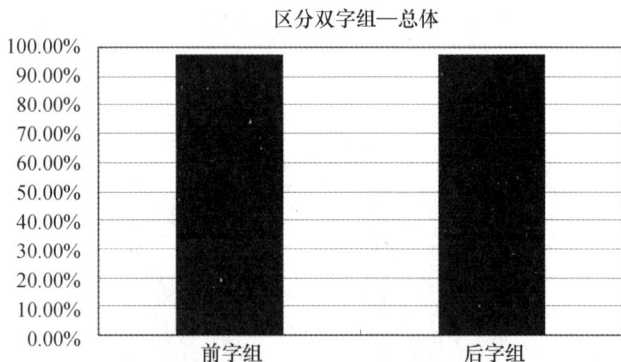

图 6—14　北方方言区双字组总体区分率

由表 6—15 可知，双字组的区分率高于单字组，有四处达到了 100%。从整体上看，无论是在前、后字组中，低频词的区分率均高于高频词。

在单、双字组区分实验中，北方方言区被试/n/、/l/声母区分率的均值高于 90%，表明北方方言区被试能够很好地区分声母/n/、/l/。

表 6—15　　双字组高频词、低频词在不同条件下的区分率

		开口呼	齐齿呼	合口呼	撮口呼	平均值
前字组	高频词	96.25%	96.88%	100.00%	96.88%	97.50%
	低频词	96.88%	96.88%	\	100.00%	97.92%
后字组	高频词	100.00%	100.00%	90.63%	\	96.88%
	低频词	96.88%	98.96%	98.44%	96.88%	97.79%

（三）基本词汇/一般词汇实验分析

基本词汇是词汇中最主要的部分，是日常生活中最必需、最明确且是人们普遍了解的词汇；一般词汇是由基本词汇和词根派生出来的。本次实验同样考察了声母/n/、/l/在基本词汇和一般词汇中的区分情况。

本次实验中声母/n/的基本词汇、一般词汇个数均为 35 个；声母/l/的基本词汇有 56 个，一般词汇有 52 个。

由图 6—15 可知，声母/n/基本词汇的区分率为 98.39%，一般词汇的区分率为 97.14%；声母/l/基本词汇的区分率为 97.99%，一般词汇的区分率为 96.76%。声母/n/和声母/l/基本词汇的区分率均高于一般词汇，但二者相差不大。

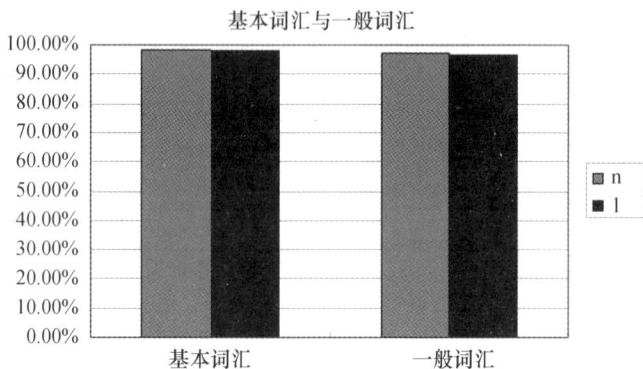

图 6—15　/n/、/l/声母在基本词汇和一般词汇条件下的区分率

（四）语流实验分析

在语流实验中，利用单字组所造的句子共 8 句，利用双字组所造的句子共 29 句。

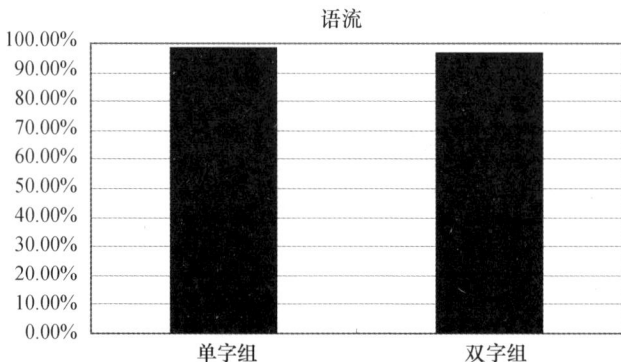

图 6—16　北方方言区在语流中声母/n/、/l/的区分率

由图6—16可知，单字组的区分率为97.66%，双字组的区分率为98.06%，双字组在语流中的区分率高于单字组。在语流中，双字组的区分率高于单字组，二者的区分率相差不大。

三 西南官话区实验结果分析

（一）辨认实验

1. 辨认单字组实验（见图6—19）

由图6—17—1可知，/n/在合口呼辨认率最高，为95.24%，在开口呼辨认率最低，为71.21%，齐齿呼的辨认率高于撮口呼。/l/的辨认率在撮口呼最高，为77.78%，在合口呼时最低，为61.90%，开口呼的辨认率高于齐齿呼。

由图6—19—2可知，声母/n/在阳平辨认率最高，为85.71%，在阴平时辨认率最低，为66.67%，去声的辨认率高于阴平；声母/l/在阴平辨认率最高，为73.81%，在阳平时辨认率最低，为57.14%，去声的辨认率高于上声。

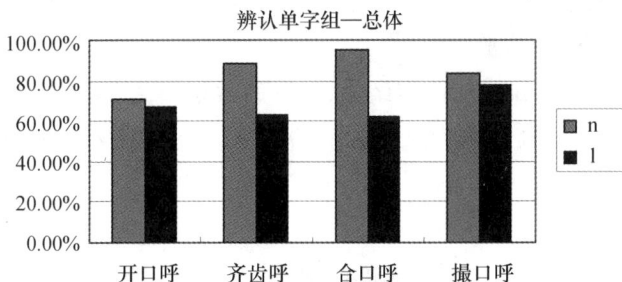

图6—17—1 单字组在不同韵母下的总体辨认率

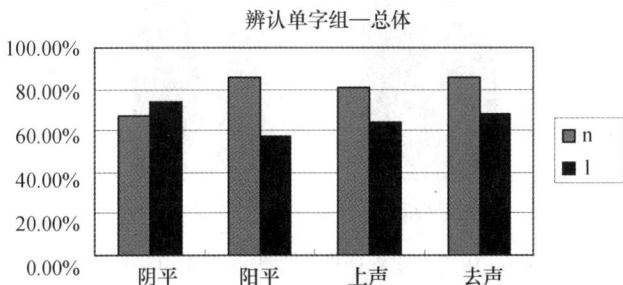

图6—17—2 单字组在不同声调下的总体辨认率

图6—17 西南官话区单字组在不同条件下的总体辨认率

由表6—16可知，只有低频词合口呼声母/l/的辨认率达到100%，在其余条件下均未达到。高频词阴平/l/的辨认情况最差，辨认率只有66.67%。基本上，西南官话区/n/的辨认率均高于/l/，只有在低频词不同声调的条件下，/n/辨认率低于/l/。

表6—16　西南官话区单字组高频词、低频词在不同条件下的辨认率

		开口呼	齐齿呼	合口呼	撮口呼	平均值
高频词	n	85.00%	90.63%	94.44%	91.67%	90.44%
	l	58.33%	62.50%	58.33%	75.00%	63.54%
低频词	n	59.72%	80.00%	100.00%	66.67%	76.60%
	l	73.61%	63.33%	83.33%	83.33%	75.90%
高频词	n	91.67%	87.18%	89.58%	92.42%	90.21%
	l	66.67%	56.41%	60.42%	65.15%	62.16%
低频词	n	56.67%	66.67%	66.67%	75.00%	66.25%
	l	76.67%	83.33%	70.00%	70.83%	75.21%

2. 辨认双字组实验

由图6—18可知，在前字组中，/n/的辨认率为79.89%，/l/的辨认率为74.71%；在后字组中，/n/的辨认率为87.96%，/l/的辨认率为74.07%。在前、后字组中，/n/的辨认率均高于/l/。

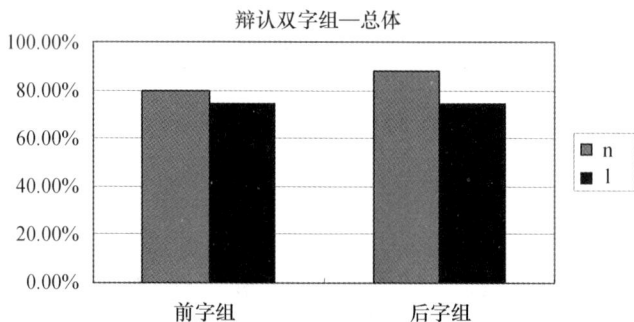

辨认双字组—总体

图6—18　西南官话区双字组前后字组辨认率

由表6—17可知，在低频词后字组中，/l/在合口呼的条件下，辨认率为 37.50%，低于 40%；在高频词前字组中，/l/ 声母在撮口呼的条件下，辨认率为 33.33%，小于 40%。在这两种情况下，/l/ 声母的辨认率达到最低。同时，除了在前字组低频词中，/n/ 的辨认率低于 /l/，其余情况 /n/ 的辨认率均高于 /l/。

表 6—17 西南官话区双字组前、后字组在不同韵母条件下的辨认率

			开口呼	齐齿呼	合口呼	撮口呼	平均值
前字组	高频词	n	60.00%	91.67%	100.00%	100.00%	87.92%
		l	76.67%	63.89%	83.33%	33.33%	64.31%
	低频词	n	70.00%	87.22%	\	83.33%	80.18%
		l	90.00%	72.96%	\	83.33%	82.10%
后字组	高频词	n	83.33%	96.67%	66.67%	\	82.22%
		l	83.33%	86.67%	50.00%	\	73.33%
	低频词	n	83.33%	88.89%	87.50%	83.33%	85.76%
		l	86.67%	70.56%	37.50%	83.33%	69.52%

（二）区分实验

1. 区分单字组实验

图 6—19 为单字组在不同条件下的总体区分率。由图 6—21—1 可知，在不同韵母的条件下，/n/、/l/ 的区分率在齐齿呼最高，为 89.68%，在开口呼区分率最低，为 67.42%；撮口呼的区分率高于合口呼。由图 6—21—2 中可知，在不同声调的条件下，/n/、/l/ 在去声时的区分率最高，为 82.46%，阴平的区分率最低，为 71.43%，上声的区分率高于阳平。

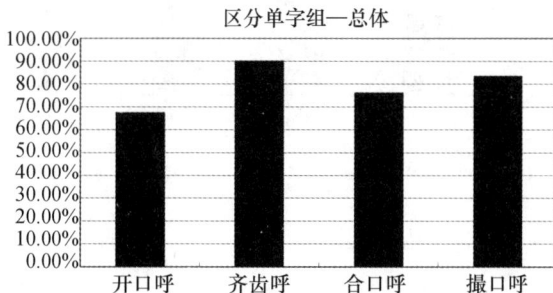

图 6—19—1 单字组在不同韵母下的区分率

区分单字组—总体

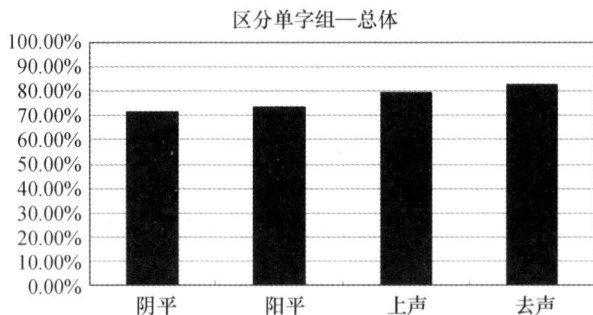

图 6—19—2　单字组在不同声调下的区分率

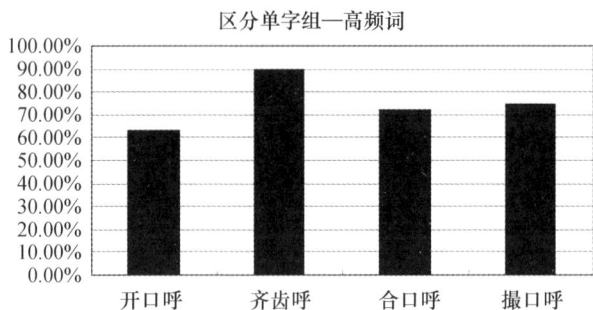

区分单字组—高频词

图 6—19—3　单字组高频词在不同韵母下的区分率

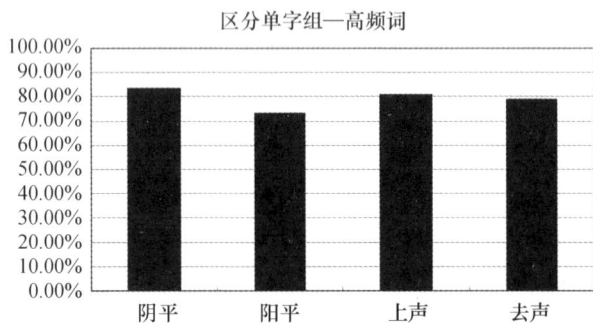

区分单字组—高频词

图 6—19—4　单字组高频词在不同声调下的区分率

区不单字组—低频词

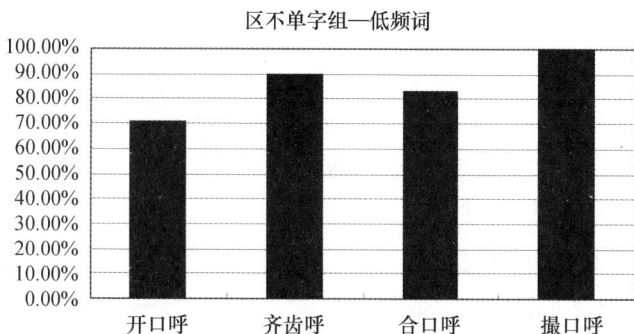

图 6—19—5　单字组低频词在不同韵母下的区分率

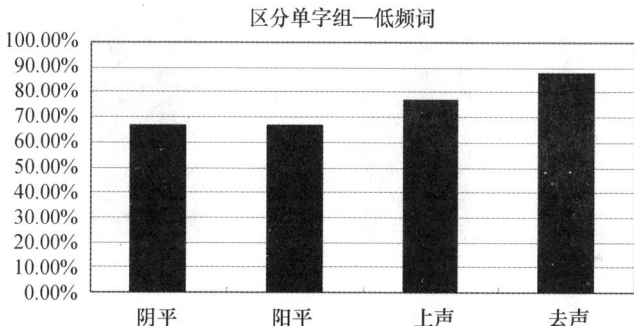

区分单字组—低频词

图 6—19—6　单字组低频词在不同声调下的区分率

图 6—19　单字组在不同条件下的区分率

（1）高频词区分率

由图 6—19—3 可知，在不同韵母条件下，/n/、/l/的区分率在齐齿呼最高，为 89.58%，在开口呼最低，为 63.33%，撮口呼的区分率高于合口呼。由图 6—19—4 可知，在不同声调的条件下，/n/、/l/在阴平时区分率最高，为 83.33%，在阳平时区分率最低，为 73.08%，上声的区分率高于去声。

（2）低频词区分率

由图 6—19—5 可知，在不同韵母条件下，/n/、/l/的区分率在撮口呼时最高，达到 100%，在开口呼时最低，为 70.83%，齐齿呼的区分率高于合口呼。由图 6—19—6 中可知，在不同声调的条件下，/n/、/l/在去声时区分率最高，为 87.50%，在阴平和阳平时的区分率最低，为 66.67%。

2. 区分双字组实验

由图 6—20 可知，前字组的区分率为 82.05%，后字组的区分率为 97.62%。前字组和后字组的整体区分率相差较大，二者相差 15.57%。后字组的区分率高于前字组。

从表 6—18 可以看出，高、低频词的区分率呈相反的结果。前字组中低频词区分率高于高频词；后字组中高频词的区分率高于低频词。

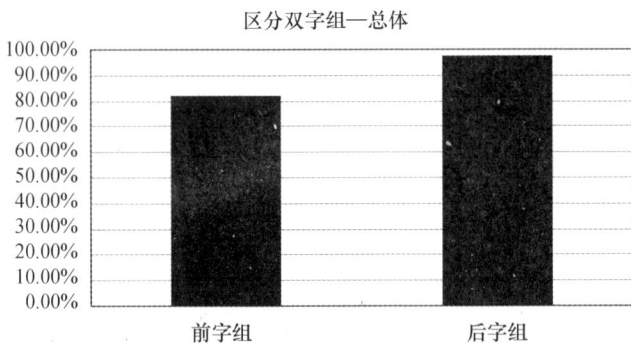

区分双字组—总体

图 6—20　西南官话区双字组总体区分率

表 6—18　西南官话区双字组高频词、低频词在不同条件下的区分率

		开口呼	齐齿呼	合口呼	撮口呼	平均值
前字组	高频词	86.67%	80.56%	66.67%	100.00%	83.48%
	低频词	83.33%	88.89%	\	100.00%	90.74%
后字组	高频词	83.33%	100.00%	83.33%	\	88.89%
	低频词	83.33%	100.00%	91.67%	66.67%	85.42%

（三）基本词汇/一般词汇实验

由图 6—21 可知，声母/n/基本词汇的区分率为 99.05%，一般词汇的区分率为 97.14%；声母/l/基本词汇的区分率为 98.21%，一般词汇的区分率为 93.59%。声母/n/、/l/基本词汇的区分率均高于一般词汇。

我们推测，这一实验结果可能和被试对词语的熟悉度有关。在区分/n/、/l/的过程中，词义可能起到了一定的提示作用。

（四）语流实验

为了进一步证明语义提示信息对西南官话区被试区分/n/、/l/的影响，我们又进行了语流实验。

由图6—21可知，单字组的区分率为95.83%，双字组的区分率为93.10%，双字组在语流中的区分率差于单字组。这一结果并不能说明，西南官话区被试对/n/、/l/区分率的高低和语义提示的多少有关。

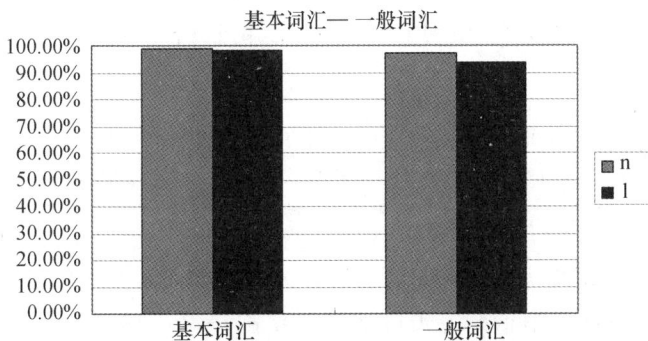

图6—21　西南官话区/n/、/l/声母在基本词汇和
一般词汇条件下的区分率

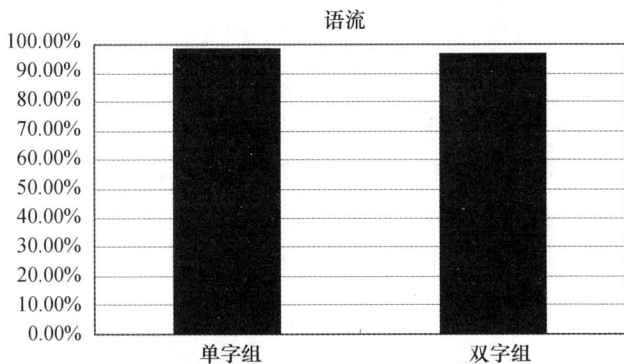

图6—22　西南官话区语流中声母/n/、/l/的区分率

四 结论

通过分析/n/、/l/感知实验的结果可以发现，北方方言区的被试可以很好地区分声母/n/和/l/，对于声母/n/、/l/的辨认、区分率基本均在95%以上。但是本次实验发现，在韵母为合口呼的条件下或在声调为阳平的条件下，北方方言区的被试最容易混淆声母/n/、/l/，且更容易将/n/声母听为/l/声母；同时，语义对北方方言区被试区分声母/n/、/l/的作用并不大。

相较于北方方言区的实验结果，西南官话区的实验结果有如下特点：

（1）除基本词汇/一般词汇实验外，西南官话区的实验结果均差于北方方言区。

（2）在单字组的实验中，西南官话区的被试会对/n/、/l/出现一定程度的混淆，且在辨认、区分过程中更倾向于/n/，对/l/的辨认、区分情况较差，较习惯于将/l/听为/n/。

（3）在单字组辨认实验中，当韵母为合口呼时，/n/声母的辨认率最高，开口呼辨认率最低，齐齿呼的辨认率高于撮口呼。当韵母为撮口呼时，/l/声母的辨认率最高，合口呼时辨认率最低，开口呼的辨认率高于齐齿呼。声调为阳平时，/n/声母的辨认率最高，阴平时的辨认率最低，去声的辨认率高于上声；当声调为阴平时，/l/声母的辨认率最高，阳平时的辨认率最低，去声的辨认率高于上声。

（4）在单字组区分实验中，当韵母为齐齿呼或声调为去声时，/n/、/l/依次成对地出现，西南官话的被试可以较清楚地区分它们；当韵母为开口呼或声调为阴平时则最容易混淆。

（5）在双字组的实验中，后字组的辨认、区分情况均好于前字组，我们推测这一结果和语义的提示作用有关。

（6）为进一步考察语义的提示作用，本次进行了基本词汇/一般词汇和语流两个实验。在基本词汇/一般词汇的实验中，西南官话区被试基本词汇的区分率高于一般词汇，证明了区分率的高低和被试对词语的熟悉度呈正相关。但在语流实验中，西南官话区被试双字组的区分程度差于单字组，不能证明语句的语义在区分/n/、/l/中的提示作用。

第五节　汉语普通话鼻音韵尾/－n/、/－ŋ/
分混的听感实验研究初探

引言

在汉语方言的辅音韵尾中，/－n/、/－ŋ/这两个鼻音韵尾的覆盖面最广，从南到北，各地方言几乎都有。许多学者早就关注语音中部分/－n/韵尾和/－ŋ/韵尾的混同现象。王力先生在《汉语史稿》（中华书局1986年版）中归纳咸深山臻在现代汉语方言里九种不同的类型，并列出了典型的代表方言，对现代汉语方言中的/－m/、/－n/、/－ŋ/相混的情况给出了语音演变方面原因的线索。张燕芬以"汉语方言地图集数据库"930个方言点共165540个阳声韵字为依据，将中古阳声韵韵尾在现代汉语方言中的读音类型分为八个大类：① （1）/－m/、/－n/、/－ŋ/三分型及（2）/－n/、/－ŋ/两分型，（3）/－n/或/－ŋ/一个韵尾型，（4）鼻音韵尾与鼻化元音共存型，（5）鼻音韵尾与口元音共存型，（6）鼻音韵尾与鼻化元音、口元音共存型，（7）鼻化元音与口元音共存型，（8）口元音型。通过八个类型的划分，可以明确鼻音韵尾韵母在方言和普通话之间的差异，并可进一步弄清楚差异形成的原因。

本次实验被试的选取，依据为张燕芬所归纳的八大类型，对（1）/－m/、/－n/、/－ŋ/三分型及（2）/－n/、/－ŋ/两分型进行了统计分析，作为该实验的初探，余下的类型有待进一步寻找被试完善该实验。类型一/－m/、/－n/、/－ŋ/三分型的方言点有135个，都是南方方言。在本次实验中，该类型主要选取了粤方言区的被试。类型二/－n/、/－ŋ/两分型的方言点有265个，分布区域广阔，以官话方言居多。与第一大类相比，这一大类最主要的特点是只有/n/和/ŋ/两类鼻音韵尾，/－m/并入了/－n/、/－ŋ/。

该实验的目的是，运用辨认实验和区分实验的方法，分析这两个类型下的被试对汉语普通话鼻音韵尾/－n/、/－ŋ/感知的分混情况，并以类

① 张燕芬：《中古阳声韵韵尾在现代汉语方言中的读音类型》，博士学位论文，山东大学，2009年。

型二/－n/、/－ŋ/两分型作为参照，对比三分型的被试对鼻音韵尾/－n/、/－ŋ/的感知情况，找出/－m/、/－n/、/－ŋ/三分型被试在什么样的条件下比较容易出现前、后鼻音韵尾相混的情况。

一　实验概述

（一）实验词

本次实验所设计的词表包含单字、双字及语流三个方面。考察 an-ang、ian-iang、uan-uang、en-eng、in-ing、un-ong、ün-iong 七组对比对在各个条件下的分混情况。

单字组中，分为零声母音节和带清、浊声母音节的两个部分。其中的零声母音节部分设计为前鼻音韵尾、后鼻音韵尾和单元音的两两相比，如 an-ang-a 这样的对比对，将其两两相比，即得到 an-ang、an-a、ang-a 的三个对比对。单字零声母音节考察主要元音和调类两个变量对前、后鼻音韵尾听辨的影响。单字带清、浊声母音节则考察主要元音和声母两个变量的影响。双字组中，主要考察对比字的位置、主要元音及参照字对前、后鼻音韵尾听辨的影响，其中参照字分为清声母无鼻音韵尾、清声母带鼻音韵尾、浊声母无鼻音韵尾、浊声母带鼻音韵尾四种情况。语流中，将双字组中的前、后鼻音韵尾词进行一一对应，形成相对应的前、后鼻音韵尾对比对，并将这些对比对嵌入句子中，所以在语流中所考察影响前、后鼻音韵尾听辨的因素与双字组一致。

（二）实验语料

发音人是一名男性，老北京人[①]，天津师范大学本科生，无口鼻咽喉障碍和阅读障碍，录音时发音人用自然语速朗读发音字表。录音在语音实验室进行，录音软件为 Cooledit Pro2.0，采样标准为 11025 Hz，16 位，单声道。

（三）实验被试

类型一/－m/、/－n/、/－ŋ/三分型被试一共 22 人，均为广西南宁

---

①　老北京人的概念引用的是胡明扬的观点：看发音人的父母是否为北京人。父母双方都是北京人，且本人在北京长大的是老北京人；与之对应的概念是新北京人，是指父母双方或一方不是北京人，但本人在北京长大的人。（胡明扬：《北京话初探》，商务印书馆 1987 年版，第 7—8 页。）

人，均以南宁白话为母语，平均年龄25岁，在剔除不认真被试后最终选用了20人的数据（男10人，女10人）。南宁白话属于粤语，是粤语7个方言片中邕浔片的代表话。

类型二/-n/、/-ŋ/两分型被试一共20人（男10人，女10人），均为北方方言背景，普通话标准，平均年龄24岁。

以上所有被试均为右利手，无听力、视力障碍。

（四）实验流程

实验分为辨认实验和区分实验两部分。辨认和区分实验正式开始前都有练习部分（不进入统计）。实验采用E-prime来完成。

流程：注视点—被试按空格键—播放提示音—显示选择画面并播放刺激音—被试按键选择，同时选择界面消失—注视点再次出现。

（五）实验参数

正确率为在某种条件下的音中，被试选择正确的音的个数÷该条件下所有的音的总个数。

在辨认实验中，"正确率"即为"辨认率"；在区分实验中，"正确率"即为"区分率"。

二　/-n/、/-ŋ/两分型实验结果分析

（一）辨认实验分析

1. 单字零声母音节

将/-n/、/-ŋ/两分型20名被试的辨认实验数据汇总，得到单字零声母音节中前、后鼻音韵尾和单元音在不同主要元音和调类下的辨认率，数据见表6—19、表6—20。

表6—19　　　　单字零声母音节中的前、后鼻音韵尾和单元音
在不同主要元音下的辨认率

		a	ia	ua	e	i	u	y
n-ng	n	100.00%	100.00%	100.00%	100.00%	92.50%	100.00%	100.00%
	ng	100.00%	100.00%	100.00%	65.00%	100.00%	100.00%	100.00%

续表

		a	ia	ua	e	i	u	y
n-a	n	100.00%	100.00%	100.00%	100.00%	100.00%	\	100.00%
	a	100.00%	100.00%	97.50%	100.00%	100.00%	\	100.00%
ng-a	ng	88.33%	100.0%	100.00%	100.00%	100.00%	\	100.00%
	a	100.00%	100.00%	100.00%	100.00%	100.00%	\	100.00%

注：阴影部分代表前鼻音韵尾或后鼻音韵尾或者单元音在某一条件下辨认率的最小值，后文相同。区分率与此相同。

通过表 6—19 可以发现，在前、后鼻音韵尾的比较中，只出现了 en-eng 和 in-ing 的相混，其中 en-eng 的相混程度相较更高，eng 的辨认率为 65%，en 为 100%，被试倾向于选择前鼻音韵尾；在 in-ing 的比较中，被试则倾向于选择后鼻音韵尾。在前鼻音韵尾与单元音的比较中，只出现了 uan-ua 的轻微相混。在后鼻音韵尾与单元音的比较中，只出现了 ang-a 的相混，且被试倾向于选择单元音。综上，在该类型下，被试 en-eng 的相混程度最高，并倾向于选择前鼻音韵尾。其次是 ang-a，被试倾向于选择单元音。并且，in-ing 也比较容易出现相混现象。

表 6—20　　　　　　单字零声母音节中的前、后鼻音韵尾和单元音
在不同调类下的辨认率

		阴平	阳平	上声	去声
n-ng	n	98.89%	98.57%	100.00%	98.75%
	ng	96.11%	100.00%	100.00%	100.00%
n-a	n	100.00%	100.00%	100.00%	100.00%
	a	100.00%	100.00%	100.00%	98.75%
ng-a	ng	100.00%	100.00%	100.00%	93.57%
	a	100.00%	100.00%	100.00%	100.00%

表 6—20 显示，在四个调类中，去声最容易出现前、后鼻音韵尾和单元音的相混现象，唯有在去声中，三种比较类型的辨认率都不足 100%，其中去声后鼻音韵尾与单元音的相混程度最高，去声后鼻音韵尾的辨认率

为 93.57%，达到了最低。

2. 单字带清声母、浊声母音节

表 6—21 为单字带清、浊声母音节中的前、后鼻音韵尾在不同主要元音和声母条件下的辨认率。

表 6—21　　　　　单字带清、浊声母音节中的前、后鼻音韵尾
在不同条件下的辨认率

	a	ia	ua	e	i	u	y
n	100.00%	100.00%	100.00%	100.00%	98.75%	100.00%	100.00%
ng	100.00%	100.00%	100.00%	100.00%	96.88%	100.00%	100.00%

	塞音	擦音	塞擦音	鼻音	非鼻	\	\
n	100.00%	100.00%	99.44%	100.00%	100.00%	\	\
ng	99.12%	100.00%	100.00%	98.33%	100.00%	\	\

由表 6—21 可知，当以主要元音作为变量时，只出现了 in-ing 的相混。其中，ing 的辨认率相较更低，被试对后鼻音韵尾的听辨相对较差。当以声母作为变量时，在鼻音声母的条件下，最容易出现前、后鼻音韵尾的相混现象。

3. 双字组

本部分为双字组中的前、后鼻音韵尾在不同对比字位置、主要元音和参照字条件下的辨认率，数据见表 6—22、表 6—23。

表 6—22　　　　　双字组中前、后鼻音韵尾的辨认率

	前字组	后字组
n	99.11%	100.00%
ng	99.29%	100.00%

由表 6—22 可知，当以对比字位置作为变量时，被试对前字组的听辨情况相对差一些，后字组前、后鼻音韵尾的辨认率均达到了 100%，所以该类型辨认实验的余下部分不再对双字组的后字组进行分析。

表 6—23　　　　前字组中的前、后鼻音韵尾在不同条件下的辨认率

	a	ia	ua	e	i	u	y
n	100.00%	100.00%	100.00%	100.00%	96.25%	97.50%	100.00%
ng	100.00%	100.00%	100.00%	100.00%	95.00%	100.00%	100.00%
	清无鼻尾	清有鼻尾	浊无鼻尾	浊有鼻尾	\	\	\
n	100.00%	100.00%	100.00%	96.43%	\	\	\
ng	100.00%	98.57%	98.57%	100.00%	\	\	\

由表 6—23 可知，在前字组中，当以主要元音为变量时，只出现了 in-ing 和 un-ong 的相混。其中，in-ing 的相混程度更高一些，并且被试对后鼻音韵尾的听辨要差于前鼻音韵尾。而在 un-ong 的比较中，则是对前鼻音韵尾的听辨要差一些。

当以参照字作为变量时，当参照字为浊声母或者是清声母带鼻音韵尾时，比较容易出现前、后鼻音韵尾的相混现象，其中参照字为浊声母且带鼻音韵尾时，最容易出现前、后鼻音韵尾的相混现象，并且被试对前鼻音韵尾的听辨相较更差。

（二）区分实验分析

1. 单字零声母音节

将/-n/、/-ŋ/两分型 20 名被试的区分实验数据汇总，得到单字零声母音节中前、后鼻音韵尾和单元音在不同主要元音和调类下的区分率，数据见表 6—24。

表 6—24　　　　单字零声母音节中的前、后鼻音韵尾和单元音

在不同条件下的区分率

	a	ia	ua	e	i	u	y
n-ng	100.00%	100.00%	100.00%	100.00%	96.25%	100.00%	100.00%
n-a	100.00%	100.00%	100.00%	100.00%	100.00%	\	100.00%
ng-a	93.33%	100.00%	100.00%	100.00%	100.00%	\	100.00%
	阴平	阳平	上声	去声	\	\	\
n-ng	100.00%	100.00%	100.00%	98.13%	\	\	\
n-a	100.00%	100.00%	100.00%	100.00%	\	\	\
ng-a	100.00%	100.00%	100.00%	97.14%	\	\	\

由表6—24可知，当以主要元音作为变量时，只出现了in-ing和ang-a的相混现象，被试对ang-a的区分相较更差一些。当以调类作为变量时，只出现了在去声中的相混，被试对后鼻音韵尾与单元音的区分相较更差一些。

2. 单字带清、浊声母音节

下表为单字带清、浊声母音节中的前、后鼻音韵尾在不同主要元音和声母条件下的区分率。

表6—25　　　　　　　单字带清、浊声母音节中的前、后鼻音韵尾
在不同条件下的区分率

	a	ia	ua	e	i	u	y
n-ng	100.00%	100.00%	100.00%	100.00%	100.00%	100.00%	100.00%

	塞音	擦音	塞擦音	鼻音	非鼻	\	\
n-ng	100.00%	100.00%	100.00%	100.00%	100.00%	\	\

由表6—25可知，在两分型这一类型中，无论是以主要元音作为变量，还是以声母作为变量，在区分实验中，均未出现单字带清、浊声母音节的前、后鼻音韵尾的相混现象，其区分率均达到100%。

3. 双字组

本部分为双字组中的前、后鼻音韵尾在不同对比字位置、主要元音和参照字条件下的区分率，数据见表6—26、表6—27。

表6—26　　　　　　　　双字组中前、后鼻音韵尾的辨认率

	前字	后字
n-ng	99.46%	100.00%

由表6—26可知，当对比字位于后字时，区分率达到100%，未出现前、后鼻音韵尾的相混现象。这和双字组的辨认实验结果是一致的，所以在分条件分析部分不再对双字组后字的区分实验结果进行分析。

表 6—27　　　　前字组中的前、后鼻音韵尾在不同条件下的区分率

	a	ia	ua	e	i	u	y
n-ng	100.00%	100.00%	100.00%	100.00%	96.25%	100.00%	100.00%

	清无鼻尾	清有鼻尾	浊无鼻尾	浊有鼻尾			
n-ng	100.00%	100.00%	100.00%	97.86%	\	\	\

由表 6—27 可知，在前字组中，当以对比字的主要元音作为变量时，只出现了 in-ing 相混的现象。当以参照字作为变量时，只出现了参照字为浊声母且带鼻音韵尾时的对比字的前、后鼻音韵尾相混现象。

（三）语流实验分析

本部分为语流中前、后鼻音韵尾的区分率，数据见表 6—28。

表 6—28　　　　语流中的前、后鼻音韵尾的区分率

n/ŋ	前字组	后字组
区分率	100.00%	100.00%

由表 6—28 可知，在语流中，在两分型中，被试对前、后鼻音韵尾的区分没有出错的情况，无论对比字位于前字还是后字，前、后鼻音韵尾的区分率均达到 100%。

（四）／－n／、／－ŋ／两分型小结

在该类型中，被试在前、后鼻音韵尾分混的听辨实验和区分实验中出错较少，但在听感上也未能达到完全区分，在某些条件下仍然存在相混的现象。

（1）在单字组中，零声母音节的辨认实验中，en-eng 的相混程度最高，其次是 ang-a，in-ing 也比较容易出现相混的现象；然而在区分实验中，en-eng 的区分率却达到了 100%，并没有出现不能区分的情况，在所有的零声母音中，同样还是 ang-a 和 in-ing 的区分率低于其他音节。在声调方面，在辨认和区分两组实验中，都是去声的前、后鼻音韵尾和单元音的相混程度最高。在带清声母、浊声母的音节中，鼻音声母后的 in-ing 相混程度最高。

（2）在双字组中，前、后鼻音韵尾的相混只出现在对比字位于前字的情况下，且当参照字为浊声母带鼻音韵尾时，比较容易出现 in-ing 的相混情况。

（3）在语流中，没有出现前、后鼻音韵尾的相混情况。

（4）在/-n/、/-ŋ/两分型中，单字零声母音节前、后鼻音韵尾的相混程度最高，其次是单字带清、浊声母音节，双字组中的前、后鼻音韵尾的相混程度最小，语流中的前、后鼻音韵尾在两分型中没有出现相混现象。

三　/-m/、/-n/、/-ŋ/三分型实验结果分析

（一）辨认实验分析

1. 单字零声母音节

将/-m/、/-n/、/-ŋ/三分型 20 名被试的辨认实验数据汇总，得到单字零声母音节中前、后鼻音韵尾和单元音在不同主要元音和调类下的辨认率，数据见表 6—29、表 6—30。

表 6—29　　　　　单字零声母音节中的前、后鼻音韵尾和单元音
在不同主要元音下的辨认率

		a	ia	ua	e	i	u	y
n-ng	n	100.00%	100.00%	100.00%	100.00%	77.50%	100.00%	100.00%
	ng	100.00%	100.00%	100.00%	100.00%	93.75%	100.00%	100.00%
n-a	n	100.00%	100.00%	100.00%	100.00%	100.00%	\	93.75%
	a	100.00%	100.00%	100.00%	100.00%	100.00%	\	100.00%
ng-a	ng	81.67%	96.25%	100.00%	100.00%	100.00%	\	100.00%
	a	100.00%	100.00%	100.00%	100.00%	100.00%	\	100.00%

由表 6—29 可知，在前、后鼻音韵尾的比较中，只出现了 in-ing 的相混，被试对前鼻音韵尾的听辨要差于后鼻音韵尾，并倾向于选择后鼻音韵尾。在前鼻音韵尾与单元音的比较中，只出现了 yn-y 的相混，被试对前鼻音韵尾的听辨较差。在后鼻音韵尾与单元音的比较中，出现了 ang-a 和 iang-ia 的相混，在两组对比对中，都是被试对后鼻音韵尾的听辨都差于单

元音。综上，in-ing 的相混程度最高，被试倾向于选择后鼻音韵尾，其次是 ang-a，被试倾向于选择单元音，yn-y 也出现了一定程度的相混。

表 6—30 单字零声母音节中的前、后鼻音韵尾和单元音
在不同调类下的辨认率

		阴平	阳平	上声	去声
n-ng	n	96.67%	97.86%	98.57%	94.38%
	ng	98.89%	100.00%	100.00%	96.71%
n-a	n	98.75%	100.00%	100.00%	98.13%
	a	100.00%	100.00%	100.00%	100.00%
ng-a	ng	100.00%	100.00%	100.00%	87.97%
	a	100.00%	100.00%	100.00%	100.00%

由表 6—30 可知，当以调类作为变量时，在去声时最容易出现前、后鼻音韵尾和单元音的相混现象，三种比较类型中，在去声中的辨认率在各自比较类型中都为最低，但去声的后鼻音韵尾与单元音的相混程度最高。

2. 单字带清、浊声母音节

图 6—25 为单字带清、浊声母音节中的前、后鼻音韵尾在不同主要元音和声母条件下的辨认率。

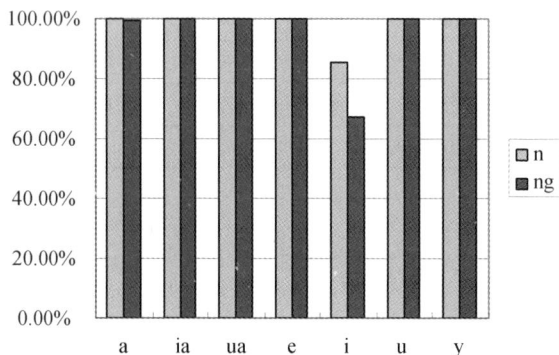

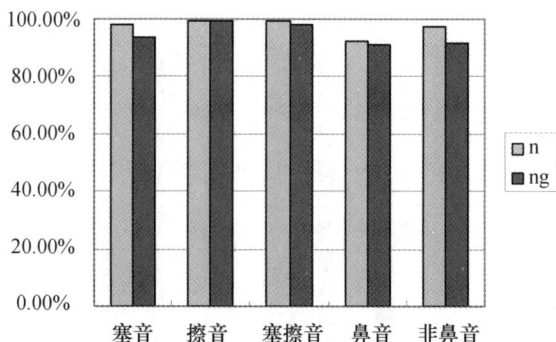

**图 6—23 单字带清、浊声母音节中的前、后鼻音韵尾
在不同条件下的辨认率**

由图 6—23 可知，当以主要元音作为变量时，只出现了 in-ing 的混淆，且被试对后鼻音韵尾的听辨要差于前鼻音韵尾，被试更倾向于选择前鼻音韵尾。当以声母作为变量时，几乎在所有的声母条件下，都是后鼻音韵尾的听辨差于前鼻音韵尾，前鼻音韵尾在不同声母条件下的辨认率排序为：鼻音＜非鼻音浊声母＜塞擦音＜塞音＜擦音，后鼻音韵尾的排序为：鼻音＜非鼻音浊声母＜塞音＜塞擦音＜擦音。由此可见，在浊声母尤其是鼻音声母的条件下，最容易出现前、后鼻音韵尾的相混现象。

3. 双字组

本部分为双字组中的前、后鼻音韵尾在不同对比字位置、主要元音和参照字条件下的辨认率，详见表 6—31、图 6—26、图 6—27。

表 6—31　　　　　　　　双字组中前、后鼻音韵尾的辨认率

	前字组	后字组
n	98.04%	97.86%
ng	97.50%	96.79%

由表 6—31 可知，当以对比字位置作为变量时，被试对后字组的听辨情况相对差一些。但无论是在前字组还是后字组中，都是对后鼻音韵尾的听辨要更差一些。

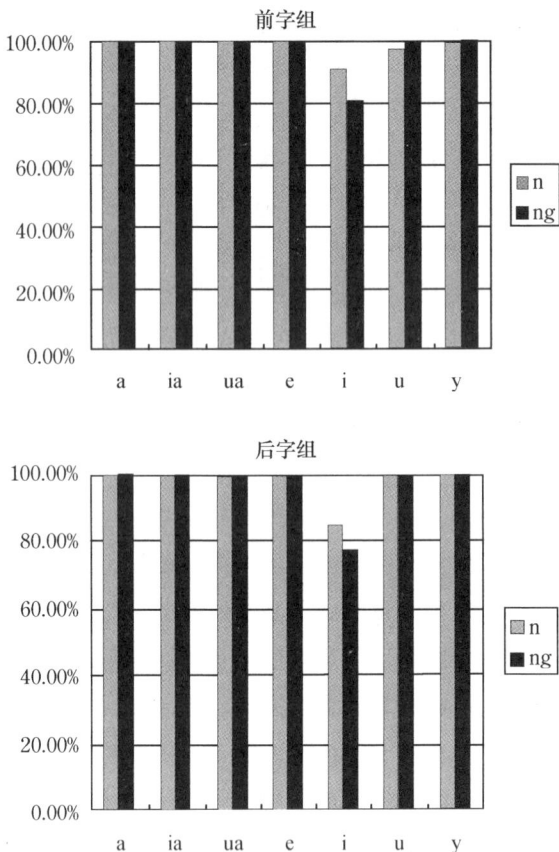

图6—24 双字组中的前、后鼻音韵尾在不同主要元音下的辨认率

由图6—24可知，当以主要元音作为变量时，在前、后字组中，都是in-ing的相混程度最高，并且都是对后鼻音韵尾的听辨差于前鼻音韵尾，被试更倾向于选择前鼻音韵尾，但是后字组的in-ing相混程度要比前字组的更高一些。在前字组中，还出现了en-eng、un-ong的轻微相混，在这两组对比对中，则是对前鼻音韵尾的听辨较差。

由图6—25可知，在前字组中，前鼻音韵尾在不同参照字条件下的辨认率排序为：浊声母带鼻音韵尾＜清声母无鼻音韵尾＜清声母带鼻音韵尾＝浊声母无鼻音韵尾；后鼻音韵尾的排序为：浊声母无鼻音韵尾＜清声母带鼻音韵尾＜清声母无鼻音韵尾＜浊声母带鼻音韵尾。在后字组中，前鼻音韵尾在不同参照字条件下的辨认率为：浊声母无鼻音韵尾 < 清声母无鼻音韵尾 = 清声母带鼻音韵尾 < 浊声母带鼻音韵尾；后鼻音韵尾的排序为：清声母无鼻音韵尾 = 清声母带鼻音韵尾 < 浊声母无鼻音韵尾 < 浊声母带鼻音韵尾。

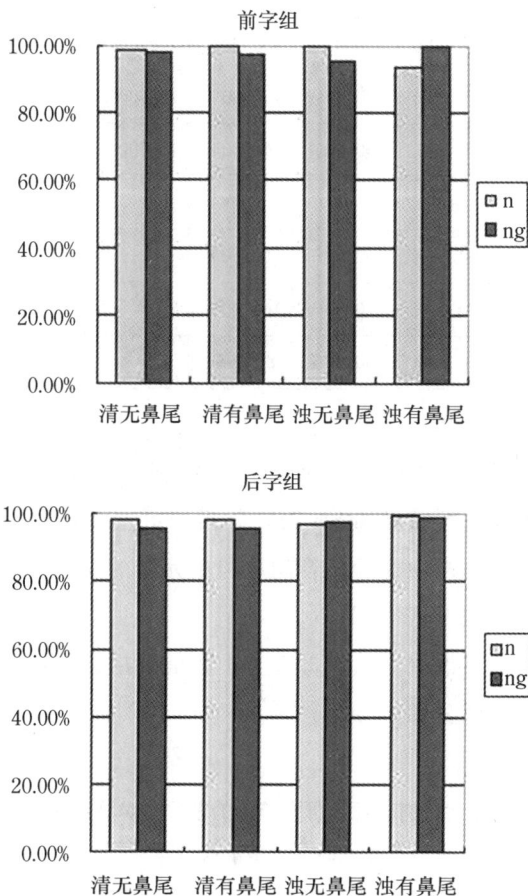

图 6—25　双字组中的前、后鼻音韵尾在不同参照字下的辨认率

（二）区分实验分析

1. 单字零声母音节

将 /−m/、/−n/、/−ŋ/ 三分型 20 名被试的区分实验数据汇总，得到单字零声母音节中前、后鼻音韵尾和单元音在不同主要元音和调类下的区分率，数据见表6—32。

表 6—32　　　　　单字零声母音节中的前、后鼻音韵尾和
单元音在不同条件下的区分率

	a	ia	ua	e	i	u	y
n-ng	100.00%	100.00%	100.00%	100.00%	100.00%	100.00%	100.00%
n-a	100.00%	100.00%	100.00%	100.00%	100.00%	\	100.00%
ng-a	83.33%	93.75%	100.00%	100.00%	100.00%		100.00%
	阴平	阳平	上声	去声	\	\	\
n-ng	100.00%	100.00%	100.00%	100.00%	\	\	\
n-a	100.00%	100.00%	100.00%	100.00%	\	\	\
ng-a	100.00%	100.00%	100.00%	89.29%	\	\	\

由表6—32可知，当以主要元音作为变量时，只出现了ang-a和iang-ia相混的现象，并且被试对ang-a的区分相较更差一些。当以调类作为变量时，只出现了在去声中的后鼻音韵尾与单元音的相混。

2. 单字带清、浊声母音节

表6—33为单字带清、浊声母音节中的前、后鼻音韵尾在不同主要元音和声母条件下的区分率。

表 6—33　　　　　单字带清、浊声母音节中的前、后鼻音韵尾
在不同条件下的区分率

	a	ia	ua	e	i	u	y
n-ng	100.00%	100.00%	100.00%	100.00%	85.63%	100.00%	100.00%
	塞音	擦音	塞擦音	鼻音	非鼻音浊声母	\	\
n-ng	98.24%	99.33%	97.22%	97.50%	98.33%	\	\

由表6—33可知，当以主要元音作为变量时，只出现了in-ing的相混。当以声母为变量时，在五种声母条件下均出现了前、后鼻音韵尾的相

混现象，根据它们区分率的高低得到了如下排序：塞擦音＜鼻音＜塞音＜非鼻音浊声母＜擦音。

3. 双字组

本部分为双字组中的前、后鼻音韵尾在不同对比字位置、主要元音和参照字条件下的区分率，数据见表6—34、表6—35。

表6—34　　　　　　　　双字组中前、后鼻音韵尾的区分率

	前字	后字
n-ng	98.04%	100.00%

由表6—34可知，当对比字位于前字时，前、后鼻音韵尾的区分率为98.04%；当对比字位于后字时，区分率达到100%，未出现前、后鼻音韵尾的相混现象。所以在分条件分析部分不再对双字组后字的区分实验结果进行分析。

表6—35　　　前字组中的前、后鼻音韵尾在不同条件下的区分率

	a	ia	ua	e	i	u	y
n-ng	100.00%	100.00%	100.00%	100.00%	86.25%	100.00%	100.00%

	清无鼻音韵尾	清有鼻音韵尾	浊无鼻音韵尾	浊有鼻音韵尾
n-ng	98.57%	100.00%	97.86%	95.71%

由表6—35可知，在前字组中，当以对比字的主要元音作为变量时，只出现了in-ing相混的现象。当以参照字作为变量时，前、后鼻音韵尾在不同参照字条件下的区分率排序为：浊声母有鼻音韵尾＜浊声母无鼻音韵尾＜清声母无鼻音韵尾＜清声母有鼻音韵尾。

（三）语流实验分析

本部分为语流中前、后鼻音韵尾在不同对比字位置、主要元音和参照字条件下的区分率，数据见表6—36。

表6—36　　　　语流中前、后鼻音韵尾在不同条件下的区分率

元音	a	ia	ua	e	i	u	y
前字组	100.00%	100.00%	100.00%	100.00%	93.75%	100.00%	100.00%
后字组	97.50%	100.00%	100.00%	100.00%	81.25%	100.00%	100.00%
参照字	总均值	清无鼻音韵尾	清有鼻音韵尾	浊无鼻音韵尾	浊有鼻音韵尾	\	\
前字组	99.09%	98.50%	97.86%	100.00%	100.00%	\	\
后字组	96.96%	92.14%	100.00%	95.71%	100.00%	\	\

由表6—36可知，在语流中，后字组的前、后鼻音韵尾区分率要低于前字组。以主要元音作为变量时，无论对比字位于前字还是后字，都是in-ing的相混程度最高，但在后字组中的区分率更低。以参照字作为变量时，在前字组中，前、后鼻音韵尾在不同参照字条件下的区分率排序为：清声母有鼻音韵尾<清声母无鼻音韵尾<浊声母无鼻音韵尾＝浊声母有鼻音韵尾；后字组的排序为：清声母无鼻音韵尾<浊声母无鼻音韵尾<清声母有鼻音韵尾＝浊声母有鼻音韵尾。

（四）／－m/、／－n/、／－ŋ/三分型小结

从韵摄来看，有鼻音韵尾的有咸、深、山、臻、宕、江、曾、梗、通九摄。在中古汉语中，咸深二摄收／－m/尾。而到了现代汉语普通话中，咸摄并入山摄、深摄并入臻摄，／－m/尾全部衍化为／－n/尾。在南宁白话中，收／－m/尾的韵摄有咸摄和深摄。在咸摄的舒声韵中，除了合口三等的凡、范、梵韵字为／－n/尾，以及开口一等敢韵的"毯"字、开口二等陷韵的"赚"字、开口三等琰韵的"贬"字之外，其余的咸摄舒声韵字全为／－m/尾。在深摄的舒声韵中，除了唇音字为／－n/尾之外，其余的深摄舒声韵字全为／－m/尾。而上述这些南宁白话的／－m/尾字在普通话中对应的都为／－n/尾字。

从三分型的实验结果中可以发现，在两分型中出现的前、后鼻音韵尾相混的地方三分型基本都涵盖，但正确率要比两分型低许多。从总体上看，三分型主要表现为in-ing的相混程度最高，并且在语流中，也出现了前、后鼻音韵尾的相混情况。具体表现总结如下：

（1）在单字组中，零声母音节的辨认实验中，in-ing的相混程度最

高，其次是 ang-a，yn-y 也出现了一定程度的相混。在区分实验中，还出现了 iang-ia 的相混。在声调方面，去声的前、后鼻音韵尾和单元音的相混程度最高。在带清声母、浊声母的音节中，只出现了 in-ing 的相混，并且对后鼻音韵尾的听辨较差，辨认实验中，为鼻音声母条件下的 in-ing 相混程度最高，而在区分实验中，则是塞擦音声母条件下相混程度最高，其次是鼻音声母。

（2）在双字组中，当对比字位于后字时，相对较容易出现前、后鼻音韵尾的相混，并且对后鼻音韵尾的听辨要差一些。突出地表现为 in-ing 的相混程度最高，同时也伴随着 en-eng、un-ong 的轻微相混。在辨认实验中，在前字组中，前鼻音韵尾在不同参照字条件下的辨认率排序为：浊声母带鼻音韵尾 < 清声母无鼻音韵尾 < 清声母带鼻音韵尾 = 浊声母无鼻音韵尾；后鼻音韵尾的排序为：浊声母无鼻音韵尾 < 清声母带鼻音韵尾 < 清声母无鼻音韵尾 < 浊声母带鼻音韵尾。在后字组中，前鼻音韵尾在不同参照字条件下的辨认率为：浊声母无鼻音韵尾 < 清声母无鼻音韵尾 = 清声母带鼻音韵尾 < 浊声母带鼻音韵尾；后鼻音韵尾的排序为：清声母无鼻音韵尾 = 清声母带鼻音韵尾 < 浊声母无鼻音韵尾 < 浊声母带鼻音韵尾。在区分实验中，只出现了前字组中的 in-ing 相混，当以参照字作为变量时，前、后鼻音韵尾在不同参照字条件下的区分率排序为：浊声母有鼻音韵尾 < 浊声母无鼻音韵尾 < 清声母无鼻音韵尾 < 清声母有鼻音韵尾。由此可见，在前字组中，当参照字为浊声母时，最容易出现前、后鼻音韵尾的相混，其中对"前鼻音韵尾字 + 浊声母带鼻音韵尾字""后鼻音韵尾字 + 浊声母无鼻音韵尾字"这两类结构的双字词的听辨最差。在后字组中，则是当参照字为清声母时，最容易出现前、后鼻音韵尾的相混，即对"清声母字 + 前/后鼻音韵尾字"这类结构的双字词的听辨较差。

（3）在语流中，和双字组一样，同样也是对比字位于后字时，相对较容易出现前、后鼻音韵尾的相混，并突出地表现为 in-ing 的相混程度最高，但伴随的是 an-ang 的轻微相混。在前字组中，前、后鼻音韵尾在不同参照字条件下的区分率排序为：清声母有鼻音韵尾 < 清声母无鼻音韵尾 < 浊声母无鼻音韵尾 = 浊声母有鼻音韵尾；而在后字组中，排序则为：清声母无鼻音韵尾 < 浊声母无鼻音韵尾 < 清声母有鼻音韵尾 = 浊声母有鼻音韵尾。由此可见，在前字组中，当参照字为清声母时，较容易出现前、

后鼻音韵尾相混；而在后字组中，则是在无鼻音韵尾的参照字条件下，较容易相混，其中，在清声母无鼻音韵尾的参照字条件下最容易相混。无论是前字组还是后字组，都是在浊声母有鼻音韵尾的参照字条件下，区分率都达到了100%，最不容易出现前、后鼻音韵尾的相混现象。

（4）在/ - m/、/ - n/、/ - ŋ/三分型中，单字带清、浊声母音节前、后鼻音韵尾的相混程度最高，其次是零声母音节，再次是双字组，语流中的前、后鼻音韵尾的相混程度最小。

四　总结

将上述两个类型的实验结果进行对比，发现/ - m/、/ - n/、/ - ŋ/三分型的各项实验结果均差于/ - n/、/ - ŋ/两分型，即三分型的被试对汉语普通话中前、后鼻音韵尾的相混程度要更高一些。通过对实验结果的分析，可以发现上述两个类型被试对前、后鼻音韵尾的听辨有以下五个方面的异同：

（1）在单字零声母音节中，两分型被试主要是出现了 en-eng 的相混，以及 ang-a 和 in-ing 的相混；而三分型被试则是表现为 in-ing 的相混程度最高，其次是 ang-a。并且这两个类型的被试在相混的倾向性上是一致的，都是在 in-ing 的比较中倾向于选择后鼻音韵尾，在 ang-a 的比较中倾向于选择单元音。在调类变量上，这两个类型都同样表现为去声的前、后鼻音韵尾和单元音的相混程度最高。

（2）在单字为清、浊声母音节中，两个类型都表现为鼻音声母后的 in-ing 的相混程度在各自类型中为最高，三分型的相混程度又要比两分型高出许多。

（3）在双字组中，两分型的前、后鼻音韵尾相混情况只出现在对比字位于前字的情况下，当参照字为浊声母带鼻音韵尾时，比较容易出现 in-ing 的相混情况；而三分型则是在前、后字组都出现了前、后鼻音韵尾的相混现象，并且同样也是 in-ing 的相混程度最高，但三分型的相混程度要高出许多。在前字组中，当参照字为浊声母时，最容易出现前、后鼻音韵尾的相混，其中对"前鼻音韵尾字 + 浊声母带鼻音韵尾字""后鼻音韵尾字 + 浊声母无鼻音韵尾字"这两类结构的双字词的听辨最差。在后字组中，则是当参照字为清声母时，最容易出现前、后鼻音韵尾的相混，即对"清声母字+前/后鼻音韵尾字"这类结构的双字词的听辨较差。

（4）在语流中，两分型没有出现前、后鼻音韵尾的相混情况，前、后鼻音韵尾在各个条件下的区分率均达到了100%；而三分型在语流中，则出现了一定程度的前、后鼻音韵尾相混情况，并且对后字组的听辨要更差一些，同样也是突出地表现为 in-ing 的相混程度最高。在前字组中，当参照字为清声母时，较容易出现前、后鼻音韵尾相混；而在后字组中，则是在无鼻音韵尾的参照字条件下，较容易相混，其中，在清声母无鼻音韵尾的参照字条件下最容易相混。无论是前字组还是后字组，都是在浊声母有鼻音韵尾的参照字条件下，最不容易出现前、后鼻音韵尾的相混现象。

（5）从两分型和三分型被试对汉语普通话前、后鼻音韵尾的听辨结果来看，二者最大的一个共同点是，都是在单字组的听辨中最容易出现前、后鼻音韵尾的相混，其次是双字组，语流中最不容易出现相混情况。由此可见，在双字组和语流当中语境会带来一定的提示信息，这会对前、后鼻音韵尾的听辨产生积极影响。

第六节　维吾尔语响音的鼻化度

引言

维吾尔语（以下简称维语）属于阿尔泰语系突厥语族，在形态结构上属于黏着语类型。现代维语可分为中心方言、和田方言、罗布方言三个方言区，其差异主要表现在语音上。现代维语（除罗布方言外）语音上的突出特点是元音弱化和元音和谐。

现代维语共有 32 个音位。辅音音位 24 个，其中鼻音有三个：/m/、/n/、/ŋ/；[①] 元音音位的归纳存在一些分歧，一般认为有八个：/i/、/y/、/e/、/ø/、/ɛ/、/ɑ/、/u/、/o/。维语的音节没有声调，没有复元音（一些汉语借词除外），有复辅音。维语的音节结构有六种基本形式：V、CV、VC、CVC、VCC、CVCC。元音是划分维语音节的标志，不可或缺。

从实验语音学的角度对维语鼻音的量化研究并不多，其中潜藏的语言

---

① 鼻音变体本节不做细分。

规律还有待深入探索。本节对维语响音（包括元音和鼻音）的鼻化度进行了考察，通过定量分析，客观描述维语语音中的鼻化度特征，并与汉语进行对比以揭示出两种语言存在的共性和个性。

一 实验说明

（一）实验语料

本章实验根据需要编制了维语发音词表。词表包含了 CV、VC、CVC 三种音节结构的单音节和多音节词共 257 个，考虑元音与鼻音搭配的各种情况。词表为维吾尔文形式，并注有国际音标和汉语释义。全部词表在四位发音人的帮助下进行了校改（词表从略）。

此外，我们对实验所需的维语八个单元音进行了单独录音。

（二）发音人

实验发音人为两男两女，均是来自天津师范大学新疆少数民族"双语"骨干教师培训班的学员，维吾尔语族，平均年龄 33 岁，以维吾尔语为母语和日常交际语言。汉语水平均为中高级（HSK 7—8 级）。发音人口音纯正，无口鼻咽疾病。

（三）实验设备与方法

本实验录音在天津师范大学文学院语音实验室进行，实验设备发音人在充分熟悉词表后，以自然语速朗读维文词语，每词读三遍，利用鼻音计口鼻分音装置，分别采集口音能量和鼻音能量，最后以其自带格式保存录音文件以便做离线分析。同时另外利用 CSL4500 进行同步普通声学录音，以满足做相关分析需要。

（四）数据提取与统计分析

鼻化度是鼻音能量在整个口鼻音能量之和中所占的比例。计算公式略。鼻化度数值在 0—100 之间，数值越大，表明鼻音能量越强，鼻化度越高；反之则鼻音能量越弱，鼻化度越低。鼻化度曲线是在以鼻化度为纵轴（标度为 0—100）、时间为横轴的二维平面图中显示的由鼻化度数据样点连成的曲线。图 6—26 所示的是维语音节 [nɑm] 的鼻化度曲线图。

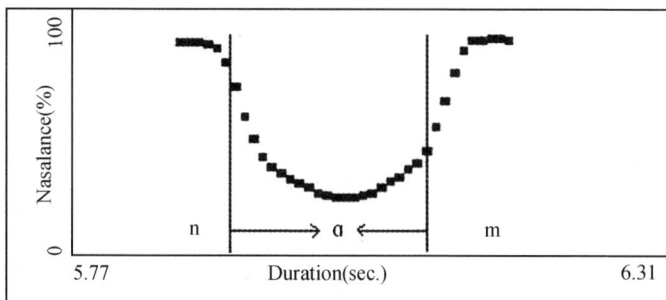

图6—26 维语音节［nɑm］的鼻化度曲线图

鼻化度曲线显示的是完整语流的鼻化度。我们借助鼻音计的 Multi-Speech 同步分析软件对整个音节进行了切分，以便提取单个音素的鼻化度值。图6—27所示的是维语音节［nɑm］切分后的双通道语图。

图的下方为口音/ɑ/的谱图，上方为鼻音/n/、/m/以及/ɑ/鼻化后的谱图。按照图中切分的时长，在图6—26所示界面分别提取鼻音和元音的鼻化度值。[①]

按照上述方法，本节实验主要提取以下项目的鼻化度参数：维语单元音；NV、VN、NVN 结构中的鼻音；词首音节 VN 中的元音；词尾音节 NV 中的元音；NVN 结构中做词腹的元音（V 表示元音，N 表示鼻音）。

全部实验数据的统计与作图利用 Excel 软件完成。统计分析过程中剔除了明显的离群值。

二 实验结果与讨论

（一）元音的内在鼻化度

无论从生理上还是声学特征上来看，元音与鼻音都是两种差别较大的语音单位。元音具有口音性（＋oral）或非鼻音性（－nasal）特征。但事实上二者并非完全对立，发元音时鼻腔也有一定气流通过，发鼻音时口腔也存在少量气流，而这些少量的气流也起到了一定的辨音作用。研究证明，元音也具有一定的鼻化度。在没有外界条件的影响下，元音本身所具有的

---

① 图6—26与图6—27中相对应的/n/、/ɑ/、/m/时长相同。

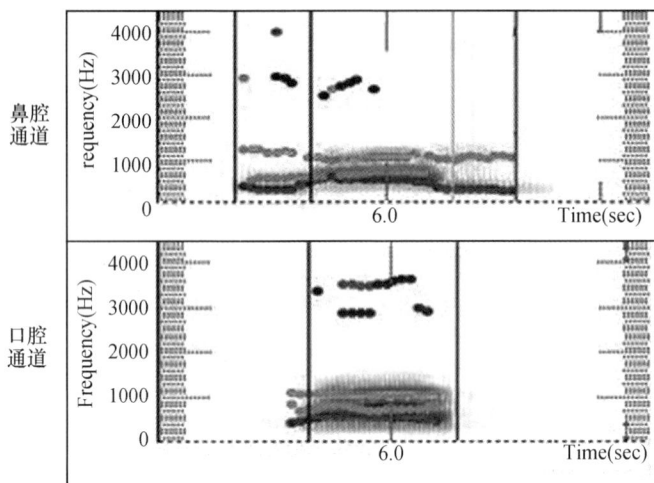

图6—27　维语［nɑm］的双通道语图（竖线为切分线）

鼻化度称为元音的内在鼻化度（intrinsic nasality）[1]。

　　维语的八个元音中，只有/u/（他/她/它）可以独立成词，于是我们测量了8个单元音的鼻化度平均值，统计结果见表6—37。

表6—37　　　　　　　　　　　维语元音内在鼻化度

	ɑ	u	o	i	ɛ	e	y	ø
Mean	17	12	7	32	18	11	30	6
Std	8.1	9.0	3.2	10.6	7.3	8.6	4.7	1.6

　　为方便观察其中的规律，以柱状图形式将表6—37数据直观显示为图6—28。图6—29显示了维语元音在声学上的空间分布情况。

①　时秀娟、冉启斌、石锋：《北京话响音鼻化度的初步分析》，《当代语言学》2010年第4期。

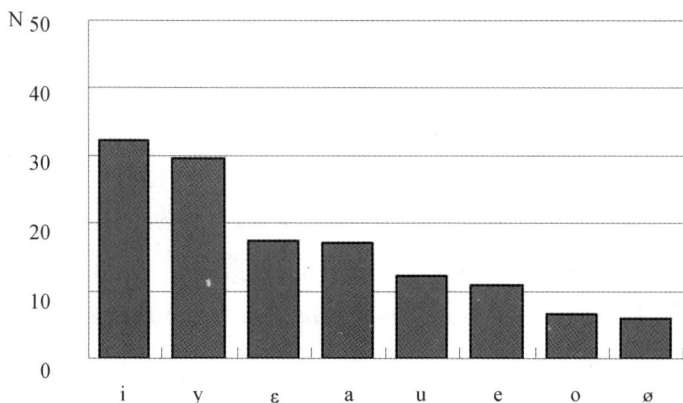

图 6—28　维语元音内在鼻化度分布图

从表 6—37 和图 6—28 看，维语每个元音都有一定的鼻化度，且最高不超过 40，最低不为 0，整体处在 0—40 之间。元音/i/的鼻化度最高，离散度也最大，最不稳定。/o/和/ø/的鼻化度和离散度都较小，相对稳定。/ɑ/和/ɛ/处于中间。八个元音内在鼻化度从高到低依次为：i > y > ɛ > ɑ > u > e > o > ø。

对比图 6—28 和图 6—29 发现，元音内在鼻化度与元音舌位的高低前后关系密切，总体表现为：

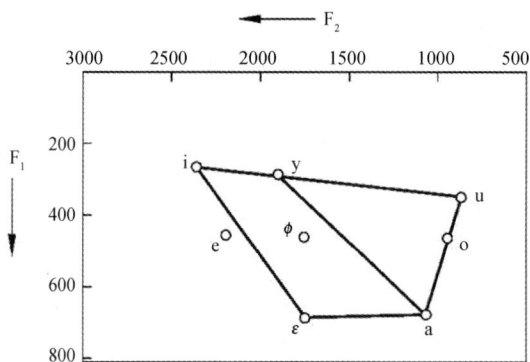

图 6—29　维语声学元音图①

---

① 该图取自王昆仑等《维吾尔语元音的声谱特性分析和识别》，《中文信息学报》2010 年第 2 期。

舌位越前、越低的元音鼻化度较高；

舌位越后、越高的元音鼻化度较低。

/ɑ/与/ɛ/的内在鼻化度比较接近，可能是因为它们在 F1（高低维）上相当（如图 6—31）。

（二）鼻音的鼻化度

维语的/m/为双唇鼻音，/n/为舌尖鼻音，/ŋ/为舌根鼻音。除了/ŋ/不能出现在词首以及圆唇元音/u/、/ø/、/y/前面外，三个鼻音可以出现在词中任意位置。鼻音实验用词具体情况如表 6—38 所示。

表 6—38　　　　　　　　　　　鼻音实验用词

	词首	词中	词尾
m	47	21	35
n	20	22	38
ŋ	\	11	29

注：相同位置的 N 出现的语音环境相同，如词首：m̠ɑz（药膏），－n̠ɑz（风情）；词中：tem̠im（点、滴），－zen̠it（高射的），－jeŋ̠i（新的），døm̠bɛl（坎儿），－øn̠ʧɛ（获取物），－løŋ̠gɛ（毛巾）；词尾：om̠（欧姆），－on̠（十），－oŋ̠（右边）。

选取鼻化度曲线稳定段提取参数，统计结果见表 6—39。

表 6—39　　　　　　　　　　　维语鼻音的鼻化度

	m	n	ŋ
词首	90	92	\
词中—音节首	89	90	88
词中—音节尾	92	93	91
词尾	93	94	90
总平均 N 值	91	92.3	89.6
标准差（Std）	1.6	1.2	1.8

为方便观察其中的规律，以折线图形式将不同位置的鼻化度直观显示为图 6—30。

由表 6—39 可以看出，维语三个鼻音的总体鼻化度都比较高，n 最高

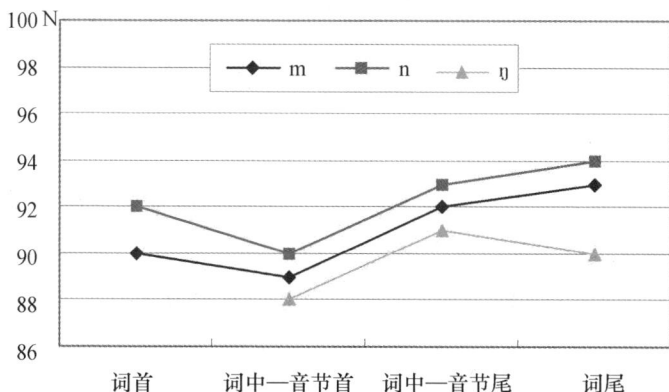

图6—30　维语鼻音不同位置的鼻化度对比图

为92.3，m居中，为91，ŋ最低，为89.6，三者相互差值不大，均在90左右，且标准差较小，稳定性很强。各鼻音在词首、词中和词尾的鼻化度也都在90左右。

从图6—30来看，不同鼻音的鼻化度不受词首、词中或词尾位置的影响，鼻化度大小均表现为n＞m＞ŋ。同一鼻音在词首、词中和词尾的鼻化度大小总体表现为：词尾＞词中—音节尾＞词首＞词中—音节首，但/ŋ/在词尾时略低于音节尾。除词尾/ŋ/以外，三个鼻音的鼻化度特征表现出了很强的一致性。

艾斯卡尔·艾木都拉通过对维语鼻音的时长模式、音强模式和共振峰模式的分析发现：不论男性还是女性，不论前后接什么类型的元音，三个鼻音在词尾的时长明显大于词首和词中位置，平均时长关系为：/ŋ/＞/n/＞/m/；鼻音的音强受前后出现的元音类型影响，但在词中位置的音强明显高于词首和词尾，平均音强关系为：/m/≥/n/＞/ŋ/[①]；鼻音前后出现的元音类型影响鼻音共振峰F2－F1的值，进而影响鼻音的发音部位；鼻音/ŋ/[②]存在两个变体：舌根变体/ŋ/和小舌变体/N/，且小舌变体

---

① 男：m＝n＞ŋ；女：m＞n＞ŋ（见引文）。
② 原文用/ñ/或/Ñ/表示。

为其典型变体。[①]

鼻化度是发音时鼻音能量的反映。从艾文的结果与本节的分析来看，鼻音的鼻化度高低可能与实际语流中鼻音发音的时长、强弱及发音位置有关。具体的关系有待进一步研究论证。

（三）元音复合鼻化度

在实际发音中，元音的鼻化度会受其他相连音素的影响而发生变化，变化后的鼻化度称为元音复合鼻化度（combine nasality）（时秀娟[②]）。元音复合鼻化度是相对于元音内在鼻化度（或称分立鼻化度）而言的，其重点探讨的是元音受鼻音影响时的鼻化度问题。

一般认为，鼻音韵尾之前的元音会受鼻音影响而发生鼻化（nasalized），成为鼻化元音（nasalized vowels）。而鼻音做声母时对后接元音的鼻化程度影响较小。我们对维语中的相关情况进行了考察。

维语中没有纯粹的鼻化元音。元音与鼻音的组合方式有三种：VN式、NV 式、NVN 式。根据实验需要，我们提取了相应元音的鼻化度平均值，统计结果见表6—40。[③]

表 6—40　　　　　　　　　　维语元音复合鼻化度

		ɑ	u	o	i	ɛ	e	y	ø
VN	v－m	43	48	27	74	33	57	\	27
	v－n	39	44	23	68	31	\	55	43
	v－ŋ	37	\	28	72	36	58	\	30
NV	m－v	40	50	33	70	39	\	52	35
	n－v	37	51	40	66	36	\	\	35
	ŋ－v	36	\	\	63	41	\	\	\

---

① 艾斯卡尔·艾木都拉：《维吾尔语鼻音的声学特征分析》，载《第九届中国语音学学术会议论文集》，天津，2010 年。

② 时秀娟：《汉语语音的鼻化度分析》，《当代外语研究》2011 年第 5 期。

③ 无数据处为组合不存在或由于出现情况较少，本节未予考察。

续表

		α	u	o	i	ɛ	e	y	ø
NVN	m－m	46	51	45	63	\	66	\	53
	m－n	45	58	53	67	43	65	\	\
	m－ŋ	45	51	50	67	43	\	78	42
	n－n	40	52	44	68	57	63	\	\
	n－m	37	\	43	62	44		64	\
	n－ŋ	\	\	49	63	\	\	\	\

根据表6—40我们可以看出：

（1）元音受前后鼻音的影响，鼻化度均有大幅提高，总体上仍表现为/i/、/y/较高，/o/、/ø/较小，/α/、/ɛ/居中。不同的是，/e/和/u/的鼻化度有较大升高。元音复合鼻化度总体分布在40—80之间，依次为：i＞y＞e＞u＞ɛ＞α＞o＞ø。维语的/i/、/y/、/u/同为高元音，而/e/（部分词中发音人发为/i/或/ɪ/）为前半高元音。由此可见，前、高元音更易于鼻化。时秀娟、向柠、朱洪平等人[①]的研究也都证明了这一点。这可能是由于前、高元音发音时口腔声道体积较小，气流通过口腔的阻力增大，转而进入鼻腔引起共振的缘故。

（2）/i/、/α/在鼻音做韵尾（即VN式）时的鼻化度较高，/ɛ/、/o/、/ø/、/u/则相反，在鼻音做声母（即NV式）时的鼻化度相对较高。这说明，鼻音对其前后元音鼻化程度的影响存在差异，鼻音做韵尾时元音的鼻化度并不一定比鼻音做声母时元音的鼻化度高，这个现象有待深入探讨。

（3）当元音前后均出现鼻音（即NVN式）时，除了/i/以外，其他元音的鼻化度都比只接一个鼻音时的鼻化度高，总体可以表示为：$N_{(N)V(N)} > N_{(N)V/V(N)}$。

（4）不同鼻音做声母或做韵尾时，对相连元音的鼻化程度影响不同，

---

① 时秀娟、向柠：《武汉话语音的鼻化度考察》，《语言研究》2010年第2期；朱洪平等：《鼻化元音的频谱特点与过高鼻音主观判听的相关关系研究》，《中国口腔颌面外科杂志》2003年第1期。

总体可以表示为：$N_{(m)v} > N_{(n)v}$，$N_{v(m)} > N_{v(n)}$。$N_{v(ŋ)}$ 和 $N_{(ŋ)v}$ 则不太稳定，规律不明显。图 6—31、图 6—32 是根据表 6—40 制成的折线图，更加直观地体现了这条规律。

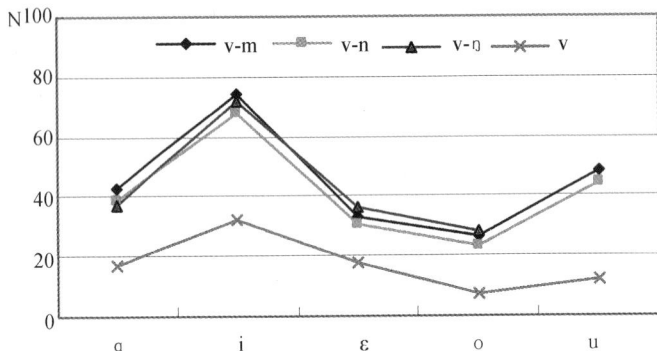

图 6—31　VN 结构中元音的鼻化度对比图

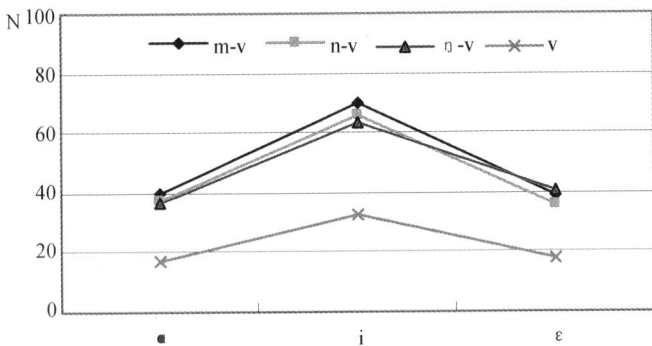

图 6—32　NV 结构中元音的鼻化度对比图

为了从整体上显示维语鼻音对元音鼻化度的影响，我们根据表 6—40 分别计算出了三种类型音节中元音复合鼻化度的平均值以及总平均值，并制成图 6—33。从图中我们能直观看出维语各个元音在前接、后接以及前后均有鼻音时各自的鼻化度情况。

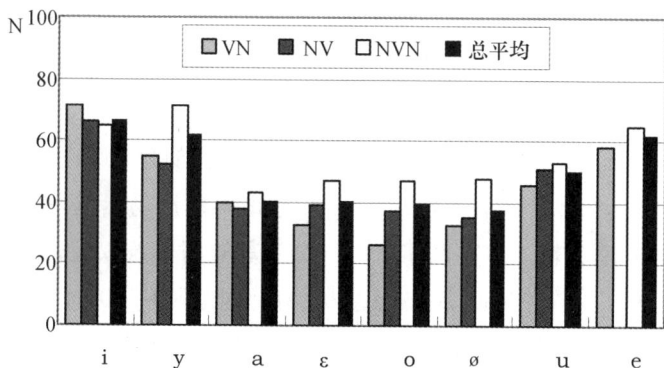

图6—33　维语元音复合鼻化度平均值对比图

三　维、汉语音鼻化度的对比

时秀娟等对北京话单字音中响音（包括辅音和元音）的鼻化度进行了研究，初步描绘了汉语（均指汉语普通话）语音的鼻化特征。[①] 我们将本节的分析与北京话进行对比，以找出维语和汉语在鼻化度层面上表现出来的共性和差异。

元音内在鼻化度方面，北京话的七个一级元音与维语的八个元音相比，/i/、/y/、/u/基本相同，/a/相近，/ɤ/、/ʅ/、/ʮ/为汉语特有，/e/、/ø/为维语特有。鼻化度表现上，维语前高元音/i/、/y/的鼻化度相对较高，而汉语的低元音/a/的鼻化度却是最高的，且平均 N 值（约36.2）大于维语的最高 N 值（约32），而维语的/ɑ/平均 N 值只有17，这是二者最明显的差别。但维语元音的最低 N 值（约6）大于汉语元音的最低 N 值（约3）。共性在于，维、汉元音的内在鼻化度均分布在0—40之间，且都会受舌位高低、前后的影响，表现出基本一致的关系。这或许说明了人类语言在发音机制上的某些共通性。

鼻音方面，维语和汉语都有三个相同的鼻音：/m/、/n/、/ŋ/。维语/m 可以做韵尾（如/øm/），/ŋ/可以出现在词中音节首（如/meŋɛ/），这

---

① 时秀娟、冉启斌、石锋：《北京话响音鼻化度的初步分析》，《当代语言学》2010 年第 4期。

是汉语没有的。鼻化度表现上，维语词首/m/、/n/的平均 N 值都比汉语鼻音声母/m/、/n/的平均 N 值稍大，但都在 90 左右，且/n/都比/m/稍高（汉语/m/为 88.7，/n/为 91.3，维语见表 6—21），具有极大的相似性。

元音复合鼻化度方面，汉语的/a/在带鼻音韵尾时鼻化度最高（约 71.3），/i/、/y/、/u/相对较小。维语与此相反，仍然是/i/、/y/较高，且高元音/u/增长较大。共性在于，与鼻音相连时，维汉元音的鼻化度都有较大提高，且平均 N 值都未超过 80，基本处在 40—80 的范围内。

时秀娟等综合北京话响音的鼻化度特征后分析认为：鼻音与非鼻音具有各自的鼻化度临界值，鼻音的临界值为 N 值 80 左右，非鼻音的临界值为 N 值 40 左右，N 值为 40—80 的区间则是一个断裂带，鼻化元音的 N 值分布在这个断裂带上。[①]

从本节的分析结果来看，这个结论对维语也是成立的。

四 结语

本章运用实验语音学的手段和方法，借鉴汉语鼻音、鼻化研究的经验和理论，利用鼻音计考察分析了现代维吾尔语三个鼻音的鼻化度、八个元音的内在鼻化度以及元音受鼻音影响后的复合鼻化度相关问题，通过定量分析和对比分析，初步得到以下认识：

（1）维语鼻音的鼻化度均在 90 左右，无论在词首、词中或词尾，鼻化度大小均表现为/n/＞/m/＞/ŋ/。同一鼻音在词首、词中和词尾的鼻化度高低也不一样，在词尾时最高，其次是词中—音节尾和词首，在词中—音节首时最低。但/ŋ/在词中—音节尾时鼻化度最高。

（2）单元音具有内在鼻化度，且内在鼻化度高低与舌位相关，舌位越前、越低的元音鼻化度较高；舌位越后、越高的元音鼻化度较低。单元音内在鼻化度高低次序为：/i/＞/y/＞/ɛ/＞/ɑ/＞/u/＞/e/＞/o/＞/ø/。

（3）维语元音内在鼻化度平均 N 值都在 40 以下，鼻化元音的平均 N 值都在 40—80 之间，而鼻音则都在 80 以上，与汉语一致。

（4）元音前（后）接鼻音时，其鼻化度均有较大升高，且高元音

---

① 时秀娟、冉启斌、石锋：《北京话响音鼻化度的初步分析》，《当代语言学》2010 年第 4 期。

/i/、/y/、/u/鼻化后的鼻化度较高，与汉语不同。元音前（后）接不同鼻音时的复合鼻化度大小不同，整体表现为 $N_{(m)v} > N_{(n)v}$，$N_{v(m)} > N_{v(n)}$，$N_{v(ŋ)}$ 和 $N_{(ŋ)v}$ 的规律不明显。

（5）维语中有的元音在鼻音做声母时鼻化度相对较高，有的元音在鼻音做韵尾时鼻化度相对较高，二者存在差异。当元音前后均有鼻音时，元音的鼻化度相对更高。

维语与汉语是分属两种语系的不同语言，无论是语言系统整体还是语言内部各要素都存在很大差异，但单从某些层面来看，二者又有诸多共性，维汉语音中的鼻化度特征便体现了这一点。同时，这种共性和个性也说明了鼻音作为通音在人类语言中发挥的作用。本节的分析结果有助于深入认识维语的语音特性，对双语教学、语音对比、语音信息工程、语音病理矫治等相关领域的研究也具有一定的参考价值。

第七节　傣语响音的鼻化度

引言

辅音按调音方式分为阻音和响音。响音可以分为口、鼻两大类，包括鼻音和口响音颤音、拍音和闪音、近音、边音。[①] 我们此处的响音还包括元音。实际上，口腔和鼻腔是相互关联的，发口音时有鼻腔通道的作用，发鼻音时也有口腔通道的作用。我们对语音的感知实际上包含了口腔和鼻腔共同作用发出的声音的综合效应。那么口腔通道和鼻腔通道在发音中各自具有不同的作用，其表现也不相同。各类响音发音时口腔通道和鼻腔通道在发音中各自具有怎样的作用和独特表现还需进一步量化研究。通过对北京话和某些方言的研究表明，使用鼻音计（Nasometer）对各类响音的鼻化度进行测量分析，可以直观地看到不同响音发音时口腔和鼻腔的能量变化，有效地区分鼻音和鼻化音，细致观察到鼻音的弱化和脱落。[②③④] 民

---

① 朱晓农：《说鼻音》，《语言研究》2007 年第 3 期。

② 时秀娟、冉启斌、石锋：《北京话响音鼻化度的初步分析》，《当代语言学》2010 年第 4 期。

③ 时秀娟、向柠：《武汉话语音的鼻化度考察》，《语言研究》2010 年第 4 期。

④ 时秀娟：《汉语语音的鼻化度分析》，《当代外语研究》2011 年第 5 期。

族语中的各类响音特别是鼻音更为丰富，与汉语相比，既有共性也有独特的个性。本节对德宏傣语响音的鼻化度进行初步分析。

一 实验说明

(一) 傣语概况

傣语属汉藏语系壮侗语族壮傣语支，元音分长短和有/－m/、/－n/、/－ŋ/、/－p/、/－t/、/－k/等辅音为韵尾的韵母是傣语突出的语言特征之一。大多数地区的傣语仍保留上述特征，但有些地方的傣语上述特征已发生较大的变化，这主要表现在长短元音对立的消失以及辅音韵尾的脱落上。德宏傣语是傣语的一个方言分支，有/a/、/i/、/u/、/e/、/ɛ/、/o/、/ə/、/ɔ/、/ɯ/9 个单元音，可以分别带元音尾/－i/、/－u/、/－ɯ/，鼻音韵尾/－m/、/－n/、/－ŋ/和塞音韵尾/－p/、/－t/、/－k/，只有/a/带韵尾时分长短（/a/带/－ɯ/尾时只有短元音）。德宏傣语有/p/、/t/、/k/、/ʔ/、/ph/、/th/、/f/、/s/、/x/、/h/、/v/、/j/、/ts/、/l/、/m/、/ŋ/16 个声母，其中/v/、/j/、/l/、/m/、/ŋ/为响音声母，/m/、/ŋ/为鼻音，/v/、/j/为近音，/l/为边音，其他都是清音声母。/n/只存在于韵尾中，早先的/n/声母已并入/l/，现在只是专用来拼写汉语借词的。[①] 例如：nan54 "南"，ni453 "你"。

(二) 语料

本节所用的发音表为德宏傣语单音节字表。音节中的声母包括塞音、擦音、塞擦音、喉塞音以及响辅音/v/、/j/、/l/、/m/、/ŋ/和零声母，也包括专用来拼写汉语借词的/n/。音节中的韵母包括单元音韵母和带鼻音韵尾韵母、带塞音韵尾韵母。按傣语的声韵拼合关系组成各种音节（发音表这里从略）。

发音人为一名女性，37 岁，傣族人，自幼说德宏傣语。发音人口音纯正，无口鼻咽疾病。发音人用自然语速朗读发音字表进行录音。

录音在语音实验室进行。发音人戴上鼻音计的口鼻分音装置，有一块隔板挡在口与鼻之间，将口腔声音与鼻腔声音分开。录音时鼻音计分为

---

① 杨光远：《傣泰语言的早期声母系统及某些声母变化》，《云南民族学院学报》1991 年第 2 期，第 74—81 页。

口、鼻两个通道同步进行采样获取语音。同时另外运用 CSL4500 进行同步的普通声学录音，以满足做相关分析的需要。

（三）分析处理

使用美国 Kay 公司生产的 NasometerⅡ6400 鼻音计，利用口鼻分音装置，分别对口音和鼻音能量进行采样，并进行相关计算分析。鼻音计能够自动测算口音能量及鼻音能量，实时计算并显示鼻化度（Nasalance）曲线的图形。

鼻化度就是语音发音时鼻音化的程度。鼻化度的数值称为 N 值。N 值的计算公式为：

$$N = 100 \times n/ （n+o）$$

其中 n 表示鼻音能量（nasal acoustic energy），o 表示口音能量（oral acoustic energy）。此公式实际上表示的是鼻音能量在整个口音、鼻音能量之和中所占的比例。计算出的数值在 0—100 之间，数值越大，表明鼻音能量越强，鼻化度越高；反之则鼻音能量越弱，鼻化度越低。鼻化度曲线是在以鼻化度为纵轴（标度在 0—100 之间）、时间为横轴的二维平面图中显示的由鼻化度数据样点连成的曲线。下图是发音人"城市mə ŋ453"的鼻化度曲线（图6—34）。

在图6—34中，起点处曲线很高，随后逐渐降低，到谷底后又逐渐升高。这反映出发音时从鼻音能量很高的声母/m/到鼻音能量较低的元音/ə/再到鼻音能量很高的韵尾/ŋ/的鼻化度变化情况。图形中的谷值表示鼻音能量较低，峰值表示鼻音能量较高。

鼻音计还能够按设定时间步长逐点显示鼻化度数据，也能进行一定的统计分析，例如计算一段语音的鼻化度平均值及相关数据。下文的统计分析利用鼻音计的相关功能以及社会科学统计分析软件包（SPSS10.0）完成。

鼻音计采集的是声带振动条件下的语音能量数据，各类响音都有不同程度的鼻化度。鼻音、口音的区分是定性分析的结果；从定量分析的角度看，鼻音或非鼻音的鼻化度数据是各自在一定范围内分布的。[①]

[①]　时秀娟、冉启斌、石锋：《北京话响音鼻化度的初步分析》，《当代语言学》2010 年第 4 期。

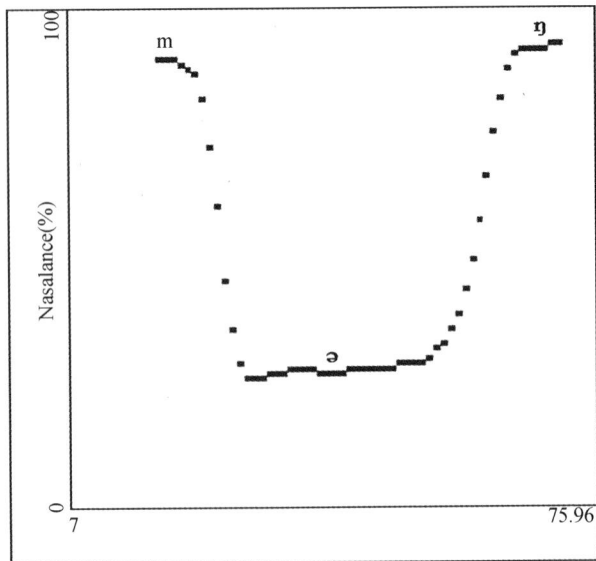

图6—34 鼻化度曲线示例（图例傣语"城市mə ŋ453"）

  鼻音的鼻化度具有相对性。鼻音的临界值为 N 值 80 左右，非鼻音的临界值在 N 值 40 左右。在这两个临界值之间存在断裂带，鼻化元音的 N 值分布在两个临界值之间。口音和鼻音在发音生理上并不是截然二分的，它们之间存在连续性。[①]

二　元音的鼻化度

  实验表明口元音都具有不同程度的鼻化度。元音有内在鼻化度和复合鼻化度。不同元音本身所具有的鼻化度称为元音的内在鼻化度（intrinsic nasality）。[②] 元音与鼻音相连而产生变化，变化后的鼻化度称为"元音复合鼻化度"，包括元音后接鼻尾时的复合鼻化度；元音前接鼻音声母时的复合鼻化度。[③] 本节考察傣语元音的各类鼻化度。

[①] 时秀娟、冉启斌、石锋：《北京话响音鼻化度的初步分析》，《当代语言学》2010 年第 4 期。

[②] 同上。

[③] 时秀娟：《汉语语音的鼻化度分析》，《当代外语研究》2011 年第 5 期。

（一）元音内在鼻化度

测量傣语字表中零声母单韵母音节中元音的鼻化度，即内在鼻化度，得到数据见表6—34。德宏傣语9个单元音/a/、/i/、/u/、/e/、/ɛ/、/o/、/ə/、/ɔ/、/ɯ/中，/ɛ/、/ɔ/做单韵母时，发单元音，属边际音，只出现在叹词、语气词中，带韵尾时，发复合元音：/ɛ-ai/；/ɔ-ua/可不看作基础元音；/a/做单韵母时，没有长短音区别，所以基础元音中也没有长元音/aː/。所以德宏傣语的一级元音有/a/、/i/、/u/、/e/、/o/、/ə/、/ɯ/7个。

表6—41　　　　　　　　　　　　元音内在鼻化度

元音	a	i	e	ə	u	o	ɯ
鼻化度	19（1.5）	14（0.6）	5（1.0）	3（0）	7（0.6）	3（0）	12（1.2）

由表6—41看到，低元音/a/的鼻化度是最高的，为19，其次是前高元音/i/，为14，再次为后高不圆唇元音/ɯ/，为12。其余四个元音/u/、/e/、/o/、/ə/的鼻化度都低于10，分别为7、5、3、3。元音/o/、/ə/最低，只3。7个元音内在鼻化度由大到小的排列顺序为：/a/ > /i/ > /ɯ/ > /u/ > /e/ > /o/ = /ə/。

傣语的基础元音都是舌面元音，显然，舌位高低、前后及圆唇与否都对鼻化度有影响。其中舌位高低是主要的决定因素，舌位越低，鼻化度越高，所以低元音/a/的鼻化度最高；其次是舌位的前后，舌位越前，鼻化度越高，/i/的鼻化度大于/ɯ/、/u/的鼻化度，/e/的鼻化度大于/o/的鼻化度；圆唇与否对鼻化度也有影响，不圆唇元音的鼻化度大于圆唇元音的鼻化度，/ɯ/的鼻化度大于/u/的鼻化度。这与北京话及汉语方言所表现的规律一致：舌位越低、越前，鼻化度越高；舌位越高、越后，鼻化度越低。[1][2][3][4] 充分表明，元音的内在鼻化度是语音本身固有的一种现象。在

---

① 时秀娟、冉启斌、石锋：《北京话响音鼻化度的初步分析》，《当代语言学》2010年第4期。

② 时秀娟、向柠：《武汉话语音的鼻化度考察》，《语言研究》2010年第4期。

③ 时秀娟、贝先明：《长沙话响音的鼻化度考察》，《中国语言学报》2013年第4辑。

④ 时秀娟、梁磊：《南京话响音的鼻化度考察》，《南京师大学报》（社会科学版）2017年第2期。

不同的语言和方言中，元音的内在鼻化度具有共性，在民族语中同样具有共性表现。傣语也有其个性特征，即所有元音内在鼻化度与北京话相比都较低，最高不超过 20。

（二）带塞音韵尾元音的鼻化度

德宏傣语的 7 个一级元音/a/、/i/、/u/、/e/、/o/、/ə/、/ɯ/都可带塞音韵尾/－p/、/－t/、/－k/。测量字表中零声母音节中带塞音韵尾单元音的鼻化度，得到数据见表 6—42。

表 6—42　　　　　　　　　　　　带塞音韵尾元音的鼻化度

v + p	aːp	ap	ip	ep	əp	up	op	ɯp
鼻化度	19（1.2）	6（0.6）	11（2.9）	6（2.3）	6（0）	7（0.6）	5（0.6）	7（2.1）
v + t	aːt	at	it	et	ət	ut	ot	ɯt
鼻化度	20（1.5）	9（0.6）	13（1.0）	7（4.6）	4（0）	7（2.1）	3（0.6）	8（2.1）
v + k	aːk	ak	ik	ek	ək	uk	ok	ɯk
鼻化度	6（2.1）	7（0.6）	14（1.5）	7（1.5）	5（0.6）	9（2.0）	4（0.6）	10（2.0）

由表 6—42 看到，与单元音相比较，带塞音韵尾元音/a/、/i/、/ɯ/的鼻化度是降低的；/u/、/e/、/o/、/ə/的鼻化度是稍微升高的。元音/a/带上塞音韵尾/－p/、/－t/、/－k/之后有长短之分，长元音/aː/的鼻化度都比短/a/元音的高。

（三）清辅音及塞音声母/ʔ/后元音的鼻化度

测量与清辅音声母包括塞音、擦音、塞擦音以及喉塞音相拼音节中单元音的鼻化度，数据见表 6—43。

由表 6—43 看到，元音/a/、/i/与/e/、/o/、/ə/的表现有不同。/e/、/o/、/ə/与清辅音声母及后塞音声母相拼后鼻化度与内在鼻化度相比变化不大，基本持平或略有提高，但幅度很小；/e/在/k/、/x/、/ʔ/后提高的幅度稍大些。元音/a/、/i/的变化较大，但二者具体表现也有差异。/i/在以上所有声母后鼻化度都是提高的，塞擦音/ts/、舌根擦音/x/、喉塞音/ʔ/声母后元音/i/的鼻化度升高幅度较大，分别为 41 和 52，/i/元音升高的幅度也最大，为 52，已经到了鼻化元音的范围。/a/在不同声母后的鼻化度有升有降，在/p/、/t/、/x/、/h/、/f/、/ʔ/后是升高的，但都没有超过 40；在/ph/、/th/、/k/、/ts/、/s/后是降低的，送气声母对/a/的鼻化度有降低作用。可见元音内在鼻化度的变化既与发音部位有关，也与发音方法有关，还与元音舌位的高低有关，这与协同发音有关。

表 6—43　　　　　　　清辅音及塞音声母/ʔ/后元音的鼻化度

	a	i	e	o	ə
(p +) v	21 (2.8)	19 (2.1)	3 (0)	5 (0.6)	4 (0.6)
(ph +) v	12 (0)	29 (6.4)	4 (0.6)	3 (0)	4 (0.6)
(t +) v	26 (0)	16 (2.1)	6 (1.0)	4 (0)	3 (0)
(th +) v	8 (0)	26 (4.9)	8 (0.6)	4 (0)	3 (0.6)
(k +) v	8 (1.0)	15 (1.4)	14 (0.6)	3 (0)	3 (0.6)
(ts +) v	6 (0.6)	41 (1.7)	3 (0.6)	3 (0)	3 (0.6)
(s +) v	11 (7.0)	16 (5.3)	5 (1.2)	3 (0.6)	4 (0.6)
(x +) v	31 (5.5)	52 (2.6)	16 (1.0)	4 (0.6)	4 (0.6)
(h +) v	38 (0.6)	\	\	4 (0)	3 (0.6)
(f +) v	22 (3.5)	\	\	\	4 (0)
(ʔ +) v	25 (1.0)	52 (1.5)	16 (2.1)	4 (0.6)	4 (0.6)

（四）元音复合鼻化度

德宏傣语的 7 个一级元音/a/、/i/、/u/、/e/、/o/、/ə/、/ɯ/都可带鼻音韵尾/-m/、/-n/、/-ŋ/，测量字表中零声母音节中带鼻音韵尾单元音的复合鼻化度，得到数据见表 6—44。

表 6—44　　　　　　　鼻尾前元音的鼻化度

v (+m)	a:(m)	a(m)	i(m)	e(m)	ə(m)	u(m)	o(m)	ɯ(m)
鼻化度	32 (1.5)	45 (4.5)	46 (0.6)	27 (6.1)	12 (1.0)	25 (3.1)	17 (1.0)	18 (0.6)
v (+n)	a:(n)	a(n)	i(n)	e(n)	ə(n)	u(n)	o(n)	ɯ(n)
鼻化度	22 (1.2)	43 (1.0)	55 (9.5)	23 (1.9)	11 (1.2)	17 (1.2)	11 (1.0)	22 (2.0)
v (+ŋ)	a:(ŋ)	a(ŋ)	i(ŋ)	e(ŋ)	ə(ŋ)	u(ŋ)	o(ŋ)	ɯ(ŋ)
鼻化度	33 (2.5)	51 (4.4)	53 (4.0)	37 (5.5)	16 (4.2)	24 (4.4)	27 (1.0)	37 (4.7)

由表 6—44 看到，元音带鼻音尾后鼻化度都有不同程度的提高，不同

鼻尾前元音复合鼻化度由大到小的排列顺序分别为：

i(m) > a(m) > a:(m) > e(m) > u(m) > ɯ(m) > o(m) > ə(m)

i(n) > a(n) > e(n) > a:(n) > ɯ(n) > u(n) > o(n) > ə(n)

i(ŋ) > a(ŋ) > e(ŋ) > ɯ(ŋ) > a:(ŋ) o(ŋ) > u(ŋ) > ə(ŋ)

与元音内在鼻化度的顺序：/a/ > /i/ > /ɯ/ > /u/ > /e/ > /o/ = /ə/相比较，可以看到带上鼻音韵尾后，/i/的位次提到了/a/的前面，二者的鼻化度都在43—55之间，处于鼻化元音的范围。元音/e/的位次也大大提前。除/i/、/a/外，元音/ɯ/、/u/、/e/、/o/、/ə/带鼻音韵尾后的鼻化度虽然与内在鼻化度相比都有升高，但都没有达到鼻化元音的范围。这与北京话不同，北京话口元音带上鼻音韵尾后都发生了鼻化，鼻化度都在40以上。[①]

测量鼻音声母/m/、/ŋ/后单元音的复合鼻化度，得到数据见表6—45。

表 6—45 　　　　　　　　　鼻音声母/m/、/ŋ/后元音的鼻化度

	a	e	ə	u	o
(m +) v	39 (0)	38 (6.2)	46 (4.0)	44 (1.7)	20 (3.8)
(ŋ +) v	48 (5.5)	\	48 (2.6)	62 (1.5)	\

由表6—45看到，鼻音声母后元音的复合鼻化度大都较高，/ŋ/后/a/、/ə/、/u/的鼻化度都在40以上，/m/后/ə/、/u/的鼻化度也在40以上，/a/、/e/、/o/的鼻化度低于40。

综合上文，/e/元音的游移性较大。元音/i/的表现也特殊。

三　鼻音及其他响辅音的鼻化度

(一) 响音声母的鼻化度

测量字表中响音声母/m/、/ŋ/、/v/、/j/、/l/包括拼写汉语借词的

/n/声母的鼻化度，数据见表6—42。

由表6—46看来，鼻音声母/m/、/n/、/ŋ/的鼻化度都很高，分别为88、94、94，大大高于鼻音的临界值80。与北京话一致，非鼻音响音声母/v/、/j/、/l/也具有相当程度的鼻化度，但鼻化度都很低，都没有超过20，其中/l/声母最低，为11。虽然傣语/l/声母包括早先的/n/声母，[①]但已经完全没有了/n/声母的痕迹，没有鼻化的边音出现。

表6—46　　　　　　　　　　　　响音声母的鼻化度

通音声母	m	n	ŋ	l	v	j
鼻化度	88（4.6）	94（1.2）	94（2.2）	11（6.4）	17（8.8）	16（6.9）

依据表6—46数据做出声母的鼻化度对比图（图6—35）。由图上看，傣语中鼻音和非鼻音分得很清楚。这一点可以计算响音声母的鼻化对比度进行量化分析。鼻化对比度（计算方法见附录）是对一种语言（方言中）鼻音声母和非鼻音声母总体对比特征的反映，是鼻音与非鼻音区分的重要标志。鼻化对比度越大，鼻音跟非鼻音的区分越清晰，越明显；鼻化对比度越小，则鼻音跟非鼻音的区分越模糊，越含混，甚至有可能发生一定程度的音位合流现象。同一种语言或方言中的不同声母各有不同的鼻化对比度。在不同的语言和方言中，这种鼻化对比度也是会有个性差异的。[②] 依据表6—46计算傣语响音总体声母鼻化对比度为77，具体语音的鼻化对比度为：/l/与/n/的鼻化对比度为93，/j/与/n/的鼻化对比度为78，/v/与/m/的鼻化对比度为71。说明傣语中鼻音与非鼻音声母区分很清楚，特别是鼻音与边音没有相混现象。

---

① 杨光远：《傣泰语言的早期声母系统及某些声母变化》，《云南民族学院学报》1991年第2期，第74—81页。

② 时秀娟、冉启斌、石锋：《北京话响音鼻化度的初步分析》，《当代语言学》2010年第4期。

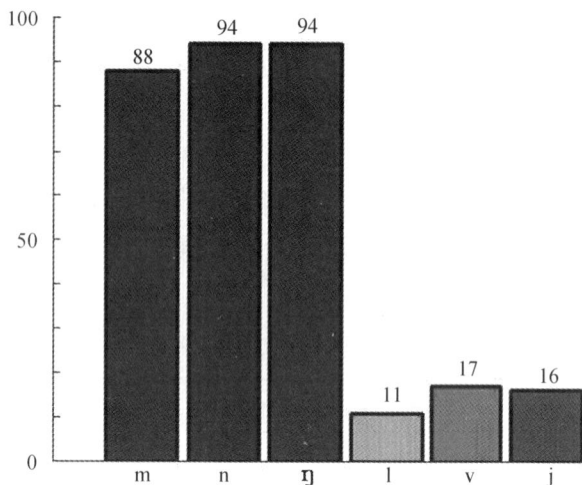

图 6—35　傣语响音声母鼻化度对比图

（二）鼻音韵尾的鼻化度

鼻音韵尾的鼻化度数据见表 6—47。

表 6—47　　　　　　　　　　鼻音韵尾的鼻化度

（v+）m	（a:）m	（a）m	（i）m	（e）m	（ə）m	（u）m	（o）m	（ɯ）m	平均值
鼻化度	92（0）	93（0.6）	95（0.6）	94（0.6）	93（0.6）	91（0.6）	89（1.7）	93（0）	93（1.9）
（v+）n	（a:）n	（a）n	（i）n	（e）n	（ə）n	（u）n	（o）n	（ɯ）n	平均值
鼻化度	95（0.6）	96（0.6）	96（0.6）	95（0）	95（0.6）	95（0.6）	93（1.5）	93（2.9）	95（1.4）
（v+）ŋ	（a:）ŋ	（a）ŋ	（i）ŋ	（e）ŋ	（ə）ŋ	（u）ŋ	（o）ŋ	（ɯ）ŋ	平均值
鼻化度	89（0.6）	92（1.0）	96（0）	95（0.6）	93（1.5）	84（2.5）	85（3.1）	96（0.6）	91（4.5）

由表 6—47 可知，从平均值来看，3 个鼻音韵尾/ - m/、/ - n/、/ -ŋ/中，/ -ŋ/尾的鼻化度最低，/ - m/尾次之，/ - n/尾最高，但差别很小。/ -ŋ/尾鼻化度平均值的标准差为 4.1，大于/ - m/尾的 1.9、/ - n/尾的 1.4，所以/ -ŋ/尾稳定性稍差。具体到每个元音后的不同鼻音韵尾的鼻化度也有不同，由大到小的排序如下：

- m：（i）m ＞（e）m ＞（a）m ＝（ə）m ＝（ɯ）m ＞（a:）m ＞（u）m ＞（o）m

　　－n：　(i) n =（a) n >（a:) n =（e) n =（ə) n =（u) n >（o) n =（ɯ) n

　　－ŋ：　(i) ŋ =（ɯ) ŋ >（e) ŋ >（ə) ŋ >（a) ŋ >（a:) ŋ >（o) ŋ >（u) ŋ

　　/i/元音后的/－m/、/－n/、/－ŋ/的鼻化度都最高，其次是/e/、/a/、/ə/。长元音/a:/后的/－m/、/－ŋ/尾的鼻化度较低，/o/元音后的/－m/、/－n/、/－ŋ/的鼻化度都较低。

　　傣语鼻音韵尾/－m/、/－n/、/－ŋ/的鼻化度与鼻音声母的鼻化度一样，都很高，二者性质相同，都是纯鼻音。这一点与汉语不同。

四　讨论

(一) 鼻音声母与鼻音韵尾的特性

　　傣语中的 3 个鼻音/m/、/n/、/ŋ/，既可出现在音节首做鼻音声母/m/、/n/、/ŋ/（包括用来拼写汉语借词的/n/），也可出现在音节尾做鼻音韵尾/－m/、/－n/、/－ŋ/。无论是做鼻音声母还是做鼻音韵尾，三个鼻音/m/、/n/、/ŋ/的鼻化度都很高，都大大超过了鼻音的临界值 80，除鼻音声母/m/的鼻化度为 88 以外，其他鼻音的鼻化度都在 90 以上，有的高达 96。说明傣语中鼻音声母和鼻音韵尾的性质一样，都是纯鼻音。这在声学谱图上也可以看得很清楚。图 6—36 是［ma:n］、［man］、［ma:ŋ］、［maŋ］四个音节的谱图。

　　由图 6—36①②③④上看，上述音节中的鼻音声母/m/和鼻音韵尾/－n/、/－ŋ/具有相同的声学特征，共振峰的频率都相近，能量也相近，元音和前、后鼻音之间共振峰的断层都很清晰。而且鼻尾的时长比鼻声母要长，特别是短元音后的鼻尾时长比长元音后的更长，但音节总长度相近，这是由于音节中主要元音和韵尾之间的时长存在补偿作用，短元音音节中鼻尾长，元音时长较短；长元音音节中鼻尾较短，元音时长较长。这与蔡荣男的研究一致。

　　汉藏系少数民族语的鼻韵尾近于一个纯鼻音，在发音时完成了爆发、成阻、除阻等各个阶段，并未有弱化，因而在一定程度上具有不被异化的可能性。如藏语。[①] 傣语的鼻音韵尾也符合这一特点。这一点与汉语不同，

---

① 　鲍怀翘等：《藏语拉萨话语音声学参数数据库》，《民族语文》1992 年第 5 期。

汉语的鼻音韵尾已经不是纯鼻音，而是半鼻音，而且有脱落现象。[1][2][3]

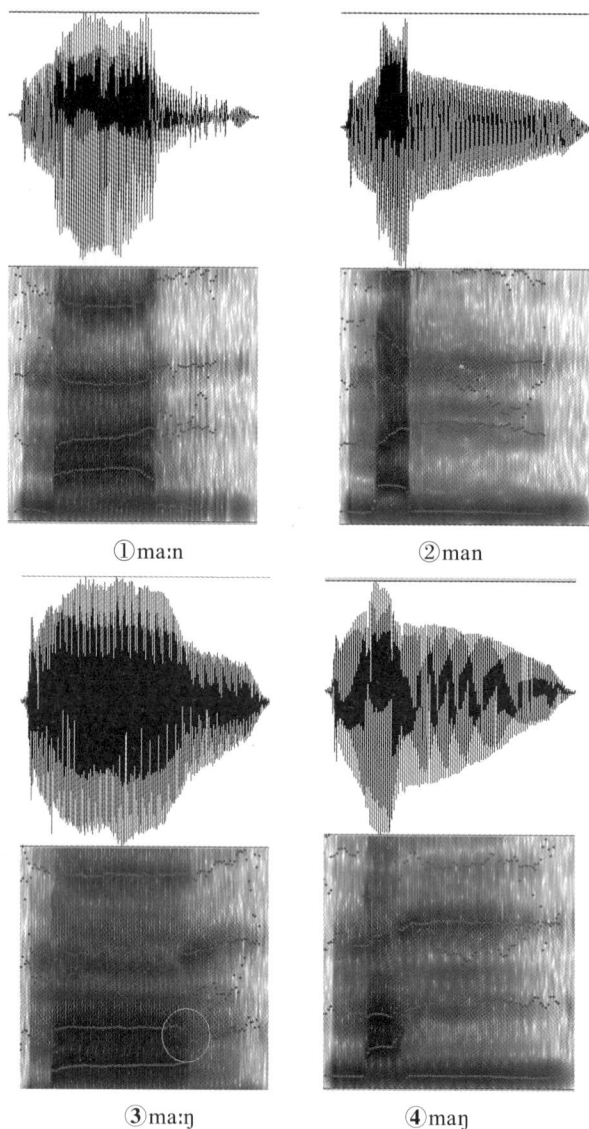

图6—36　［ma:n］、［man］、［ma:ŋ］、［maŋ］四个音节的谱图

---

①　许毅：《普通话音联的声学语音学特性》，《中国语文》1986 年第 5 期。

②　王志洁：《英汉音节鼻韵尾的不同性质》，《现代外语》1997 年第 4 期。

③　时秀娟：《汉语语音的鼻化度分析》，《当代外语研究》2011 年第 5 期。

　　除时长外，谱图上看不出鼻音韵尾有何其他区别，但仔细比较表6—43中长、短元音/a/后鼻尾的鼻化度，发现，（a）m：93＞（aː）m：92，（a）n：96＞（aː）n：95，（a）ŋ：92＞（aː）ŋ：89。虽然差别很小，可是已看出长元音后鼻音韵尾弱化的端倪，特别是/-ŋ/尾，鼻化度比短元音后的/-ŋ/低3，比鼻尾/m/、/n/低3—7。可以预测，长元音/aː/后的鼻音韵尾将先弱化、脱落。这符合民族语鼻音韵尾演变的规律。汉藏语系各语族的鼻韵尾演变的整体趋势是由多到少，经历鼻化，逐渐消失。藏缅语族和苗瑶语族的演变速度相当，而侗台语族较慢，/-m/、/-n/、/-ŋ/中/-m/尾较易失落，/-n/、/-ŋ/尾变化速度相当，且基本上除少部分语言外鼻化元音和鼻韵尾不共现。总之，发生脱落的鼻韵尾中，各语族虽情况各异，但共性是在松元音、后低元音、长元音后的鼻韵尾较其他元音后的鼻韵尾更易脱落。傣语大部分方言保留了鼻韵尾，但绿春、武定、石屏的鼻韵尾发生了某些变化，绿春、石屏的/-m/、/-n/尾向/-ŋ/靠拢，脱落过程中受到长短元音的影响，只有石屏傣语有/-ŋ/的同时还有鼻化元音。武定的则消失了/m/尾。①② 傣语鼻尾脱落的规律为：（1）/m/较早脱落，其次/-n/，/-ŋ/一般都保留；（2）长元音后面的/-m/、/-n/较易脱落，脱落后元音不发生变化，短的高元音/i/、/u/后面的/-m/、/-n/主要是合并，并入/-ŋ/。③

　　由我们的实验来看，德宏傣语的鼻尾中似乎长元音/aː/后的/-ŋ/尾已先弱化，/m aːng/中的鼻尾/-ŋ/已不独立，其共振峰与前面/aː/的共振峰相连融为一体，鼻化度为32（谱图见图6—38③）。但由于只有一位发音人，还需进一步证实。

　　（二）鼻化音的特性

　　由上文看来，傣语口元音和口响音（非鼻音浊辅音）都不易鼻化。响辅音中总体鼻化对比度和具体语音的鼻化对比度都较高，鼻音和非鼻音区分明显，近音/v/、/j/和边音/l/没有鼻化现象。

---

　　① 陈其光：《苗瑶语鼻音韵尾的演变》，《民族语文》1988年第6期。

　　② 钱虹：《汉藏语系鼻辅音的类型及历史演变》，硕士学位论文，安徽师范大学，2011年。

　　③ 罗美珍：《傣语长短元音和辅音韵尾的变化》，《民族语文》1984年第6期，第20—25页。

　　由鼻化度来看，傣语中鼻音声母和鼻尾对邻接元音的鼻化作用有限。7 个一级元音的内在鼻化度都较低，最高者/a/为 19，最低者/o/、/ə/只有 3。在带上鼻音韵尾之后，元音的复合鼻化度虽然都比内在鼻化度有所提高，但只有/a/、/i/达到了 40 以上（见表 6—44），达到了鼻化音的临界值，但从谱图上看（见图 6—37，以/a/、/aː/为例，其他元音谱图表现一致，从略），鼻尾对前面元音/a/、/aː/的影响很弱，元音的前三个共振峰非常清晰，带宽没有增加，也无弱的谐波出现，只在第三和第四共振峰之间有些弱的谐波。其他元音带上鼻尾后的鼻化度都在 40 以下。元音前接鼻音声母时的复合鼻化度也都比内在鼻化度有所提高，也只有/ŋ/声母后的/a/、/ə/、/u/及/m/声母后的/ə/、/u/在 40 以上（见表 6—45），其他元音都在 40 以下。考察前后都有鼻音的元音的鼻化度，发现也不很高。以/man/、/maŋ/中的/a/为例，鼻化度分别为 44、47，稍有鼻化，从谱图上看（见图 6—37），/a/和前、后鼻音之间共振峰的断层都很清晰。

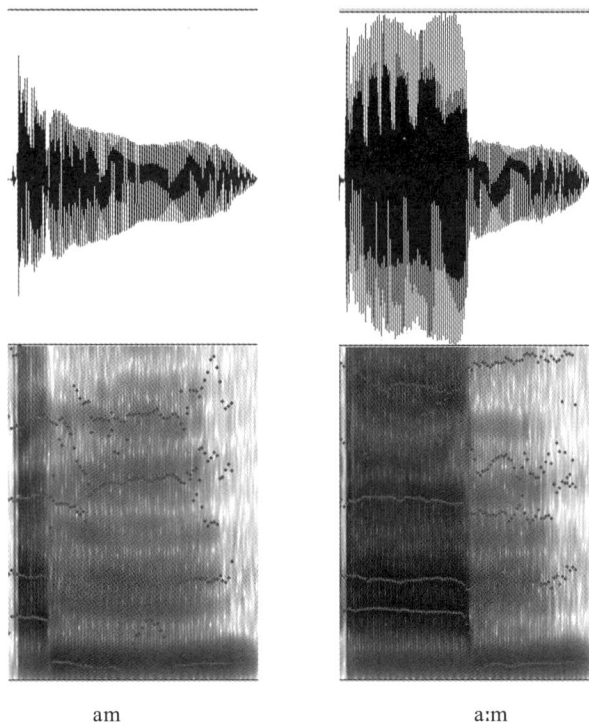

am　　　　　　　　　　　　aːm

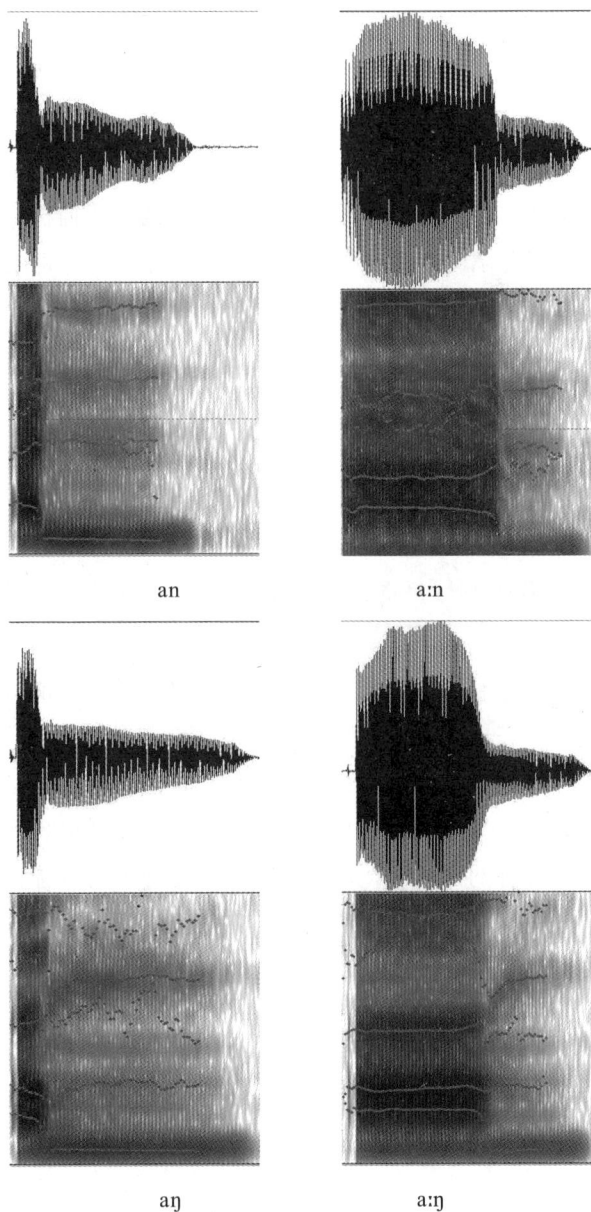

图6—37　/a/、/a:/带鼻音韵尾/－m/、/－n/、/－ŋ/时的谱图

可见，傣语中元音的鼻化率较低，元音不容易受到鼻音的影响而发生鼻化。这与北京话有显著区别。北京话没有鼻化元音，但元音带上鼻音韵

尾后二者都发生了变化，元音受鼻尾影响显著鼻化，鼻尾大多也不能独立存在，只能通过对原有元音共振峰模式的影响表现自己的存在，成了半鼻音。这在鼻化度数据上也可以清楚地看到这种变化。[①] 鼻化度实验表明，鼻尾弱化的最初阶段是鼻音韵尾本身鼻化度降低和其前面元音鼻化度的逐渐升高，程度逐步加深，直至韵尾脱落，元音完全鼻化，再到口音。而这种不容易觉察到的细微变化，可通过考察鼻化度的大小捕捉到其中变化的轨迹。由鼻化度数据看来，德宏傣语鼻音韵尾还很稳定，即使前后都有鼻音的元音也还没有完全鼻化，只有长元音/aː/后的/－ŋ/尾已先弱化，小荷才露尖尖一角。

五 结论

本节考察了傣语响音的鼻化度，得到了傣语的一些共性和个性特征。德宏傣语 7 个基础元音/a/、/i/、/u/、/e/、/o/、/ə/、/ɯ/都有不同程度的鼻化度，且表现出与北京话及汉语方言一致的规律：舌位越低、越前，鼻化度越高；舌位越高、越后，鼻化度越低。充分表明，元音的内在鼻化度是语音本身固有的一种现象。在不同的语言和方言中，元音的内在鼻化度具有共性，在民族语中同样具有共性表现。傣语也有其个性特征，即所有元音内在鼻化度与北京话相比都较低，最高不超过 20。

傣语的鼻音与非鼻音声母区分很清楚，鼻化对比度很高，清晰度大大高于北京话的。鼻音韵尾的鼻化度很高，鼻尾是纯粹的鼻音，且不易影响到元音。德宏傣语鼻音韵尾还很稳定，只有长元音/aː/后的鼻音韵尾开始有弱化的痕迹。

---

① 时秀娟：《汉语语音的鼻化度分析》，《当代外语研究》2011 年第 5 期。

参考文献

［英］R. L. Trask：《语音学和音系学词典》，《语音学和音系学词典》编译组译，语文出版社 2000 年版。

阿孜古丽·阿不力米提：《维吾尔语基础教程》，中央民族大学出版社2006 年版。

艾斯卡尔·艾木都拉：《维吾尔语鼻音的声学特征分析》，载《第九届中国语音学学术会议论文集》，天津，2010 年。

鲍厚星：《长沙方言研究》，湖南教育出版社 1999 年版。

鲍怀翘、徐昂、陈嘉酞：《藏语拉萨话语音声学参数数据库》，《民族语文》1992 年第 5 期。

鲍怀翘、郑玉玲：《普通话动态腭位图数据统计分析初探》，载第五届现代语音学学术会议论文集《新世纪的现代语音学》，清华大学出版社2001 年版。

鲍怀翘、阿西木：《维吾尔语元音声学初步分析》，《民族语文》1988 年第 5 期。

鲍明炜：《江苏省志·方言志》，南京大学出版社 1998 年版。

鲍明炜：《六十年来南京方音向普通话靠拢情况考察》，《中国语文》1980年第 4 期。

北京大学中国语言文学系语言学教研室：《汉语方音字汇》（第二版重排本），语文出版社 2003 年版。

陈其光：《苗瑶语鼻音韵尾的演变》，《民族语文》1988 年第 6 期。

陈其光：《汉语鼻音韵尾的消失》，《语言研究》1991 年增刊。

陈肖霞：《普通话音段协同发音研究》，《中国语文》1997 年第 5 期。

陈芸菲：《鼻化元音的声学特性》，载《第三届全国语音学研讨会论文集》，中国社会科学院语言研究所 1966 年版。

陈章太主编：《普通话基础方言基本词汇·语音卷》，语文出版社 1996
　年版。

崔荣昌：《成都话音档》，上海教育出版社 1997 年版。

董少文：《语音常识》，文化教育出版社 1956 年版。

董玉国：《对日本学生鼻韵母音的教学》，《世界汉语教学》1997 年第
　4 期。

冯爱珍：《福州方言词典引论》，《方言》1996 年第 2 期。

高本汉：《中国音韵学研究》，商务印书馆 1994 年缩印版。

高葆泰：《兰州方言音系》，甘肃人民出版社 1985 年版。

河北北京师范学院、中国科学院河北省分院语文研究所：《河北方言概
　况》，河北人民出版社 1961 年版。

侯精一：《平遥方言简志》，山西省方言简志丛刊 1982 年版。

侯精一：《现代晋语的研究》，商务印书馆 1999 年版。

侯精一主编：《现代汉语方言概论》，上海教育出版社 2002 年版。

胡明扬：《北京话初探》，商务印书馆 1987 年版。

黄晶晶：《连续语流中前鼻音韵母后鼻音化的声学分析》，《新世纪的现代
　语音学——第五届全国现代语音学学术会议论文集》，清华大学出版社
　2001 年版。

黄尚军：《成都话音系》，《西华大学学报》（哲学社会科学版）2006 年第
　1 期。

江苏省地方志编纂委员会：《江苏省志·方言志》，南京大学出版社 1998
　年版。

江苏省上海市方言调查指导组：《江苏省与上海市方言概况》，江苏人民
　出版社 1960 年版。

李俭、郑玉玲：《汉语普通话动态腭位的数据缩减方法》，载王嘉龄编
　《第六届现代语音学学术会议论文集》，天津师范大学出版社 2004
　年版。

李荣：《广州方言词典》，载《现代汉语方言大辞典·分卷》，江苏教育出
　版社 1998 年版。

李如龙：《汉语方言学》，高等教育出版社 2001 年版。

李崴、姜涛、祝华、彭聆龄、Barbara Dodd、舒华：《说普通话儿童的语音习得》，《心理学报》2000 年第 2 期。

李新魁、陈慧英、麦耘：《广州话音档》，载侯精一《现代汉语方言音库》，上海教育出版社 1995 年版。

李新魁、黄家教、施其生、麦耘、陈定方：《广州方言研究》，广东人民出版社 1995 年版。

李行德：《语言发展理论和汉语儿童语言》，《现代外语》1997 年第 4 期。

李永明：《长沙方言》，湖南出版社 1991 年版。

梁德曼：《成都方言词典》，江苏教育出版社 1998 年版。

梁德曼：《成都音系》，载陈章太、李行健《普通话基础方言基本词汇（语音卷）》，语文出版社 1995 年版。

梁建芬：《在语流中导致鼻韵尾脱落的因素探讨》，载《新世纪的现代语音学——第五届全国现代语音学学术会议论文集》，清华大学出版社 2001 年版。

梁猷刚：《广州方音特点初探》，《华南师范大学学报》（社会科学版）1983 年第 2 期。

廖荣容、石锋：《汉语普通话 r 声母音质的实验研究》，《语言研究》1987 年第 2 期。

林焘：《日母音值考》，《林点语言学论文集》，商务印书馆 2001 年版。

林焘、王理嘉：《语音学教程》，北京大学出版社 1992 年版。

林焘、王理嘉等：《北京语音实验录》，北京大学出版社 1985 年版。

林茂灿、颜景助：《普通话带鼻尾零声母音节中的协同发音》，《应用声学》1992 年第 13 卷第 1 期。

刘丹青：《南京方言词典》，江苏教育出版社 1995 年版。

刘兴策、向平：《武汉话音档》，上海教育出版社 1997 年版。

罗常培：《唐五代西北方音》，中研院历史语言研究所单刊甲种之十二，1933 年。

罗杰瑞：《汉语概说》，语文出版社 1995 年版。

麦耘：《对国际音标理解和使用的几个问题》，《方言》2005 年第 2 期。

毛世桢：《上海话鼻韵母鼻音性质的实验研究》，《华东师范大学学报》（哲学社会科学版）1984 年第 2 期。

聂鸿音：《汉语西北方言泥来混读的早期资料》，《方言》2011 年第 1 期。

彭泽润：《鼻音的性质和类型——第四届全国现代语音学学术会议论文》，载中国科学院声学研究所《现代语音学论文集》，金城出版社 1999 年版。

齐士钤、张家騄：《汉语普通话辅音音长分析》，《声学学报》1982 年第 1 期。

钱虹：《汉藏语系鼻辅音的类型及历史演变》，硕士学位论文，安徽师范大学，2011 年。

钱曾怡：《济南话音档》，上海教育出版社 1999 年版。

冉启斌：《汉语鼻音韵尾的特性及多角度研究》，《南开语言学刊》2006 年第 1 期。

冉启斌、石锋：《北京话 r 声母的变体及音位的聚合程度》，载《中国音韵学——中国音韵学研究会南京研讨会论文集》，南京大学出版社 2006 年版。

冉启斌：《汉语鼻音韵尾的消变及相关问题》，载四川大学汉语史研究所编《汉语史研究集刊》第八辑，巴蜀书社 2005 年版。

冉启斌：《汉语鼻音韵尾的实验研究》，《南开语言学刊》2005 年第 1 期。

施向东：《汉语普通话的－n 尾》，载石锋、沈钟伟编《乐在其中——王士元教授七十华诞庆祝文集》，南开大学出版社 2004 年版。

石锋：《北京话的元音格局》，《南开语言学刊》2002 年第 1 期。

石林、黄勇：《汉藏语系语言鼻音韵尾的发展演变》，《民族语文》1996 年第 6 期。

石锋、刘娟：《普通话送气声母对声调的影响》，载《现代语言学论集》，北京语言学院出版社 1996 年版，又见《语音格局——语音学与音系学的交汇点》，商务印书馆 2008 年版。

石锋：《语音格局——语音学与音系学的交汇点》，商务印书馆 2008 年版。

石锋、刘艺：《广州话元音的再分析》，《方言》2005 年第 1 期。

时秀娟：《汉语方言的元音格局》，中国社会科学出版社 2010 年版。

时秀娟、冉启斌、石锋：《北京话响音鼻化度的初步分析》，《当代语言学》2010 年第 4 期。

时秀娟：《汉语语音的鼻化度分析》，《当代外语研究》2011 年第 5 期。

时秀娟、冉启斌、石锋：《为什么有的方言 n、l 不分——通音声母的鼻化对比度》，《实验语言学》2012 年创刊号。

时秀娟、梁磊：《南京话响音的鼻化度考察》，《南开语音年报》2008 年第 2 期。

时秀娟、向柠：《武汉话语音的鼻化度考察》，《语言研究》2010 年第 4 期。

时秀娟、贝先明：《长沙话响音的鼻化度考察》，《中国语音学报》2013 年第 4 期。

四川方言调查工作指导组：《四川方言音系》，《四川大学学报》1960 年第 3 期。

孙伯君：《法藏敦煌 P.3861 号文献的梵汉对音研究》，《语言研究》2008 年第 4 期。

孙华先、赵元任：《〈南京音系〉研读》，《语文研究》2008 年第 1 期。

唐作藩：《普通话语音史话》六，《语文建设》1986 年第 6 期。

《王力语言学论文集》，商务印书馆 2000 年版。

王力：《汉语史稿》，中华书局 2004 年版。

王力：《汉语讲话》，文化教育出版社 1955 年版；载《王力文集》第三卷，山东教育出版社 1985 年版。

王力：《再论日母的音值——兼论普通话声母表》，《中国语文》1983 年第 3 期。

王力：《汉语语音史》，中国社会科学出版社 1985 年版。

王洪君：《阳声韵在山西方言中的演变》（下），《语文研究》1992 年第 1 期。

王昆仑等：《维吾尔语元音的声频特性分析和识别》，《中文信息学报》2010 年第 24 卷第 2 期。

王士元：《实验语音学讲座》，载《语言学论丛》第十一辑，商务印书馆 1983 年版。

《语言的探索——王士元语言学论文选译》，北京语言文化大学出版社 2000 年版。

王韫佳：《日本学习者感知和产生普通话鼻音韵母的实验研究》，《世界汉语教学》2002 年第 2 期。

王志洁：《英汉音节鼻韵尾的不同性质》，《现代外语》1997 年第 4 期。

吴宗济、林茂灿：《实验语音学概要》，高等教育出版社 1989 年版。

吴宗济、孙国华：《普通话清擦音协同发音的声学模式》，载《吴宗济语言学论文集》，商务印书馆 2004 年版。

吴宗济等：《汉语普通话单音节语图册》，中国社会科学出版社 1986 年版。

伍铁平、雅可布逊：《儿童语言、失语症和语音普遍现象》，《国外语言学》1981 年第 3 期。

夏中易：《近四十年成都话语音变动现象考论》，《成都大学学报》（社科版）2002 年第 4 期。

徐大明：《北方话鼻韵尾变异研究》，《中国的语言学研究与应用》，上海外语教育出版社 2001 年版。

徐世荣：《普通话语音知识》，文字改革出版社 1980 年版。

许宝华：《中古阳声韵类在现代吴语中的演变》，《声韵论丛》1997 年第 6 期。

许毅：《普通话音联的声学语音学特性》，《中国语文》1986 年第 5 期。

杨时逢：《湖南方言调查报告》，台北："中央研究院"历史语言研究所 1974 年版。

叶蜚声、徐通锵：《语言学纲要》（修订版），北京大学出版社 2012 年版。

游汝杰、钱乃荣、高钲夏：《论普通话的音位系统》，《中国语文》1980 年第 5 期。

袁家骅等：《汉语方言概要》第 2 版，语文出版社 2001 年版。

詹伯慧：《〈方言〉二十年述评》，《方言》1998 年第 3 期。

詹伯慧主编：《汉语方言及方言调查》第二版，湖北教育出版社 2004 年版。

张鸿义、孟大庚：《浅说现代维吾尔语元音/i/及其变体》，《民族语文》1982 年第 5 期。

张琨：《汉语方言中声母韵母之间的关系》，《中央研究院历史语言研究所集刊》1982 年第 53 本第 1 分。

张琨：《汉语方言中鼻音韵尾的消失》，《中央研究院历史语言研究所集刊》1983 年第 54 本第 1 分。

张燕芬：《中古阳声韵韵尾在现代汉语方言中的读音类型》，博士学位论文，山东大学，2009 年。

赵平：《汉维语元音音位异同之比较》，《语言与翻译》（汉文版）2006 年第 2 期。

赵明鸣：《论现代维吾尔语元音/i/的音位体现》，《民族语文》1998 年第 3 期。

赵日新：《安徽绩溪方言音系特点》，《方言》1989 年第 2 期。

赵日新：《中古阳声韵徽语今读分析》，《中国语文》2003 年第 5 期。

赵相如、朱志宁：《维吾尔语简志》，民族出版社 1985 年版。

赵元任：《南京音系》，《科学》1929 年第 13 卷第 8 期。

甄尚灵：《〈西蜀方言〉与成都语音》，《方言》1988 年第 3 期。

甄尚灵：《成都语音的初步研究》，《四川大学学报》1958 年第 1 期。

甄尚灵：《四川方言的鼻韵尾》，《方言》1983 年第 4 期。

郑林丽：《汉语鼻音韵尾的演变》，硕士学位论文，兰州大学，2001 年。

郑玉玲、刘佳：《普通话 N1C2（C#C）协同发音的声学模式》，《南京师范大学文学院学报》2005 年第 3 期。

朱川等：《外国学生汉语语音学习对策》，语文出版社 1997 年版。

朱建颂：《武汉方言研究》，武汉出版社 1992 年版。

朱晓农：《说鼻音》，《语言研究》2007 年第 3 期。

朱晓农：《实验语音学和汉语语音研究》，《南开语言学刊》2005 年第 1 期。

朱晓农：《语音学》，商务印书馆 2010 年版。

孜丽卡木·哈斯木等：《维吾尔语词首音节元音声学分析》，《中文信息学报》2009 年第 23 卷第 5 期。

Abigail C. Cohn，"Nasalisation in English：phonology or phonetics"，*Phonology*，No. 10，1993.

Barale，C.，"A quantitative analysis of the loss of final consonants in Beijing Mandarin"，University of Pennsylvania dissertation，1982.

Brotzman，Robert L.，*Research on Mandarin Phonology：Vowel formant values*，Project on Linguistic Analysis，Report No. 6，Columbus：The Ohio

State University Research Foundation, 1963.

Chen, M. Y., "Acoustic analysis of simple vowels preceding a nasal in Standard Chinese", *Journal of Phonetics*, Vol. 28, 2000.

Chen, M. Y., "An areal study of nasalization in Chinese", *Journal of Chinese Linguistics*, No. 1, 1975.

Chen, M. Y., "Nasals and nasalization in Chinese: Explorations in phonological universals", Ph. D. dissertation, University of California, Berkeley, 1972.

Clumeck, Harold, "A cross-linguistic investigation of vowel nasalization: an instrumental study", In C. Ferguson et. Al. eds., *Násalfest: Papers from a Symposium on Nasals and Nasalization*, Stanford: Language Universals Project, 1975.

Clumeck, H., *An Experiment Using Nasograph*, Ms. Berkeley, 1973.

Demark R. V., Kuehn D. P., Tharp RF., "Prediction of velopharyngeal competency", *Cleft Palate J.*, Vol. 12, 1975.

Ferguson et al. (eds.), *Násalfest: Papers from a Symposium on Nasals and Nasalization*, Stanford: Language Universals Project.

Forguson, C. A., "Assumptions about nasals: a sample study in phonological universals", In J. Greenberg (ed.), *Universals of Language*, MIT Press, 1963.

Fujimura, O., "Acoustic of nasal consonants", *JASA.*, Vol. 77, 1962.

Fung, Wing-Nga, "A physiological analysis of vowel nasalization", In Beijing Mandarin and Hong Kong Contonese《新世纪的现代语音学——第五届全国现代语音学学术会议论文集》, 清华大学出版社 2001 年版。

Gui, Mingchao, "Fronted or nasalized? ——An acoustic analysis of two nasal rhymes in Kunming Chinese",《语言研究》1996 年增刊。

Hess, Susan, "Universals of nasalization: Development of nasal finals in Wenling", *Journal of Chinese Linguistics*, No. 1, 1990.

Howie, John M., *Acoustical Studies of Mandarin Vowels and Tones*, New York: Cambridge University Press, 1976.

Johnson, K., *Acoustic and Auditory Phonetics*, Oxford: Blackwell Publishing Ltd, 2003.

Ladefoged, P. & I. Maddieson, "Vowels of the world's languages", *Journal of Phonetica*, Vol. 18, 1990.

Linda P. Flower, "Comparison of nasalance between trainen singers and non-singers", PH. D. Dissertation, The Florida State University, 2004.

Moll, K. L., "Velopharyngeal closure on vowels", *Journal of Speech and Hearing Research*, Vol. 5, 1962.

Ohala, J. J., "Experimental historical phonology", In J. M. Anderson and C. Jones, eds., *Historical Linguistics II. Theory and Description in Phonology. Proceedings of the 1st International Conference on Historical Linguistics*, Amsterdam: North Holland, 1974.

Ohala, J. J., "Phonetics explanations for nasal sound patterns", In C. Ferguson et al. (eds.), *Nâsalfest: Papers from a Symposium on Nasal and Nasalization*, Stanford: Language Universals Project, 1975.

Ohala, John J., "Physical models in phonology", In *Proceedings of the Seventh International Congress of Phonetic Science*, The Hague: Mouton, 1972.

Ohala, John J., "Sound change ad nature's speech perception experiment", *Speech Communication*, No. 13, 1993.

Patrice Speeter Beddor, Rena Arens Krakow, & Louis M. Goldstein, "Perceptual constraints and phonological change: a study of nasal vowel height", Yale University and Haskins Laboratories (eds.), *Phonology Yearbook*, No. 3, 1986.

Peter Ladefoged, *A Course in Phonetics*, Harcourt Brace Jovanovich, Inc., New York, 1975.

Rose: *Phil An Acoustically based Phonetic Description of the Syllable in the Zhenhai Dialect*, London: The University of Cambridg, 1981.

Ruhlen, M., "Patterning of nasal vowels", In C. Ferguson, et al., eds., 1975.

Tse, J. Kwock-Ping, "Anticipatory co-articulation and the perception of nasality in VN syllables", *Studies in English Literature and Linguistics*, No. 16, 1990.

Tse, J. Kwock-Ping, "Production and perception of syllable final [n] and [ŋ] in Mandarin Chinese: An experimental study", *Studies in English Literature and Linguistics*, No. 18, 1992.

Wang, J. Z., "Measuring the degree of nasality for initial and final nasals in Beijing Mandarin", Paper presented at the fifth North American Conference on Chinese Linguistics, Newark, Delaware, 1993a.

Wang, J. Z., *The Geometry of Segmental Features in Beijing Mandarin*, Doctoral Dissertation, University of Delaware, Newark, Delaware, 1993b.

Wright, J., "Effects of vowel nasalization on the perception o f vowel height", In C. Ferguson, et al. , eds. , 1975.

Xu, Daming, *A Sociolinguistic Study of Mandarin Nasal Variation*, PhD dissertation, University of Ottawa, 1992.

Xu, Daming, "Unexceptional irregularities: Lexical conditioning of Mandarin nasal deletion", *Diachronica X*, No. 2, 1993.

Yueh, L. C., *The Drift of the Velar Nasal Ending in Taiwan Mandarin: A Sociolinguistic Survey*, M. A. Thesis, Taipei: Fu Jen Catholic University, 1992.

Zee, Eric, "Sound change in syllable final nasal consonants in Chinese", *Journal of Chinese Linguistics*, No. 2, 1985.

Zee, Eric, "Effect of vowel quality on perception of nasal in noise", *Working Papers in Phonetics*, Vol. 45, 1979.

后　记

《鼻音研究》自 2007 年开始做，至今已整整十年。十年只做这一件事情，还做得不是很好，我觉得很惭愧。现在要拿出来给大家看了，内心着实很忐忑。

2005 年走出南开，进入南京师范大学博士后流动站，还是做的元音研究。2007 年出站，加盟天津师范大学文学院。当年文学院建了一个不错的语音实验室，我作为人才引进来主持实验室的教学和科研工作。实验室有一台鼻音计（Naslmeter Ⅱ 6400），是美国 Kay 公司生产的，可以做鼻音与鼻化音的研究。石锋老师就嘱托我专心做此项研究，并一直期待我尽快出好的成果。在研究的伊始，石老师亲自指导参与，还请同门冉启斌、梁磊、贝先明、向柠等老师共同参与合作。在其后的研究中，又有其他同门加入，如张锦玉、陈飞、蔡荣男等老师，加上我带的研究生肖媛、孙敏、杨晓辉、刘雅男、郑亦男、夏桐、张婧祎、谭力超、王静以及部分本科生，形成一个研究团队。研究的内容也从普通话扩展到方言（几十个方言点）、民族语言及病理语音，从单字音到语流，从小样本的发音人到较大样本的发音人。其间积累了不少成果，有些已经公开发表，有些在国内或国际会议上宣读。但是，一直没有及时总结推出专著。一则总觉得做得不太完美，羞于出手，二则由于我个人身体的原因，所以就拖延下来。直至去年，石老师实在看不下去了，督促再三，说可以先出一部分成果嘛。一句话点醒了，所以才在成果中选择了一部分，结集出版，以飨读者，敬请海内外同行和师长批评指正，多提宝贵意见和建议，以便我们做得更好些。其他成果将尽快推出。并继续进行鼻音与鼻化音的相关研究，特别是鼻音的感知研究。

衷心感谢石老师高屋建瓴的宏观指导，感谢在研究中做出贡献的所有老师和同学，感谢师大文学院给予的支持和帮助。在研究中，曾申请到两项天津市社科基金项目资助，一项国家重大招标项目的子项目资助，另外还受到天津师范大学出版基金资助。也在此一并表示感谢。还要特别感谢为本书的出版付出很多时间和精力的编辑孙萍老师。本书原计划 2016 年出版，石老师早就写好了序言，孙萍老师也早就着手进行编辑工作，由于一些原因，今年才可以出版，也给孙编辑增添了许多麻烦，再次感谢！

时秀娟

2017 年 9 月 5 日